Charles Martins

Von Spitzbergen zur Sahara

Charles Martins

Von Spitzbergen zur Sahara

ISBN/EAN: 9783743318885

Hergestellt in Europa, USA, Kanada, Australien, Japan

Cover: Foto ©Andreas Hilbeck / pixelio.de

Manufactured and distributed by brebook publishing software
(www.brebook.com)

Charles Martins

Von Spitzbergen zur Sahara

Sachregister.

Einleitung.

Die Pflanzengeographie und ihre neuesten Fortschritte.

Die heutige Botanik ist eine komplicirte Wissenschaft, in ihrem Beginn war sie es nicht. Die Pflanzen, welche sich der Beobachtung darboten, nennen und beschreiben, diejenigen, welche die Alten gekannt hatten, wieder auffinden und so all= mälig das Verzeichniß der Pflanzenarten, welche auf der Ober= fläche der Erde wachsen, vervollständigen, das war die unge= heure, aber einförmige Aufgabe, welcher sich die Botaniker des Mittelalters und der Renaissance unterzogen. Zu An= fang des 17. Jahrhunderts entdeckte man, daß die Pflanze ein lebendes Wesen wie das Thier sei, man unternahm das Studium ihrer Funktionen. Die Pflanzenphysiologie ent= stand und gewann Platz neben der beschreibenden Botanik. Als man das Spiel einiger Organe zu erkennen anfing, studirte man sie zugleich mit mehr Sorgfalt, man suchte in den inneren Bau einzubringen. Die Pflanzenanatomie, eine Tochter Grew's und Malpighi's, erhellte die Physiologie und bildete mit ihr einen bestimmten Zweig der Wissenschaft, welche die Pflanzen als organische und lebende Wesen betrachtet. Alle denkenden Geister wurden durch den engen Zusammenhang dieses Zweiges mit der Thierphysiologie überrascht und verkündeten die künftigen Anwendungen*, welche die rationelle Landwirthschaft davon er= warten könnte.

Während die Botanik sich entwickelte, blieben die übrigen Wissenschaften keineswegs stillstehen. Unerschrockene Reisende durchwanderten die am wenigsten erforschten Theile des Erdballs, vergrößerten das Gebiet der physischen Geographie, und unser eigener Kontinent ward einer eingehenderen Prüfung unter= worfen. Die Meteorologen lernten die verschiedenen Klimate charakterisiren, sie bestimmten die äußersten Wärme= und Kälte= punkte, die Richtung der herrschenden Winde und die Verthei= lung des Regens in den vier Jahreszeiten. Die Geologen entwarfen Karten, auf denen jede Gebirgsart mit einer beson= bern Farbe bezeichnet ist. Die Landwirthe sonderten die verschiedenen Bodenarten. Man bestimmte die Höhe der Ge= birge, die Mächtigkeit, Länge und Richtung ihrer Ketten, die Ausdehnung und Neigung der Hochebenen; man berechnete die Abnahme der Lufttemperatur, welche sich abkühlt, je mehr man sich über den Meeresspiegel erhebt. Aus der Verbindung dieser vier Wissenschaften, der Botanik, der Meteorologie, der physischen Geographie und der Geologie, entstand eine neue Wissenschaft, die Pflanzengeographie.

Die Alten beschränkten sich darauf, festzustellen, daß diese oder jene Art in verschiedenen Ländern zugleich vorkomme, während andere Arten sich nur in bestimmten Bezirken vorfinden. Die Pflanzen= geographie studirt die Gesetze der Pflanzenvertheilung auf der Erb= oberfläche, sie sucht zu ergründen, warum gewisse Arten kosmopoli= tisch sind, während andere unwiderruflich auf einen gewissen Raum beschränkt zu sein scheinen, sie erforscht, worin die von der Atmo= sphäre, der Erhebung über die Ebenen, der Nähe oder Ferne des Meeres, der physischen oder chemischen Bodenbeschaffenheit abhängi= gen Ursachen bestehen mögen, welche der Vegetation einer jeden

Gegend ihren eigenthümlichen und unauslöschlichen Charakter aufdrucken. Die höchsten Fragen der Naturgeschichte in Betracht ziehend, stellt sie die Beziehungen der gegenwärtigen Flora unseres Planeten zu den erloschenen Floren der verschiedenen geologischen Epochen fest, sie trachtet den Prozeß der Schöpfung zu errathen und zu erkennen, ob die unzähligen Individuen einer und derselben Art ursprünglich von einem einzigen auf einem bestimmten Punkte der Erde entstandenen Individuum abstammen, oder ob es nicht vielmehr für eine und dieselbe Art verschiedene Schöpfungsmittel= punkte giebt, von wo aus eine jede Pflanze sich ringsumher aus= breitete, bis mit ihrem Dasein unverträgliche Umstände ihren Wanderungen ein Ziel setzten. Diese Bemerkungen werden, hoffe ich genügen, das philosophische Interesse dieser Art von Unter= suchungen darzuthun. Ein Theil des Schleiers ist bereits ge= lüftet, und die Pflanzengeographie läßt einigermaßen die Gesetze erkennen, welche beim Erscheinen der Pflanzen auf dem Erd= balle obgewaltet haben.

1. Die ersten Arbeiten in der Pflanzengeographie.

Es würde schwer halten zu sagen, welcher Autor es ist, dem wir die ersten Begriffe der Pflanzengeographie zu verdanken haben; man findet sie zerstreut bei allen denen, welche, nachdem sie eine Art beschrieben, die Länder aufzählten, worin sie natür= lich wächst; allein diese vereinzelten Bemerkungen bilden wohl einzelne Bausteine der Wissenschaft, aber kein zusammenhängendes Ganze. Linné, dessen Genie alle der Naturgeschichte vorbehaltenen Eroberungen geahnt hat, legte auch den ersten Grund zur Pflanzengeographie und begriff, daß sie eines Tages einen der anziehendsten Zweige derselben bilden würde. In einem Vortrage über das Anwachsen der Erde zeigt er, wie der bewohnbare Boden langsam aus dem Schooße des Meeres emportauchte und sich mit Pflanzen bedeckte, deren Samen nach allen Rich=

tungen von verschiedenen Kräften, als Winden, Flüssen, Thieren,
ja vom Menschen selbst, zerstreut und verbreitet werden. In
einer andern Abhandlung beweist er, daß viele Pflanzen be=
stimmte Standörter einnehmen, indem die einen in fließenden Ge=
wässern, die andern in Sümpfen, noch andere am Meeresstrande
wachsen. Es giebt solche, die sich nur auf dürrem Sandboden
gefallen, solche, welche Schutt und Geröll vorziehen, andere,
welche mit ihren Wurzeln in Steinritzen einbringen und zum
Reiz der Ruinen beitragen, indem sie dieselben mit Blumen
schmücken, wieder andere, die an senkrechten Felswänden empor=
klimmen, während die meisten ein fettes und fruchtbares Erdreich
lieben, wo sie zu vollständiger Entwickelung gelangen können.
Endlich lieferte Linné in einer unter seinem Vorsitz von einem
seiner Zöglinge vertheidigten These Beispiele von Pflanzen=
kolonien, die sich in weiter Entfernung von ihrem ursprünglichen
Vaterlande gebildet hatten. Persönliche Eindrücke verbanden sich mit
diesen wissenschaftlichen Untersuchungen und deuteten auf die male=
rische Seite der neuen Wissenschaft hin. Während seiner Reise
in Lappland wurde die jugendliche Einbildungskraft Linné's *)
durch die zunehmende Verarmung der Pflanzendecke angeregt,
welche zusehends erstarb, je mehr er nach Norden vordrang.
Selbst die Bäume Schwedens, seines kalten Vaterlandes, ver=
ließen ihn nacheinander am Abhange der lappländischen Alpen,
wo nur Kiefern und Birken der Strenge der Winter und der
Unzulänglichkeit der Sommer Widerstand leisten. Im Geiste
verglich er die üppige Vegetation der Tropen mit den unschein=
baren Gewächsen, welche ihn umgaben, und in dem ihm eigenen
klaren und poetischen Style schließt er die Prolegomena seiner
Flora lapponica mit den Worten: „Das Palmengeschlecht herrscht
auf den heißesten Theilen des Erdballs, die Tropenzonen werden

---

*) Im Jahre 1732; er war damals fünfundzwanzig Jahre alt.

von Stauden und Sträuchern bewohnt, ein reicher Pflanzen=
gürtel umgiebt die Gestade von Südeuropa, Scharen grüner
Gräser überziehen Holland und Dänemark, zahlreiche Moos=
geschlechter sind in Schweden zu Hause, die fahlen Algen aber und
weißen Flechten kommen nur im kalten Lappland, dem ent=
legensten aller bewohnbaren Erdstriche, fort. Die letzten aller
Pflanzen bedecken den letzten aller Erdstriche."

Die Veränderung und Verarmung, welche Linné beobachtete,
indem er von Süden nach Norden zog, hatte Tournefort schon
bemerkt, als er die Abhänge des Ararat in Asien bestieg. Am
Fuße des Gebirges traf er die Pflanzen Armeniens an, höher
hinauf die von Italien, noch höher die aus der Umgegend
von Paris, darüber die von Schweden, und endlich in der
Nähe des ewigen Schnees die von Lappland. Buffon, Zeit=
genosse und Nebenbuhler Linné's, charakterisirte, alle diese zer=
streuten Züge zusammenfassend, die Pflanzengeographie in
wenigen Worten so: „Die Pflanzen, welche die Erde bedecken,"
sagte er, „und noch inniger als das grasende Thier ihr
angehören, hängen auch noch mehr als dieses von der
Natur des Klimas ab. Jedes Land, jeder Temperaturgrad hat
seine besondern Arten. Am Fuße der Alpen findet man die
Pflanzen Frankreichs und Italiens, auf ihrem Gipfel pflückt
man die der nordischen Länder. Diesen selben Pflanzen des
Nordens begegnet man auf den eisigen Gipfeln der Gebirge
Afrikas. Auf der Südseite der Berge, welche die Mongolei von
Kaschmir trennen, bewundert man alle Pflanzen Indiens und
ist überrascht, auf der andern Seite nur europäische Pflanzen
zu finden. In den extremen Klimaten gewinnt man auch die
Arzneipflanzen, die wohlriechenden Kräuter, die Gifte und all' die
Gewächse, deren Eigenschaften extreme sind. Das gemäßigte
Klima dagegen erzeugt nur gemäßigte Gegenstände. Die zartesten
Kräuter, die gesundesten Gemüse, die lieblichsten Früchte, die

ruhigsten Thiere, die gebildetsten Menschen sind das Erbtheil dieses glücklichen Klimas."

Es ist klar, daß Linné und Buffon die Pflanzen= geographie vorausgeahnt und bestimmt hatten. Ein bescheidener Abbé, dessen Name zu wenig bekannt ist, sollte die erste An= wendung derselben auf ein besonderes Land machen. In seiner Histoire naturelle de la France méridionale, 1782 erschienen, widmet der Abbé Giraud = Soulavie die Hälfte eines ganzen Bandes der Topographie der Pflanzen, welche der Gegend zwischen dem Mittelländischen Meere und dem Kamm der Sevennen oder des Vivarais angehören, dessen Gipfelpunkt, der Mont=Mezenc, sich 1754 Meter über das Meer erhebt. Für ihn war die Pflanzengeographie eine aus Anschauung entstandene Offen= barung. Eine gebildete Mutter, die seine schwächliche Gesund= heit durch die belebende Luft dieser Berge, an deren Fuße er geboren war, kräftigen wollte, zeigte ihm die Reihenfolge der Zonen, welche sie Arm in Arm mit ihm durchwanderte. Die= ser mütterliche Unterricht hatte sich seinem Geiste eingeprägt, und er machte ihn zum Gegenstande eines der interessantesten Theile seines Werkes. Nachdem er bewiesen hat, daß das Klima, je höher man sich erhebt, desto strenger wird, unterscheidet Soulavie fünf übereinandergelegene und je durch die Orange, die Olive, den Weinstock und Maulbeerbaum, die Kastanien, die Fichten und Alpenkräuter charakterisirte Pflanzenzonen. Be= troffen von dem vorherrschenden Einfluß des Klimas verkennt er doch nicht den des Bodens und hebt ihn hervor, indem er vergleichende Untersuchungen zwischen der Vegetation der granitischen, kalkigen und vulkanischen Gesteine, welche das Gerippe der Gebirge des Vivarais bilden, anstellt.

Einige Jahre nach Erscheinen des Werkes von Giraud= Soulavie ward Frankreich von einem anscheinend verschiedenen, in Wirklichkeit aber von der Wissenschaft, womit wir uns be=

schäftigen, abhängigen Gesichtspunkte aus stubirt. Ein eng=
lischer Landwirth, Arthur Young, welcher der so ehrenwerthen
Klasse der gentlemen farmers angehörte, hatte die drei König=
reiche zu wiederholten Malen bereist und ein Gemälde ihres
Kulturzustandes entworfen. Um den Werth der Ackerbau=
methoden seines Landes zu beurtheilen, mangelte ihm ein ver=
gleichender Maßstab, er beschloß also, Frankreich zu besuchen.
Vier Sommer, von 1787 bis 1790, wurden dieser Reise ge=
widmet. Nicht von einer Lokomotive auf Eisenbahnen, deren
Möglichkeit die kühnste Einbildungskraft damals noch nicht ge=
ahnt hätte, fortgerissen, ja nicht einmal in den schwerfälligen
Postwagen oder den harmlosen Miethskutschen der damaligen
Zeit vollbrachte Young seine landwirthschaftliche Pilgerfahrt.
Diese Beförderungsmittel erschienen ihm noch zu schnell. Young
bereiste Frankreich zu Pferde, immer von derselben Stute ge=
tragen, sich von den Heerstraßen fern haltend, bei einem Meier=
hofe Halt machend, um die Ackerbaumethoden und landwirthschaft=
lichen Geräthe, die Zugpferde und Heerden in Augenschein zu neh=
men, absteigend, um sich mit den Arbeitern, welche er auf den Feldern
fand, zu unterhalten und sich nach Kosten= und Verkaufspreis der
Bodenprodukte zu erkundigen. War seine Wißbegierde befriedigt, so
stieg er wieder zu Pferde und sann auf dem Wege über das,
was er gesehen und das, was er weiter sah, nach. Nachdenken
reiste so langsam die Ergebnisse der Beobachtung und führte
ihn zu Schlüssen, deren Richtigkeit die Folgezeit bestätigt hat.
Zu gleicher Zeit versäumte Young nicht, die Gelehrten, Schrift=
steller und gebildeten Landedelleute, welche in der Provinz
wohnten, zu besuchen. Ist es zu verwundern, daß er Frank=
reich, nachdem es mit einem von unsern Vorurtheilen freien
Geiste und mit einem Maßstabe, wie der Englands,
stubirt hatte, besser beurtheilte als die Franzosen, und
daselbst Entdeckungen machte, die uns selbst eben so neu wie

allen übrigen Völkern waren? Young hat zuerst die so
verschiedenen Klimate unterschieden, ˙welche ˴Frankreich seiner
geographischen Lage und der Bildung seines Bodens verdankt.
Was Giraud = Soulavie so glücklich für das Langueboc voll=
brachte, hat Young für das ganze Königreich geleistet. Er zu=
erst hat die Kulturgrenzen bemerkt, welche man durchschreitet,
indem man von Norden nach Süden und von Süden nach
Norden reist, nämlich die der Olive, des Feigenbaums, des
Mais und des Weinstocks. Er zuerst entwarf eine Karte der
verschiedenen urbaren Bodenarten Frankreichs, er ist demnach zu=
gleich Schöpfer der Ackerbau=Geologie und Geographie, also der
Pflanzengeographie der kultivirten Gewächse. Trotz der in der
ganzen Welt durch die großen Ereignisse des Jahres 1789 her=
vorgerufenen Bewegung machte die Reise Arthur Young's
doch tiefen Eindruck und ist ein vollendetes Vorbild landwirth=
schaftlicher Erforschung eines großen Landes geblieben.

Führen wir nach Arthur Young und Giraud = Soulavie
noch Benedict de Saussure und Louis Ramon b an. Die
Reisen, welche der Erste in die Alpen, der Zweite in die Pyrenäen
gemacht haben, sind, obgleich speziell der Geologie gewidmet,
doch voll von Bemerkungen über die Pflanzentopographie dieser
Gebirge; überall zeigen und würdigen sie den Einfluß der
Höhe, der Lage, des Schutzes sowie der Natur des Bodens
auf den Pflanzenwuchs. Ramond bereitete sich so auf sein
Mémoire sur la végétation au sommet du pic du Midi vor,
worin er zuerst die vollständige Flora eines 2877 Meter über
dem Meeresspiegel erhabenen Gipfels zu schildern suchte. Die Schrif=.
ten Saussure's und Ramond's über die höchsten Gebirge unsers
Kontinents schließen würdig die Reihe der Versuche, welche im
18. Jahrhundert die Erhebung der Pflanzengeographie zu einer
Wissenschaft vorbereiteten.

Zu Anfang des 19. Jahrhunderts stoßen wir zuerst auf

ben Namen des berühmtesten Vertreters dieses Zweiges der
physikalischen und Naturwissenschaften, Alexander von
Humboldt. Der Glanz und die Bedeutung seiner Arbeiten
sind selbst derartig, daß er gewöhnlich als Schöpfer desselben
betrachtet wird. Humboldt ist es auch in der That, der die
engen Grenzen Europas überschritt und die gesammte Welt in
das Bereich unserer Wissenschaft zog. Dank seinen umfassenden
Kenntnissen, hat dieser große Reisende die Pflanzengeographie
mit der Meteorologie, mit der physischen Geographie und mit
der Geologie zu verbinden gewußt, die hinfort ihre unzertrenn=
lichen Gefährten geworden sind. Nach der Rückkehr von seiner
Forschungsreise in die Aequinoctialgegenden, noch voll von den
Kontrasten, welche er zwischen der Vegetation der alten und
der neuen Welt beobachtet hatte, giebt er seine Ideen zu einer
Physiognomik der Gewächse heraus. Malerisch jene Formen
beschreibend, welche der Landschafter auf die Leinwand zu bannen
sucht, und welche dem Aussehen der verschiedenen Erdtheile
einen so mannichfaltigen Charakter verleihen, führt Humboldt
sie auf einige Haupttypen zurück. Er zeigt, daß es das Vor=
herrschen dieser oder jener vegetabilischen Form ist, welche uns
sofort eine bestimmte Gegend erkennen läßt. Kiefern und
Fichten versetzen uns nach dem Norden oder auf die Hoch=
gebirge Europas, Eichen oder Buchen in die gemäßigte Zone,
die Olivenbäume nach dem Süden, die Palmen nach den
Wendekreisen. Das Kap der guten Hoffnung ist das
Vaterland der Haidekräuter, Meriko das der Orchibeen. In
diesem reizenden Werke enthüllt Humboldt die geheime Ver=
wandtschaft, welche die Botanik mit der Malerei und Poesie
verknüpft, denn der Boden, die Erd= und Gebirgsarten sind
überall dieselben, die Vegetation aber ist der wechselnde Schmuck
der Erde. Wenn der Geologe den Fuß auf die Küsten der
neuen Welt setzt, so erkennt er die Gebirge der alten wieder,

dem Botaniker aber ist Alles fremb, der Schmuck der Erde ist nicht mehr derselbe, es ist eine andere Schöpfung, ganz verschieden von der Europas, Afrikas oder Asiens.

Diesem poetischen Versuche ließ Humboldt einen andern ernsterer Art folgen, worin er die wissenschaftlichen Grundlagen zu einer Pflanzengeographie legte. Und damit sie Niemandem entgehen, schreibt er in lateinischer Sprache, der einzigen allgemein verständlichen der gelehrten Welt. Nachdem er die Gesammtzahl der auf der Erdoberfläche verbreiteten Gewächse geschätzt hat, zeigt er die Vertheilung der vier natürlichen, von den Klassifikatoren in der Aequatorialzone, den gemäßigten Ländern und den nördlichen Regionen aufgestellten Gruppen; dies ist die Pflanzen-Arithmetik oder Statistik. Darauf handelt Humboldt von den gesellig wachsenden Pflanzen, sobann von denen, welche dem alten und neuen Kontinent gemeinsam sind, endlich untersucht er den Einfluß des Klimas auf die Vertheilung derselben. Er zuerst zeigt deutlich, daß die gleich weit vom Aequator entfernten und in gleicher Höhe über dem Meeresspiegel liegenden Punkte nichtsbestoweniger verschiedenartige Klimate haben können, während Gegenden, die unter weit von einander entfernten Parallelkreisen liegen, gleichartige Klimate besitzen. So hat Boston, auf der Ostküste Amerikas unter demselben Breitengrade wie Perpignan, eine mittlere Jahrestemperatur von 8°,9, während die von Perpignan 15°,0 beträgt. Baltimore liegt unter demselben Parallelkreise wie Cagliari auf Sardinien; seine mittlere Jahrestemperatur beträgt 11°,6, die Cagliaris 16°,3. Humboldt zeigt, wie sehr die Vegetation von diesen Unterschieden abhängt und wie viele anscheinende Anomalien die nothwendige Folge davon sind. Die geschlängelten Kurven, welche den Erdball umziehen, wenn man sämmtliche Punkte, die eine gleiche mittlere Temperatur besitzen, durch Linien mit einander verbindet, sind von ihm mit dem

Namen Jsothermen bezeichnet worden. So setzt die Jsotherme von Paris (48° 50′ n. Br.) bei Portsmouth, welches unter 50° 48′ n. Br. liegt, nach England, und bei Erasmus=Hall, welches nur 40° 38′ vom Aequator entfernt liegt, nach den Vereinigten Staaten über. Die Karten der Monatsisothermen, jüngst erst von Dove entworfen und Humboldt als Ergänzung seines Werkes ge= widmet, zeigen noch besser, wie sehr die Vegetation durch diese un= gleichmäßige Vertheilung der Wärme über den Erdball beeinflußt werden muß. Nehmen wir die extremen Monate: der Monat Juli ist eben so heiß zu Halifax in Amerika (49° 39′ n. Br.) wie zu London (51° 31′ n. Br.), zu Berlin (52° 31′ n. Br.) zu St. Petersburg (59° 56′ n. Br.) und auf der Ostküste Asiens unter dem 40sten Grade. Auch trifft man dieselbe Temperatur im Juli auf Punkten an, deren Entfernung vom Aequator um 20 Breitegrade oder 500 Stunden von einander abweicht. Andererseits ist der Monat Januar zu Halifax (49° 30′ n. Br.) eben so kalt wie am Nordkap (71° 10′ n. Br.), zu Christiania (59° 55′ n. Br.), zu Asow im südlichen Ruß= land (47° n. Br.), sowie zu Peking in China (39° 54′ n. Br.). Durchschnittlich spürt man also während des Monats Januar eine eben so rauhe Kälte zu Peking, im südlichen Theile von Centralasien gelegen, wie am Nordkap, dem entlegensten Vor= gebirge von Lappland. Diese beiden Punkte liegen 31 Breite= grade, oder 775 Stunden an einem Erdmeridian gerechnet, auseinander. Obige Zahlen genügen, um die Wichtigkeit dieser Angaben für die Pflanzengeographie zu zeigen. Die unglaub= liche Verschiedenheit der Klimate, die einen extrem, durch glühende Sommer und strenge Winter charakterisirt, die andern gleich= mäßig mit gelinden Wintern und darauf folgenden Sommern ohne Hitze, die Zwischenjahreszeiten, Frühjahr und Herbst, verschwindend oder in die andern hinübergreifend, das so ver= schiedene Auftreten des Regens, abwechselnde Dürre oder Feuch=

tigkeit, alle diese Elemente, auf tausendfache Weise verändert
und verbunden, scheinen dem Schoße der Erde die mannich=
faltige Vegetation, womit sie bunt geschmückt ist, entlockt zu
haben. So erweitert und verschärft Humboldt zugleich die
klimatalogischen Gesetze, welche Arthur Young halb und halb
erkannte. Die Vegetationsleiter, von Giraud=Soulavie am
Abhange der bescheidenen Sevennen verfolgt, dehnt er über den
Chimborasso, den Kaukasus, die Pyrenäen, die Schweizer= und
Lappland=Alpen aus, indem er die Gesetze der Temperatur=
abnahme der Höhe gemäß steile Abhänge, isolirte Gipfel
oder sanft ablaufende Vorberge der großen Gebirgsmassive ent=
lang bestimmt.

Als Humboldt sein Werk schrieb, hatte er noch nicht die
nördlichen Gegenden Europas besucht; zwei seiner Zeitgenossen
aber erforschten sie in seinem Sinne. Der erste ist Georg
Wahlenberg. Ein Landsmann und Schüler Linné's, besucht
er das nördliche Schweden, Norwegen und Lappland in den
ersten Jahren des gegenwärtigen Jahrhunderts, dann, begierig,
die Flora des Nordens von Europa mit derjenigen der Schweizer
Alpen zu vergleichen, durchstreift er nach allen Richtungen die
Gruppe von Gebirgen, welche den Vierwaldstättersee umgeben,
sowie die des Kantons Appenzell. Je höher er an ihren Ab=
hängen emporsteigt, desto mehr Pflanzen seines Vaterlandes trifft
er an, und an der Grenze des ewigen Schnees begrüßt er
gerührt die bescheidenen, aber reizenden Blümchen, welche er am
Ufer des Eismeeres gepflückt hatte. Nicht zufrieden mit diesem
Vergleich, will er noch die Karpathen sehen. An den Grenzen
Asiens gelegen, bietet ihm dieses Gebirge eine ähnliche, doch nicht
gleiche Vegetation mit derjenigen der Alpen und der Polargegenden
dar. Den Norden Europas, welchen Linné und Wahlenberg
als Botaniker beschrieben hatten, erforschte ein Freund und Lands=
mann Humboldt's, Leopold von Buch, als Geologe und als

Meteorologe. Seine Reise, im Jahre 1806 unternommen, ist ein wissenschaftliches und litterarisches Meisterwerk zugleich. Man kann nicht besser beobachten, als es Buch gethan hat, und es möchte schwer halten, anziehender die großartigen und düstern Bilder der nordischen Natur wiederzugeben.

Nachdem einmal durch die Schriften Linné's, Humboldt's, Leopold's von Buch und Wahlenberg's den Gelehrten der Anstoß gegeben war, drang die Pflanzengeographie allmälig in Arbeiten ein, die bis dahin nicht die mindeste Spur davon aufzuweisen gehabt hatten. Die Schriftsteller der Flora eines Landes suchten das Pflanzengebiet in der Gegend, deren Arten sie beschrieben, zu charakterisiren, sie bemerkten die Höhe, bis zu welcher sich gewisse Alpenpflanzen erheben, unterschieden die Standörter der übrigen und zeigten genauer die geographischen Grenzen einer jeden von ihnen an. De Candolle lieferte in seiner Flore française und in seinem Mémoire sur la géographie des plantes de la France considérées dans leurs rapports avec la hauteur vortreffliche Muster dieser Art. Einige Jahre später faßte er im Dictionnaire des sciences naturelles in dem Artikel über die géographie botanique den Stand unserer Kenntnisse über diesen Gegenstand zusammen. So entwarf er das Programm eines Werkes, womit sein Sohn fünfundzwanzig Jahre später die Wissenschaft beschenken sollte. Bald 'darauf gab ein dänischer Gelehrter, Schouw, eine vollständige Abhandlung über Pflanzengeographie heraus, worin die Grenzen der wildwachsenden und kultivirten Pflanzen sorgfältig gezogen und mit den Isothermlinien, von denen die Rede gewesen, in Verbindung gesetzt wurden.

Während der ganzen Dauer der Republik und des Kaiserreichs blieben die Meere den Kontinentalvölkern Europas verschlossen. Reisen waren schwierig und gefährlich, die Unfälle des Krieges kamen zu denen der Schifffahrt hinzu. Nur mit

unendlicher Mühe hatten die französischen Gelehrten der ägyp=
tischen Expedition vermocht, ihre Manuscripte und Sammlungen
zu retten. Einzelne Reisende, wie Leschenault be la Tour,
Dupetit=Thouars, Broussonnet, Michaur, Bory be Saint=
Vincent kehrten erst, nachdem sie tausend und aber tausend Un=
fälle erlitten, nach Frankreich zurück. Der Friede von 1815
erschloß die Welt den Naturforschern. Die großen Nationen
ordneten Erdumsegelungen an. Botaniker, die daran Theil
nahmen, sahen die Kontraste der Vegetation an sich vor=
überziehen, deren Schilderung sie in den Reisewerken Lord
Anson's, Cook's und Bougainville's entzückt hatte. Auf den
Kanarischen Inseln Gehölze von Lorbeer= und Orangen=
bäumen, von Euphorbien und Opuntien mit sonderbaren
Formen, in Brasilien die üppigste Vegetation der Welt, Palmen,
Bananen, Baumfarne, am Kap Horn einige krüppelhafte vom
Winde gekrümmte Stauden und grüne Rasenplätze, an die des
nördlichen Europa erinnernd, auf den Inseln der Südsee
Kokospalmen von sandigen in's Meer verlaufenden Gestaden
emporstrebend, in Australien eine seltsame Vegetation, so ver=
schieden von der der ganzen übrigen Welt, daß sie den geologischen
Epochen, welche dem Erscheinen des Menschen auf der Erde
vorangegangen, anzugehören scheint, in Indien die riesigen
Feigenbäume, prachtvollen Blüthen und breiten Blätter, am
Kap der guten Hoffnung Haidekräuter, Zamien, Proteen,
Stauden mit harten und weißlichen Blättern, das waren die bota=
nischen Eindrücke, welche selbst die schnellsten Erdumsegelungen
in der Vorstellung der Reisenden zurückließen.

Zu gleicher Zeit gaben sich die Botaniker Mühe, sämmt=
liche Pflanzen, welche in einem Lande wachsen, zu sammeln, sie
brachten die Produkte desselben mit heim, denen dann, von
Stubengelehrten beschrieben, in dem unermeßlichen Inventar
der Natur ihre Stelle angewiesen wurde. So ward, um nur

einige Beispiele anzuführen, Japan, das im vorigen Jahrhundert
von Kämpfer und Thunberg besucht worden war, sieben Jahre
lang von Siebold erforscht, der Blumenzüchter Fortune wußte
sich in China Zutritt zu verschaffen und botanisirte zwischen
den Rabatten der Mandarinen, von denen er uns so viel Zierpflanzen mitgebracht hat, Bunge drang in die Mongolei ein.
Das asiatische und europäische Rußland, durch Pallas' Reisen
veranschaulicht, ward in allen seinen Theilen von Ledebur, von
von Baer, Erman, Dûbois be Montpéreur und Hommaire be
Hell besucht.

Im Mittelalter war der Orient der große Markt Venedigs,
das Land des Goldes und der Edelsteine, das Kalifornien der
damaligen Zeit, welches alle Glücksritter anzog. Rauwolf,
Belon, Buxbaum und Tournefort waren die Ersten, welche
nur Blumen halber dahin gingen. In neuerer Zeit haben Michaud
Persien, Aucher=Eloy, Tchihatchef und Graf Jaubert Kleinasien
besucht. Griechenland ist durch Sibthorp und Bory be Saint
Vincent, Arabien durch Forskal, Syrien durch Labillarbière
erforscht worden. Indien, diese Wiege der Religion und der
europäischen Völkerstämme, den Holländern nur obenhin bekannt,
ward von Leschenault be la Tour, Rorburgh, Wight, Jacque=
mont, Blume, Royle, Griffith, Perrottet und in ganz neuester
Zeit von Hooker dem Sohne durchwandert.

Afrika, dieses verderbliche Land, das Grab so vieler Reisenden,
ist allmälig erschlossen worden. Die französischen Heere haben im
Jahre 1800 durch die zeitweilige Eroberung Aegyptens, im
Jahre 1830 durch die dauernde Besitzergreifung Algeriens, den
Weg dahin eröffnet. Desfontaines, Vahl, Poiret, Schousboe,
Broussonet hatten diese damals den Türken unterworfenen
Gegenden bereits durchstreift. Delile hat die Flora Aegyptens,
das seit ihm von Ehrenberg und Bové besucht wurde, zusammen=
gestellt. Bruce, Caillaud, Schimper, d'Abbadie, Lefèvre und

Dillon sind in Nubien und Abyssinien eingedrungen. Adanson, Palisot de Beauvois, Oudney, Denham und Clapperton, Leprieur, Perrottet und Christian Smith haben die Westküste Afrikas bekannt gemacht, Sparmann und Burchell das Kap der guten Hoffnung; Leopold von Buch, Bowditch, Webb und Berthollet haben ein vollständiges Gemälde der Pflanzenwelt von Madeira und der Gruppe der Kanarischen Inseln entworfen.

Nordamerika, von Kalm, Pursh, Michaux, Vater und Sohn, Nuttal, dem Prinzen zu Neuwied und Douglas besucht, bedarf keiner Unterstützung von Seiten europäischer Botaniker mehr. Jeder Staat besitzt sein eigenes wissenschaftliches Personal und giebt das vollständige Bild seiner Natur= und Ackerbau= Produkte heraus.

Südamerika, das Eldorado der Botanik, im vorigen Jahr= hundert von Marcgraf, Pison, Pater Feuillée, La Condamine, Joseph de Jussieu, Löfling, Mutis und Aublet enthüllt, hat noch nicht die Hälfte seiner Reichthümer ausgeliefert. Doch haben Auguste de Saint=Hilaire, von Martius, Pohl, Lund und Gardner uns die Vegetation Brasiliens, Galeotti die Mexikos, Pöppig und Claude Gay die Chilis und Perus, Richard und Leprieur die Pflanzen des französischen Guyana, Schomburgh die des eng= lischen Guyana, Linden die Kolumbiens kennen gelehrt. Herr Ramon de la Sagra, von verschiedenen Mitarbeitern unterstützt, hat uns eine vollständige Beschreibung der Insel Kuba gegeben. Die Antillen, im vorigen Jahrhundert von Sloane, Plümier, Jacquin und Swartz in Augenschein genommen, sind neuerdings von Tussac, Poiteau und Turpin besucht worden. Dumont d'Urville und Gaubichaub haben Kunde von der antarktischen Flora des Feuerlandes und der Maluineninseln gegeben, eisiger Striche, welche auf der südlichen Erdhälfte das Gegenstück zu Lappland und den benachbarten Inseln des Nordpols bilden. Endlich hat Dalton Hooker die Pflanzen der äußersten Südländer, welche

von James Roß entdeckt wurden, und die ein unübersteiglicher
Eiswall vielleicht aufs neue lange Zeit der Wißbegierde der
Reisenden entziehen wird, gesammelt und beschrieben.

Alle diese Naturforscher haben die Pflanzengeographie
befördert, die einen unmittelbar durch die Beschreibungen
und Schilderungen, die sie von der Vegetation der von ihnen
bereisten Länder entwarfen, die andern, indem sie getrocknete
oder lebende Pflanzen, Früchte, Samen und Zeichnungen
mit nach Hause brachten, Materialien, die nach ihrer Rück=
kehr von ihnen selbst oder von europäischen Gelehrten bearbeitet
wurden.

Während diese unermüdlichen Vorkämpfer der Wissenschaft
tausend Gefahren, tausend Widerwärtigkeiten und Beschwerden
trotzten, um ferne und unbekannte Gegenden zu erforschen, war
Europa der Schauplatz einer andern Art von Untersuchungen, die
allerdings weniger glänzend, doch nicht minder gewinnreich für
die Wissenschaft waren. Botaniker ließen sich angelegen sein, die
Vegetation eines Landes, einer Insel, einer Provinz, ja selbst
der Umgegend einer Stadt gründlich kennen zu lernen. Sie
bemühten sich, sämmtliche Pflanzen, welche daselbst wild wachsen,
zu sammeln, dabei die Standpunkte, wo sie sich finden, ihre
Ausdehnung nach Norden, Süden, Westen oder Osten be=
merkend; sie unterschieden die einheimischen Pflanzen von den
eingeführten, die dem Lande eigenthümlichen Arten von denen,
welche ihnen mit andern entfernten oder angrenzenden Gegenden
gemein sind. Die Pflanzenzonen, welche sich an den Abhängen
der Gebirge Schottlands oder Skandinaviens, der Alpen,
Pyrenäen, Apenninen, des Aetna, der Sierra Nevada von
Spanien über einander lagern, wurden sorgfältig mit Hülfe
des Barometers bestimmt. Bis über die Grenzen des ewigen
Schnees hinaus verfolgte man die letzten Spuren der schwindenden
Vegetation. Auf der andern Seite brachten Franklin, Roß

und Parry von den Polarländern die bescheidenen Blumen mit, welche ein zweimonatlicher eben so kalter Sommer wie der Winter von Paris ist, auf den äußersten Eilanden von Spitz= bergen und hinten in der Baffinsbai zur Entfaltung bringt. Die Botaniker sahen voll Staunen und Verwunderung gewisse Arten, welche gleichmäßig die Wärme fürchten, am Strande des Eismeeres und an der Grenze des ewigen Schnees, in den Alpen, den Pyrenäen, dem Kaukasus und der Sierra Nevada fortkommen.

Der Einfluß des Bodens auf den Pflanzenwuchs, diese Lebensfrage des Ackerbaues, ward von den Botanikern, den Chemikern und den Geologen in Betracht gezogen, sie suchten den Antheil der physischen Beschaffenheit der Erdarten, ihrer Aggregationsweise, ihrer Dichtigkeit, ihrer Durchbringlichkeit zu bestimmen, andere wandten ihr Augenmerk der chemischen Mischung des Bodens zu, welche sie als überwiegend betrachte= ten. Endlich fanden Philologen und Gelehrte in den ältesten Werken der Hindus, Chinesen und Juden die Namen und zu= weilen die Beschreibung der dazumal bekannten Pflanzen wie= der, woraus sie das Vorhandensein oder Nichtvorhandensein dieser Arten in gewissen Gegenden seit den fernsten Zeiten, deren die Geschichte Erwähnung thut, ableiteten.

Diese gehäuften Nachforschungen haben alle die gegen= wärtige Pflanzengeographie, mit jener Gesammtheit von Begriffen und Grundsätzen, wie sie Herr Alphonse de Candolle in einem neuern Werke zusammenfaßt, gebildet. Indem wir mit ihm die letzten Arbeiten der Botaniker zergliedern, werden wir die Grenze zu ziehen vermögen, welche die heutige Wissen= schaft von den genialen, aber lückenhaften Versuchen der Schöpfer der Pflanzengeographie scheidet. Am Ende dieses Jahrhunderts, wenn die Vegetation der gesammten Welt erst noch besser be= kannt, wenn die Geographie, die Meteorologie, die physische

Geographie, die Geologie noch weiter vorgeschritten sein werden, wird das Jahr, in dem ich schreibe, seinerseits möglicher Weise als Grenze für den Abschnitt dienen, wo die Wissenschaft des 20ſten Jahrhunderts beginnt. Die erſten Anſtrengungen der Gründer der Pflanzengeographie, ihre Arbeiten, ihre Reiſen werden alsbann dem wiſſenſchaftlichen Publikum unbekannt und nur noch einigen Gelehrten bekannt ſein, gerade wie die Grund= mauern eines antiken Gebäudes, welche in der Tiefe der Erde verborgen liegen, nur dann und wann von einem für ſeine Kunſt begeiſterten Architekten durchwühlt werden, während Jedermann den ſichtbaren Theil bewundert, dem ſie als Baſis dienen, und der ohne ſie dem erſten Anſtoß von Seiten des Menſchen oder der Zeit gewichen ſein würde.

2. Pflanzenstatistik. — Verschiedene Einflüsse, welche die Vertheilung der Pflanzen auf der Erdoberfläche bestimmen.

Wie hoch beläuft ſich die Geſammtzahl der auf der Ober= fläche des Erdballs verbreiteten Arten? Die Antwort iſt ſchwie= rig. Viele Gegenden ſind bis jetzt noch nicht erforſcht, andere kaum, und ſelbſt in den am meiſten unterſuchten Ländern ent= deckt man alljährlich neue Pflanzen. Nun läßt ſich die Ge= ſammtzahl der vorhandenen Arten wohl nur aus der der be= kannten Arten ableiten. Die Schätzungen der Naturforſcher ſind daher nothwendig in dem Maße abgewichen, als das Ver= zeichniß des Pflanzenreichthums auf der Erde angewachſen iſt. Im Jahre 1753 kannte Linné 6000 Arten, im Jahre 1807 zählte Perſoon deren 26,000, im Jahre 1824 gab Steubel die Zahl der Arten auf 50,000 und im Jahre 1844 auf 95,000 an. Wir übertreiben keineswegs, wenn wir behaupten, daß die Bücher und Herbarien gegenwärtig etwa 120,000 enthalten.

2*

Von der Zahl der beschriebenen Arten haben die Botaniker nach einander Schlüsse auf die Gesammtzahl der vorhandenen Arten gezogen. Im Jahre 1820 schätzte sie be Candolle auf 110,000 bis 120,000. Sechszehn Jahre später nahm Meyen, ohne der Uebertreibung beschuldigt werden zu können, sie zu wenigstens 200,000 an. Durch geistreiche Berechnung des von einer bestimmten Art auf dem Erdboden eingenommenen Raumes beweist uns Herr Alphonse de Candolle im Jahre 1856, daß diese Zahl nicht gut unter 400,000 bis 500,000 betragen könne, eine Ziffer, die vollkommen im Einklang mit der beständig wachsenden Anzahl neu hinzukommender Pflanzen steht, welche die Reisenden aus allen Theilen der Welt zusammenbringen. Welch ein Feld für die menschliche Wißbegierde, welche Heraus= forderung aber auch für die hartnäckigste Arbeit, unterstützt von dem glücklichsten Gedächtnisse!

Das Pflanzenreich scheidet sich naturgemäß in zwei große Zweige: phanerogamische Gewächse, d. h. solche, welche sicht= bare Blüthen tragen und im Augenblicke der Befruchtung Keim= blätter oder Samenläppchen, Kotyledonen genannt, zeigen. Daher der Name kotyledonische Gewächse, welchen Jussieu ihnen beigelegt hat. Sämmtliche Bäume, sämmtliche Stauden und die große Mehrzahl der Kräuterpflanzen gehören diesem Zweige an. Die Farne, Moose, Flechten, Schwämme, alle jene niedrigen blüthenlosen Gewächse, die größtentheils eine unvoll= kommene Skizze der Natur zu sein scheinen, gehören zum zweiten Zweige. Bei diesen unvollkommenen Gewächsen sind die Blüthen vorhanden, doch versteckt, woher sie den Namen Kryptogamen haben. Sie keimen alle ohne Samenlappen oder Kotyledonen. Daher der Name Akotyledonen, den sie von Jussieu erhalten haben.

Der erste Zweig, der der kotyledonischen Gewächse, zerfällt seinerseits in zwei große Klassen: die bikotyledonischen

Gewächse, welche mit zwei Samenlappen oder Kotyledonen keimen (diese Klasse umfaßt sämmtliche Bäume und Stauden Europas, sowie die Mehrzahl der Kräuterpflanzen sämmtlicher Regionen), sodann die **Monokotyledonen**, die im Augen= blicke, wo sie aus der Erde hervorkommen, nur einen Samen= lappen zeigen. Dieser Klasse gehören die Palmen der Tropen= gegenden, unsere Zwiebelgewächse, wie Lilien und Tulpen, die Gräser, unter anderen die Cerealien und diejenigen Kräuter, welche den Grundstock der Wiesen bilden, endlich die Binsen und Rohrpflanzen unserer Sümpfe und Moräste an.

Diese Klassen zerfallen wieder in **Familien**, die durch die Vereinigung von Pflanzen gebildet werden, welche in der Bildung ihres Samens, ihrer Frucht und der verschiedenen Theile ihrer Blüthe einander ähnlich sind. Die Familie der Malvaceen besteht aus allen der Malve ähnlichen Pflanzen, wie dem Eibisch, der Zitterrose, der Baumwollenstaude u. s. w. Die Familie spaltet sich in **Gattungen** oder Vereine von Arten, welche nur noch durch untergeordnete Merkmale von geringerer Bedeutung als diejenigen, welche die Familien unter= scheiden, von einander abweichen. So unterscheiden sich bei dem angeführten Beispiele die Arten, welche der Gattung Baum= wollenstaude angehören, von denen der Gattung Malve durch den Bau der Frucht und des Samens. Bei der Baumwollenstaude ist der Same von jenen Härchen umgeben, woraus der menschliche Gewerbfleiß so großen Nutzen zieht, der Same der Malve ist davon entblößt. Die Gattung endlich besteht aus **Arten**, d. h. aus Pflanzen, die sich einander sehr ähnlich sind, so daß ein wenig geübtes Auge sie zuweilen unter ein und demselben Namen mit einander verwechselt, die der Botaniker aber an zu= weilen unbedeutenden, immer aber unveränderlichen Merkmalen zu unterscheiden weiß. Die Species selbst umfaßt sämmtliche **Individuen**, welche unter sich gleich sind, oder sich nur durch Nüancen unterscheiden, welche vom Boden, vom Klima, von der Kultur abhängen, und verschwinden, sobald die Indiviuen in andere Umstände versetzt, oder entgegengesetzten Einflüssen unterworfen werden.

Möge man mir diese etwas trockenen, aber für das Verständniß dieses Studiums unerläßlichen Definitionen verzeihen. Sollte es mir nicht gelungen sein, mich verständlich zu machen, so wird ein Gleichniß Alles klar machen. Das Pflanzenreich ist eine Armee, die Zweige sind die verschiedenen Korps, woraus sie besteht, die Klassen die Infanterie, die Kavallerie, die Artillerie, das Genie, die Familien die Regimenter, die Gattungen die Bataillone, die Arten die Kompagnien, bestehend aus den Individuen, welche sich sämmtlich an Größe, Uniform und Bewaffnung gleichen.

Wir sagten, daß man im Jahre 1844 95,000 Arten gekannt habe; unter diesen sind 80,000 Phanerogamen oder Kotyledonen, 15,000 Kryptogamen oder Akotyledonen. Unter den Kotyledonen gehören 65,000 den Dikotyledonen, 15,000 den Monokotyledonen an. So ist das Budget der Erdflora beschaffen, das Zahlenverhältniß der diesen großen Theilen des Pflanzenreiches angehörenden Arten aber schwankt je nach den verschiedenen Zonen des Erdballs. Je mehr man nach Norden vordringt, desto mehr nimmt die Zahl der Kryptogamen, je mehr man sich dem Aequator nähert, die der Phanerogamen zu. In den kalten oder gemäßigten Zonen sind die Kryptogamen niedrige Gewächse, die sich kaum über die Oberfläche des Bodens erheben, in den heißen Gegenden der Tropen scheinen zierliche baumartige Farne, wie Palmen hoch, die Macht der Sonne zu verkünden, welche die Pflanzenformen vergrößert und veredelt.

Das Verhältniß der Monokotyledonen zu den Dikotyledonen ist gleich dem der vorigen von Humboldt festgesetzt worden. Das Verhältniß der Monokotyledonen nimmt in der

Richtung vom Aequator zum Pole zu. So ist es in der tro=
pischen Zone wie 1:6 beschaffen, d. h. auf 7 Pflanzen kommt
nur Ein Monokotyledon; in der gemäßigten Zone steigt es auf
1:4 und in den kalten Regionen auf 1:3, indem der Botaniker
dort Aussicht hat, auf je vier Pflanzen Ein Monokotyledon anzu=
treffen. Diese Gesetze treffen aber nur im Allgemeinen zu.
Betrachtet man besondere Länder, so findet man sie in der einen
oder anderen Richtung verändert. Auf Spitzbergen z. B. zähle
ich 93 Phanerogamen, nämlich 66 Dikotyledonen und 27 Mono=
kotyledonen, was, wie man sieht, ein Verhältniß bildet wie
3,4:1. Auf der Insel Melville, im Hintergrunde der Baffins=
bai, bei einem noch rauheren Klima, gestaltet sich das Verhält=
niß wie 1:2, d. h. wie das Einfache zum Doppelten; dasselbe
ist der Fall auf Island, den Färöerinseln und auf der andern
Erdhälfte, auf den Maluinen. Ein physisches Element, die
Feuchtigkeit, bewirkt eine Zunahme der relativen Zahl der Mono=
kotyledonen und eine Verminderung der Dikotyledonen.

Wollten wir diesen Gegenstand erschöpfen, so müßten wir
untersuchen, in welchem Verhältniß die verschiedenen Familien
des Pflanzenreichs, wie Gräser, Schoten= und Dolbengewächse zur
Gesammtheit der Flora eines Landes stehen, und würden sodann
die Vertheilung der Gattungen, ihre bezügliche Zahl, wie auch
den Flächenraum, den sie auf dem Erdball einnehmem, unter=
suchen; diese Untersuchung würde aber speziellere Kenntnisse
voraussetzen, als sie sich bei den meisten Lesern finden. Wir
gehen daher ohne weiteres zur Analyse der physischen Kräfte
über, welche die Vertheilung der Gewächse auf der Oberfläche
des Erdballs bestimmen.

Es giebt nichts Mannichfaltigeres und Verwickelteres, als
den Einfluß dieser physischen Kräfte, welche sich gegenseitig
unterstützen, modifiziren oder aufheben. Die dunkle Wärme
wirkt nicht wie die von Licht begleitete Wärme, eine feuchte

Wärme bringt Wirkungen hervor, welche benen ber trockenen Wärme geradezu entgegengesetzt sind. Prüfen wir also biese verschiedenen Elemente jebes für sich.

Das Wachsthum einer jeden Art entspricht einem bestimmten Abschnitte ber thermometrischen Skala. Unter einem gewissen Kältegrabe kommt bie Pflanze um, ebenso stirbt sie, wenn bas Thermometer einen gewissen Wärmegrab übersteigt, sie ge= beiht nur innerhalb fester unb unwanbelbarer Temperatur= grenzen. Diese thermometrische Skala ist bei weitem nicht für alle Pflanzen ein unb bieselbe, bas Pflanzenreich bietet in bie= ser Beziehung unenbliche Verschiebenheiten bar. Die Lärche, bie Zwergbirke halten eine Kälte von 40 Graben unter Null aus, bie bas Quecksilber zum Gefrieren bringen, währenb eine große Anzahl von Palmen, tropischen Orchibeen ober baum= artigen Farnen erliegen, wenn bas Thermometer noch 10 Grab über Null anzeigt. Es giebt Pflanzen, welche auf bem Sanbe ber afrikanischen Wüsten wachsen, bessen Hitze oft 60 bis 80 Grab C. erreicht, währenb norbische ober Alpenpflanzen ver= welken, wenn bas Thermometer sich mehrere Tage lang auf 10 Grab über Null hält. Doch ist noch ein anberer wichtiger thermometrischer Punkt in Betracht zu ziehen, ber nämlich, wo eine jebe Art ins Wachsthum zu treten beginnt. Allerbings vermögen Pflanzen eine Kälte von 15 Graben unter Null aus= zuhalten unb geben boch nicht eher Lebenszeichen von sich, als bis bas Thermometer 6 barüber zeigt. Welcher Freunb ber Berge hätte nicht mit Entzücken bie Sarifragen unb Solbanellen in Blüthe gesehen, benetzt von bem Wasser, bas von ben ewigen, weithinschimmernben Schneegefilben ber Alpen herabrieselt. Dieß Wasser nun besitzt eine nur um wenige Zehntel Null über= steigenbe Temperatur, währenb bie ber Luft nicht über 5 ober 6 Grabe beträgt. Ich habe bie Dattelblume (Soldanella alpina) selbst unter Schneehöhlen, bie von allen Seiten fest verschlossen waren, gefunden. In diesen Höhlungen ist die Temperatur der Luft wie des Wassers nothwendig gleich Null, und doch ist diese niedrige Temperatur genügend, die Dattelblume keimen und blühen zu lassen. Andererseits sind die Kokospalmen und die Pflanzen der heißen Zone unempfindlich gegen Temperaturen, die nicht 15 oder 20 Grade erreichen. Jedes Frühjahr haben wir den Beweis für diese lange verkannten Wahrheiten vor uns. Wir sehen die Pflanzen unserer Gärten nach einander zum Treiben gelangen, sobald das Thermometer bis zu dem Grade steigt, wo die Wärme sich wirksam auf ihre Lebenskraft äußert. Jede Art hat also ihr besonderes Thermometer, dessen Nullpunkt der niedrigsten Temperatur entspricht, bei der ihr Wachsthum noch möglich ist. Dieser Nullpunkt steht aber immer über dem unserer Thermometer, welcher der Temperatur des schmelzenden Eises entspricht.

Ist die Pflanze einmal im Treiben begriffen, welche Wärme ist alsdann erforderlich, um die Entfaltung der Blumen und das Reifen der Früchte herbeizuführen? Lange glaubte man, daß man zur Lösung dieser Frage gelangen würde, wenn man die mittlere Wärme des Frühlings, Sommers, Herbstes oder der zwölf Monate des Jahres in verschiedenen Ländern mit einander vergliche. Wenn man, hieß es, in den Gärten von Nordfrankreich nicht die Akazie Konstantinopels, die Aloe Mexikos, das Nelumbium oder die Lagerstroemia Indiens bewundert, so rührt dies daher, daß die Sommer nicht heiß genug sind, um die Entfaltung ihrer Blüthen herbeizuführen, welche im Süden Europas niemals ausbleibt. Wenn man den Weinstock im Westen Frankreichs und im Norden der Vendée nicht anbaut, so rührt dies, meinte man, daher, daß die Temperatur des Sommers und des Monats September zu niedrig ist, um die Trauben zur Reife zu bringen, denn an den Ufern des Rheins und der Mosel, wo man vortreffliche Sorten ge=

winnt, find die Winter ftrenger als in der Bretagne und in
der Normandie, dagegen find die Sommer dafelbft viel heißer.
Annähernd erklärt die Wärme der Jahreszeiten allerdings den
Unterfchied der Vegetation in Gegenden mit entgegengefetzten
Klimaten, diefe Grundfätze verfagen aber, fobald man fie ftreng
auf ein befonderes Gewächs anwenden will. Nehmen wir z. B.
diejenige Getreidepflanze, welche fich am weitesten nach Norden
erftredt, die fultivirte Gerfte. Ehemals glaubte man, daß die
Kultur der Gerfte da aufhöre, wo die Sommerwärme nicht
hinreiche, das Korn zur Reife zu bringen; aber wenn man fo
urtheilt, findet man, daß die Gerfte noch in Ländern reift, wo
die Sommer eine fehr verfchiedene Temperatur befitzen, und nicht
mehr in andern reift, wo fie höher als in erfteren fteigt. So
beträgt auf den Färöerinfeln (62° n. Br.), der äußerften
Grenze der Gerftenfultur unter dem Meridian der britifchen
Infeln, die mittlere Sommertemperatur 12° 1. Zu Alten in
Lappland (70° n. Br.) beträgt dies Mittel 10° 0, und zu Jafutsf
in Sibirien (62° n. Br.) fteigt fie bis zu 16° 0. Herr Kupffer
hat den Einfluß der Temperaturen und der Regengüffe des
Frühlings und des Herbftes hervorgehoben, welche das Keimen
verzögern oder befchleunigen, das Reifen des Kornes begünftigen
oder verhindern. Wir felbft haben gezeigt, daß die beftändige
Gegenwart der Sonne über dem Horizont unter dem 70. Breite=
grade die geringere Sommerwärme aufwiegt. Außerdem hat
man die Tage mit bedecktem und mit heiterm Himmel zufammen
gerechnet, allein trotz all diefer Betrachtungen gelangt man doch
nicht zu völlig übereinftimmenden Zahlen. Man fragt fich
immer, warum die Gerfte auf den Färöerinfeln und in Lapp=
land, aber nicht in Sibirien reift, wo die Sommer wärmer
find. Will man zu einer befriedigenden Uebereinftimmung ge=
langen, fo muß man zu der von Réaumur angezeigten und
feitdem von den Herren Bouffingault, Quetelet, Gasparin und

Alphonse de Candolle angewandten Methode, der Wärme=
summen greifen. Verständigen wir uns. Das Keimen der
Gerste beginnt, wenn das Thermometer 5 Grade C.
übersteigt; man wird also sämmtliche unter diesem Grade bleibende Tem=
peraturen nicht in Rechnung ziehen, sondern die mittleren
Temperaturen eines jeden Tages, an dem das Thermo=
meter fünf Grade übersteigt, zusammen abbiren und auf
diese Weise die Summe der angehäuften Wärme erhalten, welche
nöthig ist, um die Gerste alle Phasen ihres Wachsthums vom
Keimen bis zur Kornreife durchlaufen zu lassen. Nun ist es im
Grunde vernünftig, die Wirkung der Wärme auf eine Pflanze mit
derjenigen zu vergleichen, welche sie auf die unorganischen Körper
hervorbringt. Damit das in einem Gefäße enthaltene Wasser
zum Sieden gelange, muß sich gleichfalls eine gewisse Menge
von Wärme ansammeln, welche dieses Wasser zur Temperatur
von 100 Graden bringt. So verfahrend, beweist Herr Alphonse
de Candolle, daß in den hohen Breiten die Gerste reift, wenn
sie eine Wärmesumme von 1800 Graden empfängt, mögen die
Mittel von Frühling, Sommer und Herbst übrigens sein,
welche sie wollen.

Der Weizen fängt an zu wachsen, wenn die Temperatur
6 Grade über Null erreicht. In Mitteljahren beobachtet man
dieses Mittel zu Orange den 1. März, zu Paris den 20. März,
zu Upsala den 20. April. Damit das Korn zur Reife gedeihe, be=
darf es einer Wärmesumme von etwa 2000 Graden; diese Summe
ist meist erreicht und man erntet demgemäß im allgemeinen zu
Orange den 25. Juni, zu Paris den 1. August und erst den 20. Aug.
zu Upsala. Der Mais erfordert zum Reifen eine Summe von
2500 Graden von 13 Graden an gerechnet, der Weinstock, wenn er
ein trinkbares Gewächs liefern soll, 2900 Grade von dem Tage
an gerechnet, wo das Mittel 10 Grade im Schatten beträgt.
Beobachtungen für die Tropengewächse mangeln uns, doch ist

es wahrscheinlich, daß mindestens 6000 Grade erforderlich sind, damit der Dattelbaum zuckersüße Früchte liefere. Die Kokos=palme, der Muskatbaum erfordern noch höhere Summen. Da die Natur aber gewollt hat, daß auch die kältesten Regionen ihren Schmuck besäßen, so begnügen sich die Alpen= und Polar=pflanzen, um ihre Blätter und Blüthen zu entwickeln, mit 50 bis 300 Graden. Nun begreift man, warum gewisse Pflanzen in einem Lande leben, ohne Blüthen zu treiben, andere, ohne Früchte zu tragen, nämlich, weil die Wärmesumme, welche genügt, um ihre Blätter zu entwickeln, nicht auch genügt, um ihre Blüthen zur Entfaltung, noch weniger um ihre Früchte zur Reife zu bringen.

Der Einfluß der Temperatur auf die Vegetation ist so groß, daß sich kaum einige kosmopolitische Arten anführen lassen; die meisten bewohnen eine bestimmte Zone; die Kälte hindert sie, dieselbe nordwärts, die Wärme, südwärts zu über=schreiten, alle haben eine Polar= und eine Tropengrenze. Nehmen wir z. B. die Waldbäume. Des Holzes wegen, das sie der In=dustrie liefern, geschont, ist ihre Polargrenze der Punkt, wo sie die Strenge des Winters nicht mehr zu ertragen ver=mögen, ihre Tropengrenze die, wo Hitze und Trockenheit zu stark sind, um sich derselben anzupassen. Herr Schouw hat diese Polargrenzen auf einer Karte von Europa gezogen. Von Süden nach Norden zugehend, sieht man erst die Korkeiche, dann den Lorbeer, die Myrte, die italienische Pinie und die Cypresse, sodann den Kastanienbaum, die Buche und die Eiche, die Fichte, endlich die Kiefer, die Lärche und die Birke ver=schwinden, welche letztere im westlichen Europa bis zum Nordkap hinaufgeht. Die Trockenheit hindert die Bäume noch mehr als die Wärme an ihrer Ausdehnung gen Süden; sie ist es, welche die Buche von den Ebenen des mittäglichen Frankreichs, Spaniens,

Italiens, Griechenlands und von den Küsten des Schwarzen Meeres verbannt.

Diese Thatsachen führen uns ganz natürlich darauf hin, den Einfluß der Feuchtigkeit auf die geographische Vertheilung der Gewächse zu betrachten. Das Wasser ist in der Luft in mehren Zuständen vorhanden: 1) im Zustande von unsichtbarem Dampf, 2) unter der Form von Nebel, Thau, Regen und Schnee. Die warme und feuchte Luft ist dem Wachsthum gemeiniglich günstig, die kalte und trockene nachtheilig. Zu häufige Nebel fangen die Sonnenwärme und das Sonnenlicht auf, rufen die Entwickelung der Schmarotzergewächse hervor und sind den meisten Pflanzen feind; ihr Einfluß beschränkt sich auf die kalten Gegenden. Die Häufigkeit und Vertheilung des Regens in den verschiedenen Jahreszeiten aber hat auf die Vertheilung der Pflanzen in allen Zonen einen eben so entschiedenen Einfluß, als die Temperatur. Die regenlosen Sommer der Mittelmeerregion und des östlichen Europas hindern die Gewächse an ihrer Ausdehnung nach Süden, wir haben die Buche, die normännische Fichte, den Spindelbaum angeführt; eine große Anzahl einjähriger Arten befindet sich im gleichen Falle. Man begreift in der That, daß diese Pflanzen sich in einer Gegend nicht halten, wenn ihr Keimen im Frühjahr nicht durch Regengüsse hervorgerufen wird oder auch wenn sie auf dem Halm vertrocknen, bevor sie ihre Körner zur Reife gebracht haben.

Reichlicher Schnee ist nie ein Hinderniß für die Ausdehnung einer Pflanze. Wie ein Mantel schützt er sie gegen die Winterkälte, die Frühjahrsfröste und durchbringt den Boden mit einer heilsamen Feuchtigkeit. Wenn der Schnee eine Menge Gewächse vor der Kälte des Nordens bewahrt, so erhält der Thau die meisten der im Süden wachsenden während der langen Sommerdürren; jeden Morgen bedeckt sich die von der Nachtfrische abgekühlte Pflanze mit Wassertröpfchen, häufig denen eines leichten Regenschauers vergleichbar, worauf sie von neuem dem Sonnenbrande trotzen kann. Die Sahara würde vollständig von Pflanzenwuchs entblößt sein, wenn der Thau ihren niedrigen Gewächsen nicht die geringe Wassermenge, welche zu ihrer Erhaltung erforderlich ist, verschaffte. Herr Alphonse be Candolle hat vollständig nachgewiesen, wie diese verschiedenen Ursachen, die Temperatur und die Feuchtigkeit unter all ihren verschiedenen Formen, vereint oder gesondert wirkend, die Ausdehnung gewisser Pflanzen nach Norden, Süden, Osten und Westen begrenzen und sie auf einen bestimmten Umkreis beschränken. Er hat eine gewisse Anzahl einjähriger, ausdauernder oder holziger Arten ausgesucht und für jede derselben sorgfältig die meteorologischen Umstände, welche die Wanderung derselben in der Richtung einer der vier Himmelsgegenden gehemmt haben, erörtert.

Man kann sich bei diesen Betrachtungen auf dem Gebiete der Pflanzengeographie auf das Studium eines einzigen Kontinents und zwar des kleinsten von allen, desjenigen, den wir bewohnen, beschränken; der Einfluß des Klimas macht sich auf die offenkundigste Weise fühlbar.

Man höre, mit welchen Worten Schouw die Gegensätze zwischen Norden und Süden Europas hervorhebt.

„Der südliche Theil dieser großen Halbinsel," sagt er, „ist gebirgig und hat durchaus keine ausgedehnten Ebenen; der Norden des Festlandes bietet zwei große Tiefebenen dar: die Deutschlands und Rußlands. Daher eine große Gleichförmigkeit der Landschaft und der Sitten, daher ein beträchtlicher Landhandel. Die Völkerschaften, welche diese ungeheuren Ebenen bedecken, kennen das Meer nicht und bleiben jeder seemännischen Beschäftigung fremd. Die ausgedehnteste und höchste Hochebene Europas findet sich im Süden, in Spanien, im Norden ist die hervorragendste die bairische. Die Alpen bilden die höchste Bergkette. Im Süden sind die Gebirge höher als im Norden; so übertreffen die Sierra Nevada, der Aetna, die Apenninen und die Gipfel auf Korsika die Massive Skandinaviens und der Karpathen."

„Besteigt der Bewohner des Südens von Europa seine Gebirge, so trifft er das Klima und die Gewächse des Nordens an, während die südliche Natur den Bewohnern der nördlichen Theile des Kontinents unbekannt ist. Der Italiener und der Spanier begegnen auf der Mitte ihrer Bergabhänge den Buchen- und Haselnußwäldern, den Kornfeldern und Wiesen des Nordens, höher hinauf der Flora Lapplands und dem ewigen Schnee. Der Deutsche, Schwede und Russe aber kennen weder den Lorbeer, noch die Myrte, noch die immergrünen Wälder, noch die Oliven- felder, noch die Orangengärten, noch die milden Winter und die klare Luft der südlichen Gegenden.

„Da die Ebenen des Nordens von Europa weit entfernt vom Meere sind, während der Süden tief von demselben einge- schnitten ist, so schwindet der Gegensatz zwischen dem Klima des Orients und des Occidents, je mehr man sich dem Süden nähert. Im Norden genießen die Küsten und Inseln des Oceans ein äußerst mildes Klima; im Süden sind die oceanischen Küsten im Gegentheil weniger warm als die Mittelmeerufer. Der Temperaturunterschied zwischen Norden und Süden ist auffälliger im Winter als im Sommer; so ist der Winter Wiens im Durchschnitt 11 hunderttheilige Grade kälter als der Palermos, wogegen der Sommer Wiens nur 3 Grade weniger heiß als der Palermos ist. Der Wechsel von kalten Wintern und heißen Sommern, den man im Norden beobachtet, ist von glücklichem Einflusse auf die Pflanzenwelt; diese steht während mehrer Monate vollständig still, um mit erneuter Kraft und einer Rührigkeit wieder zu beginnen, welche durch die mit der An- näherung des Pols zunehmende Länge der Tage begünstigt wird.

Dieser Unterschied zwischen den Jahreszeiten leiht dem Frühling des Nordens einen Reiz, welcher im Süden wegfällt. Im Norden folgt den rauhen Winterstürmen plötzlich eine laue Luft, Flüsse und Seen thauen auf, die Schneedecke, welche auf der Erde lastete, verschwindet und enthüllt einen grünenden Teppich, Bäume und Sträucher treiben junge Blätter, die Vögel kommen wieder, und die Insekten summen. Nichts dergleichen im Süden; der Uebergang ist unmerklich, die Beschäftigungen des Landmanns sind nicht unterbrochen worden, denn er behackt seinen Weinstock oder seine Oliven Winters so gut wie in den übrigen Jahreszeiten.

„Im Norden ist der Regen fast gleichmäßig auf die ver= schiedenen Jahreszeiten vertheilt, im Süden sind die Sommer trocken, und es regnet vornehmlich im Frühling und Herbst.

„Diese Unterschiede übertragen sich auf die Vegetation. Im Süden giebt es eine größere Mannigfaltigkeit der Arten, nament= lich unter den Bäumen und Sträuchern, tropische Formen, Schlinggewächse, Zwiebelgewächse oder wohlriechende Gewächse, Wälder, aus Holzarten mit perennirenden Blättern bestehend. Der Norden ist stolz auf seine sammetgleichen Wiesen und auf das frische Grün seiner Wälder; dasselbe erhält sich selbst im heißesten Sommer, zu einer Jahreszeit, wo die Hitze die Fluren im Süden versengt, welche von der Sonne mit jenen gelblichen Tönen gefärbt erscheinen, deren Glanz ermüdend auf Augen wirkt, welche gewöhnt sind, auf dem grünen Teppich der nörd= lichen Länder zu ruhen.

„Der Roggen ist das charakteristische Getreide des Nordens, der Weizen das des Südens; mit Mais und Reis zusammen bildet er die Hauptnahrung der Völker. Kartoffeln und Buch= weizen werden im Süden selten gebaut. Bier ist das Getränk des Norbländers, Wein das des Südländers. Die Weingrenze steigt höher als bis zum Hauptmassiv der Alpen hinauf, die

Linie aber, welche die Länder mit Butter von denen mit Oel
trennt, fällt mit dieser natürlichen Scheidewand zusammen.
Gemüse und Obst sind im südlichen Europa in Ueberfluß vorhanden; je mehr man sich dem Pole nähert, nimmt das Verhältniß derselben ab, daher einschneidende Unterschiede in der
Ernährungsweise. Der Nordländer ißt schwarzes Brot, Butter,
viel Fleisch und wenig Gemüse, der Südländer hat weißes Brot,
Maiskuchen, Oel, viel Obst und Gemüse, verzehrt dagegen weniger
Fleisch und trinkt gewöhnlich Wein, berauscht sich aber selten."

Entfernen wir uns von Europa, so werden wir mit Schouw
einsehen, daß jedes Volk sozusagen seine charakteristische Pflanze
hat, auf der seine Existenz und seine Civilisation beruhen.

„Unter dem schönen Himmel, dessen sich die Inseln des
Stillen Ozeans erfreuen, zwischen den Tropen, bildet der Brot-
fruchtbaum (Artocarpus incisa) die Hauptnahrung der Bewohner Ozeaniens. Dieser schöne Baum trägt eine große Menge
mehliger Früchte, deren Geschmack, wenn sie gekocht sind, vollkommen dem des Weizenbrotes gleicht. Drei solcher Bäume
nähren einen Menschen acht Monate lang im Jahre, denn seine
Früchte erneuern sich unaufhörlich. In den vier Monaten, wo
der Baum unfruchtbar ist, essen die Ozeanier seine Früchte, in
Erdlöchern aufbewahrt, wo sie eine Art von Gährung erleiden.
Das Leben, sagt Cook, ist leicht auf diesen glücklichen Inseln,
zehn Bäume genügen zum Unterhalt einer Familie, denn ihr
Holz dient zum Bau von Kanoes und der Bast wird zum
Weben von Kleidungsstücken verwandt. Ebenso spielt der Kokos-
baum eine große Rolle auf den durch Korallen gebildeten Inseln.
Der Stamm liefert das Holz, die Frucht, d. h. der mandelartig
schmeckende Kern derselben, Oel und Milch, die holzige Umhül-
lung dient als Gefäß, die Fasern, welche dieselbe umgeben,
lassen sich flechten, die Blätter werden benutzt, um die Hütten,

zu decken, die Endknospe wird gegessen und der Stamm liefert
den Palmwein.

„Der Flachs Neuseelands (Phormium tenax) ist die
charakteristische Pflanze dieses Inselmeeres; die langen Blätter
desselben liefern eine zähe Faser, welche von den Eingeborenen
zu allen ihren Bedürfnissen verwandt wird.

„Die Inseln des indischen Archipels wurden die Gewürz=
inseln genannt; dort wachsen der Gewürznelkenbaum, der Mus=
katbaum, der Pfeffer und der Ingwer.

„Der Mais, in Amerika zu Hause, ward namentlich in Peru
kultivirt. Er reiste auf bedeutenden Höhen, selbst noch in der Nähe
des Sonnentempels, der auf einer Insel des Sees Titicaca, 3915
Meter über dem Meere, erbaut war. Die Körner desselben wur=
den unter die Bevölkerung vertheilt, welche dieselben wie den köst=
lichsten Schatz betrachteten. Auch verdanken wir Amerika die Kar=
toffel, welche gleichfalls die eingeborene Bevölkerung ernährte.

„Vor der Ankunft der Europäer baute man auf den Hoch=
ebenen von Mexiko den Maguey (Agave potatorum). Diese
Pflanze blüht in ihrem Heimatlande nur alle acht oder zehn Jahre.
Im Augenblick wo der Schaft treiben muß, schneidet man ihn ab
und sammelt dreimal des Tags einen Saft daraus, den man gähren
läßt; dies ist der unter dem Namen Pulque bekannte Trank,
den die Mexikaner den besten Weinen vorzogen. Die Aloeselber
tragen gewöhnlich erst nach Verlauf von fünfzehn Jahren. Der
Verbrauch der Pulque ist derartig, daß man ihn auf eine
Million Piaster*) nur für die Städte Mexiko, Puebla und
Toluca schätzt. Die Fasern einer andern Art (Agave americana)
werden verwandt, um Stoffe daraus zu weben.

„Ueber der Zone, wo die Aloe wächst, höher noch als die
der Gerste und des Roggens, nähren sich die Mexikaner von

---

*) Etwa 5,400,000 Francs.

ben stärfemehlhaltigen Körnern des Chenopodium quinoa; man macht einen Brei daraus und eine Chokolate, Bergchokolate genannt.

„Das Dasein mehrer wilder Völkerschaften ist innig ver= knüpft, nicht mit kultivirten Pflanzen, sondern mit wilden Ge= wächsen wie sie selbst. Während der Regenzeit werden die untern Gegenden des Orinokostromes, welche von den Guaraunos bewohnt werden, vollständig überschwemmt, alsdann leben diese Wilden wie die Affen auf den Bäumen. Mehre Palmarten von der Gattung Mauritia genügen allen ihren Bedürfnissen. Aus den Blattstielen flechten sie Hängematten, welche sie von einem Baum zum andern aufhängen; seine Früchte essen sie, bereiten aus seinem Saft einen Wein und aus seinem stärke= mehlhaltigen, dem Sago ähnlichen Mark eine Art von Brot.

„Wenden wir unsere Blicke nach Afrika. Der nördliche Theil desselben bietet uns einen breiten, von Pflanzen entblößten Gürtel dar, die Dattelpalme dagegen gedeiht dort wunderbar. Im Süden der arabischen Halbinsel ist der Kaffee die charakte= ristische Staude des Landes. Der Hindu lebt fast ausschließlich von Reis und verfertigt seine Kleider aus der Baumwolle, welche er baut. Eine schlechte Reisernte hat Hungersnoth im Gefolge. Die charakteristische Pflanze der Chinesen ist nicht schwer zu errathen, es ist der Thee, welcher das Bier, den Wein und den Branntwein Europas ersetzt. Die Völker, welche Europa und Westasien einnehmen, gehören der indokaukasischen Race an; Weizen, Roggen und Hafer bilden ihre Hauptnahrung, der ganze Ackerbau dieser ungeheuren Länderstrecken beruht auf drei Getreidearten. Der Oelbaum ist das Sinnbild des mittelländi= schen Europa; er liefert sowohl den fetten Stoff, ohne welchen jede Nahrung ungenügend ist, als auch eine brennende Flüssig= keit zur Beleuchtung. Der Weinstock ist gleichfalls das Erbtheil dieser bevorzugten Zone. Der Lappe, von mongolischer Abkunft, hat gar keine charakteristische Pflanze, man müßte denn die Flechte (Cenomyce rangiferina), welche seine Renthiere den Winter über ernährt, dafür ansehen.

„Wir haben soeben eine Skizze der ursprünglichen Ver= theilung der Charakterpflanzen entworfen; Europa hat aber diese anfängliche Ordnung bedeutend verändert, es hat sich alle Pflanzen, welche in Europa gedeihen konnten, angeeignet, und der Handel führt ihm die Erzeugnisse derjenigen zu, welche es nicht zu naturalisiren vermochte. Seine Rolle besteht darin, mächtig zur Verbreitung der Nutzarten beizutragen und sie überall einzuführen, wo sie Aussicht haben zu gedeihen. Der Nordeuropäer namentlich hat sich erst Alles erwerben müssen. Der Kohl, die Möhre, die Rübe und der Spargel waren die einzigen einheimischen Nahrungspflanzen, die er überdies noch durch die Kultur hat vervollkommnen müssen, um ihren Umfang zu entwickeln und sie eßbar zu machen. Es ist dies ein Beweis für die geistige Ueberlegenheit und sittliche Kraft dieser Völker= schaften, sie haben zu Stande gebracht, was wir tagtäglich in der Welt vor sich gehen sehen, daß der intelligente Sohn eines armen Mannes sich im Schweiße seines Angesichts emporarbeitet und den reichen Erben überflügelt, der einen beträchtlichen Vor= sprung vor ihm hatte."

Dieselben Ursachen, welche der Ausbreitung der Pflanzen nach Norden Schranken setzen, hemmen sie auch an den Abhängen der Gebirge. Der Botaniker, der vom Fuße der Alpen oder Pyrenäen ausgehend einen ihrer Gipfel erklimmt, durch= schreitet Klimate, welche denen ähnlich sind, die er antreffen würde, wenn er ohne die Ebene zu verlassen sich nach Norden wendete. Je höher er kommt, desto mehr nimmt die Feuchtig= keit zu, die Nebel werden häufiger, die Temperatur fällt im Sommer äußerst rasch, im Winter langsamer, im Durchschnitt aber um einen Grad C. auf je 180 Meter senkrechter Erhebung.

Der Reisende trifft also ein analoges Klima an, sei es, daß er sich 180 Meter erhebt, sei es, daß er in den Ebenen Frankreichs um 22 Myriameter nach Norden vorrückt.*) Auch durchschreitet er ähnliche Pflanzenzonen. Am Fuße des Canigou z. B. bringt die Orange ihre Früchte in von Mauern umschlossenen Gärten zur Reife, dann passirt der Reisende Oliven- und Maisfelder, Gruppen von Steineichen und durch ihre Sorten berühmte Weingärten; in einer Höhe von 420 Meter aber verläßt ihn der Oelbaum, mit 550 Meter macht der Weinstock Halt, mit 800 Meter der Kastanienbaum, und mit 1320 Meter stößt man auf die ersten Rhobobendren, deren Blüthenbüschel stets das Auge des Gebirgsfreundes entzücken, denn sie verkündigen ihm, daß er die reine Luft der Alpenregionen genießt. Die letzten Roggen- und Kartoffelfelder, welche der unermüdliche Katalonier noch an der äußersten Grenze, wo er auf eine Ernte hoffen darf, baut, gehen nicht über 1640 Meter hinaus. In dieser Höhe beschatten die Buche, die Silbertanne, die Kiefer, die Birke den Boden, ihre Höhe aber nimmt allmälig unter dem vereinten Einfluß der Kälte, des Windes und der Schneelast ab. Die Fichte endet bei 1950 Meter, die Birke bei 2000 Meter, die Kiefer erklimmt das Gebirge bis zu einer Höhe von 2430 Meter. Darüber dehnt sich ein aus Alpen- oder Polarpflanzen, welche den gemäßigten Regionen unbekannt sind, bestehender Rasenteppich aus. Das Rhobobendron geht nicht über 2540 Meter hinaus. Nur der Wachholder, krüppelhaft, am Boden gelagert, steigt bis zum Gipfel an 2785 Meter empor, wo die Pflanzen neun Monate lang unter Schnee begraben schlummern und binnen drei Monaten wachsen, blühen und Früchte ansetzen. Diese auf dem Canigou von Herrn Aimé-Massot ge-

*) Als Grundlage meiner Berechnungen habe ich die mittlern Jahrestemperaturen von Toulouse, 12°,1, und von Paris, 10°,1, angenommen, als das jüngste nach gründlicher Untersuchung von Herrn Renou erlangte Resultat.

sammelten Beobachtungen lassen sich auch auf die Alpen anwenden, nur sieht man am Fuße derselben weder die Orange,
noch die Steineiche, noch den Oelbaum. Der Weinstock steigt
an den Abhängen derselben eben so hoch wie in den Pyrenäen
empor, das Gewächs aber, welches er hervorbringt, verräth zur
Genüge den Unterschied der Breiten und der Klimate. Nach
dem Weinstock kommt die Region der Kastanien, der Nuß-
bäume, der Eichen und der Buchen, sodann die der subalpinen
Matten, berieselt von unzähligen Bächen, welche von Eschen und
Erlen eingefaßt sind. Höher hinauf beginnt die Region der
immergrünen Bäume, des Vogelbeerbaums und der Bergerle.
Darüber befindet sich die Alpenwiese, von Bäumen entblößt
und bis zur Grenze des ewigen Schnees aufsteigend, dessen
Ränder, unter dem Einfluß der Sommersonne schmelzend, abwärts eine ewige Frische erhalten. Kaum ist der Schnee verschwunden, so ersetzt ihn der Rasen, und da die Sommerwärme mit jedem Jahre wechselt, so sieht man oft Kühe auf
einem Abhange weiden, welcher in den vorhergehenden Jahren
unter dem Schnee begraben war.

Die Reihenfolge der Gewächse ist in den verschiedenen bisher
untersuchten Bergketten nicht dieselbe. Bald steigt die Birke
höher hinauf als die Kiefer oder die Fichte, bald findet das
Gegentheil statt. Die Buche läßt in den Pyrenäen den Els-
beerstrauch hinter sich, während sie in den Tyroler Alpen von diesem zurückgelassen wird. Die Richtung des Gebirges, die Neigung
der Bergjoche, der durch Seitenketten gebotene Schutz, die gewöhnliche Richtung der Winde verändern die Grenzen der verschiedenen Holzarten. So kommen auf dem Ventoux, einem
vereinzelten Berggipfel, der sich in der Rhôneebene erhebt, gewisse Arten nur auf dem Südabhange vor, während andere
sich nur auf dem nordwärts gekehrten Bergjoche finden. Die
Buchen, Lavendeln, Wachholder erheben sich zu geringerer Höhe

auf der nördlichen Abdachung als auf dem Südabhange; der durchschnittliche Unterschied beträgt 245 Meter. Auf dem Aetna, einem isolirten Gebirge wie der Ventour, beträgt dieser Unterschied nach den Messungen Gemellaro's 350 Meter. Die südlichere Lage des Berges, die größere Kraft der Wärme und des Lichts, welche die Südseite des Vulkans treffen, erklären die Abweichung der in Frankreich und in Sicilien erhaltenen Resultate.

Die Kulturpflanzen stufen sich an den Seiten der Gebirge gleich den wildwachsenden Pflanzen ab; hier aber treten politische und soziale Elemente hinzu, um die klimatischen und geologischen Einflüsse zu verwirren. So geht in der penninischen Alpenkette, welche den Mont-Blanc mit dem Monte-Rosa verbindet, die Grenze der Kulturfelder am Nordabhange höher hinauf als am Südabhange. In meteorologischer Rücksicht müßte gerade das Gegentheil stattfinden, allein die Bevölkerung ist in der Schweiz dichter als in Piemont, auch ist sie rühriger, und der wallisische Bauer säet seinen Roggen oder seine Gerste bis zur äußersten Grenze, wo er in günstigen Jahren auf eine Ernte hoffen darf. In Europa ist diese Kulturleiter beschränkt, dehnt sich aber, sobald man sich dem Aequator nähert, aus. In Andalusien gedeihen bereits die Baumwollenstaude und das Zuckerrohr am Ufer des Meeres; die Dattel, die indische Feige, die Orange, die Korkeiche, die Olive, der Weinstock, die Nuß-, Maulbeer- und Kastanienbäume reihen sich an den Abhängen der Sierra Nevada von der Ebene bis zu einer Höhe von 1600 Meter über einander, die Getreidearten hören erst mit 2500 Meter auf, über dieser Grenze trifft man keine Kulturgewächse mehr an, sondern nur noch Matten.

Die ausgedehnteste Kulturleiter, welche es giebt, rollt sich an den Abhängen der Anden ab. Am Meeresstrande kultivirt man Zucker, Indigo, Kaffee, Bananen, höher hinauf Baum-

wolle, darüber Mais, Bataten und europäisches Getreide. Wall=
nüsse, Aepfel, Weizen und Gerste halten bei 3300 Meter inne,
die Kartoffeln aber, der Ulluco und die knollige Kapuzinerkresse
steigen bis zu 4000 Meter hinan; erst in dieser Höhe hören
die Kulturpflanzen auf. Darüber liegen Triften, von Lamas,
Schafen, Ochsen und Ziegen durchstreift. Die Grenze des ewigen
Schnees beträgt 4800 Meter, die Höhe des Mont=Blanc in
Europa. *)

Zu den Ursachen, welche die Vertheilung der Pflanzen auf
dem Erdboden erklären und bestimmen, muß man noch den Ein=
fluß der Sonne hinzurechnen. Gleich der Atmosphäre wirkt der
Boden auf die Gewächse zunächst durch seine Temperatur ein.
Gewisse Bodenarten erwärmen sich unter dem Einflusse der
Sonnenstrahlen ungemein und erkälten sich darauf sehr schnell
wieder. Andere erwärmen sich wenig und erkälten sich kaum.
Daher sehr verschiedene Einwirkungen auf die Wurzeln und
den untern Theil des Stengels. Je mehr man sich auf dem
Hochgebirge erhebt, nimmt die relative Sonnenwärme, verglichen
mit der der Luft, in stetiger Progression zu. Der Grund
davon ist leicht einzusehen. Indem die Sonnenstrahlen die At=
mosphäre durchbringen, geben sie einen Theil ihrer Wärme an
dieselbe ab, folglich wird, je dünner die Luftschicht ist, desto
geringer die Abnahme ihrer Wärme sein. Nun ist auf Gebirgen
die atmosphärische Luftschicht um die ganze zwischen der Ebene
und dem Gipfel des Gebirges liegende Höhe minder dicht, so
daß die Sonnenstrahlen, welche sie treffen, eine geringere Wärme=

---

*) Wir bedauern, dem Leser nicht die schönen Tafeln mit Abbildungen,
welche von Herrn Ed. Beissier in seinem Voyage botanique en Espagne
herausgegeben sind, sowie das Tableau de la végétation des régions
équinoxiales von Humboldt vorlegen zu können. Diese Tafeln sprechen
eben so wohl zum Auge wie zum Geiste, und prägen dem Gedächtnisse das
Bild der darauf dargestellten Pflanzenzonen ein.

menge eingebüßt haben werden als diejenigen, welche bis in
die Ebene hinabsteigen. So war auf dem Faulhorn — einem
Berge im Kanton Bern, 2680 Meter über dem Meeresspiegel
erhaben, die m i t t l e r e Temperatur des Bodens in einer Tiefe
von 2 Decimeter an einem schönen Tage gleich dem M a x i m u m
derjenigen der Luft. *)

*) Auf eben diesem Berggipfel sind von Bravais, Peltier und mir selbst
zwei Reihen zweistündiger meteorologischer Beobachtungen zwischen dem 16.
und 18. August 1842 und später zwischen dem 21. September und 2. Oktober
1844 angestellt worden. Die bei schönem und schlechtem Wetter, bei klarem
oder bewölktem Himmel fortgesetzten hundertfünfundzwanzig Beobachtungen
der beiden Reihen ergeben für die Mitteltemperatur des Bodens zwischen 6
Uhr Morgens und 6 Uhr Abends 11°75, während die der Luft nur 5°40
betrug. Es stellte sich klar heraus, daß die Erwärmung des Bodens
zweimal so stark wie die der Luft war; doch wußten wir nicht, wie sich
während derselben Zeit die bezügliche Erwärmung der Luft und des Bodens
in der Schweizer Ebene verhalten hatte. Längst schon wünschte ich diese Lücke
auszufüllen und festzustellen, wie sich bei reinem Himmel und ruhiger Luft
im selben physischen Augenblicke die bezügliche Erwärmung ein und derselben
Bodenart auf einem erhabenen Berggipfel und auf einer offenen Ebene verhalte.
Bagnères-de-Bigorre und der Pic du Midi schienen mir alle wünschens-
werthen Bedingungen zur Anstellung dieser Untersuchungen in sich zu vereinigen. Die horizontale Entfernung der beiden Punkte, nach der neuen
Generalstabskarte gemessen, beträgt nur 14,450 Meter. Beide Punkte liegen
unter demselben Meridian. Der Pic, vollkommen isolirt von der Hauptkette
der Pyrenäen, erhebt sich 2877 Meter über dem Meere; diese Ziffer
verdient völliges Vertrauen, da der Pic du Midi einer der Hauptpunkte der
Triangulation ist, welche als Grundlage für die neue Karte von Frankreich
gedient hat. Andererseits konnte ich mit einer einzigen Niveaulinie den Punkt,
wo ich beobachtete, im Garten meines Freundes, des Doktors Costallat zu
Bagnères, mit dem Generalnivellement der Eisenbahnen Frankreichs verbinden.
Dieser Punkt befindet sich 551 Meter über dem Spiegel des Oceans. Der
Niveauunterschied der beiden Standpunkte beträgt demnach 2326 Meter.
Ueberdies gehört das Thal von Bagnères keineswegs zu jenen engen Thälern,
wo die Rückwerfung der Sonnenstrahlen die Temperatur steigert, da die Breite
desselben, auf dem Kamm der Abhänge, welche es von Morgen und Abend begrenzen, genommen, 2800 Meter erreicht. Man sieht, daß es schwer halten
würde, in den Alpen oder in den Pyrenäen zwei Stationen zu finden, die
günstiger zur Anstellung der korrespondirenden Beobachtungen, welche ich im
Auge hatte, gelegen wären; sie würden gar nicht zu vergleichen gewesen sein,
wenn man das eine Thermometer auf der natürlichen Bodenfläche des Berges,

Diese Bodenwärme in Verbindung mit der Stärke des Lichts und der fortwährenden vom Schmelzen des Schnees her= rührenden Bewässerung erklärt uns die Mannichfaltigkeit und Lebhaftigkeit in den Farben der Alpenpflanzen; sie werden von unten erwärmt wie die Pflanzen, welche wir auf Mistbeeten oder in Gewächshäusern ziehen. Die Wärme der Erde ersetzt die Unzulänglichkeit derjenigen der Luft.

Der Boden wirkt aber auf die Gewächse nicht bloß durch seine Temperatur ein, auch seine Kompaktheit oder sein Desaggre= gatzustand, seine Härte, seine Dichte, seine Durchbringlichkeit, kurz seine physischen Eigenschaften spielen eine Hauptrolle. Jedermann weiß, daß man nicht dieselben Pflanzen auf Sand, auf Lehmboden oder auf kompaktem Felsen antrifft. Ist dieser Einfluß über= wiegend, oder sind die Pflanzen vielmehr gleich empfänglich für

---

das andere auf dem Boden im Garten des Herrn Costallat aufgestellt hätte. Damit die Untersuchungen etwas bewiesen, mußte man die Erwärmung derselben Erdart auf beiden Stationen beobachten. Ich wählte Dammerde, welche aus der Zersetzung von Holz hervorgeht, das man in alten hohlen Weiden findet; es ist dies eine Gewächserde, weil man oft Pflanzen wie Brombeeren, Geisblatt, Flieder u. s. w. kräftig daraus hervorsprießen sieht, überdies ist sie gleichartig, mit sich selbst vergleichbar und leicht in jedem Lande zu erhalten. Das Mittel der Lufttemperaturen im Schatten während der zwanzig bei herrlichem Sonnenscheine, klarem Himmel und ruhiger Luft angestellten Beobachtungen betrug zu Bagnères 22°3, auf dem Pic nur 10°1. Die mittlere Temperatur der Bodenfläche betrug zu Bagnères 36°1, auf dem Pic 33°8. Der mittlere Ueberschuß der Bodentemperatur auf die der Luft auf den beiden Stationen verhält sich demnach wie 10:17, d. h. er beträgt auf dem Gebirge fast das Doppelte. Noch mehr: im Durchschnitt war die absolute Bodenerwärmung der Ebene der des Berg= gipfels um 2°3 überlegen, aber den 10. September von 10 bis 11 Uhr 30 M. war die Bodentemperatur auf dem Gipfelpunkte des Pic um 6°9 höher als die des Bodens zu Bagnères, obgleich das Mittel der Luft auf diesem Punkte der Stadt 23°2, auf dem Pic in Mitti 13°8 betrug. Bei 5 Centimeter Tiefe war die relative Erwärmung des Bodens dieselbe. Diese Untersuchungen setzen die bei weitem größere Wärmekraft der Sonne auf dem Gebirge als in der Ebene außer Zweifel.

die chemische Mischung des Bodens? Erfordert die und die
Pflanze, um fortzukommen, die Anwesenheit gewisser Bestand-
theile, als Potasche, Kalk, Bitter= und Kieselerde? Ueber diesen
Punkt sind die Botaniker und Landwirthe verschiedener Meinung. Ein Gelehrter, dessen Verlust die Schweiz noch lange
schmerzlich empfinden wird, Thurmann, hat das Vorherrschen
der physischen Bedingungen behauptet. In dem kleinen
Städtchen Pruntrut, inmitten der Kalkkette des Jura, nicht
weit von den Vogesen, welche granitisch sind, und der kleinen
vulkanischen Gruppe des Kaiserstuhls wohnend, war es Thurmann aufgefallen, dieselben Arten auf Bodenarten von ähnlicher
physischer Mischung wachsen zu sehen, deren chemische Grundstoffe
hingegen gänzlich verschieden waren. So traf er ein und dieselben
Pflanzen hier auf einer Kalksteinböschung, dort auf einem vulkanischen Gipfel oder einer Granitkuppe; andere kamen gleich gut
auf Sand oder auf Erdfällen fort, die von ganz verschiedenen
Felsarten stammten.

Herr Henri Lecoq hat eine Menge derartiger Thatsachen in
der Auvergne und auf dem Centralplateau von Frankreich angezeigt, wo sich die verschiedensten Erdarten auf engem Raume
vereint finden. Andererseits haben die Herren Unger in Tyrol,
Mohl in der Schweiz, Schnizlein und Frickhinger im Norden von
Baiern und Herr Sendtner im Süden desselben Landes den
Einfluß der chemischen Mischung hervorgehoben. Herr Alphonse
be Candolle schloß, indem er alle diese partiellen Arbeiten zu-
sammenfaßte und dieselben in entfernten Ländern beobachteten
Arten mit einander verglich, auf das Vorherrschen der physischen
Beschaffenheit als entscheidende Bedingung für den Standort
einer Pflanzenart, wiewohl gewisse Pflanzen eine auffallende
Vorliebe für Bodenarten zeigen, welche gewisse Grundstoffe
enthalten. Die Kastanie, der rothe Fingerhut, der gemeine
Ginster lieben Kieselerden, die stinkende Nießwurz, die Schwalben=

wurz, der große Enzian ziehen Kaltboden vor, im Allgemeinen aber werden sich die Gewächse, welche in einem Lande nie anders als in einer bestimmten Erde wachsen, anderwärts auf einem ihren Eigenschaften nach ähnlichen, seinen mineralischen Stoffen nach aber verschiedenen Boden zeigen. So wird der Botaniker, indem er innerhalb der engen Grenzen eines Departements botanisirt, eine Zeit lang an den chemischen Einfluß des Bodens glauben können, jedoch enttäuscht werden, wenn er den Kreis seiner Beobachtungen erweitert, um zu erkennen, ob die Spezies, welche er auf einer Felsart allein antraf, ihr beständig in allen Ländern treu bleibt. Herr Alphonse de Candolle hat von diesem Gesichtspunkte aus die 45 Arten, welche Mohl nur auf kieseligen Erdarten in der Schweiz und in Oestreich gefunden hatte, analysirt; nun wurden 19 davon in andern Klimaten denselben untreu. Von 67 dem Kalkstein eigenthümlichen Spezies sind 36 außerhalb der Schweiz auf Bodenarten ohne kohlensauren Kalk angetroffen worden. Von 43 Arten, welche Wahlenberg in den Karpathen nur auf Kalkfelsen angetroffen hatte, sah er 22 auf krystallinischem Gestein in der Schweiz und in Lappland wieder. Vermehrte und zweckmäßig geleitete Reisen würden die Zahl dieser ausschließlichen Arten noch vermindern.

Nur die Seegewächse machen eine Ausnahme von dieser Regel; zu ihrem Fortkommen ist das Salz unerläßlich, auch entfernen sie sich niemals vom Strande, doch findet man sie in vom Meere entfernten salzigen oder brackigen Gewässern sowie in der Nähe der Mineralquellen. Aus diesen Thatsachen ist der Schluß zu ziehen, daß die physischen Bedingungen einen überwiegenden Einfluß in Bezug auf die Landspezies ausüben, während das Vorkommen der Meerpflanzen an die Anwesenheit von Salzen gebunden ist, welche einen Theil der Mischung des Seewassers bilden; sie würden sich an Süßwasser nicht gewöhnen können, doch kommen die meisten recht

gut in einer Mischung von Süß= und Salzwasser, wie die
der brackigen Gewässer der Lagunen, der Flußmündungen und
Salzteiche fort.

3. Naturalisation und Akklimatisation der Pflan= zen. — Erscheinen der Arten auf dem Erdboden.

Wir kennen nun die Gesetze, welchen die Vertheilung der
Pflanzen auf dem Erdball unterworfen ist. Nachdem wir die
Gesammtheit der Begriffe, auf denen die Pflanzengeographie
beruht, zusammengefaßt haben, bleibt uns noch übrig, eine
Vorstellung von dem Interesse der Fragen zu geben, zu deren
Lösung sie uns behülflich sein kann und von denen die einen
es mit den möglichen Anwendungen, die andern mit den Grund=
lagen der Wissenschaft selbst zu thun haben. Unter den erstern
führen wir die Naturalisation, die Akklimatisation
der Gewächse, unter den zweiten das Erscheinen der
Arten auf der Oberfläche des Erdballs an.

Die männliche und weibliche Bevölkerung eines Landes
besteht nicht allein aus den Eingeborenen und den Abkömm=
lingen von Familien, welche es seit mehren Jahrhunderten be=
wohnen; die verschiedensten Ereignisse führen auch Fremde
herbei, welche sich daselbst niederlassen, naturalisiren und nach
etlichen Generationen mit den Ureinwohnern der Gegend ver=
schmelzen. Ebenso verhält es sich mit den Pflanzenvölkern.
Eine Flora besteht aus einheimischen Pflanzen, die seit un=
denklichen Zeiten im Lande bekannt waren, und andern, welche
allmälig durch die mannichfaltigsten Ursachen dort eingeführt
wurden. Die Meeresströmungen, die Flüsse, die Winde, die
Thiere tragen Samenkörner von Land zu Land, der Mensch
aber ist es vornehmlich, der den absichtlichen oder unab=
sichtlichen Vermittler dieser Verführungen macht. Die Samen

von Getreidearten, die von Europa nach Amerika geschickt wurden
oder umgekehrt, haben in die Ernten der alten und der neuen
Welt fremde Pflanzen eingeführt, deren Körner mit denen des
Weizens, des Roggens oder der Gerste vermischt waren. Oft
gehen diese Samen, mit dem Getreide ausgesäet, auf dem fernen
Felde, wo der Zufall sie hingestreut hatte, nicht auf, oft aber
keimen sie auch und erzeugen eine Pflanze. Wenn die neuen
Bedingungen des Daseins, worein sie sich versetzt sieht, ihr zu-
sagen, so lebt und vermehrt sich die Pflanze. So sind mehre
Amaranthen und eins der gemeinsten Unkräuter in Frankreich,
das Erigeron Kanabas, aus diesem Laube mit Getreidekörnern
zu uns herübergekommen. Umgekehrt haben die Landwirthe der
Vereinigten Staaten in ihren Ernten die Hirtentasche, Arten der
Luzerne (Medicago), die weiße Goldblume, die gemeine Kreuz-
wurz sich zeigen sehen, alles gemeine Arten in den Kornfeldern
Europas, in Amerika aber fremd.

Parke, Gärten, namentlich botanische Gärten, sind Mittelpunkte der Naturalisation.*) Die Pflanze verbreitet sich erst
innerhalb des Gartenbezirks und vervielfältigt sich daselbst,
zögert aber nicht, denselben zu überschreiten und sich draußen
im Freien auszubreiten, wo sie sich bisweilen erhält. Bei
Montpellier, an den Ufern des sich ins Meer ergießenden kanali-
sirten Lez, findet sich ein kleiner Hafen, Port Juvénal genannt.
Dort luden die Tartanen Jacques Coeur's im 15. Jahrhundert
die kostbaren Gewebe und wohlriechenden Stoffe des Morgen-
landes aus, gegenwärtig trocknet man daselbst Wolle, die von
den Handelsplätzen der Levante, des Schwarzen Meeres, Algeriens, von Buenos Ayres und andern Gegenden kommt. Diese

---

*) So haben sich im botanischen Garten von Montpellier vierundzwanzig
exotische Arten, d. h. aus Asien, Afrika und Amerika stammende, von selbst
naturalisirt.

Wolle sitzt voll von Samen, welche sich an das Fell der Schafe angehängt haben. Auf glühend heißen Kieselsteinen ausgebreitet, die einen feuchten Boden bedecken, läßt sie diese Samen fallen, welche zwischen den Steinen keimen, so daß der erstaunte Pflanzenkenner alljährlich Gewächse Asiens, Afrikas oder Amerikas zum Vorschein kommen sieht. Herr Professor Godron (von Nancy) und Herr Cosson haben 475 Arten derselben beschrieben. Die Mehrzahl erhält sich auf dem neuen Boden, wo der Zufall sie hat entstehen lassen, nicht, sie leben ein bis zwei Jahre und verschwinden alsdann unwiederbringlich, einige aber haben sich in der Umgegend von Montpellier verbreitet und naturalisirt. Obgleich mehre sehr allgemein sind, andere sich durch ihre Höhe bemerklich machen, so ist doch keine in der von dem berühmten Magnol im Jahre 1686 herausgegebenen Flore de Montpellier beschrieben, ein Beweis, daß sie zu seiner Zeit in der Umgegend dieser Stadt nicht vorhanden waren. Herr Hewett-Watson hat es in seiner Cybele britannica unternommen, die fremden Gäste, welche sich mit der einheimischen Bevölkerung Großbritanniens vermischt haben, zu sondern; er zählt im Ganzen 83 Arten derselben auf, deren fremder Ursprung gewiß ist, 10 kommen aus Amerika, die andern aus den benachbarten europäischen Gegenden, aus Asien und aus Afrika. Frankreich besitzt ihrer sicher eine weit größere Anzahl, seine kontinentale Lage aber macht die Untersuchungen schwieriger und die Schlüsse unsicherer.

Einige Zahlen werden eine Vorstellung von der Bedeutung dieser Naturalisation geben. Alle bleiben hinter der Wahrheit zurück, denn es hält sehr schwer, hinterher das Erscheinen einer seit mehren Jahrhunderten eingeführten Art festzustellen; doch haben sich seit der Entdeckung Amerikas, die erst 373 Jahre alt ist, bereits 64 Pflanzen dieses Kontinents von selbst auf dem unserigen vermehrt und verbreitet. Umgekehrt geben uns die

amerikanischen Pflanzenkenner 172 europäische in den Vereinigten
Staaten und in Kanada naturalisirte Arten an. Dieser Aus=
tausch ist zu geringfügig, um den Charakter der Floren zu ver=
ändern, doch zeigt er uns, daß gewisse Gewächse eine plastische
Natur besitzen, welche sich an anscheinend ziemlich abweichende
Daseinsbedingungen anschmiegt. Dagegen gedeihen die meisten
unter einem fremden Himmel nur durch die Sorgfalt des Men=
schen, ja sie kommen um, wenn sie nicht in das künstliche Klima
der Treib= und Gewächshäuser versetzt werden.

Die meisten Nähr, Nutz= oder Zierpflanzen, welche wir
kultiviren, stammen aus fernen Gegenden. Das vom Himmel
so begünstigte Frankreich vermöchte, wenn es auf die Kultur
der einheimischen Gewächse beschränkt würde, nicht den vierten
Theil seiner Einwohner zu ernähren. Alle Getreidearten, Roggen
und Hafer ausgenommen, alle Obstbäume, den Birn= und
Apfelbaum ausgenommen, kamen uns aus Mittelasien. Amerika
hat uns den Mais, die Kartoffel und den Taback gegeben. Ob=
gleich seit Jahrhunderten kultivirt, sind diese Arten doch in
Europa nicht naturalisirt, sie breiten sich nicht von selbst und
ohne Kultur aus. Nur die Sorgfalt des Menschen vermag sie
fortzupflanzen. Sich selbst überlassen, pflanzen sich die Getreide=
arten nicht fort und verschwinden, das Schnittobst wird wieder
herb, der Weinstock artet aus. Es bedarf der ganzen Kunst,
der ganzen Sorgfalt des Landwirths, um diese kostbaren Ge=
wächse, auf denen die ganze Existenz der europäischen Völker
beruht, zu erhalten und zu verbessern. Furchtbare Warnungen,
wie die Kartoffelkrankheit und die des Weinstocks, haben gezeigt,
daß diese Pflanzeneroberungen, welche man für abgeschlossen
hielt, nicht für ewig gesichert sind. Eine Jahrhunderte lang
fortgesetzte Kultur, abnorme Vermehrungsarten, zu große
Ueberfüllung derselben Gewächse auf beschränktem Umkreise
gehören vielleicht gleich den großen Menschenüberfüllungen

zu den dauernden Ursachen zerstörender Seuchen. Wie dem
nun auch sein möge, der Mahnruf ist ergangen, und allseitig
hat man unter den exotischen Pflanzen nach Nährarten gesucht,
die geeignet wären, diejenigen zu ersetzen, deren Verlust wenn
nicht wahrscheinlich, doch möglich ist. Dieses Suchen ist ein vernünf=
tiges und wird von Erfolg gekrönt werden. Da fast alle unsere
Nutzpflanzen aus jenem ungeheuren Kontinent Asien, von dem
wir nur erst den Saum kennen, herkommen und die Hälfte aller
Pflanzen des Erdballs noch unbekannt ist, so leuchtet es ein,
daß wir unter den von andern Völkern angebauten Arten, ja
selbst unter den wildwachsenden Pflanzen, neue Nahrungs=
pflanzen entdecken werden. Man kann der Versuche also nicht
genug anstellen, unter vielen werden einige gelingen; doch muß
man sich vor Täuschungen hüten, von denen die Erfahrung alle
gescheidten Köpfe geheilt hat. Ein naturalisirtes und einer
Gegend definitiv erworbenes Gewächs ist dasjenige, welches sich
von selbst, ohne Zuthun des Menschen, fortpflanzt, wie es dies
auf heimischem Boden thun würde. Die gemeine Akazie z. B.,
aus dem nördlichen Amerika stammend, ist in Mitteleuropa
naturalisirt, denn sie besamt sich von selbst und verwildert in
unsern Hecken und Wäldern. Die Roßkastanie ist nicht natu=
ralisirt, ihr Same keimt allerdings, wenn er zu Boden fällt,
und der Baum beginnt zu treiben, kommt aber bald um, wenn
der Mensch ihm seine Pflege nicht angedeihen läßt. Es giebt
also nichts Selteneres als vollständige Naturalisationen. Allein
nicht zufrieden damit, die Nutzpflanzen und Nutzthiere zu na=
turalisiren, hat der Mensch auch versucht, sie zu akklima=
tisiren. Er hat sich mit der Hoffnung geschmeichelt, daß ein
aus einem heißen Lande stammendes Gewächs sich allmälig an ein
strengeres Klima gewöhnen würde, er hat sich eingebildet, daß das
von einem kultivirten Individuum in seinem neuen Vaterlande
geerntete Korn kräftigere Wesen geben würde. Süßer Wahn!

wie Dupetit-Thouars sagt. Das Gewächs lebt, so lange das
Thermometer und das Hygrometer sich innerhalb der Grenzen
halten, die es zu ertragen vermag; ist diese Grenze aber überschritten, so kommt es um. Jeder strenge Winter ist für die
leidenschaftlichen Gartenkünstler eine Quelle bitterer Täuschungen. Der Baum, den man akklimatisirt glaubte, weil er
mehre Winter, ähnlich denen seiner Heimat, durchgemacht hatte,
stirbt ab, sobald das Thermometer unter das Minimum seines
heimatlichen Klimas herabsinkt. Die strengen Winter von 1709,
1789, 1820 und 1830 haben Bäume getödtet, welche wir als
einheimische anzusehen gewohnt waren, wie Nuß-, Kastanien-
und Maulbeerbäume. Alle zwanzig Jahre sterben die Olivenbäume der Provence und die Orangenbäume Liguriens vor
Kälte auf dem einen oder andern Punkte ab. Ihr Absterben
ruft uns zurück, daß in den Gegenden, aus denen sie stammen,
das Quecksilber nie unter den Gefrierpunkt herabsinkt.

Was ich von den Pflanzen gesagt, gilt eben so gut von den
Thieren: ihre Akklimatisation ist ein Wahn. Jede Art lebt und
pflanzt sich unter gewissen Temperatur- und Ernährungsbe-
dingungen fort, ohne diese Bedingungen stirbt sie ab. Sache
des einsichtigen Thierkenners ist es, diejenigen herauszufinden,
deren geschmeidigere Natur sich in die Veränderungen unserer
nordischen Klimate schickt; doch muß er dem Beginnen entsagen,
ihren Organismus verändern zu wollen. Das Rentthier hat
sich in den Gebirgen Schottlands, dessen Klima und physische
Beschaffenheit der Lapplands so ähnlich ist, nicht zu akklimati-
siren vermocht. Das Pferd dagegen ist der getreue Diener des
Menschen auf der ganzen Erde, von den sengenden Wüsten
Arabiens bis zu den eisigen Gebirgen Islands und Skandinaviens. Der Hund ist dem Eskimo bis in jene mit ewigem
Schnee bedeckten Gegenden gefolgt, wo selbst das Meer nicht
mehr aufthaut; aber es ist keineswegs die menschliche Kunst,

welche diese Thiere umgewandelt und ihre Verfassung so ver=
schiedenen Einflüssen angeschmiegt hat, die Natur hat Alles
gethan und der Mensch nur Nutzen daraus gezogen. Die
Thiere der heißen Länder, welche ihre Organisation nicht im
voraus akklimatisirt hatte, sind in Europa stets umgekommen,
die Schwindsucht hat sie ohne Unterschied dahingerafft. Der
Mensch allein kann ungestraft allen Klimaten Trotz bieten,
weil er seine Kleidung, seine Wohnung, seine Nahrung ändert,
und weil er den Gebrauch des Feuers kennt; das Thier aber
gewöhnt sich eben so wenig an ein Klima, als der Mensch es
thun würde, wenn er nackend und obdachlos in den nordischen
Gegenden leben wollte, wie er es ungestraft in einigen bevor=
zugten Gegenden der Tropenzonen thun kann. Seine Einsicht,
sein Fleiß haben ihn zum Kosmopoliten gemacht; durch seine
Organisation war er es nicht. Es ist mir nicht darum zu thun,
die Meteorologen, die Botaniker und die Zoologen, welche sich
Naturalisationsversuchen hingeben, abschrecken zu wollen; man
muß sie in Menge machen, und die Erfahrung beweist, daß selbst
Tollkühnheiten oft gelingen. Welcher Botaniker hätte geglaubt,
daß die Aloe, das Dasylirion gracile, die Jubaea spectabilis,
aus Amerika stammend, die Lagerstroemia und das Nelumbium Indiens im Süden von Frankreich fortkommen könnten,
daß der Pfau, das Perlhuhn und das Känguru sich an
unsere Winter gewöhnen würden? Allein indem man die
Wichtigkeit und den Nutzen dieser Versuche betont, muß man
das Publikum nicht über das Ziel, das zu erreichen ist, täu=
schen. Pflanzen und Thiere naturalisiren ist möglich, sie akkli=
matisiren, nicht.

Neben diesen Fragen von durchaus praktischem Interesse
stellt die Pflanzengeographie andere von wesentlich philosophischer
Art. Wie hat sich die gegenwärtige Vegetation auf der Ober=
fläche des Erdballs festgesetzt? Ward jede Art ursprünglich durch

ein einziges Indivibuum, Erzeuger aller gegenwärtig vorhan=
benen, vertreten, ober ist vielmehr eine gewisse Anzahl von
Indivibuen gleichzeitig auf mehren Punkten erschienen? Mit
einem Wort, um die Sprache ber Naturforscher zu reben, hat
es ursprünglich vielfache unb verschiebene Schöpfungscentren
gegeben, von wo aus bie Pflanzen strahlenförmig sich aus=
breiteten, bis sie auf ihrer Wanberung burch mit ihrem Dasein
unverträgliche Bebingungen gehemmt wurben? War beim Er=
scheinen ber gegenwärtigen Pflanzenbecke bie Erboberfläche wie
heute bisponirt, ober unterschieb sich vielmehr bie Vertheilung
von Land unb Meer unb bas Relief bes Bobens von bem gegen=
wärtigen Zustanbe? All' biese unb mehre anbere Fragen haben
bie Wißbegierbe ber benkenben Botaniker unb Geologen lebhaft
erregt. Diese Fragen sinb ungelöst, noch sinb sie sämmtlich in
Dunkel gehüllt, allein es beginnt zu tagen. Meine Aufgabe
ist es, in wenig Worte bas Klarste, was unser Wissen über
biesen Gegenstanb enthält, zusammenzufassen. Bevor wir jeboch
bei bem Erscheinen ber gegenwärtigen Gewächse anlangen, muß
ich zuvor eine Vorstellung von benjenigen zu geben versuchen,
beren Seitenstücke nicht mehr vorhanben, aber in fossilem Zu=
stanbe im Schoße ber Erbe aufbewahrt sinb. Dank ben Ar=
beiten ber Herren Abolphe Brongniart, Alexanber Braun, Heinrich
Göppert, von Sternberg, Unger, Corba, Linbley, William Hut=
ton, Schimper, Oswalb Heer unb Bunbury ist bie vegetabilische
Paläontologie ben Fortschritten ber animalischen gefolgt, so baß
wir uns eine Vorstellung von ber Vegetation ber geologischen
Perioben machen können, in benen bie seltsamen Thiere lebten,
beren Ueberreste mit benen ber fossilen Vegetation vermischt sinb.

Ursprünglich war unsere Erbe eine weißglühenbe, halb
geschmolzene Masse, welche sich um bie Sonne brehte; bie Um=
brehung um sich selbst hat ihr, inbem bieselbe ihre Pole ab=
plattete unb ihren Gleicher anschwellte, bie Form verliehen,

welche sie seitdem bewahrt hat. Während dieser Periode ver=
mochte kein organisches Wesen auf ihrer Oberfläche zu leben.
Nach Tausenden von Jahrhunderten hat der Erdball sich abge=
fühlt; das Wasser bildete, indem es sich auf seiner Oberfläche
verdichtete, Meere, in diesen Meeren kamen die ersten Thiere,
die ersten Meeralgen zum Vorschein; allmälig tauchten Inseln
auf, woselbst sich eine Landvegetation festsetzte: es waren große
Bäume ohne Blüthen, kryptogamischen Familien angehörend,
welche in der gegenwärtigen Flora nur noch durch niebrige und
unscheinbare Pflanzen vertreten sind. Der Anblick dieser ersten
Bäume erinnert an den riesiger Cypressen oder jener Bäume
mit hängenden Blättern (Dracaena) der heißen Länder. Das
Festland beschränkte sich damals auf einige Inselgruppen, die
Vegetation war spärlich und dünn gesäet. In der folgenden
Periode aber bedecken ungeheure feuchte Wälder einen Theil der
Erdoberfläche, Bäume mit breiten Blättern beschatten die Sümpfe,
wo die ersten Reptilien zum Vorschein kommen. Diese Bäume,
gestürzt und Jahrhunderte lang über einander gehäuft, haben
die Steinkohle gebildet, sei es, daß sie an Ort und Stelle fielen
und eine Umwandlung ähnlich der der Moose erlitten, welche
sich in den Sümpfen der kalten Länder in Torf verwandeln,
sei es, daß sie, durch mächtige Ströme fortgerissen, sich vor den
Mündungen der Flüsse dieser Epoche anhäuften. Aehnliche An=
häufungen gehen noch gegenwärtig vor der Mündung der großen
Flüsse Amerikas, namentlich des Mississippi, vor sich.

Von der Steinkohlenperiode bis zu der Kreide bleibt
der Charakter der Vegetation derselbe, immer sind es Kryptogamen, welche den Boden einnehmen; nach Ablagerung der
Kreide aber mischen sich Bäume, ähnlich den unserigen, zwischen
die Urformen. Die heutigen Gattungen nehmen während der
beiden ersten Tertiärperioden, welche den Gebirgsarten in der
Umgegend von Paris entsprechen, unaufhörlich an Zahl zu. In

dieser Epoche ist die Vegetation vollständig verändert; die Urge-
wächse, denen wir die Steinkohle verdanken, sind verschwunden,
die Landschaft gleicht im Aussehen der der heißen Länder und
der gemäßigten Zonen. Die Bäume ähneln Weiden, Kiefern,
Palmen. In der jüngsten Tertiärperiode endlich sind es unsern
Akazien, Ahorn, Pappeln nahe stehende Bäume, welche den
Boden beschatten: es ist die Morgenröthe der gegenwärtigen
Vegetation, derjenigen, welche die Erde beim Erscheinen des
Menschen schmücken sollte. Die Bäume Japans, die Wälder
Nordamerikas erinnern am meisten an diese Pflanzenperiode
und scheinen so die jetzige Flora mit der letzten der entschwun-
benen zu verknüpfen.

Die Pflanzen, welche uns umgeben, sind nicht gleichzeitig
auf der gesammten Erdoberfläche erschienen. Sobald ein Stück
Erde über den Wassern emportauchte, klammerten sich einige
bescheidene Flechten an den Felsen; auf der aus der langsamen
Zersetzung dieser Flechten hervorgehenden Dammerde konnten
Moose festen Fuß fassen; diese bereiteten ihrerseits den Boden
vor, auf dem sich verschiedene einjährige Pflanzen, dann aus-
bauernbe Arten, endlich Stauden und Bäume zeigten. So bekleiden sich die Korallenriffe des Stillen Ozeans mit Pflanzenwuchs, sobald eine Bewegung des Bodens sie über das Meer
emporgehoben hat. Um uns her, auf verlassenen Mauern und
verfallenen Gebäuden, sehen wir die Vegetation sich festsetzen
und dabei denselben Gang verfolgend; das bescheidene Moos ist
es, welches den Boden vorbereitet, wo Hühnerbarm, Löwenmaul,
Levkoje, dann Feigen, Ahorn, Lotosbäume Wurzel schlagen und
die düstere Ruine durch ihr frisches Grün erheitern. Gleich der
Pflanzenbevölkerung eines Felsenriffs, gleich der einer Mauer
ist die des ganzen Erdballs das Werk von Jahrhunderten gewesen. Bei der Mündung des Mississippi haben die durch den
Fluß abgelagerten Anschwemmungen 200 Meter Dicke, in diesen

Anschwemmungen sind deutliche Schichten, aus gegenwärtigen
Gewächsen bestehend, vergraben. Zuerst stößt man auf ein
Bett von Gräsern und Kräuterpflanzen, welches auf das ehe=
malige Vorhandensein von Prairien, ähnlich denen, welche sich
noch an den Ufern der großen amerikanischen Seen und des
Golfes von Meriko ausdehnen, hinweist. Herr Ch. Lyell weist
der so vertretenen Periode eine Dauer an, die nicht unter 1500
Jahre betragen kann. Darüber befinden sich Anhäufungen von
kahlen Cypressen, welche durch Massen von Sand geschieden
sind, dann kommen Betten, welche ausschließlich aus Eichen ge=
bildet sind, ähnlich denen, welche gegenwärtig an den Ufern des
Flusses wachsen. An den Stämmen dieser Bäume hat man
die Jahresringe zählen können. Jeder derselben entspricht
einem Jahr, und man leitet daraus das Alter des Waldes ab;
nun finden sich zehn Betten dieser über einander geschichteten
Eichen vor, und abbirt man das Alter all' dieser aufgehäuften
Bäume zusammen, so gelangt man zu der erschreckenden Zahl
von 158,000 Jahren: das würde die Zeit sein, welche zwischen
den Urprairien des Mississippideltas und der gegenwärtigen
Epoche verflossen ist.

Amerika ist nicht das einzige Land, wo man Reste ver=
schiedener Vegetationen findet, die sich an ein und demselben
Orte gefolgt sind. Kiefern= und Fichtenstämme sind weit über
der gegenwärtigen Baumgrenze in den Torfmooren der Alpen
begraben. In denen der Ebene gräbt man gleichfalls Stämme
von Arten, welche der Gegend fremd sind, aus; so findet man
in England die Fichte, welche auf den brittischen Inseln keines=
wegs wild wächst. Die gegenwärtige Pflanzenwelt hat also
allmälige Phasen durchgemacht, welche über alle geschichtlichen
Ueberlieferungen hinausgehen. Beim Erscheinen der Gewächse,
welche um uns her leben, war die Oberfläche des Erdballs
keineswegs so, wie sie heutzutage beschaffen ist, die Verthei=

lung von Land und Wasser, die Abgrenzung der Kontinente,
Zahl und Gestalt der Inseln wichen von dem ab, was wir
um uns her erblicken. Alles beweist in der That, daß sich das
Erdreich, je mehr es emportauchte, desto mehr mit Pflanzen bedeckte. Gewisse Floren sind älter, andere dagegen jünger. Inseln in der Nähe großer Kontinente, wie die Galapagos an
den Küsten von Chili, gewisse Eilande im griechischen Archipel
und in der kanarischen Gruppe, haben eine so sehr von der des
benachbarten Festlandes verschiedene Vegetation, daß es unmöglich ist, eine gleichzeitige Schöpfung zuzugeben. Die geologische
Natur des Bodens bestätigt diesen Schluß, wenn sie uns wahrnehmen läßt, daß zur Zeit, wo ein Erdstrich über das
Wasser emporragte, der andere noch vom Wasser bedeckt war.
Die meisten Naturforscher betrachten die Fauna oder Flora
Australiens als eine Schöpfung für sich und älter als die der
ganzen übrigen Erde. Endlich kann man nachweisen, daß
Länder, die heutzutage durchs Meer getrennt sind, zur Zeit,
wo die Pflanzen sich auf der Oberfläche des Erdballs verbreiteten, mit einander verbunden waren. Edward Forbes hat
es für England bewiesen. Dieses Land zählt keine einzige einheimische Pflanzen- oder Thierart, die sich nicht auf dem benachbarten Festlande, sei es in Frankreich oder in Deutschland,
fände. Ja mehr, einige dieser Arten haben den Meeresarm,
welcher England von Irland trennt, noch nicht überschritten;
letztere Insel aber besitzt Arten, welche England fremd, ihr dagegen mit dem nördlichen Spanien gemeinsam sind. Alle diese
Umstände scheinen darauf hinzudeuten, daß zur Zeit der Pflan-
zenzerstreuung England mit dem Festlande verbunden war.
Geologie und Botanik stimmen überein, um dies zu bestätigen. In der That ist die Trennung der beiden Länder ein bezüglich sehr neues und späteres Ereigniß, als die
Niederlage von Rollkieseln, welche die Bodenfläche auf beiden

Ufern des Kanals bedeckt. Auf der andern Seite steht in geo=
logischer Beziehung nichts der Annahme entgegen, daß Irland,
Spanien und die Azoren einen einzigen Kontinent (vielleicht
die Atlantis des Plato) zu einer Zeit, wo die gegenwärtige
Pflanzenwelt bereits vorhanden war, gebildet haben. Seit
dem Erscheinen derselben haben Bodensenkungen diese Länder
getrennt; aber trotz der Veränderung des Klimas, welche die
nothwendige Folge davon gewesen ist, hat Irland einige spa=
nische Pflanzen, stumme Zeugen der ehemaligen Vereinigung
beider Länder, bewahrt.

Die Studien Alphonse de Candolle's über die getrennten
Arten beweisen, daß diese Eigenthümlichkeiten sich nicht blos auf
Irland beschränken. Eine getrennte Art ist eine solche, die sich
hie und da in sonderbarer, durch die gegenwärtige Geographie
und Klimatologie unerklärlicher Weise zeigt. Ich wähle zwei
Beispiele aus. Die Zwergpalme (Chamaerops humilis) kommt
im Süden von Portugal, im ganzen südlichen und östlichen
Theile von Spanien vor, sie fehlt im Roussillon und im Lan=
guedoc, auf Korsika, im nördlichen Sardinien, zeigt sich aber
wieder auf beschränktem Gebiet an der Küste von Nizza und
auf der Insel Kapraja bei Livorno, dann fehlt sie von neuem
im ganzen Norden der italienischen Halbinsel, sie zeigt sich erst
wieder in der Umgegend von Terracina an den Grenzen des
Königreichs Neapel und der päpstlichen Staaten, und wird ge=
mein auf der Insel Kapri, vornehmlich aber auf Sicilien.
Im östlichen Theile der italienischen Halbinsel findet sie sich zu
Tarent, dann gegenüber auf der Küste von Dalmatien, wo sie
bis zum Meerbusen von Korinth heruntergeht, kommt aber weder
in Griechenland noch auf den Inseln Zante und Korfu vor.
Nur zu gemein in Algerien, wo sie das größte Hinderniß der
Urbarmachung ist, begegnet man ihr dagegen in Aegypten nicht,
sondern nur in Nubien. Keine geologische oder meteorologische

Betrachtung erklärt eine so seltsame Vertheilung. Warum fehlt die Zwergpalme auf Korsika und im nördlichen Theile von Sardinien, während sie sich im Norden bei Nizza findet, im Osten auf der kleinen Insel Kapraja, im Westen auf der ganzen Küste von Spanien? Nur ehemalige Verbindungen von jetzt durch das Meer getrennten Ländern vermögen Rechenschaft von dieser launenhaften Zerstreuung zu geben.

Die schöne, unter dem Namen Rhododendron ponticum bekannte Staude liefert uns ein zweites Beispiel. Ihr ursprüngliches Vaterland ist das Küstenland des Schwarzen Meeres am Fuße des Kaukasus und die Umgegend des Olymp von Smyrna bis Nikomedia. Unbekannt im ganzen griechischen Archipel, Morea, der europäischen Türkei, Italien, Sicilien, den Balearen, Algerien, bildet sie eine ferne Kolonie in den Gebirgen des südlichen Spanien, der sogenannten Sierra von Monchique und in den Algarven von Portugal. Ich könnte an der Hand de Candolle's diese Beispiele noch vermehren; die beiden, welche ich soeben angeführt, scheinen mir jedoch hinreichend, die Botaniker und Geologen, wenn nicht zu überzeugen, doch zum Nachdenken zu stimmen.

Ein anderer Umstand ist nicht weniger charakteristisch. Gewisse Pflanzen, welche in Teichen und Sümpfen leben, wie die Seerose, die Villarsia nymphoides, das Pfeilkraut, sind in Europa sehr verbreitet, fehlen jedoch meist im Umkreise der Schweizer und Savoyer Alpen; sie würden daselbst, wie man sich unzweifelhaft vergewissert hat, bort so gut wie anderwärts wachsen; in Sümpfe ausgestreut, haben sie sich dort in einem Grabe vermehrt, daß sie lästig wurden. Es muß also zur Zeit, wo sie sich in Europa ausbreiteten, irgend ein Hinderniß sie abgehalten haben, sich in dem Schweizer Becken festzusetzen. Dieses Hinderniß waren die Gletscher, welche damals das ganze zwischen den Alpen und

dem Jura liegende Thal erfüllten. Diese ehemalige Ausdeh=
nung der Gletscher, deren unwiderlegliche Zeugen die erratischen
Blöcke sind, ist das letzte große, der gegenwärtigen Aera vor=
angegangene geologische Ereigniß. Es ist mit der Epoche der
Zerstreuung der Wasserpflanzen zusammengefallen, welche sich
in mit einem dicken Eismantel bedeckten Gegenden nicht aus=
breiten konnten.

Giebt es einen oder mehre Mittelpunkte der Pflanzen=
schöpfung? Ist es wahrscheinlich, daß eine Art erst auf einem
Punkte des Erdballs erschien und sich von da nach allen Gegen=
ben, wo wir sie gegenwärtig antreffen, verbreitete? oder müssen
wir vielmehr vielfache Schöpfungsmittelpunkte zugeben? Lassen
wir zuerst die Thatsachen sprechen. Drei Arten*) sind bisher
erst in Irland und den Vereinigten Staaten beobachtet worden;
eine bedeutende Anzahl kommt nur in Asien und Afrika, oder in
Amerika und Asien vor. Andere bewohnen die gemäßigten
Zonen der beiden Erdhälften und sind durch den ungeheuren
Zwischenraum der tropischen und intertropischen Zonen des
Erdballs geschieden. Unter diesen Pflanzen werden solche au=
geführt, welche auf der nördlichen Erdhälfte nur in Lappland,
auf der südlichen Erdhälfte nur auf dem Feuerlande und auf
Neuseeland beobachtet worden sind, andere hat man nur in den
Vereinigten Staaten und an den Ufern des Mittelländischen
Meeres einerseits und in Patagonien andererseits bemerkt.
Pflanzen der kalten oder gemäßigten Länder, könnten sie unter
dem Aequator nicht leben, eine allmälige Verbreitung ist
daher durchaus unmöglich, und die Verführung der Samen=
körner von einem Ende der Welt zum andern desgleichen,
denn es giebt keine Luft= oder Wasserströmung, durch welche
sie diese ungeheure Entfernung hätten zurücklegen können. Die=

---

*) Eriocaulon septangulare, Sisyrinchium anceps, Spiranthes cernua.

selben Thatsachen wiederholen sich, wenn man in der Richtung
von Osten nach Westen sehr entfernte Gegenden in Betracht
zieht. Man kann sie vernünftiger Weise nicht mit Hülfe von
geologischen Verbindungen heutzutage durch ungeheure Meere
getrennter Länder erklären. In der That waren zur Zeit der
Zerstreuung der Arten, als die Beschaffenheit des Erdballs
eine andere war, auch die Klimate andere, denn dieselben sind
die unmittelbare Folge dieser Beschaffenheit. Nun findet man
an den äußersten Enden der Pole beider Erdhälften Pflanzen,
welche auch bei der mäßigsten Wärme schnell umkommen. Zur
Zeit ihres Erscheinens war das Klima also eben so kalt wie
heutzutage, die Vertheilung von Land und Meer, das Boden=
relief, alles entscheidende Klimaursachen, unterschieden sich nicht
von dem gegenwärtigen Zustande, und die ehemalige Verbindung
großer Kontinente, die jetzt durch unermeßliche Meere getrennt
sind, wird zu einer unzuläßigen Hypothese. Die Paläonto=
logie bestätigt diese Schlüsse, sie lehrt uns, daß die Klimate
auf der ganzen Erde wärmer gewesen sind als gegenwärtig.
Zu Ende der jüngsten, von den Gelehrten pliocän genannten
geologischen Epoche bewohnten die Elephanten die Umgegend
von Paris, die Löwen und Tiger den Süden von Frankreich.
Während dieser Periode also hätten sich diese Pflanzen nicht
festsetzen können; allerdings folgte darauf die Kälteperiode,
welche die Ausdehnung der Gletscher beförderte, die rings um
die Alpen, Pyrenäen, Vogesen herumlagen und sämmtliche
Polarländer bedeckten. Auch betrachtet Edward Forbes die
Eiszeit als die der Ausbreitung der Alpenpflanzen. Diese
Meinung, für eine gesondert betrachtete Erdhälfte haltbar, ist
es nicht mehr, wenn es sich darum handelt, die Verbreitung
der polaren Arten über den Aequator weg zu erklären, wo die
Hitze dieselbe wie heutzutage gewesen zu sein scheint. Eine
andere Folge ergiebt sich aus dem Studium der fossilen Pflan=

zen und Thiere, nämlich, daß während der geologischen Perioden die Klimate bei weitem gleichförmiger waren, als sie es gegenwärtig sind. Folglich, wenn Erdverbindungen die Anwesenheit von Pflanzen auf bezüglich wenig entfernten Punkten erklären können, so glaube ich dagegen, daß ihr Vorkommen am äußersten Ende beider Erdhälften keine andere Ursache haben kann, als die Vielfältigkeit von Schöpfungsmittelpunkten. Alles beim Studium der Pflanzengeographie führt auf diese Vorstellung zurück.

Endlich ist noch eine Frage aufgeworfen worden. Ist das Erscheinen der verschiedenen Pflanzenfamilien auf dem Erdboden allmälig oder gleichzeitig vor sich gegangen? Hat sich die Erde ohne Unterschied mit allen den Arten, welche die Gesammtheit des Pflanzenreichs bilden, bedeckt, oder ist dieses Erscheinen vielmehr langsam und allmälig vor sich gegangen? Es ist wahrscheinlich, daß die Familien und Gattungen sich eine nach der andern in hierarchischer Ordnung erzeugt haben. Die Geologie hat einiges Licht auf diese ersten Tage der gegenwärtigen Schöpfung geworfen. Wie wir gesehen haben, herrschen nämlich die Kryptogamen in den alten Schichten, dann kommen die Koniferen und Monokotyledonen, die jüngsten Gebirge bieten uns polypetale Dikotyledonen, Gewächse aus der Familie der Malven, des Ahorns, der Weiden, der Eichen, der Birken, der Myrte und der Rose, aber kaum einige gamopetale Dikotyledonen, z. B. Pflanzen aus der großen Familie der Synanthereen, welche gegenwärtig ein Zehntel der Pflanzenwelt der Erde bildet, dar; nun sind diese Pflanzen aber diejenigen, deren Bildung die allerverwickeltste ist. Die hierarchische Ordnung, welche die im Schoße der Erde vergrabenen Pflanzen bei ihrer Aufeinanderfolge beobachtet haben, hat ebenso beim Erscheinen der lebenden Pflanzen walten müssen. Es giebt Arten, die jünger sind als andere, die gegenwärtige Schöpfung hat die antediluviane fortgesetzt und setzt sich vielleicht noch fort; nichts beweist uns in der That, daß sich nicht fortwährend neue Arten erzeugen. Wenn vollkommen bekannte und tagtäglich erforschte Gegenden dem Auge der Botaniker immerfort neue Formen darbieten, so darf man wohl sagen, daß diese der Auf= merksamkeit ihrer Vorgänger entgangen seien, man kann aber nicht nachweisen, daß sie nicht neuerdings erst entstanden sind. Diese Meinung ist von Herrn Henri Lecoq in seiner Géographie botanique du plateau central de la France formulirt und mit geistreichen Betrachtungen unterstützt worden; sie verbient die ganze Aufmerksamkeit der philosophischen Naturforscher, und die Lösung einer derartigen Frage würde für immer ihre Vorstel= lungen von dem so heiklen und schwierigen Begriffe der Art feststellen.

Die Wissenschaft hat, wie man sieht, einen Zipfel des Schleiers zu lüften versucht, welcher den geheimnißvollen Ur= sprung der organischen Welt, zu der wir gehören, bedeckt. Dank der Astronomie, der physischen Geographie, der Geologie und der Paläontologie, erkennt man in fernem Dämmerlicht durch Tausende von Jahrhunderten hindurch, wie der glühende Kern der Erde sich abkühlte und dann mit Thieren und Pflan= zen bevölkerte, wie langsame und allmälige Veränderungen, säculare Umwälzungen allmälige zahllose Schöpfungen, unvoll= kommene Skizzen der gegenwärtigen Schöpfung, haben ver= schwinden lassen. Endlich bedecken sich auf dem völlig erkal= teten Balle die aufgetauchten Erbräume allmälig mit einer schönern und mannichfaltigern Vegetation als alle vorhergehen= ben ; die partiellen Schöpfungen vervollständigen sich und bleiben, ähnliche Umstände führen das Erscheinen gleicher oder ähnlicher Wesen herbei, und nachdem die Erde mit Blumen geschmückt und von Thieren bevölkert ist, erscheint der Mensch. Sein Ursprung verliert sich, wie der der andern höhern organischen Wesen, in

bie Nacht ber Zeiten, gleich ihnen aber gehört er ber heutigen
Periobe an. Seine geistige Ueberlegenheit erhebt ihn über Alles,
was ihn umgiebt, unb scheint ihn in bem stolzen Gebanken zu
befestigen, baß bie vorangegangenen Schöpfungen keinen anbern
Enbzweck gehabt haben, als seine Ankunft vorzubereiten, inbem
sie bie Erbe würbig machten, ein Wesen zu empfangen, bas fähig
war, bie Welt zu begreifen unb zu beherrschen.

Spitzbergen.

Bild eines Inselmeers zur Eiszeit.

Unter dem Meridian Mitteleuropas und der skandinavischen Halbinsel zwischen dem 76° 30′ und 80° 50′ Grade n. Br. gelegen, ist Spitzbergen so zu sagen die vorgerückte Vorhut unseres Erdtheils nach Norden. Auf diesen Inseln herrscht der Winter zehn Monate des Jahres hindurch, erlischt das organische Leben aus Mangel an Wärme und Licht, dort sammelt der Naturforscher die letzten Pflanzen dort beobachtet er die letzten Thiere, es ist die äußerste Grenze der europäischen Fauna und Flora. Darüber hinaus ist Alles todt, und eine Schollenmasse ewigen Eises erstreckt sich bis zum Nordpol. Auf Spitzbergen selbst schmilzt der Schnee nur am Meeresstrande, an günstig ge= legenen Stellen, die Berge hingegen bleiben selbst während der drei Sommermonate beständig weiß. Sämmtliche Thäler sind mit mächtigen Gletschern angefüllt, welche bis zum Meere herunter= reichen; so sind denn diese Inseln das getreue Bild des geologi= schen Zeitalters, welcher demjenigen, worin wir leben, unmittel= bar vorangegangen ist, der Gletscherperiode. Während dieser Periode bedeckte ein Eismantel den ganzen Norden Europas bis zum 53° n. Br., sämmtliche Thäler von Bergketten, wie die Vogesen, der Jura, die Alpen, die Pyrenäen, die Karpathen, der Kaukasus, der Himalaya, ja selbst diejenigen Neuseelands,

waren von Gletschern eingenommen, welche sich mehr ober minder
weit in die benachbarten Ebenen erstreckten. Spitzbergen stellt
unsern Augen also in Wirklichkeit das Bild eines geologischen Zeitalters bar, bessen Spuren fast überall sichtbar sind.
Die geringe Anzahl von Thieren und Pflanzen, welche diese
Inseln bewohnen, sind solche, welche der Kälte am meisten
Widerstand leisten und das geringste Quantum jener Lebensquelle
der organischen Wesen, der Sonnenwärme, erfordern. Von diesem
zwiefachen Gesichtspunkte aus verdient das physische Bild dieses
Theiles der arktischen Länder, von einem Reisenden entworfen,
der ihn zu wiederholten Malen gesehen und durch das Studium
der älteren und neueren Entdeckungsreisen vervollständigt, bem
gebildeten Publikum, welches sich für die Beschreibung und Geschichte unseres Planeten interessirt, vorgeführt zu werden.

Der Archipel von Spitzbergen besteht aus einer Haupt-
insel, welche ihren Namen der ganzen Gruppe verliehen hat,
und aus zwei andern bedeutenden Inseln, einer kleinern im
Süden und einer größern im Norden, dem Staatenlande und
dem Norboftlande. Die Prinz Karl Insel ist auf der westlichen
Seite gelegen, und eine Reihe kleiner Eilande, die Sieben Inseln
genannt, läuft gerade gegen den Pol. Das Tafeleiland ist der
letzte Felsen, welcher sich aus dem Schooße des Eismeeres erhebt.

Bevor wir zur Beschreibung von Spitzbergen übergehen,
wollen wir kurz die Geschichte seiner Entdeckung und der Forschungen, beren Schauplatz es gewesen ist, anbeuten.

Entdeckung und Erforschung von Spitzbergen.

Gegen Ende des sechzehnten Jahrhunderts suchten die
Holländer, vom spanischen Joche befreit, ihren Handel in allen
Welttheilen, namentlich in der Levante, auszubreiten. Genöthigt,
die Westküsten Spaniens entlang zu segeln, stießen ihre fried-
lichen Galioten daselbst auf spanische Korsaren. So tauchte der

Gedanke auf, Indien von Norden her zu erreichen. In dieser Absicht rüsteten die Vereinigten Provinzen drei Fahrzeuge aus: ben Schwan von Kornelis, ben Merkur von Ysbrandt und ben Boten von Barentz befehligt. Diese Schiffe brangen bis zur Meeresenge von Waigatz oder Kara, welche Nova Semlja von Rußland trennt, vor und glaubten bie gesuchte Durchfahrt entbeckt zu haben. Eine zweite Expedition, von Heemskerk befehligt, burchschnitt sie im folgenden Jahre. Da bie Jahreszeit aber bereits zu weit vorgerückt war, so waren bie Schiffe gezwungen, nach Holland zurückzukehren. Durch biese Mißerfolge entmuthigt, weigerten sich bie Generalstaaten, bie Kosten für eine britte Expedition zu bestreiten, setzten aber einen namhaften Preis für benjenigen aus, bem es gelingen würbe, bie Durchfahrt zu entbecken. Die Stabt Amsterbam be= schloß einen neuen Versuch zu machen. Sie rüstete zwei Fahr= zeuge aus, von benen bas eine unter bem Befehl von Heems= kerk, bas anbere unter bem von Jan Kornelis stanb; Willem Barentz war ber Lootse und bie Seele ber Expedition.*) Den 18. Mai 1596 ging sie bei Terel unter Segel. Den 9. Juni entbeckten bie Hollänber eine Insel von öbem Aussehen, in ber Mitte erhob sich ein nackter Berg. Barentz gab ihm ben Namen Jammerberg, und nachbem seine Leute einen riesigen Bären erlegt hatten, erhielt bie Insel ben Namen Beeren = Eilanb. Es ist bieselbe, welche ber Englänber Steven Bennet im Jahre 1603 rekognoscirte und nach bem Namen seines Rheders Cherryislanb benannte. Zwischen Norwegen und Spitz= bergen unter 74° 35′ n. Br. gelegen, wirb sie zuweilen von Bärenjägern und Walroßjägern besucht. Die Bäreninsel ver= lassenb, steuerten bie SchiffeWestnorbwest. Den 17. Juni befanben

---

*) Man sehe hierüber bie Histoire du pays nommé Spitzberghe, mon-
strant comment qu'il est trouvée son naturel et ses animauls. En Amsterdam, à l'enseigne des Cartes nautiques. 1613.

sie sich unter 81° 10 n. Br., und indem sie lavirten, um aus dem Eise herauszukommen, entdeckten sie ein hohes, mit Schnee bedecktes Land. Den 21. Juni gingen sie in einer Bucht, der von Smeerenberg, unter 79° 44' n. Br. zwischen den Inseln und dem Lande vor Anker. Indem sie fortfuhren, dieses Land in der Richtung von Südsüdost zu bestreichen und es von spitzen Berggipfeln starren sahen, gaben sie ihm den Namen Spitz= bergen, und verfolgten die Küste bis an's äußerste Ende unter 76° 35'. Den 1. Juli bekamen sie die Bäreninsel wieder zu Gesicht.

In den Meinungen über die ferner einzuschlagende Richtung getheilt, trennten sich die Befehlshaber. Barentz wandte sich nach Nordost, überwinterte in Nova Senelja und starb im folgen= den Frühjahre, dieses öde Land verlassend, auf einem kleinen Fahrzeuge und Angesichts des Kaps, welches er im Jahre zu= vor mit so tiefer Rührung umschifft hatte, denn er glaubte jene Nordostpassage entdeckt zu haben, welche dem Handel seines Vaterlandes eine neue Bahn eröffnen sollte. Kornelis dagegen war nach Norden zurückgegangen und unter 80° n. Br. wieder bei der Küste von Spitzbergen neben der Insel Amsterdam an= gelangt, wo sein Schiff einen Monat vorher Anker geworfen hatte.

Im Jahre 1607 rekognoscirte ein Engländer, Henry Hudson, auf ein und derselben Reise die Ostküste von Grön= land bis zum 73° n. Br. sowie die Westküste von Spitzbergen, und drang bis zum 82° n. Br. in's Meer vor, wo er von den Eismassen am Weiterkommen gehindert wurde. In den darauf folgenden Jahren besuchten Jones Poole, Robert Fotherby und eine große Anzahl von baskischen, holländischen und englischen Walfischfängern Spitzbergen.

Im Jahre 1614 drangen Baffin und Fotherby bis zum 80" vor, stiegen auf dem am Lande festsitzenden Eise aus, drangen zu Fuß in nordöstlicher Richtung vor, wurden aber durch einen unübersteiglichen Eiswall acht Meilen von dem Punkte, wo sie angelegt hatten, an weiterem Vorbringen gehemmt.

Während des ganzen 17. Jahrhunderts wurden die Küsten von Spitzbergen fleißig von Walfischfängern besucht. Vom Juni bis September waren die Buchten der nördlichen Striche durch einen bedeutenden Zusammenfluß von rührigen und entschlossenen Seeleuten belebt, jede Nation hatte eine für sich. Wie durch einen Zauber entstanden Dörfer, aus Hütten von zu Schiffe herbeigebrachten Brettern bestehend. Das schönste war das von Smeerenberg. Dort fanden die Holländer ihre Amsterdamer Schenken wieder und das sogenannte Haarlemer Küchen= viertel war dem Brennen des Walfischthrans gewidmet. Gegen den Herbst verschwanden diese zeitweiligen Ansiedelungen, die Hütten mit ihren Bewohnern kehrten nach Holland zurück. Im Jahre 1633 brachten sieben Leute den Winter daselbst zu und wurden gesund und wohlbehalten wieder angetroffen. Im folgenden Jahre wollten sieben Andere denselben Gefahren Trotz bieten. Den 20. Oktober verschwand die Sonne, einen Monat darauf zeigte einer von ihnen Symptome von Skorbut und unterlag den 24. Januar. Allmälig allesammt von dieser schmerzhaften Krankheit befallen, hörten sie den 26. Februar auf, ihr Tagebuch weiter zu führen. Derjenige, welcher es abfaßte, schrieb zuletzt noch mit zitternder Hand folgende Zeilen nieder: „Wir liegen selbvierte in unserer Hütte hingestreckt, so schwach und krank, daß wir uns gegenseitig nicht mehr unter= stützen können. Wir bitten den lieben Gott, uns beizustehen und uns von dieser Welt zu nehmen, wo wir nicht mehr die Kraft besitzen zu leben." Diese und andere Versuche, welche die russischen Walfischfänger immer noch machen, beweisen, daß es möglich ist, auf Spitzbergen zu überwintern. Ich bin mit Scoresby der Ansicht, daß in einer zweckmäßigen Behausung aus Holz, mit Steinkohlen, eingemachten Vorräthen und einem feurigen Wein versehen, eine derartige Ueberwinterung keine ernstlichen Gefahren darbieten würde.

Nun soll von derjenigen Reise, welche am meisten zur Kenntniß von Spitzbergen beigetragen hat, der eines Hamburger Wallfischfahrers, Namens Friedrich Martens die Rede sein. Den 15. April 1671 aus der Elbe ausgelaufen, kehrte er den 29. August zurück. Nachdem er die Insel Jan Mayen rekognoscirt, hatte er sich dem Norden von Spitzbergen zugewandt, dem Wallfischfange an der Nordwestküste zwischen der Magdalenenbai und der Hinlopenstraße obgelegen und war bis zum 81° n. Br. vorgebrungen. Er ging bei Magdalenenbai, Fairhaven, Smeerenberg, in der Muschelbai (Mussel-bay) und im Südhafen (Zuidhaven) vor Anker. Sein Bericht ist sehr ausführlich. Er beschreibt Spitzbergen, handelt sodann vom Meere, vom Eise, von der Luft, von den Pflanzen und Thieren, und giebt höchst belangreiche und wahrheitsgetreue Einzelheiten über die Sitten und den Fang des Wallfisches oder der großen Cetaceen, welche man in damaliger Zeit an den Küsten von Spitzbergen fand.*)

Der Fang zog stets eine große Menge von Schiffen in diese Gegenden; die Seefahrer, die Erforscher der Polarmeere aber wandten sich den Nordküsten Amerikas zur Auffindung jener Durchfahrt vom Atlantischen in den Stillen Ocean zu, deren Entdeckung in unsern Tagen Maclure vollenden sollte.

Die erste rein wissenschaftliche Reise an den Küsten von Spitzbergen ist die von John Constantin Phipps,**) nachherigem Lord Mulgrave, und von Skeffington Lutwidge auf den Schiffen RaceHorse und Carcaß, in Begleitung des Astronomen Lyons und des Physikers Irving. Der Zweck der Expedition war,

---

*) Recueil de Voyages au Nord, t. II.; Journal d'un voyage au Spitzberghen par Frédéric Martens (de Hambourg), suivi d'une description de Spitzberghen. In 18., Amsterdam, 1715, avec 17 planches.

**) Voyage towards the Northpole 1774.

sich so viel als möglich dem Nordpol zu nähern. Die Schiffe liefen den 2. Juni 1773 aus der Themse aus und entdeckten den 28. Juni Abends die Südküste von Spitzbergen. Den 4. Juli gingen sie in einer kleinen Bucht südlich von der Hamburger Bai vor Anker, drangen danach bis 80° 48' vor, wo sie von den Eisschollen am Weiterkommen gehindert wurden, und von da östlich nach den Sieben Inseln, immer inmitten der Eisberge hinfahrend. Am 5., 6. und 7. August liefen sie die größten Gefahren, die Schiffe blieben, von Eis umringt, trotz der An= strengungen beider Mannschaften unbeweglich auf demselben Flecke liegen. Schon waren die Boote in's Meer hinabge= lassen und klar gemacht, als man bemerkte, daß das Eis sich in Bewegung setzte und die Schiffe mit nach Westen zog. Den 10. befanden sie sich auf offener See. Von nun an freies Meer befahrend, waren sie Mitte Septembers wieder in England. Phipps hat an mehreren Punkten vor Spitzbergen, südlich von der Hamburger Bai, bei der Insel Amsterdam, bei Walbenis= land, bei der Niebern Insel (Low island) und bei der Insel Moffen angelegt. Es ist die erste Reise, auf der man regel= mäßige meteorologische Beobachtungen angestellt hat. Doktor Irving bemühte sich die Temperatur des Meeres bei ver= schiedener Tiefe mit einem von Cavendish erfundenen Thermo= meter festzustellen, und Lyons erprobte mehrere Methoden, um die Lage des Schiffes durch Schätzung und durch den Chrono= meter zu bestimmen. In seiner Beschreibung giebt Phipps ein umständliches Tagebuch seiner Reise, alle Einzelheiten der Beob= achtungen und Experimente, endlich ein Verzeichniß mit Abbil= dungen von Thieren und Pflanzen, die während der Reise beobachtet wurden.

Zu Anfang des 19. Jahrhunderts stoßen wir auf eine Reihe von Reisen, die von einem einzigen Seefahrer ausgeführt wurden, der in Ansehung der Zahl, der Genauigkeit und Man=

nichfaltigkeit der vollbrachten Arbeiten mit keinem seiner Vor=
gänger verglichen werden kann und als Beobachter nie über=
troffen werden wird. William Scoresby, Sohn eines Kapitains
auf einem Walfischfahrer, machte siebenzehn Reisen nach Spitz=
bergen. Zu jung, um sich während der ersteren ununter=
brochenen Untersuchungen hinzugeben, sind es die Ergebnisse der
zwölf letzteren, unternommen in den Jahren 1807 bis 1818,
die den Stoff zu dem ausgezeichneten Werke bilden, welches
er über die arktischen Meere herausgegeben hat.*) Wenn man
bedenkt, daß Scoresby selbst einer der unternehmendsten Wal=
fischfänger war, so kann man nicht umhin, es zu bewundern,
wie er sich all' die nöthigen Kenntnisse zu erwerben und die
Zeit herauszufinden gewußt hat, die unerläßlich sind, um ein
vollständiges Bild von Spitzbergen, seinen Meeren, seinen Eis=
bergen, seinem Klima und seinen Naturprodukten zu entwerfen.
Um sich eine richtige Vorstellung von seiner Genauigkeit und
seinem Scharfsinn zu machen, muß man gesehen haben, was er
gesehen, und geprüft haben, was er geschrieben. Gleich den
Reisen Saussure's, mit dem er die meiste Aehnlichkeit in
Rücksicht auf Scharfsinn der immer vorurtheilsfreien Be=
obachtungen und eine gewisse Schüchternheit in den gezogenen
Schlüssen hat, wird sein Werk stets den Ausgangspunkt jeder
wissenschaftlichen Forschung in den arktischen Meeren bilden.
Die zahlreicheren und genaueren Resultate, welche seine Nach=
folger gewonnen haben, verdanken diese nicht ihren persönlichen
Eigenschaften, sondern den vollkommneren Instrumenten und den
genaueren Methoden, welche die unaufhörlichen Fortschritte der
Physik zu ihrer Verfügung gestellt haben. Desgleichen beobachten
die Geologen, welche die Alpen durchstreifen, keineswegs besser

---

*) An account of the arctic regions with an history and description of
the Northern whalefishery, illustrated by twenty-four engravings. 2 vol.
in 8°, 1820.

als Saussure, wissen aber mehr als er. Scoresby ist der Saussure der arktischen Meere, und ich bin fest überzeugt, daß alle diejenigen, welche die Alpen sowohl wie das Eismeer besucht haben, dies Urtheil bestätigen werden.

Im Jahre 1807 machte der Shannon unter Kapitain Brocke eine Rekognoscirungsfahrt an den Westküsten von Spitzbergen, welche als Grundlage für die Geographie und Hydrographie dieser Gegenden gedient hat.

Gedenken wir noch der erfolglosen Reise der Dorothea, befehligt vom Kapitain David Buchan, und des Trent unter Lieutenant John Franklin, der vor zwanzig Jahren einen glorreichen Tod fand, indem er sich bestrebte, jene Nordwestdurchfahrt zu entdecken, welche er selbst, Roß und Parry so lange vergebens gesucht hatten. Die beiden Schiffe, den 27. Mai 1818 von den Shetlandinseln abgegangen, erreichten den 80sten Grad bei Spitzbergen. Die Eisschollen bildeten einen unübersteiglichen Wall; acht Tage zwischen dem Eise festgehalten, gingen sie bei Fairhaven vor Anker. Ein zweiter Versuch, bei dem sie bis 80° 32′ hinaufgingen, fiel nicht glücklicher aus, und nachdem sie einen furchtbaren Sturm inmitten der Eisberge ausgehalten, gewannen sie die Bai von Smeerenberg wieder, blieben daselbst einen Monat, um ihre Seeschäden auszubessern und kamen den 10. Oktober wieder in England an.

Dies Fehlschlagen entmuthigte die englische Admiralität nicht: im Jahre 1823 sandte sie die Korvette Griper an die Küsten von Spitzbergen. Derselbe wurde von Kapitain Clavering und Lieutenant Forster befehligt und trug den Artilleriekapitain, nachmaligen General Sabine an Bord, welcher wichtige Experimente machen sollte und auch in der That machte, nämlich mit dem Pendel für die Bestimmung der Gestalt und Dichte der Erde, mit dem Barometer für die Höhenmessung, sodann mannichfaltige Beobachtungen über die Temperatur, Vegetation u. s. w. Der

Griper, im Mai von England abgegangen, verweilte in Fairhaven unter 79° 46' n. Br. und kehrte die Ostküsten von Grönland entlang zurück, welche vom 72. bis 76. Breitengrade erforscht
wurden.

Phipps und Scoresby hatten die Meinung verbreitet,
daß die Schollen, welche alle Seefahrer bei ihren Versuchen,
den Nordpol zu erreichen, hinderten, eine schlichte Ebene bildeten, auf welcher man zu Fuß oder im Schlitten vorbringen
könnte. Edward Parry baute auf diese Vorstellung. Er war
erst siebenundbreißig Jahre alt, hatte bereits vier Reisen nach
Norden gemacht und zwei Winter im Norden des Baffinsmeeres
zugebracht, den einen auf der Melvilleinsel, den andern zu Port
Bowen in der Prinzregentenstraße; Niemand war also besser als
er zu einer dergleichen Expedition gerüstet. Den 27. März ging
er auf dem Hekla unter Segel, legte bei Hammerfest an,
rekognoscirte den 14. Mai die Spitze von Hackluit, lief in die
Magdalenabai ein und ließ nach wiederholtem Laviren nordwärts sein Schiff in Heklacove, einer Nebenbucht von
Treurenburgbai. Der Hekla blieb daselbst vom 20. Juni
bis 28. August, während Parry mit seinen Booten und Schlitten
auf den Eisschollen nach dem Pole vorzubringen suchte; unglücklicher Weise wurden dieselben nach Süden fortgerissen, während
Parry und seine Gefährten nordwärts ihre Wanderung fortsetzten. Nach Verlauf von einundbreißig Tagen unerhörter
Mühseligkeiten und Beschwerden befanden sie sich erst unter
82° 44' n. Br. Weiter auf diesen Schollen vorzubringen, die
keineswegs, wie Phipps und Scoresby von weitem geurtheilt
hatten, eine glatte Fläche, sondern eine Art von Gletscher
bildeten, der mit zackigen Spitzen besäet und durch Spalten und
Lücken, welche das Meer frei ließen, unterbrochen wurde, wäre
unmöglich und unnütz zugleich gewesen, da die Schollen
immer weiter nach Süden entwichen, je mehr Parry nach

Norden vordrang. So kam Parry den 20. August nach Heklacove zurück, nachdem er die meisten der nördlichsten Inseln von
Spitzbergen besucht hatte, nämlich: Low-island, Walden-island,
die Insel Moffen und endlich Little-table-island und Ross-inlet,
die nördlichste von allen.

Parry's interessante Beschreibung*) ist mit einem Anhange
versehen, enthaltend: „Vier Monate meteorologischer Beobachtungen, angestellt in den Meeren von Spitzbergen zu Heklacove
unter 79° 55' n. Br. und während seines Ausfluges auf den
Eisbänken, Messungen der Meerestemperatur bei verschiedenen
Tiefen, welche ich anderwärts**) besprochen habe, sowie eine
Aufzählung der im nördlichen Theile von Spitzbergen von Roß,
Forster und Halse, Offizieren des Hekla, beobachteten Pflanzen und Thiere."

Im selben Jahre, wo Parry mit seinem Versuche scheiterte,
befand sich Keilhau, Professor der Geologie zu Christiania,
in Hammerfest, nachdem er das norwegische Lappland besucht
hatte; dort traf er einen Deutschen, Herrn von Lowenhigh,
welcher soeben Rußland bereist hatte, nebst zwei Engländern,
den Herren Everest, an. Diese Herren beschlossen, nach Spitzbergen zu reisen und bei der russischen Niederlassung, welche
sich im Süden der östlichen im Jahre 1616 von den Holländern entdeckten und Staatenland genannten Insel befindet,
zu landen. Sie schifften sich auf einer kleinen Brigg mit einer
Bemannung von sechs Leuten am 15. August ein. Am 20.
landeten sie bei Beeren-Eiland, wo sie bis zum 22. blieben.
Die Temperatur schwankte zwischen 3°, 1' und 5°4'. Zwei Quellen, welche aus einer Kiesschicht von drei Meter Dicke hervor-

---

*) An attempt to reach the North-pole. In 4°, 1818.
**) Mémoire sur les températures de la mer Glaciale (Voyages en
Scandinavie et au Spitzberg de la Corvette la Recherche, Géographie phy-
sique, t. II. p. 279, et Annales de physique et de chimie, 1849).

sprudelten, zeigten die eine 0°7, die andere 4°7. Keilhau sammelte auf dieser Insel 28 Phanerogamen und 23 Krypto=gamen. Am 27. befand sich das Schiff sechs Meilen von Jce=Sound, am 3. September beim Südkap von Spitzbergen. Nach=dem sie einen Sturm ausgehalten hatten, verwickelten sie sich in die Tausend Inseln, wo sie Eis und eine beträchtliche Menge von Seehunden und Walrossen antrafen, und nachdem sie müh=sam durch das Eis durchgebrungen, landete das Schiff den 10. September bei der Niederlassung, welche sich an der West=küste des Staatenlandes, auch das östliche Spitzbergen genannt, befindet. Das zur Aufnahme von dreißig bis vierzig Menschen eingerichtete Haus war gerade ohne Bewohner. Keilhau sam=melte in der Umgegend ungefähr 26 Phanerogamen und 34 Kryptogamen und stellte zahlreiche geologische Beobachtungen an, welche er in seiner Reisebeschreibung*) niedergelegt hat.

Die chronologische Reihenfolge veranlaßt mich jetzt, von zwei Reisen nach Spitzbergen zu sprechen, welche ich als Mit=glied der wissenschaftlichen Commission in den Jahren 1838 und 1839 gemacht habe. Diese Commission bestand aus den Herren Gaimard, Lottin, A. Bravais, X. Marmier, E. Robert, Mayer und mir. Die Recherche, ein zu Fahrten auf den nordischen Meeren eigens gebautes Schiff, befehligt von Herrn Fabvre, Schiffslieutenant, 1864 als Admiral gestorben, war zu dieser Reise ausersehen. Wir verließen Havre den 13. Juni 1838, den 26. liefen wir in den Fjord von Drontheim ein und den 27. lagen wir vor der alten Hauptstadt Norwegens vor Anker. Die Korvette hielt sich hier bis zum 3. Juli auf, den 13. lief sie in die schöne Bai von Hammerfest, der nörd=lichsten Stadt Europas, ein. Den 15. Juli segelten wir

*) Reise i oest og vest Finmarken samt til Beeren-eiland og Spitz-bergen. Christiania, 1831.

nach Spitzbergen ab. Folgenden Tags stießen wir auf eine Bank von Eisbergen, zwischen denen wir drei Tage lang herum= fuhren; diese Eisberge dehnten sich wahrscheinlich bis Beeren= Eiland aus, sie waren nicht sehr hoch, da sie die Schanzver= kleidung des Schiffes nicht überragten. Der Umfang derselben wich ungeheuer von einander ab und war selbst annähernd schwer zu schätzen. Zuweilen ist ein dem Anschein nach ganz kleiner Eisberg nur die aus dem Wasser hervorragende Spitze einer mächtigen Pyramide, von der vier Fünftel unter Wasser sind. Diejenigen, welche die Form eines Parallelepipeds haben, bieten eine große und ebene, selten durch Sand verunreinigte Fläche dar; die Schollen, welche beinahe gänzlich geschmolzen sind, nehmen die seltsamsten und gewundensten Formen an. Man mußte um jeden Preis einen Zusammenstoß mit diesen schwimmenden Massen vermeiden, auch hielt sich der wachtha= bende Offizier immerfort auf dem Vordertheil des Schiffes, den Steuermann durch Zeichen bedeutend, die Ruderpinne auf Backbord oder auf Steuerbord zu setzen. Der beständige Tag begünstigte unsere Fahrt, dichte Nebel aber hielten sie oft auf. Der Offizier hatte Mühe, die Eisberge zu unterscheiden, und da der Steuermann die Zeichen des Kommandanten nicht mehr bemerkte, so wurden die Ordres durch die Schiffsjungen über= bracht, welche unaufhörlich zwischen dem Vorder= und Hinterdeck hin und her liefen.

Die Eisberge bieten ein Schauspiel dar, an dem man sich nie satt sieht. Grotten und Höhlen, auf der Wasserlinie durch die Wellen gebildet, sind mit den schönsten lasurblauen Tinten gefärbt, und wenn bei etwas unruhiger See diese Eisberge von den Schlagwellen geschaukelt werden, so bieten diese Tinten alle Nüancen vom reinsten Weiß bis zum Ultramarin= blau dar. Sind die Blöcke zahlreich, so vernimmt man ein Knistern, ähnlich dem von elektrischen Funken; dasselbe rührt

wahrscheinlich gleich dem der Gletscher von den tausend und aber
tausend Luftbläschen her, welche aus dem Eise aufsteigen, je
mehr es bei der Berührung mit dem Wasser schmilzt. Den
24. Juli liefen wir in die Bai von Bell=Sound 77° 30' n. Br.
ein und blieben daselbst bis zum 4. August. Eine Menge
Beobachtungen und zwei Reihen stündlich meteorologischer Ab=
lesungen wurden dort vom 30. Juli bis 4. August angestellt.
Eine Station war 5,45 M. über dem Meere, die andere auf
einem Berge Namens Slaabberg in einer Höhe von 564 Meter.
Den 12. August lief die Korvette wieder in den Hafen von
Hammerfest ein.

Im Jahre 1839 ging die Recherche abermals den 14. Juni
von Havre ab und ankerte den 25. Juni vor Thorshavn, der
Hauptstadt der Faröerinseln unter 62° 3' n. Br. Am 12. Juli
befand sich die Korvette wieder vor Hammerfest, und den 31.
lief sie in die Magdalenenbai unter 79° 34' n. Br. und 8° 49'
ö. L. ein. Vom 1. bis 12. August ward ununterbrochen 6
Meter über dem Meeresspiegel eine stündliche meteorologische
Reihe angestellt. Alle Ausschußmitglieder und Offiziere ver=
wandten jeden Augenblick in nutzbringender Weise. Die Ab=
wesenheit der Nacht verdoppelte die Arbeitszeit. In dem großen
auf Veranstaltung des Marinedepartements herausgegebenen
Werke findet man die Ergebnisse dieser und derjenigen Studien,
welchen sich zwei Mitglieder der Kommission, die Herren Lottin
und Bravais und zwei schwedische Gelehrte, die Herren Lilliehöd
und Siljeström überließen, welche den Winter von 1838 auf
1839 zu Bossekop in Lappland unter 70° n. Br. und 21° 10'
ö. L. zubrachten. *)

Seit dieser Zeit sind noch zwei wissenschaftliche Reisen nach

---

*) Voyages en Scandinavie et au Spitzberg de la corvette la Recherche.
41 volumes in 8°, avec atlas.

Spitzbergen unternommen worden, die erste im Jahre 1858 vom Professor Nordenskjöld von Helsingfors, die zweite von einer schwedischen Kommission. Im Jahre 1861 schiffte Herr Nordenskjöld, von den Herren Torell und Quennerstedt begleitet, die Westküste entlang und erreichte Smeerenberg, nachdem er sämmtliche zwischen Hornsound und der Amsterdamer Insel belegenen Fjorde besucht hatte. Diese Herren verweilten zwei Monate auf Spitzbergen. Die Einzelheiten dieser Reise sind mir nicht bekannt. Die schwedische Expedition hat hauptsächlich den Norden Spitzbergens untersucht, nämlich die Straße von Van Hinlopen, welche es vom Nordostlande trennt, die äußerste Nord= spitze eben dieses Nordostlandes und die Reihe von Inselchen, welche sich nach dem Pole zu erstreckt. Wir werden aus den von den Mitgliedern dieser Kommission, den Herren Norden= skjöld, Malmgrén, Chydenius, Blomstrand, Dunér und Torell vollbrachten Arbeiten Nutzen ziehen, doch ist der Reisebericht, durch den frühzeitigen Tod des Doktors Chydenius unterbrochen, noch nicht erschienen. Eine bedeutende Anzahl von Resultaten ist jedoch bereits in schwedischer Sprache und in den Geographi= schen Mittheilungen von Petermann erschienen. Herr Norden= skjöld hat die im Norden von Spitzbergen, auf dem Nordost= lande und auf den Sieben Inseln gemachten astronomischen Be= stimmungen bekannt gemacht. Derselbe hat im Verein mit Blomstrand eine geologische Karte von diesem Theil des Archipels geliefert. Die magnetischen Beobachtungen rühren von Chybe= nius her, auch hat derselbe die Punkte vorgezeichnet, welche zur Messung eines Meridianbogens dienen könnten, der, zwischen dem 79° 8′ und 80° 50′ n. Br. liegend, von höchster Bedeu= tung für die genauere Bestimmung der Abplattung der Erde sein würde. Malmgrén hat ein Verzeichniß der Säugethiere, der Vögel und Pflanzen von Spitzbergen, und Torell einen all= gemeinen Ueberblick über die physische Geographie der arktischen

Gegenden gegeben. Wir beschließen hiermit diese kurze Darlegung der hauptsächlichsten Forschungsreisen nach Spitzbergen, um zur Beschreibung dieses Landes überzugehen.

Klima von Spitzbergen.

Wenn man bedenkt, daß die Sonnenhöhe auf Spitzbergen selbst in den südlichsten Theilen nie 37 Grad übersteigt, daß ihre schrägen Strahlen, eine ungeheuer dicke Atmosphäre durch= brechend, erst zur Erde gelangen, nachdem sie fast alle ihre Wärme verloren haben, und die Oberfläche des Bodens so zu sagen bestreichen, statt, wie in den heißen Ländern, senkrecht auf sie herabzufallen; wenn man ferner dazu nimmt, daß sich vom 26. Oktober bis zum 16. Februar das Gestirn nicht mehr zeigt, und daß eine viermonatliche Nacht diese eisige Erde einhüllt; wenn man bedenkt, daß während der Periode von 128 Tagen, in der die Nacht mit dem Tageslicht abwechselt, die Sonne sich kaum über den Horizont erhebt, so wird man es begreiflich finden, daß das Klima von Spitzbergen eines der strengsten ist, die es giebt. Die beständige Anwesenheit der Sonne vier Monate des Jahres hindurch wiegt nicht seine Abwesenheit während eines eben so langen Zeitraumes noch die Schrägheit seiner Strahlen auf; selbst während der Monate Juli und August wird sie zumeist durch Nebel, die sich aus dem Meere erheben, verdunkelt. Nie ist der Himmel einen ganzen Tag lang heiter. Dazu bringen heftige, durch die Eisbänke oder durch die Gletscher abgekühlte Winde in kurzen Intervallen die Temperatur der Atmosphäre zum Fallen. Nichtsdestoweniger ist das Klima von Spitzbergen weniger kalt als das der nörd= lichen, unter demselben Breitengrade gelegenen Gegenden von Amerika, nämlich des äußersten Endes der Baffinsbai, unter dem Namen Smithsound bekannt. In diese Gegenden haben

die Meteorologen den Kältepol der nördlichen Halbkugel verlegt,
der keineswegs mit dem der Erde zusammenfällt, sondern sich
in Amerika unter dem 98° w. L. und unter dem 78° n. Br.
befindet. Wenn das Klima von Spitzbergen weniger streng
als das der Festlandgegenden ist, so kommt dies auch daher,
weil Spitzbergen ein Inselmeer ist, dessen Gewässer durch
den Golfstrom erwärmt werden, eine mächtige Strömung warmen
Wassers, die im Golf von Meriko ihren Ursprung nimmt,
den Atlantischen Ozean durchschneidet und im Weißen Meere
und an den Westküsten von Spitzbergen endet. Auch sind diese
im Sommer beständig frei, während die Ostküsten, von Eisbergen umlagert, selten für die Robben- und Walroßfänger, die
allein diese öden Striche besuchen, zugänglich sind.

Ich will den Leser nicht mit den Methoden ermüden, die ich
angewandt, und den Berechnungen, die ich angestellt habe,
um die Mitteltemperaturen von Spitzbergen in Zahlen auszu-
drücken. Ich habe mir dabei die Beobachtungen von Phipps,
Parry, Scoresby und des wissenschaftlichen Nordausschusses
auf Spitzbergen und in Lappland zu Nutze gemacht. Da meine
Resultate merklich mit denen, welche Scoresby aus seinen eigenen Beobachtungen abgeleitet hat, übereinstimmen, so verdienen
die erlangten Zahlen das Vertrauen der Gelehrten. Gleich ihm
habe ich die Temperaturen für den mittlern unter dem 78° n.
Br. gelegenen Theil der Insel berechnet. Die nachfolgende
Tabelle stellt die mittleren Temperaturen eines jeden Monats
in hunderttheiligen Graden ausgedrückt dar. Damit der Leser
sich eine richtige Vorstellung von der Strenge dieses Klimas
machen könne, setze ich daneben die entsprechenden Temperaturen
für Paris, von Herrn Renou berechnet und auf fünfundvierzig-
jährige (von 1816 bis 1860 laufende), auf der Sternwarte von
Paris angestellte Beobachtungen gestützt.

Mittlere Monatstemperaturen auf Spitzbergen unter dem 78. Breitengrabe unb zu Paris unter 48° 50' n. Br.

	Spitzbergen.	Paris.
Januar	— 18°,2	2°,3
Februar	— 17°,1	3°,9
März	— 15°,6	6°,3
April	— 9°,9	10°,0
Mai	— 5°,3	13°,8
Juni	— 0°,3	17°,3
Juli	+ 2°,8	18°,7
August	+ 1°,4	18°,5
September ..	— 2°,5	15°,5
Oktober ...	— 8°,5	11°,2
November ...	— 14°,5	6°,6
Dezember ...	— 15°,0	3°,5

Die mittlere Jahrestemperatur beträgt bemnach — 8°,6, während bie von Paris + 10°,6, so baß ber Unterschieb sich auf 19 Grab beläuft.

Die mittleren Temperaturen genügen jeboch nicht, um sich eine richtige Vorstellung von einem Klima zu machen, benn ein unb basselbe Mittel kann sehr verschiebenen Extremen entsprechen. Hier einige extreme auf Spitzbergen vom Monat April bis August beobachtete Temperaturen. Im April hat Scoresby bas Thermometer auf bem Meere nicht über — 1°,1 stehen sehen. Im Mai betrug die höchste Temperatur + 1°,1. Nur sechs Mal stieg bas Thermometer über ben Gefrierpunkt. Der Mai ist also noch ein Wintermonat. Im Juni geht bas Quecksilber oft über die Null ber thermometrischen Stala hin= aus unb Scoresby hat es + 5°,6 zeigen sehen, im Jahre 1810 aber ist es noch bis zu — 9°,4 heruntergegangen. Im Juli habe ich es nie über 5°,7 steigen, noch unter 2°,7 fallen sehen; man ersieht daraus,˙ daß die Temperatur eine auffallende Gleichförmigkeit besitzt, da sie nur um 3 Grad wechselt. Die= selbe Erscheinung im August, wo ich unterm 78° n. Br. das Thermometer auf dem Meere zwischen 1°,2 n. 3°,0 habe schwanken sehen. Um eine Vorstellung von der Abwesenheit der Wärme auf Spitzbergen zu geben, will ich bemerken, daß während eilf Jahren, von 1807 bis 1818, Scoresby nur ein einziges Mal, den 29. Juli 1815, das Thermometer auf 14°,4, Parry den 19. Juli 1827 auf 12°,8 und ich selbst im August 1838 auf 8°,2 habe stehen sehen. Die höchste Temperatur, 16°,0, ist den 15. Juli 1861 von der schwedischen Expedition notirt worden. Was die Kälte anbetrifft, so besitzen wir keine genauen Angaben für den Winter; doch ist es wahrscheinlich, daß das Quecksilber alsdann zuweilen gefriert und daß das Thermometer sich oft zwischen — 20 und — 30 Graden hält, denn Scoresby hat noch den 18. April 1810 — 17°,8, ja den 13. Mai 1814 — 18°,9 beobachtet. Schnee fällt in allen Monaten des Jahres. Als die Korvette Recherche unter 79° 34' n. Br. in der Magdalenenbai vor Anker lag, war sie in den ersten Tagen des August 1839 davon bedeckt. In Scoresby's Tagebuche kommt kein Monat vor, wo er nicht angezeigt wäre. Das Wetter ist von auffallender Unbeständig= keit. Auf vollkommene Meeresstille folgen oft heftige Wind= stöße; der Himmel, einige Stunden lang heiter, bedeckt sich mit Wolken, die Nebel halten fast beständig an und sind von einer Dichtigkeit, daß man die Gegenstände auf ein paar Schritt vor sich nicht erkennt; diese Nebel, feucht, kalt und durchbringend, durch= nässen oft wie Regen; Gewitter sind in diesen Strichen, selbst während des Sommers, unbekannt; nie unterbricht das Rollen des Donners die Stille dieser öden Meere. Beim Nahen des Herbstes nehmen die Nebel zu, der Regen verwandelt sich in

6*

Schnee, und während die Sonne sich immer weniger über den Horizont erhebt, nimmt der Glanz derselben immer mehr ab. Am 23. August geht das Gestirn zum ersten Male im Norden zu Rüste, diese erste Nacht ist weiter nichts als eine verlängerte Dämmerung; von diesem Augenblick an aber nimmt die Tages= länge sehr rasch ab. Endlich, den 26. Oktober, steigt die Sonne in's Meer hinab, um nicht wieder zum Vorschein zu kommen. Eine Zeit lang erleuchtet noch der Abglanz einer Morgenröthe, die nicht mehr den Tag verkündet, den Himmel in der Nähe der Mittagsgegend; diese Dämmerung aber wird immer kürzer und matter, bis sie endlich gänzlich erlischt. Alsdann ist der Mond das einzige Gestirn, welches die Erde erleuchtet, und sein bleiches, vom Schnee zurückgeworfenes Licht enthüllt das traurige Düster dieser unter dem Schnee begrabenen Erde und dieses vom eisgeronnenen Nebel verschleierten Meeres.

Den Mondschein aber ersetzt ein anderer Schein, nämlich der des Norblichts, das, stark oder schwach, sich allnächtlich dem aufmerksamen Beobachter zeigt. Balb ist es ein einfacher, zer= streuter Schimmer oder leuchtende Flecken, balb sind es zitternde Strahlen von blendender Weiße, welche das ganze Firmament vom Horizont aus durcheilen, als ob ein unsichtbarer Pinsel über das Himmelsgewölbe führe; zuweilen hält derselbe inne, die unvollenbeten Strahlen erreichen den Zenith nicht, doch setzt sich das Nordlicht an einem andern Punkte fort, ein Strahlen= bündel schießt hervor, breitet sich fächerförmig aus, erbleicht sobann und erlischt. Ein anderes Mal wallen lange goldne Vor= hänge über dem Haupte des Beschauers, verschlingen sich tausend= fach in sich selbst und blähen sich, als ob der Wind hineinbliese. Anscheinend liegen sie ganz niedrig in der Atmosphäre, und man wundert sich, nicht das Anschlagen der Falten zu vernehmen, welche über einander gleiten. Zumeist zeichnet sich ein leuchtender Bogen gegen Norden ab, ein schwarzer Kreisabschnitt trennt ihn

vom Horizont und bildet durch seine dunkle Farbe einen leb=
haften Gegensatz zu dem Bogen von blendendem Weiß oder
glänzendem Roth, welcher die Strahlen entsendet, sich ausdehnt,
theilt und alsbald einen leuchtenden Fächer darstellt, welcher den
nördlichen Himmel erfüllt, allmälig zum Zenith emporsteigt, wo
die Strahlen, sich vereinigend, eine Krone bilden, die ihrerseits
leuchtende Strahlen nach allen Richtungen hin entsendet. Nun
scheint der ganze Himmel eine Feuerkuppel zu sein; Blau, Grün,
Roth, Gelb, Weiß spielen in den zuckenden Strahlen des Nordlichts.
Dieses prächtige Schauspiel währt jedoch nur wenige Augenblicke.
Erst hört die Krone auf, leuchtende Strahlen zu werfen, und
wird dann allmälig immer schwächer, ein breiter Schimmer er=
füllt den Himmel, hier und da zeigen sich leuchtende, leichten
Wölkchen vergleichbare Flecken, die sich mit unglaublicher Schnel=
ligkeit wie ein klopfendes Herz ausdehnen und zusammen=
ziehen. Bald erbleichen auch sie, Alles vermischt und verwischt
sich, Aurora scheint im Todeskampf zu ringen. Die Gestirne,
welche ihr Schein verdunkelt hatte, funkeln in erneutem Glanze,
und die lange, düstere und tiefe Polarnacht herrscht abermals
ausschließlich über den eisigen Einöden von Land und Ozean.
Vor solchen Phänomenen beugen sich Dichter und Künstler und
gestehen ihre Ohnmacht ein, nur der Gelehrte verzweifelt
nicht; nachdem er dies Schauspiel bewundert hat, studirt, ana=
lysirt, vergleicht, ergründet er es und gelangt zu dem Beweise,
daß diese Nordlichter von den elektrischen Strahlungen der
Pole der Erde herrühren, die gleichsam einen riesigen Magnet
bilden, dessen Nordpol sich im Norden von Nordamerika nicht
weit vom Kältepol unserer Halbkugel befindet, während sein
Südpol im Meere südlich von Australien bei dem von James
Roß entdeckten Victorialande liegt.

Einige Hinweise werden genügen, um die elektromagnetische
Natur des Nordlichtes zu beweisen. Auf Spitzbergen dreht sich

eine, an einem ungezwirnten Seidenfaden horizontal aufgehängte
Magnetnadel nach Westen; sofort nach Eintritt des Norblichts
bemerkt der Physiker, welcher diese Nadel beobachtet, daß sie,
statt sich merklich regungslos zu verhalten, einer ungewohnten
Unruhe verfallen zu sein scheint und schnell von der Rechten zur
Linken und von der Linken zur Rechten schwingt. Je glänzender
das Norblicht wird, desto mehr nimmt die Bewegung der Nadel
zu, und ohne aus seinem Kabinet herauszutreten, beurtheilt der
Beobachter die Intensität des Norblichts nach der Abweichung
der Nadelschwingungen. Endlich, wenn die Norblichtkrone sich
bildet, befindet sich ihr Mittelpunkt genau über der Verlängerung
einer andern frei über einem Dopp schwebenden und in der
Richtung des magnetischen Meribians orientirten Magnetnadel;
dieselbe ist keineswegs horizontal, sonbern dem magnetischen
Pole zugeneigt und heißt die Inflinations- ober Rei-
gungsnabel. Die Norblichte hängen bemnach auf's innigste
mit ben magnetischen Erscheinungen des Erdballs zusammen und
einem berühmten Physiker, Herrn Auguste de la Rive, war es
vorbehalten, auf experimentalem Wege die hauptsächlichsten
Phänomene des Norblichts an einer ben Erdball barstellenben
und angemessen elektrifirten Holzkugel auszuführen.

Fast alle Polarnächte sind durch mehr oder weniger
glänzende Norblichter erhellt, jedoch von Mitte Jannars ab wird
die Mittagsbämmerung merklicher, die Morgenröthe, welche
die Rückkehr der Sonne ankündet, nimmt zu und steigt zum
Zenith empor. Endlich, ben 16. Februar, strahlt ein Abschnitt der Sonnenscheibe, ähnlich einem leuchtenben Punkte,
einen Augenblick lang, um sogleich wieder zu erlöschen; mit
jebem Mittage aber vergrößert sich der Abschnitt, bis der
ganze Ball sich über dem Meere erhebt; bamit hat die lange
Winternacht ihr Ende erreicht. Nun lösen sich Tag und Nacht
fünfundsechzig Tage lang bis zum 21. April ab, welcher ben

Anfang eines vier Monate langen Tages bildet, während dessen
die Sonne sich um den Horizont dreht, ohne je unter demselben
zu verschwinden. Gehen wir zur physischen Beschreibung von
Spitzbergen über.

Physische und geologische Beschaffenheit von Spitzbergen.

Spitzbergen — so lautet der Name, welchen die holländischen
Seefahrer diesen Inseln nach Entdeckung derselben verliehen, und
in der That sieht man vom Meere aus, so weit das Auge reicht,
nichts als spitze Bergzacken. Diese Berge sind nicht sehr hoch,
ihre Höhe schwankt zwischen 500 und 1200 Meter, überall
treten sie bis dicht an den Rand des Meeres heran, und im
Ganzen ist nur ein schmaler Landstreifen vorhanden, der den
Strand bildet. An den beiden äußersten Enden der Insel, im
Norden und Süden ist der Boden weniger uneben, die Thäler
sind breiter, und das Land nimmt das Aussehen einer Hochebene
an. Die Westküste Spitzbergens wird von drei jener tiefen und
verzweigten Buchten eingeschnitten, welche die Norweger
Fjorde nennen. Es sind von Süden nach Norden Horn=
sound, die Hornbucht, Bellsound, die Glockenbucht, Ice=
sound, die Eisbucht, Croßbay, die Kreuzbucht, Kingsbay,
die Königsbucht. Die Hamburger und Magdalenen=Bucht sind
weniger tiefe und verzweigte Meerbusen.

Sämmtliche Thäler, sowohl im Norden wie im Süden
Spitzbergens, sind mit Gletschern angefüllt, welche bis an's
Meer hinabreichen. Die Länge derselben ist veränderlich; der
längste, den ich gesehen, der von Bellsound, maß 18 Kilometer
Länge auf 6 Kilometer Breite, der im Hintergrunde der Magda=
lenenbai 1840 Meter Länge auf 1580 Meter Breite am Meeres=
strande. Nach Scoresby sind die beiden größten Gletscher der
des Südkaps und ein anderer im Norden von Hornsound,
welche alle beide 20 Kilometer Breite am Rande des Meeres

und eine unbekannte Länge haben. Die sieben Gletscher, welche an die Küste im Norden der Insel Prinz Karl herantreten, haben jeder beinahe 4 Kilometer Breite. Alle diese Gletscher bilden an ihrem äußersten untern Ende große Eismauern oder Eisböschungen, welche sich senkrecht über dem Wasser in einer zwischen 30 und 120 Meter wechselnden Höhe erheben. Als die ersten holländischen und englischen Seefahrer diese riesigen Eiswände, welche die Höhe ihrer Masten überragten, zu Gesicht bekamen, bezeichneten sie dieselben mit dem Namen Eisberge (icebergs), die Verwandtschaft derselben mit den Gletschern im Innern des Festlandes nicht ahnend; der Name ist ihnen geblieben, und Phipps, Parry, ja selbst Scoresby erkannten nicht die Natur dieser Eisströme, welche sich vor ihren Augen in das Meer ergossen. Als ich zum ersten Male, im Jahre 1838, auf Spitzbergen landete, erkannte ich sofort die Gletscher, welche ich so oft in der Schweiz bewundert hatte, wieder: der Ursprung beider ist derselbe, die Verschiedenheiten aber hängen vom Klima, von der Nähe des Meeres und der geringen Erhebung der Gebirge von Spitzbergen ab.

Ein Gletscher bildet sich durch Anhäufung von Schneemassen während des Winters der kalten Länder in einer Ebene, einer Bodensenke oder einem Thale. Dieser Schnee schmilzt zum Theil im Sommer, gefriert wieder, schmilzt von neuem, wird vom Wasser durchsickert, gefriert vollends mit Eintritt des Winters und verwandelt sich so erst in Firn, dann in mehr oder weniger festes, immer aber noch von den zahlreichen Luftbläschen, welche in den Schneelücken saßen, angefülltes Eis. Diese Eismassen, welche die Einbildungskraft sich versucht fühlen könnte zu Sinnbildern der vollkommensten Regungslosigkeit und Starrheit zu machen, sind mit einer fortrückenden Bewegung begabt, welche von ihrer Plasticität und dem Drucke der obern Theile herrührt. Diese langsame, aber ununterbrochene, im Sommer schnellere, im Winter langsamere Bewegung schiebt das untere Ende des Gletschers unaufhörlich vorwärts. In der Schweiz ragt dieses untere Ende oft in die bewohnten Thäler, wie die von Cha= mounix, von Montjoie und Val Veni um den Montblanc, von Zer= matt,Saas und Gressoney um den Monte Rosa, von Grindelwald am Fuße der Berner Hochalpen, herein. Auf Spitzbergen ge= langt der Gletscher nach einer mehr oder weniger langen Reise an's Meer. Ist das Ufer gerablinig, so überschreitet er dasselbe nicht; in der Tiefe einer Bucht aber, deren Gestade gekrümmt ist, rückt er weiter vor, indem er sich auf die Seiten der Bucht stützt und, über dem Wasser hängend, fortschreitet. Man begreift leicht warum. Im Sommer besitzt das Seewasser im Hintergrunde der Buchten immer eine Temperatur etwas über Null; der Gletscher schmilzt bei der Berührung mit diesem Wasser, und bei Ebbe bemerkt man zwischen dem Eise und der Oberfläche des Wassers einen Zwischenraum. Der Gletscher, nun nicht mehr unterstützt, stürzt theilweise ein, ungeheure Blöcke lösen sich ab, fallen in's Meer, verschwinden unter dem Wasser, kommen wieder zum Vorschein, indem sie sich um sich selbst drehen, und schwanken einige Augenblicke, bis sie ihre Gleich= gewichtslage eingenommen haben. Diese von den Gletschern losgelösten Blöcke bilden die Eisberge. Zweimal täglich wohnten wir bei Ebbe im Hintergrunde von Bellsound und Magdalenenbai diesem theilweisen Einstürzen des äußersten Gletscherendes bei. Ein donnerähnliches Getöse begleitete seinen Fall, das aufgewühlte Meer, einen Strudel bildend, trat über das Ufer, die Bucht bedeckte sich mit schwimmenden Eismassen, die, durch die Ebbe fortgerissen, Flotten gleich aus der Bai aus= liefen, um das offene Meer zu gewinnen oder auch an Punkten, wo das Wasser eben nicht tief war, auf den Strand trieben. Diese Eisberge hatten nicht mehr als 4 bis 5 Meter Höhe über dem Wasser, denn vier Fünftheile eines Eisberges sind in's

Wasser getaucht. Die Eisberge der Baffinsbai sind bei weitem
höher, sie überragen zuweilen die Masten der Schiffe; in dieser
Bucht ist die Meerestemperatur aber auch unter Null, der
Gletscher schmilzt nicht bei der Berührung mit dem Wasser, er
geht bis auf den Grund des Meeres hinab, und die Theile,
welche sich von demselben ablösen, sind um den ganzen unter=
getauchten Theil höher, der in den Baien von Spitzbergen
durch die Schmelzung zerstört wird.

Die Gletscher von Spitzbergen sind im Allgemeinen glatt
und weisen selten jene Eisnadeln, jene Prismen auf, welche
die Reisenden auf dem Glacier des Bossons, auf dem von
Taléfre bei Chamounir und auf anderen Schweizer Gletschern
bewundern. Diese mit Nadeln besäeten Flächen entsprechen
immer jähen Bodensenkungen, auf welchen der Gletscher bricht,
und gleichsam kaskadenartig über sehr geneigte Flächen herab=
fällt. Befinden sich diese am untern Ende des Gletschers,
so schmilzt, verdünnt und spitzt die mächtige Sonnenhitze diese
Nadeln und Prismen aus, die alsdann die malerischsten
Formen annehmen. Auf Spitzbergen sind die Abhänge schwach
und gleichförmig, und die Sommerwärme ist unvermögend,
das Eis zu schmelzen. Nur Mittags ist die Oberfläche des
Gletschers von kleinen Wasserfäden überlaufen, welche zu=
weilen als Sturzbäche in's Meer fallen, aber gestehen, sobald
die Sonne aufhört zu scheinen oder die Temperatur sinkt; doch
habe ich auf den Seitentheilen des großen Gletschers von Bell=
sound Nadeln bemerkt, dagegen gab es keine mehr auf dem der
Magdalenenbai im Norden von Spitzbergen. Gleich den
Schweizer Gletschern bieten die Gletscher dieser Inseln oft sehr
breite und tiefe Querspalten dar.

Die im Glacier du Bois bei Chamounir ausgehöhlte blaue
Grotte des Arveyron, die der Gletscher von Grindelwald und Rosen=
laui im Kanton Bern, welche von den Touristen so sehr

bewundert werden, sind Miniaturen im Vergleich zu den in der
Endböschung der Gletscher von Spitzbergen geöffneten Höhlen.
Eines Tages, als ich vor dem Gletscher von Bellsound Meeres=
temperaturen aufgenommen hatte, schlug ich den mich begleitenden
Matrosen vor, mit dem Boote in eine dieser Höhlen einzubringen.
Ich setzte ihnen die Gefahren auseinander, welche wir laufen
würden, da ich nichts ohne ihr Gutheißen wagen wollte. Ein=
stimmig nahmen sie meinen Vorschlag an. Als unser Nachen den
Eingang passirt hatte, befanden wir uns in einem ungeheuren
gothischen Dome; lange Eiszapfen mit kegelförmiger Spitze hingen
vom Gewölbe herab, die Einbiegungen schienen eben so viele zum
Hauptschiff gehörige Kapellen zu sein, breite Spalten trennten die
Wände, und die vollen Zwischenpfeiler strebten gleich Bogen zur
Wölbung empor; lasurblaue Tinten spielten auf dem Eise und
spiegelten sich im Wasser wieder. Die Matrosen, lauter Bre=
tagner, waren, wie ich selber, stumm vor Bewunderung. Eine
zu sehr in die Länge gezogene Betrachtung wäre jedoch gefährlich
gewesen, wir gewannen alsbald die enge Oeffnung wieder, durch
die wir in diesen Tempel des Winters eingedrungen waren, und
wieder an Bord der Korvette angelangt, beobachteten wir Still=
schweigen über ein Wagestück, das mit Recht getadelt worden
wäre. Abends sahen wir vom Strande aus unsere Kathedrale
vom Morgen sich langsam senken, dann vom Gletscher ablösen,
in die Wellen tauchen und, in tausend Eisstückchen zerbröckelt,
welche die fallende Fluth mit sich in's offene Meer führte, wieder
zum Vorschein kommen.

Alle Reisenden, welche die Alpengletscher gesehen haben,
sind von der großen Anzahl von Felsblöcken überrascht worden,
welche auf der Oberfläche derselben umher liegen. Diese Blöcke
kommen von den benachbarten Bergen, die Sommers wie
Winters einstürzen und den Gletscher mit Trümmern bedecken;
je höher die Berge sind, welche ihn beherrschen, desto zahlreicher

sind die Trümmer. Diese Haufen zerschmetterter Felsblöcke, Moränen genannt, sind nicht auf's Gerabewohl zerstreut; die einen bilden lange, sichtlich parallel und längs der Gletscher= ränder hinlaufende Reihen, dies sind die Seitenmoränen; die andern nehmen den mittlern Theil des Eisfeldes ein, man nennt sie Mittelmoränen; sie entstehen aus der Verschmel= zung von Seitenmoränen zweier Gletscher, welche sich zu einem einzigen vereinen. Ganz so erkennt man bei der Vereinigung zweier Flüsse, deren Wasser von verschiedener Farbe ist, in der Mitte des durch die Vereinigung der beiden Flüsse ge= bildeten Stromes eine Färbung, welche von der Mischung des Wassers beider Zuflüsse herrührt. In seinem unaufhaltsamen Vorrücken reißt der Gletscher, wie ein Strom die Trüm= mer, welche er trägt, mit sich fort; am äußersten Ende an= gelangt, fallen diese Trümmer eines nach dem andern am Fuße des Gletschers zu Boden. Die Anhäufung derselben bringt am steilen Gletscherende einen concentrischen Wall her= vor, dieser Wall heißt Endmoräne. In der Schweiz sind ge= wisse Gletscher, wie der der Unteraar, das Eismeer von Chamounir, der Glacier du Miage, der von Zmutt bei Zermatt, mit Fels= blöcken bedeckt, unter denen das Eis fast vollständig ver= schwindet; das rührt daher, daß diese Gletscher von sehr hohen Bergen beherrscht werden, welche aus Felsen bestehen, die sich beständig spalten, zersplittern und einstürzen. Auf Spitzbergen dagegen sind die Berge bei geringer Höhe so zu sagen unter den Gletschern vergraben, nur ihre Spitze ragt aus den sie um= gebenden Eismassen hervor, so daß nur wenig Trümmer auf die Gletscher fallen. Daraus geht hervor, daß die Moränen minder beträchtlich sind. Fügen wir noch hinzu, daß die Gletscher von Spitzbergen dem obern Theile der Schweizer Gletscher ent= sprechen, demjenigen, welcher sich über der Grenze des ewigen Schnees oder, wenn man lieber will, über der Grenze der

Baumvegetation befindet. Je höher man nun einen Gletscher in den Alpen hinanklimmt, desto mehr nehmen die Seiten- und Mittelmoränen an Breite und Mächtigkeit ab, bis sie dünner werden und endlich unter dem hohen Firn der Kessel- thäler verschwinden, wovon der Gletscher nur ein Ausfluß ist, sowie die Bergströme ihren Ursprung oft aus einem oder mehren übereinander liegenden Seen herleiten. Aus allen diesen Gründen zeigen sich die Seiten- und Mittelmoränen auf den Gletschern von Spitzbergen wenig; eine gewisse Anzahl von Blöcken bemerkt man wohl an den Rändern und zuweilen in der Mitte, doch verschwindet das Eis nie wie in den Alpen gänzlich unter der Trümmermasse, welche es bedeckt. Was die Endmoränen betrifft, so muß man sie auf dem Meeresgrunde suchen, da die Endböschung fast immer über demselben hängt, so daß die Felsblöcke mit den Eisblöcken fallen und einen unterseeischen Stirnwall bilden, dessen beide äußerste Enden zu- weilen auf dem Strande sichtbar sind. Herr O. Lorell hat bemerkt, daß überall in der Nähe der Küste von Spitzbergen der Grund des Meeres aus Blöcken und Kieseln, selten aus Sand oder Schlamm bestand. Derselbe Beobachter hat auf den Gletschern von Spitzbergen alle auf denjenigen der Alpen be- merkten Eigenthümlichkeiten angetroffen: die Schichtung des Eises, die blauen Streifen und die Einwirkung auf die ein- schließenden Felsen, welche gerundet, geglättet und geriefelt werden, wie die der Schweiz.

Da die Gletscher bis zum Meere heruntergehen, so giebt es auf Spitzbergen weder Ströme noch Flüsse; einige unbe- deutende Bäche entschlüpfen zuweilen den Seiten des Gletschers, versiegen aber oft; da der Boden in der Tiefe von einigen Decimetern stets gefroren ist, so sind Quellen auf diesen Inseln unbekannt.

Die Geologie der Westküsten von Spitzbergen ist von Keilhau, den Mitgliedern der französischen Kommission und in

jüngster Zeit von den Herren Nordenskjöld und Blomstrand
erforscht worden. Ohne in die für den Leser wenig anziehenden
Einzelheiten einzugehen, will ich nur bemerken, daß die Gebirge
von Spitzbergen im Ganzen aus krystallinischem Gestein gebildet
sind. Der Granit ist darunter sehr allgemein. Die Sieben
Inseln im Norden des Archipels sind durchaus granitisch.
Der Granit ist also diejenige Felsart, woraus die letzten Erb=
striche im Norden Europas bestehen. Weiter im Süden kommen
zuweilen dolomitische Kalkarten vor, welche wahrscheinlich den
untern Stufen der Flötzgebirge angehören und von Gängen
hypersthenischer Gesteine, einer sehr seltenen Porphyrart, die man
nur in Skandinavien und auf Labrador antrifft, durchsetzt sind.
An andern Punkten hat man dasselbe Gestein vorgefunden, in
der Hinlopenstraße aber und in der Nähe von Bellsound bemerkt
man fossilhaltige Kalkarten. Nach Besichtigung der Versteinerungen
hat Herr de Koninck sie in das permische System verwiesen, eine
Formation, welche auf dem Steinkohlengebirge ruht und ihren
Namen vom Gouvernement Perm in Rußland hat. In
der Königsbai (Kings-bay) hat Herr Blomstrand das Stein=
kohlengebirge mit Brennstoffspuren nachgewiesen. Man be=
greift all' die Schwierigkeiten, auf welche der Geolog in
einem mit Eis und Schnee bedeckten Lande stößt. Doch kann
man nach den Anzeichen, welche wir besitzen, behaupten, daß
Spitzbergen den alten Formationen des Erdballs, also den
seit der Urzeit der Erde aufgetauchten Ländern angehört, wo
all' die Gebirgsarten fehlen, welche den verschwundenen unge=
heuren Meeresbecken entsprechen, in denen sich die Jura=,
Kreide= und Tertiärschichten abgelagert haben.

Flora von Spitzbergen.

Nach dem Gemälde, welches wir vom Klima und der
physischen Beschaffenheit Spitzbergens entworfen haben, muß die

Ueberschrift dieses Kapitels unwahrscheinlich klingen. Welche
Vegetation kann es in einem mit Eis und Schnee bedeckten Lande
geben, wo die mittlere Sommertemperatur nur + 1°,3 beträgt,
also niedriger ist als die des Januars in Paris? Giebt es
Pflanzen, die fähig sind, unter derartigen Boden= und Klima=
verhältnissen zu leben und sich fortzupflanzen? Trotzdem bemerkt
man beim Landen auf Spitzbergen hier und da gewisse günstig
gelegene Plätze, wo der Schnee verschwunden ist. Diese inmitten
der sie umringenden Firnfelder zerstreut liegenden Erdinseln
scheinen zuerst vollständig nackt zu sein, kommt man aber näher,
so unterscheidet man kleine mikroskopische Pflanzen, gegen den
Boden gedrückt, in den Spalten desselben verborgen, an den
südlichen Abhängen angeschmiegt, durch Steine geschützt oder
zwischen den kleinen Moosen und grauen, die Felsen bekleidenden
Flechten verloren. Die feuchten Senken, von großen Moosen
vom schönsten Grün bedeckt, laben das von der schwarzen Farbe
der Felsen und dem weißen Einerlei des Schnees ermüdete
Auge. Am Fuße der von Seevögeln bewohnten Steilgestade,
deren Guano die Vegetation des Erdreichs befördert, das er
erwärmt, erreichen Ranunkeln, Löffelkraut, Gräser zuweilen
eine Höhe von mehren Decimetern, und mitten im Geröll
erhebt sich ein gelbblühender Mohn (Papaver nudicaule),
welcher unsern Gartenbeeten nicht zur Unzierde gereichen würde.
Nirgends ein Strauch oder ein Baum; die letzten von allen,
die Weißbirke, der Vogelbeerbaum und die Föhre bleiben in
Norwegen unter dem 70° n. Br. stehen. Trotzdem sind
einige Gewächse von holziger Konsistenz; zunächst zwei kleine
am Boden geschmiegte Weidenarten, von welchen eine, die
Weide mit netzförmig geaderten Blättern, auch in den Alpen
wächst; ferner ein sich über den feuchten Moosen erheben=
der Strauch, die Schwarzbeere (Empetrum nigrum), welche
man in den Torfmooren Europas bis in Spanien und Italien

hinein findet. Die andern Pflanzen sind niedrige Kräuter ohne Stengel, deren Blüthen sich dicht über dem Boden erschließen. Die meisten sind so klein, daß sie dem Auge des Botanikers entgehen, man bemerkt sie nur, wenn man sorgfältig zu Füßen sieht. Beweis davon ist der langsame Zuwachs des Phanerogamenverzeichnisses von Spitzbergen, welches erst allmälig durch die fortgesetzten Untersuchungen der Reisenden, welche diese Inseln erforschten, vervollständigt worden ist. So giebt im Jahre 1675 Friedrich Martens von Hamburg die Beschreibung und Abbildung von nur 11 Landarten, Phipps brachte im Jahre 1773 nur 12 dergleichen mit, welche von Solander benannt und beschrieben wurden. Scoresby hielt sich fast beständig auf dem Meere auf; auch beläuft sich die Gesammtzahl der von ihm auf seinen Reisen gesammelten Arten nur auf 15, welche im Jahre 1820 von dem berühmten Robert Brown beschrieben wurden. Im Jahre 1823 sammelte Kapitän, gegenwärtig General Sabine ihrer 24, welche Sir W. Hooker Sorge trug zu bestimmen. Derselbe Botaniker hat die 40 von Parry im Jahre 1827 während seines Aufenthaltes im Norden von Spitzbergen gesammelten Arten bekannt gemacht. Danach hat Sommerfelt 42 im selben Jahre durch Keilhau vom südlichen Spitzbergen und der Bäreninsel heimgebrachte Arten benannt. Im Jahre 1838 und 1839 haben ein dänischer Botaniker, Herr Vahl, und ich zu Bellsound, Magdalenenbai und Smeerenberg 57 Arten gesammelt. Die Reise der Herren Torell, Nordenskjölb und Quennerstedt im Jahre 1858 hat die Flora von Spitzbergen um 6 Arten und die der schwedischen wissenschaftlichen Kommission im Jahre 1861 um 21 Arten bereichert. Herr Malmgrén, der Botaniker der Expedition, giebt, nachdem er die doppelt aufgeführten ausgeschieden und die von seinen Vorgängern verwechselten unterschieden hat, die Gesammtzahl der Phanerogamenpflanzen Spitzbergens auf 93 an.

Ich werde nicht weiter von den Kryptogamen, d. h. den Moosen sprechen, welche den Grund der feuchten Niederungen bekleiden und die Torfmoore bedecken. Desgleichen übergehe ich mit Stillschweigen die Flechten, welche bis zu den Berggipfeln auf dem Gestein wachsen und der strengsten Kälte Widerstand leisten, denn die meisten derselben werden nie von Schnee bedeckt. Herr Lindblom gab die Zahl dieser Kryptogamen schon vor den beiden letzten schwedischen Expeditionen auf 152 an. Man sieht, daß das von Linné über das Vorherrschen der Kryptogamen im Norden aufgestellte Gesetz sich vollkommen bewahrheitet. Phanerogamen und Kryptogamen zusammengerechnet, würde die Totalsumme der von Spitzbergen bekannten Gewächse sich auf 245 Arten belaufen.

Die Anzahl der Phanerogamen Spitzbergens ist äußerst beschränkt, sie beläuft sich nur auf 93. Island, unter dem 65° n. Br. gelegen und mit bei weitem geringerer Oberfläche, enthält deren schon 402. Geht man weiter nach Süden, so nimmt das Verhältniß sehr schnell zu, da Irland, ebenfalls kleiner als Spitzbergen, ihrer 960 ernährt. Die Gewächse der letztern Inseln sind also die verlorenen Kinder der europäischen Flora, diejenigen, welche von allen der Kälte am besten Widerstand leisten oder vielmehr, da sie im Winter von Schnee bedeckt werden, bei der geringsten Wärmesumme leben und blühen können.

Von den 93 Phanerogamen Spitzbergens zählt nur ein einziges zu den Nahrungspflanzen, nämlich das Löffelkraut, Cochlearia fenestrata. Drei derselben Gattung angehörige Arten, C. officinalis, C. danica und C. anglica, bewohnen die Küsten des Atlantischen Ozeans. Diese Pflanzen, die einen herben und bittern Stoff enthalten, werden in der Medizin als Mittel gegen den Skorbut verwandt, dienen aber nicht als Nahrungsmittel. Auf Spitzbergen entwickeln sich diese Stoffe in Anbe-

tracht der atmosphärischen Wärme so wenig, daß das Löffelkraut
als Salat verspeist werden kann, ein kostbares Hülfsmittel für
die Seefahrer, denn seine antiskorbutischen Eigenschaften sind,
wenn auch in abgeschwächtem Maße, darum doch vorhanden und
verhüten eine Krankheit, zu deren Entwickelung Kälte, Feuchtigkeit,
der Genuß von Pökelfleisch und die Entbehrung von Pflanzen=
nahrung zusammenwirken. Während des Sommers bilden die
Gräser die vorzügliche Nahrung der Renthiere, der einzigen
Grasfresser, welche Spitzbergen bewohnen.

Ich glaube hier das vollständige Verzeichniß der Pflanzen
Spitzbergens, nach natürlichen Familien geordnet, geben zu
sollen.

Phanerogamen von Spitzbergen.

Anmerkung: Die mit Kursivschrift bezeichneten Arten kommen auch in
Frankreich vor. Die durch ein Sternchen ausgezeichneten sind ausschließlich
arktische Arten und fehlen in Standinavien.

Ranunculaceae. *Ranunculus glacialis L.*, R. hyperboreus Rottb., R. pygmaeus Wgb., R. nivalis L., R.
sulfureus, Sol., *R. arcticus, Richards.

Papaveraceae. Papaver nudicaule L.

Cruciferae. *Cardamine pratensis L.*, *C. bellidifolia L.*,
Arabis alpina L., *Parrya arctica R. Br., *Eutrema
Edwardsii R. Br., *Braya purpurascens R. Br., Draba
alpina L., *D. glacialis Adams, *D. pauciflora? R. Br.,
*D. micropetala? Hook, D. nivalis Liljebl., *D. arctica
Fl. Dan, *D. corymbosa R. Br., D. rupestris R. Br.,
D. hirta L., *D. Wahlenbergii Hartm.*, Cochlearia fene-
strata R. Br.

Caryophylleae. *Silene acaulis L.*, Wahlbergella (Lychnis)
apetala Fr., W. affinis Fr., *Stellaria Edwardsii R. Br.,
*S. humifusa Rottb., *Cerastium alpinum L.*, Arenaria
ciliata L., *A. Rossii R. Br., *A. biflora L.*, *Alsine rubella*

Wbg., *Ammadenia (Arenaria) peploides Gm.*, Sagina nivalis Fr.

Rosaceae. *Dryas octopetala L.*, *Potentilla pulchella R. Br.*, P. maculata Pourr., *P. nivea I.*, *P. emarginata Pursh.*

Saxifrageae. Saxifraga hieracifolia Waldst. et Kit., S. nivalis L., S. foliolosa R. Br., *S. oppositifolia L.*, *S. flagellaris Sternb.*, *S. hirculus L.*, *S. aizoides L.*, S. cernua L., S. rivularis L., S. caespitosa L., *Chrysosplenium alternifolium var. tetrandrum Th. Fr.*

Synanthereae. Arnica alpina *Murray*, *Erigeron uniflorus L.*, *Nardosmia (Tussilago) frigida Cass.*, *Taraxacum palustre Sm.*, *T. phymatocarpum Vahl.*

Borragineae. Mertensia (Pulmonaria) maritima L.

Polemoniaceae. *Polemonium pulchellum Ledeb.

Scrofulariaceae. Pedicularis hirsuta L.

Ericaceae. Andromeda tetragona L.

Empetreae. *Empetrum nigrum I.*

Polygoneae. *Polygonum viviparum L.*, *Oxyria digyna Campd.*

Salicineae. *Salix reticulata L.*, S. polaris Wbg.

Juncaceae. Juncus biglumis S., Luzula hyperborea R. Br., L. arctica Blytt.

Cyperaceae. *Eriophorum capitatum Host.*, Carex pulla Good, C. misandra R. Br., C. glareosa Wbg., C. nardina Fr., *C. rupestris All.*

Gramineae. Alopecurus alpinus Sm., R. Br., Aira alpina L., Calamagrostis neglecta Ehrh., *Trisetum subspicatum P. Beauv.*, *Hierochloa pauciflora R. Br., *Dupontia psilosantha Rupr., *D. Fischeri, R. Br., *Poa pratensis var. alpigena Fr.*, *P. cenisia All., P. stricta Lindeb., *P. abbreviata R. Br., P. Vahliana Liebm., *Glyceria

7*

angustata Mgr. Catabrosa algida Fr., *C. vilfoidea Anders., Festuca hirsuta Fl. Dan., *F. ovina L., *F. brevifolia R. Br.

Wem die Botanik nicht fremd ist, der wird eine gewisse Anzahl dieser Pflanzen in verschiedenen Ländern wiederfinden. So sind von den 93 Phanerogamen Spitzbergens 69 Arten in Skandinavien, 28 selbst in Frankreich vorhanden. Letztere sind in obigem Verzeichnisse mit Kursivschrift gedruckt. Die Wiesenkresse, der Löwenzahn und der Schafschwingel finden sich in unsern Ebenen. Das Sandkraut mit Portulakblättern (Arenaria peploides) wächst am Meeresufer, das Chrysosplenium alternifolium in den feuchten Waldungen der Gebirge. Das Empetrum nigrum und die Saxifraga hirculus sind Torfmoor= pflanzen. Die andern Arten bewohnen die höchsten Theile der Alpen und der Pyrenäen.

Man hüte sich wohl, hieraus vorschnell auf vielfache Schöpfungscentren zu schließen und anzunehmen, daß diese 27 französischen Arten nicht gemeinsamen Ursprunges mit ihren Schwestern auf Spitzbergen wären, sondern gleichzeitig oder zu verschiedenen Epochen um den Pol, auf den Mooren Frankreichs und auf den höchsten Schneegipfeln der Alpen und Pyrenäen ent= standen seien. Die neuesten Fortschritte der Pflanzengeographie gestatten einen derartigen Schluß nicht. Zuvörderst hat man nachgewiesen, daß die Flora sämmtlicher Eisgegenden, welche den Nordpol umgeben, von auffallender Gleichförmigkeit ist. Herr Malmgren lehrt uns, daß von den 93 phanerogamischen Pflanzen Spitzbergens 81 sich in Grönland wiederfinden. Weiter westlich haben die Inseln, welche die in Nordamerika etwa unterm 75° n. Br. gelegenen Lancastre=, Barrow= und Mellville=Straßen einfassen, 58 Pflanzen mit dem nördlichen Theile von Spitz= bergen gemein; die, welche in Amerika fehlen, sind gemeiniglich Arten der Westküste jener Insel, welche der Festlandflora des

Nordens von Europa spezieller angehören. Gegen Osten, im
asiatischen Sibirien auf der Halbinsel Taymir, unter 100° ö. L.
und 75° n. Br. hat Herr Middendorf 124 Phanerogamen
gesammelt, von denen 53 ebenfalls auf Spitzbergen zu
Hause sind.

Der Kranz bescheidener Blumen, welcher den Nordpol um=
giebt, wechselt unter den verschiedenen Meridianen nicht eben
gleich den übrigen Pflanzengürteln, welche den Erdball umziehen,
ab; es sind überall dieselben Pflanzen oder Arten, welche den=
selben Gattungen und denselben Familien angehören, es sind
immer Gramineen, Kruziferen, Karyophylleen und Saxifragen,
welche vorherrschen und unter den Geschlechtern die Draba,
die Steinbreche, die Ranunkeln, die Ried = und Rispengrä=
ser. Alle diese Arten sind ausdauernd, es ist dies eine Bedin=
gung ihres Daseins, denn es giebt nur ganz wenige unter
ihnen, die alljährlich Früchte ansetzen und Samen zur Reife
bringen können. Jährige Pflanzen aber verschwinden aus dem
Lande, wenn es nur ein einziges Mal vorkommt, daß ihre
Samenkörner nicht zur Reife gelangen.

Es giebt demnach eine arktische Flora; die von Spitzbergen
gehört theilweise dazu, ist aber zugleich die Fortsetzung der
skandinavischen, welche sich auf dieser Insel mit der eigentlichen
arktischen Flora vermischt. In der That haben diese beiden Ge=
genden 69 Arten mit einander gemein; es bleiben mithin 24 eigen=
thümliche Arten für Spitzbergen, die sich aber sämmtlich in
Nordamerika, im nördlichen Sibirien und auf Nova Semlja fin=
den; es sind dies die vorzugsweise arktischen Pflanzen, diejenigen,
welche am besten die cirkumpolare Flora charakterisiren. Ich
habe sie von den übrigen durch ein Sternchen unterschieden.
Kurz, die Flora von Spitzbergen besteht aus einem Gemisch
von zwei Floren, einer europäischen und kraft der Nähe Skan=

binaviens herrschenden und einer arktischen, d. h. einer amerika=
nischen und asiatischen.

Diese Flora ist in den hohen Breiten durch eine für sie
unübersteigliche Scheidewand, die Sommerwärme, abgegrenzt.
Vor der gegenwärtigen Periode aber hat die Erde eine
Kälteperiode durchgemacht; die Gletscher bildeten eine vom Pol
strahlenförmig sich ausbreitende Haube, die bis in die Mitte
Europas, Amerikas und Asiens vorrückte, Felsblöcke, Sand=
und Kieshaufen und damit zugleich die sie bewohnenden Pflan=
zen mit sich führend. Diese Pflanzen haben sich von Ort zu
Ort nach Süden fortgepflanzt. Als eine erhöhte Temperatur
das Schmelzen und Zurückziehen der Gletscher herbeiführte, ver=
schwanden diese Pflanzen von der Wärme überrascht fast sämmtlich
von den Ebenen Europas, doch haben sie sich in höheren Gebirgen,
wie in den Sudeten, im Harz, in den Vogesen und vor Allem in
den Alpen erhalten. So zählt nach Heer die Schweiz gegenwärtig
360 alpine Arten, wovon 158 sich im Norden Europas wieder=
finden; darunter zählt er 42 auf, welche sogar die Ebenen des
Kantons Zürich bewohnen. Einige besondere Beispiele werden
diese Wahrheiten veranschaulichen.

Das Faulhorn im Kanton Bern bildet einen Theil der
den Berner Hochalpen gegenüber liegenden Kette von Kalk=
steingebirgen. Der nördliche Fuß desselben wird vom Brienzer
See bespült, während der Südabhang im Grindelwaldthale
ausläuft. Von der Höhe dieser Fernsicht umfaßt das Auge
die ganze Alpenkette vom Sustenhorn im Kanton Uri an bis
zu den Diablerets im Kanton Waadt. Das Faulhorn endet
in einem Kegel, der sich über einem Plateau erhebt, wo=
rauf sich ein kleiner Gletscher befindet. Dieser Kegel, gegen
Süden ziemlich sanft abfallend, bildet auf der Nordseite einen
steilen Abhang. Seine Totalhöhe beträgt 65 Meter, seine Ober=

fläche 4½ Hektaren, und der Gipfel befindet sich 2,683 Meter über dem Meere. Er besteht aus einem schwarzen, den untern neokomischen Stufen angehörigen Kalkstein. Die leichte Ver= witterbarkeit dieses Kalksteins erklärt den Namen Faulhorn, welchen dieser bemerkenswerthe Gipfel von den ersten Bewoh= nern des Landes erhalten hat. Auf diesem acht Monate des Jahres mit Schnee bedeckten Kegel habe ich bei mehrmaligen Aufenthalten in den Jahren 1841, 1842, 1844 und 1846 mit meinem Freunde August Bravais 132 phanerogamische Arten gesammelt, deren Verzeichniß hier folgt:

Phanerogamen des Faulhorngipfels.

Anmerkung: Die mit einem Sternchen versehenen Pflanzen finden sich auch in Lappland. Die mit Kursivschrift gedruckten Arten kommen auch auf dem Gipfel des Pic du Midi de Bigorre in den Pyrenäen vor.

Ranunculaceae. Ranunculus montanus Wild, *R. gla- cialis L., R. alpestris L., Aconitum napellus L.

Cruciferae. *Arabis alpina L., A. Gerardi Besser, *Carda- mine bellidifolia Gaud., Draba fladnizensis Wulf., D. frigida Suter, D. aizoides L., Thlaspi rotundifolium Gaud., *Capsella bursa pastoris DC., Lepidium alpinum L.

Violarieae. Viola calcarata L.

Cistineae. Helianthemum alpestre DC.

Caryophylleae. Silene inflata Sm., *S. acaulis L., Moeh- ringia polygonoides Mert. et Koch., Alsine verna Bartl., Spergula saginoides L., Arenaria biflora L., A. ciliata L., *Stellaria media Sm., S. cerastoides L., Cerastium arvense L., *C. latifolium L., Cherleria sedoides L.

Papilionaceae. Trifolium pratense L., T. badium L., T. caespitosum Reyn., *Astragalus alpinus L., *Oxytropis lapponica Gay., *O. campestris DC., *Hedysarum obscu- rum L.

Rosaceae. *Sibbaldia procumbens L., *Dryas octopetala L..
Geum reptans L., G. montanum L., Potentilla glacialis
Hall., P. salisburgensis Haencke, P. grandiflora L.,
P. aurea L., *Alchemilla vulgaris L., *A. alpina L.,
A. pentaphylla L., A. fissa Schum.

Onagrarieae. *Epilobium alpinum L.

Crassulaceae. Sedum repens Schl., S. atratum L.

Saxifrageae. *Saxifraga stellaris L., S. aizoides L.,
S. bryoides L., S. muscoides Wulf., S. planifolia Lapeyr.,
S. aizoon Jacq., *S. oppositifolia L., S. androsacea L.,
S. Seguierii Spr.

Umbelliferae. Gaya simplex Gaud., Ligusticum mutellina Cr., *Carum carvi L.,

Rubiaceae. Galium helveticum Weig., G. sylvestre var.
alpestre Koch.

Dipsaceae. Scabiosa lucida Vill.

Synanthereae. Tussilago alpina L., *Erigeron uniflorus L., *E. alpinus L., Aster alpinus L., Arnica
scorpioides L., Artemisia spicata L., Chrysanthemum
leucanthemum L., Pyrethrum alpinum Willd., Achillaea
atrata L., *Omolotheca supina var. subacaulis DC.,
Cirsium spinosissimum Scop., Leontodon aureum L.,
L. hispidum L., *Taraxacum dens leonis Desf.

Campanulaceae. Campanula linifolia Lam., C. pusilla
Haencke, Phyteuma hemisphaericum L.

Primulaceae. *Primula farinosa L., Androsace helvetica
Gaud., A. alpina Gaud., A. pennina Gaud., A. obtusi-
folia All., A. chamaejasme Willd, Soldanella alpina L.,

Gentianeae. Gentiana acaulis L., G. bavarica L., G.
verna L., G. campestris L., *G. nivalis L., G. glacialis
A. Thom.

Borragineae. Myosotis silvatica var. alpestris Koch.

Scrofulariaceae. *Linaria alpina DC.*, Veronica aphylla L., *V. saxatilis Jacq., V. bellidioides L , *V. alpina L., *V. serpyllifolia L., *Bartsia alpina L., Euphrasia minima Jacq., Pedicularis versicolor Wbg., P. verticillata L.,

Labiatae. *Thymus serpyllum L.*

Plantagineae. Plantago montana Lamk., *P. alpina* L.

Chenopodeae. Blitum bonus-Henricus C. A. M.

Polygoneae. *Polygonum viviparum L.*, *Oxyria digyna Cambd.*

Salicineae. *Salix herbacea L., *S. retusa L.*

Liliaceae. Lloydia serotina Salisb. (Phalangium serotinum Lamk.)

Junceae. Juncus Jacquini L., Luzula spadicea DC., *L. spicata DC., Elyna subspicata Schr.

Cyperaceae. Carex foetida All., *C. curvula All.*, *C. nigra All.*, C. sempervirens Vill.

Gramineae. *Phleum alpinum L., Sesleria caerulea L., *Agrostis rupestris All., A. alpina Willd., Avena versicolor Vill., *Trisetum subspicatum P. Beauv., *Poa annua L., *P. alpina var. vivipara, *P. alpina L.*, brevifolia Gaud., *P. laxa Haencke, *Festuca violacea Gaud.*, F. pumila Vill., F. Halleri Vill.

Unter biefen Pflanzen finb 11, welche ber Flora Spitz=
bergens angehören, nämlich: Ranunculus glacialis, Cardamine bellidifolia, Silene acaulis, Arenaria biflora, Dryas octopetala, Erigeron uniflorus, Saxifraga oppositifolia, S. aizoides, Polygonum viviparum, Oxyria digyna und Trisetum subspicatum, fowie 40 mit einem Sternchen bezeichnete, welche ich auch in Lappland gefehen habe. Keine biefer Pflanzen ge=
hört ber eigentlichen arktifchen Flora an; alle bilben einen Theil ber ftanbinavifchen Flora. Die geringe Anzahl von Pflanzen Spitzbergens auf bem Faulhorn erflärt fich aus zwei Grünben.

Obgleich die mittlere Jahrestemperatur — 2°3 beträgt, ist der Sommer doch im Vergleich zu dem auf Spitzbergen wärmer, man kann sein Mittel zu 3°,3 annehmen, und gegen Mitte des Tages schwankt das Thermometer oft um 10 Grad herum. Uebrigens erwärmt sich der Boden wie auf allen Hochgebirgen be= trächtlich,*) während er auf Spitzbergen beständig kalt, feucht und bis auf einige Decimeter Tiefe gefroren ist. Der Boden des Faulhorns ist also für die Pflanzen von Spitzbergen zu warm und nicht feucht genug. Die Kegelspitze, aus schwarzem verwit= tertem Kalkstein gebildet, nach Süden gekehrt und steil abfallend, ist dürr und trocken, wenn der Schnee verschwunden ist, während der Boden von Spitzbergen stets an allen den Theilen, wo der Pflanzenwuchs sich entwickelt, feucht, ja schwammig ist. Die andern Pflanzen, welche die Kegelspitze des Faulhorn schmücken, sind Arten aus dem Norden Europas, alpine Pflanzen oder Gewächse, die aus der Schweizer Ebene und untern Bergregion bis zum Gipfel emporgestiegen sind.

Prüfen wir nun die Flora einer andern scharf begrenzten Oertlichkeit, die sich unter ganz andern Bedingungen als die des Faulhorngipfels befindet, nämlich des Gartens des Eismeeres von Chamouni. Ich kenne in den Alpen keinen Punkt, der mehr an Spitzbergen erinnerte, als die große, zum Eis= meere gehörige Firnmulde, in deren Mitte sich der unter dem Namen Courtil oder Jardin bekannte Rasenplatz befindet. Die Aiguille du Moine, die Aiguille Verte, die Tour des Courtes, die Aiguille de Triolet und die Aiguille de Léchaud beherrschen ihn von allen Seiten; die Spitze des Montblanc erhebt sich majestätisch über dem ungeheuren Trichter, durch welchen der Glacier du Géant zur Mer de Glace sich ergießt. Der mächtige Gletscher des Talèfre füllt den Hintergrund des

---

*) Siehe S. 41, Anm.

Cirkus aus. Stellt der Reisende, im Jarbin stehend, sich im
Geiste vor, das Meer bespüle den Fuß des Amphitheaters, dessen
Mittelpunkt er einnimmt, so kann er sich rühmen, eine Vorstellung
von dem Anblicke Spitzbergens vor Augen zu haben. Das schnee=
freie Eiland, auf dem er sich befindet, bietet eine Aehnlichkeit mehr
dar, und die Vergleichung der Vegetation dieser Insel mit der
von Spitzbergen ist eine der berechtigtsten und interessantesten,
die man anstellen kann. Pictet und Forbes haben gefunden,
daß der Jarbin 2756 Meter über dem Meere liegt; seine Länge
beträgt 800 Meter, seine Breite etwa 300, sein Abstand von
den nächstliegenden Felsen, auf denen einige Pflanzen wachsen,
mindestens 800 Meter. Der Garten besteht aus einer Gruppe von
geglätteten und gestreiften Protogynfelsen, welche zwischen den
beiden Zuflüssen hervorragen, die den Talèfre=Gletscher bil=
den; der größere dieser Zuflüsse kommt von dem zwischen
der Tour des Courtes und der Aiguille de Triolet und
de Léchaud liegenden Theile des Cirkus, der zweite und kleinere
von der Aiguille Verte und der Aiguille du Moine herab.
Zwei Moränen fassen diese Felsen von beiden Seiten ein, von
denen die zur Linken die mächtigste ist; in der Mitte des Rasen=
platzes sprudelt eine Quelle hervor und bildet einen kleinen
Bach. Der Schutt der Moräne hat sich allmälig mit Pflanzen
bedeckt und in einen grünen Teppich verwandelt, dessen Farbe
einen eigenthümlichen Gegensatz zu den ihn umgebenden weißen
Firnen bildet. Mein Freund Herr Alphonse de Candolle hat
in einem besondern Herbarium die von diesem Punkte stam=
menden und von verschiedenen Reisenden, welche ihn nach ein=
ander zu verschiedenen Zeiten besuchten, gesammelten Pflanzen
vereinigt, die ich in der Ordnung des Monatsdatums anein=
anderreihe. Ich selbst habe auf dem Courtil den 24. Juli
1846 botanisirt, Herr Percy aus Edinburg den 26. Juli 1836,
Mademoiselle d'Angeville den 3. August 1838, Herr H. Metert

aus Genf den 8. August 1837, Herr Alphonse be Canbolle ben 12. August 1838; endlich hat sich Herr Venance Payot, Naturforscher aus Chamouni, mehrmals dahin begeben und im Jahre 1858 ein Verzeichniß dieser Pflanzen herausgegeben. Ich habe sie fast sämmtlich in dem Herbarium des Herrn be Canbolle zu Genf gesehen und im Oktober 1854 mit Herrn Müller, Conservator des Herbariums, Namen und Synonymik derselben festgestellt. Man kann diese kleine Flora als eben so vollständig wie die des Faulhorns betrachten, und ich gebe sie nachstehend mit der Bemerkung, daß die mit einem Sternchen bezeichneten Arten sich auch im nördlichen Lappland und die mit Kursivschrift gebruckten auf dem Faulhorn finden.

Phanerogamengewächse vom Jardin des Mer de Glace de Chamouni.

Bemerkung: Die mit einem Sternchen versehenen Arten finden sich auch in Lappland, die mit Kursivschrift gebruckten auf dem Faulhorngipfel.

Ranunculaceae. *Ranunculus glacialis L., *R. montanus Willd., R. Villarsii DC.

Cruciferae. Draba frigida Gaud., *Cardamine bellidifolia L., C. resedifolia L., Sisymbrium pinnatifidum DC.

Caryophylleae. Silene rupestris var. subacaulis L., *S. acaulis L., Spergula saginoides L., Arenaria rubra L., A. serpyllifolia L., A. nivalis Godr., *A. biflora L., Cherleria sedoides L., Stellaria cerastoides *L. Cerastium latifolium L., *C. alpinum DC. var. lanatum.

Papilionaceae. Trifolium alpinum L.

Rosaceae. *Sibbaldia procumbens L., Geum montanum L., Potentilla aurea L., P. glacialis Hall., P. grandiflora L., Alchemilla pentaphylla L.

Onagrarieae. *Epilobium alpinum L.

Crassulaceae. *Sedum atratum L.*, *S. repens Schl*, *S. annuum L., Sempervivum montanum L., S. arachnoideum L.

Saxifrageae. **Saxifraga stellaris L.*, S. aspera L., *S. bryoides L.*

Umbelliferae. Meum mutellina Gaertn., *Gaya simples Gaud.*, Bupleurum stellatum L.

Synanthereae. Cacalia alpina Jacq., C. leucophylla Willd., *Tussilago alpina L.*, **Erigeron uniflorus L.*, **E. alpinus* L., *Pyrethrum alpinum Willd.*, **Omolotheca supina Cass.*, *Gnaphalium dioicum L., *G. alpinum Vill., Arnica montana L., Senecio incanus L., *Cirsium spinosissimum Scop.*, Taraxacum laevigatum DC., Leontodon squamosum Lamk., *L. aureum L.*, *Hieracium alpinum L., H. angustifolium Hoppe, H. glanduliferum Hoppe, H. Halleri Vill.

Campanulaceae. *Phyteuma hemisphaericum L.*, Campanula barbata L.

Primulaceae. Primula viscosa Vill.

Gentianeae. Gentiana purpurea L., G. acaulis L., G. excisa Presl.

Scrofulariaceae. *Linaria alpina DC.*, **Veronica alpina L.*, *V. bellidioides L.*, *Euphrasia minima Jacq.*

Plantagineae. Plantago alpina L.

Salicineae. **Salix herbacea L.*,

Junceae *Juncus Jaquini L.*, *J. trifidus L., Luzula lutea DC., *L. spadicea DC.* **L. spicata DC.*

Cyperaceae. *Carex curvula All.*, *C. foetida Vill.*, *C. sempervirens Vill.* C. ferruginea Scop.

Gramineae. **Phleum alpinum L.*, Anthoxanthum odoratum L., **Agrostis rupestris All.*, *A. alpina Scop.* *Avena versicolor Vill.*, *Poa laxa* Haencke, P. laxa var. flavescens Koch, *P. alpina L., P. alpina var. vivipara L., Festuca Halleri All.

Es sind demnach 87 Planerogamengewächse auf dem Jardin vorhanden; um die Flora vollständig zu haben, muß man noch 16 Moose, 2 Lebermoose und 23 Flechten hinzufügen, wonach die Gesammtzahl der Pflanzen, welche auf diesem von ewigem Eise umgebenen Erdeilande wachsen, 128 betragen würde.

Unter den 87 Planerogamen sind 50, d. h. mehr als die Hälfte mit Kursivschrift gedruckt, wachsen also ebenfalls auf dem Faulhorn. Da dieses ein, den Berner Alpen gegenüber= stehender isolirter Gipfel, der Jardin dagegen eine Vegetationsinsel in einem zum Montblanc gehörenden Cirkus ist, beide sich also unter ganz verschiebenen physischen Bedingungen befinden, so darf man daraus schließen, daß diese beiden Floren sehr wohl die alpine Vegetation an ihrer äußersten Grenze unterhalb der sogenannten Linie des ewigen Schnees darstellen. Unter diesen 87 Arten finde ich nur 8, die einen Theil der Flora von Spitzbergen ausmachen, nämlich: Ranunculus glacialis, Cardamine bellidi= folia, Cerastium alpinum, Arenaria biflora und Erigeron uniflorus; also etwa dasselbe Verhältniß wie auf dem Faul= horn, doch sind 24 darunter, die sich in Lappland wieder= finden. Kurz, der Gipfel des Faulhorn und der Garten haben 50 Pflanzen mit einander gemein. Das Verhältniß der lappländischen Pflanzen zu denen des Faulhorn ist wie 30:100, zu denen des Gartens wie 28:100, beträgt also etwa ein Drittel auf beiden Punkten; auf dem Gipfel des Faulhorns und auf dem Garten bilden die Pflanzen von Spitzbergen da= gegen nur 6 Procent der Gesammtzahl. Wiederholen wir noch, daß keine dieser Pflanzen der arktischen oder circumpolaren Flora angehört. Die subnivale Flora der Alpen entspricht demnach der des nördlichen Lappland, der Umgegend von Alten= fjord z. B., und um eine Vegetation analog der von Spitz=

bergen zu finden, muß man in den Alpen noch höher über die
Grenze des ewigen Schnees hinauf steigen.

Auf dem Gipfel der Gletscher am nördlichen Rücken des
Montblanc befindet sich eine kleine Kette einzelnstehender Felsen,
welche eine Insel inmitten des sie umgebenden Eismeeres bilden.
Sie trennen die Gletscher des Bossons und de Taconnay in
ihrem oberen Theile von einander und sind 800 Meter von
der Montagne de la Côte und 2 Kilometer von der Pierre de
l'Echelle, den nächstliegenden Punkten, wo es Pflanzenwuchs
giebt, entfernt. Ihre Richtung ist von Nordnordost nach Südsüdwest. Ihr unteres Ende befindet sich 3050 Meter über
dem Meere; die höchste Spitze, von Saussure Fels der glücklichen
Rückkehr (Rocher de l'heureux retour) genannt, hat 3470 Meter
Höhe. Diese Felsen bestehen aus senkrecht stehenden Platten
eines schieferigen Protogyns zwischen denen die Pflanzen Schutz
und einen durch die Zersetzung des Gesteins gebildeten Boden
finden. Die Montblanc-Besteigungen von Herrn Marcham
Sherwill den 27. August 1825, Aulbjo den 8. August 1827
und Martin Barry den 17. September 1834 hatten die Gesammtzahl der Phanerogamen dieser Gletscherinsel auf 8 gebracht. Ich besuchte sie dreimal, den 31. Juli und den
2. September 1844, sodann den 28. Juli 1846, und erforschte
namentlich, nicht ohne Gefahr, die nach Südosten gekehrte Abdachung, welche das Chaos der Gletscherkäse (séracs) des Glacier
des Bossons beherrscht. Ich sammelte daselbst 19 phaneroga-
nische Pflanzen ein, Venance Payol erklomm diese Felsen abermals den 30. August 1861 und fand dort noch 5 Arten, welche
ich nicht bemerkt hatte. Ich gebe weiter unten das Verzeichniß
dieser 24 Pflanzen, wovon 5 mit Kursivschrift gedruckte auch der
Flora von Spitzbergen angehören. Auf den Grands Mulets
ist, wie man sieht, das Verhältniß der Arten von Spitzbergen
wie 21 : 100, und außer der Agrostis rupestris ist keine einzige

Lappland angehörige Pflanze darunter. Diese Flora besteht also ausschließlich aus sehr alpinen Arten, vermischt mit einem Fünftel Pflanzen von Spitzbergen. Die Grands Mulets sind einer der höchsten Aufenthaltsorte eines Nagers, der Schnee= maus (Arvicola nivalis Mart.). die sich hauptsächlich von den Pflanzen nährt, deren Verzeichniß wir folgen lassen. Payot hat außerdem auf den Grands Mulets 26 Moose, 2 Lebermoose und 28 Flechten gesammelt, was 80 Arten als Gesammtzahl der Gefäß= und Zellenpflanzen dieser anscheinend aller Vege= tation beraubten Felsen ergiebt.

Phanerogamen der Grands Mulets.

Draba fladnizensis Wulf. D. frigida Gaud., *Cardamine bellidifolia L.*, C. resedifolia Saut., *Silene acaulis L.* Poten- tilla frigida Vill., Phyteuma hemisphaericum L., Pyrethrum alpinum Willd., *Erigeron uniflorus L.*, Saxifraga bryoides L., S. groenlandica L., S. muscoides Auct., *S. oppositifolia L.*, Androsace helvetica Gaud., A. pubescens DC., Gentiana verna L.

Luzula spicata DC., Festuca Halleri Vill., Poa laxa Haencke, P. caesia Sm., P. alpina var. vivipara L., *Trisetum subspicatum Pal. Beauv.*, *Agrostis rupestris All., Carex nigra All.

Wir wollen nun sehen, ob sich das Gesetz bei der Gruppe des Monte Rosa bestätigt.

Während eines zweiwöchentlichen Aufenthaltes vom 13. bis 26. September 1851 in der Vincenthütte am Südabhange des Monte Rosa und in einer Höhe von 3158 Meter über dem Meere haben die Herren A. und H. Schlagintweit um diesen Punkt herum auf dem Gneis 47 Phanerogamenpflanzen ge= sammelt, von benen 10 einen Theil der Flora von Spitzbergen bilden, sie sind in dem beigefügten Verzeichnisse mit Kursiv= schrift gedruckt.

Phanerogamen aus der Umgebung der Vincenthütte auf dem Monte Rosa.

Ranunculus glacialis, Hutchinsia petraea R. Br., Thlaspi cepaefolium Koch, T. corymbosum Gaud., T. rotundifolium Gaud., *Cardamine bellidifolia L.*, *Silene acaulis L.*, *Cerastium latifolium L.*, Cherleria sedoides L., Potentilla alpestris Hall., *Saxifraga aizoides*, S. bryoides, S. biflora All., S. exarata Vill., S muscoides, *S. oppositifolia*, S. retusa Gouan, S. stellaris, Achillaea hybrida Gaud., Artemisia mutellina Vill., A. spicata Wulf., Aster alpinus, Chrysanthemum alpinum, *Erigeron uniflorus*, Phyteuma pauciflorum L., Myosotis nana, Linaria alpina, Veronica alpina, Gentiana verna, G. imbricata Froehl., Androsace glacialis Hoppe, Primula Dyniana Lagasca, *Oxyria digyna*, *Salix herbacea*, *S. reticulata*.

*Agrostis rupestris All., *Trisetum subspicatum*, Festuca Halleri All., *F. ovina*, Poa alpina, P. laxa Haencke, P. minor Gaud., Koetria hirsuta Gaud., Elyna spicata Schrad., *Luzula spicata DC., Carex nigra All.

Das Verhältniß der Pflanzen von Spitzbergen beträgt wie auf den Grands Mulets ein Fünftel und Cerastium latifolium, Salix herbacea, Luzula spicata und Agrostis rupestris sind die einzigen lappländischen, Spitzbergen fremden Pflanzen. Die andern 33 Arten sind ausschließlich alpine.

Auf dem Gipfelpunkt des Passes von Sanct Theodul, welcher aus dem Zermatthal im Wallis in's Val Tornanche in Piemont führt, findet sich noch eine schneefreie, aber auf allen Seiten von ungeheuren Gletschern umgebene Insel. Dort war es, wo Saussure im Jahre 1789 verweilte.

Dieser Punkt liegt 3350 Meter über dem Meere. Ich besuchte ihn den 17. September 1852 mit den Herren O. Sella und B. Gastalbi und sammelte dort auf den Serpentinschiefern

nachstehende Pflanzen, deren Bestimmung Herr Reuter die Güte
gehabt zu verifiziren.

Phanerogamen vom Gipfelpunkt des St. Theodul-Passes.

Ranunculus glacialis L., Thlaspi rotundifolium Gaud.,
Draba pyrenaica L., D. tomentosa Wahl., Geum reptans L.,
Saxifraga planifolia Lap., S. muscoides Wulf., *S. oppositi-
folia L.*, Pyrethrum alpinum Willd., *Erigeron uniflorus L.*,
Artemisia spicata L., Androsace pennina Gaud., Poa laxa
Haencke.

Dieses Verzeichniß ist weit davon entfernt vollständig zu
sein, und doch sind unter 13 Pflanzen 3 mit Kursivschrift ge=
druckte, welche sich auf Spitzbergen wiederfinden. Ich wünschte
lebhaft, daß ein junger Botaniker, Schweizer oder Italiener,
sich's zur Aufgabe machte, die Flora dieses interessanten Punktes
aufzunehmen. Dies würde um so leichter sein, als es dort seit
zehn Jahren eine kleine Hütte giebt, worin Herr Dollfuß=Aussel
im Jahre 1864 vom 22. August bis 3. September verweilt
hat; die höchste Temperatur, welche er im Schatten notirte,
betrug 6°,2 und die niedrigste — 16°,0. Man sieht, daß das
Klima von einer Strenge ist, die der von Spitzbergen nichts
nachgiebt, und es ist sehr wahrscheinlich, daß botanische Ausflüge,
mit Aufmerksamkeit in den Monaten Juli, August und September
unternommen, eine verhältnißmäßig ansehnliche Zahl einheimischer
Arten Spitzbergens und des nördlichen Lapplands liefern würden.

Dieses Gemälde würde unvollständig sein, wenn wir nicht
einen Blick auf die Pyrenäen würfen, um zu erfahren, ob die
arktische Flora auch hier seit dem Zurückziehen der Gletscher, die
in dieser wie in den übrigen Ketten bis in die Ebenen von
Frankreich und Spanien hinab sich erstreckten, einige Vertreter
zurückgelassen hat.

Die Vegetation der Pyrenäen ist der der Alpen sehr ähnlich.

Herr Zetterstedt zählt im Ganzen 68 den Pyrenäen, Alpen und skandinavischen Gebirgen gemeinsame a l p i n e Pflanzen, und eine einzige, die Menziezia (Phyllodoce) caerulaea, die sich nur in Skandinavien und in den Pyrenäen findet. Ramond hat sich nach fünfunddreißig auf den Pic du Midi von Bagnères während fünfzehn Jahren zwischen dem 20. Juli und 7. October unternommenen Besteigungen befleißigt, sämmtliche Pflanzen des Endkegels, dessen Höhe 16 Meter beträgt, der Gipfel selbst 2877 Meter über dem Meere erhaben ist, und dessen Oberfläche nur einige Aren mißt, zu sammeln; er hat daselbst 71 phanerogamische Pflanzen beobachtet. Das Verzeichniß ist sehr vollständig, denn die späteren Nachforschungen von Botanikern haben es durchaus nicht vermehrt. Herr Charles Desmoulins, welcher die Besteigung den 17. October 1840 unternahm, führt nur die Stellaria cerastoides an, die dem scharfen Auge Ramond's entgangen war. Unter diesen 72 zwischen 2860 und 2877 Meter vegetirenden Pflanzen sind 35, die auch auf dem Faulhorn vorhanden sind,*) es ist der gemeinsame Grundstock der Vegetation der Hochgipfel; 7 (Poa cenisia, Silene acaulis, Oxyria digyna, Erigeron uniflorus, Draba nivalis, Arenaria ciliata und Saxifraga oppositifolia) finden sich zugleich auf dem Pic du Midi unter 43° n. Br. in einer Höhe von über 2860 Meter und auf Spitzbergen unter dem 78° n. Br. am Meeresgestade. In Bezug auf die Gesammtzahl der Arten ist die Flora des Pic du Midi reicher an Pflanzen Spitzbergens als die des Faulhorns, denn ihr Verhältniß ist wie 10:100, statt wie 6 auf dem Alpengipfel. Muß man diesen Unterschied der größeren Erhebung des Pics oder andern mit der ursprünglichen Vertheilung der Pflanzen verbundenen Umständen beimessen? Bei dem gegenwärtigen Stande unseres

---

*) Es sind die im Pflanzenverzeichnisse des Faulhorn (S. 103) mit Kursivschrift gedruckten Arten.

Wissens vermöchte dies Niemand zu sagen. Doch beweist diese Aehn=
lichkeit in der Vegetation der beiden entfernten Gipfel einen ge=
meinschaftlichen Ursprung und deutet auf einen gemeinsamen
Vegetationsstock hin, der nachher durch Umstände verändert
worden ist, die vom Klima, der geographischen Lage und der
Vermischung mit Pflanzen benachbarter Länder, ja selbst frühe=
rer Floren, deren Reste wir in den jüngsten Erdschichten vorfin=
den, abhängen. Alle diese Betrachtungen rechtfertigen den Satz,
womit ich dieses Kapitel begann: „Die meisten Pflanzen Spitz=
bergens sind die verlorenen Kinder der europäischen Flora, und
eine gewisse Anzahl derselben hat sich seit der Gletscherperiode
auf den Spitzen der Alpen und der Pyrenäen und an den
feuchten oder torfigen Orten Mitteleuropas erhalten."

Fauna von Spitzbergen.

Säugethiere.

Sprechen wir zuerst von den Landsäugethieren, deren Zahl
nur vier beträgt. Der weiße Bär (Ursus maritimus L.) ist
das bekannteste darunter. Sommers an den Küsten selten, sieht
man ihn fast nur im Norden von Spitzbergen. Parry hat bei
seinem Versuche, den Pol durch Beschreiten des Eises zu er=
reichen, auf dem Bankeis unter 81°30 einen solchen angetrof=
fen. Das Thier ward von den Matrosen getödtet, doch räch=
ten sich die Bären auf ihre Weise. Als Parry und seine
Gesährten abermals den 11. August 1827, nachdem sie vierzig
Tage auf dem Bankeis gewandert, bei Roßinlet an's Land
stiegen, waren die Vorräthe von den Bären vertilgt. Nelson,
der die Expedition von Phipps als Midshipman mitmachte,
nahm es einst ganz allein mit einem Bären auf, und als
man den schmächtigen zarten Jüngling, der später der erste

Admiral der Welt werden sollte, fragte, wie er so wag=
halsig sein könne, sich mit einem so furchtbaren Thiere zu
messen, antwortete er einfach: „Ich wollte sein Fell meinem
Vater mitbringen." Die Herren Torell und Nordenskjöld haben
Bären auf ihren Ausflügen nach dem Norden von Spitzbergen
gesehen. Der Magen eines dieser Thiere war mit Gras
angefüllt. Sie sind also nicht ausschließliche Fleischfresser, ob=
gleich doch Robben und Walrosse ihre gewöhnliche Beute sind.
Auch verlassen die Bären fast nie die Eisberge, welche ebenfalls
der gewöhnliche Aufenthaltsort der Seehunde und Robben sind.

So selten der weiße Bär ist, so gemein ist der blaue
Fuchs (Canis lagopus L.). Im Sommer ist sein Pelz schmutzig
braun, im Winter wird es weiß oder dunkel schieferblau. Es
ist im Norden ein sehr gesuchtes Rauchwerk, um es aber in
seiner ganzen Schönheit zu bekommen, muß man das Thier
während des Winters tödten. Beim Einlaufen in die Bai
von Bellsound auf Spitzbergen den 25. Juli 1838, wurden wir
durch den Anblick großer russischer Kreuze in Triangelform,
die am Meeresstrande aufgepflanzt waren, überrascht, in der
Nähe befand sich eine Hütte und am Ufer ein kleines verlassenes
Fahrzeug. Diese Kreuze bedeckten die Leichname armer russischer
Leibeigener, welche den Winter auf Spitzbergen hatten zubrin=
gen müssen, um blaue Füchse zu jagen. Einige waren am
Skorbut gestorben, die andern waren am Leben geblieben.
Später vernahmen wir, daß sie von Archangel hergekommen
und, da sie nicht mehr zahlreich genug waren, um ihr
Boot zu bemannen, in einem Nachen sich einem nor=
wegischen Schiffe, das in Sicht kam, angeschlossen hätten.
Um die Hütte herum sahen wir die Reste der Fallen,
welche sie gestellt hatten, um blaue Füchse zu fangen. Diese
Thiere graben tiefe Gänge mit mehren Mündungen und sto=
pfen den Kessel, welchen sie bewohnen, mit Moos aus. Im

Sommer gewähren die Vögel, welche zum Legen und zum
Aufziehen ihrer Jungen nach Spitzbergen kommen, diesen
Füchsen eine reichliche Nahrung, alsdann werden sie sehr fett.
Wir schlossen dies aus mehren Individuen, welche von den
Offizieren der Recherche erlegt wurden. Im Winter fasten
diese Thiere, und ihr Hunger ist dann der Art, daß sie sich an
Allem vergreifen. Als Behring auf den Inseln der Meerenge,
welche seinen Namen trägt, Schiffbruch litt, suchten die blauen
Füchse den Schlafenden die Sohlen von den Stiefeln zu
reißen, und auf der Insel Jan Mayen waren die Herren
Vogt und Verna genöthigt, mit Flintenschüssen ihre Kleider
und Vorräthe vor ihnen zu vertheidigen.

Ein einziger kleiner Nager, die Feldmaus der Hudsonsbai,
bewohnt Spitzbergen. Ihr Winterkleid ist weiß, das des
Sommers veränderlich; sie vertritt auf Spitzbergen den durch seine
Wanderungen so berühmten Lemming Norwegens.

Das wilde Renthier, der Hirsch des Nordens (Cervus tarandus L.), ist auf Spitzbergen nicht sehr selten. Som=
mers findet es am Meeresstrande das Kraut, welches seine
eigentliche und gewöhnliche Nahrung bildet, und Winters scharrt
es den Schnee, unter dem es Flechten und Moose entdeckt; dann
aber magert es ungemein ab, um während der schönen Jahres=
zeit wieder fett zu werden. Das Renthier ist das einzige Thier
auf Spitzbergen, dessen Fleisch zugleich angenehm und nahrhaft
ist, es hat viel Aehnlichkeit mit dem des Rehes. Das Renthier
genügt allen Bedürfnissen der Lappen, deren Existenz einzig und
allein auf den zahlreichen Heerden beruht, die sie Sommers
auf den Inseln einpferchen oder auf den Bergen ihrer Heimath
weiden, während sie sie Winters um ihre Dörfer versammeln,
wo die Erde Flechten im Ueberfluß hervorbringt, welche
dieselbe mit ihren breiten schwefelfarbigen Flecken bedecken.
Im Winter werden diese Flechten unter dem Schnee durch

das durchsickernde Wasser, im Herbst und Frühjahr durch den
schmelzenden Schnee selbst erweicht; das Renthier scharrt sie auf
und kann ihr zähes, weich gewordenes Gewebe leichter zwischen
den Backzähnen zermahlen. Auf Spitzbergen zeigen sich die Ren=
thiere nicht in großen Rudeln, sondern in kleinen vereinzelten
Gruppen; sie sind sehr scheu, mißtrauisch und schwer nahbar, auch
kommt es selten vor, daß man ihrer viele auf einmal erlegt. Das
Renthier hat weiter keinen Feind als den weißen Bären, und
dieser jagt fast gar nicht auf dem festen Lande, auch könnte er
nur durch Ueberfall ein so mißtrauisches und schnellfüßiges
Thier, wie das Renthier, erreichen.

In den nordischen Gegenden ist das Meer stets mehr
bevölkert als das Land. Diese Regel hält auch für die
Säugethiere Stich. Nur vier darunter sind Landthiere, zwölf
dagegen Seethiere. Betrachten wir zuerst die Robben oder
Seehunde. Von Fischen lebend, nähern sie sich in ihrer
Lebensweise den Ottern, deren Aussehen und äußere Bil=
dung die gewöhnlicher Fleischfresser ist. Die Robben bilden
den Uebergang zwischen diesen Thieren und den Walthieren.
Ihre ruderförmigen Glieder gestatten ihnen nicht, sich am
Lande zu bewegen; nur mühsam können sie sich fortschleppen,
doch tauchen und schwimmen sie bewunderungswürdig mit
Hülfe der Hinterbeine, welche, in der Verlängerung des
Körpers liegend, durch Stellung und Form an den Schwanz
der Walfische, der Delphine und Meerschweine erinnern. Drei
Arten von Robben bewohnen die Küsten von Spitzbergen*)
und leben von Fischen, Weich= und Krustenthieren. Gewöhnlich
halten sie sich in den ruhigen Buchten auf, wo die Nahrung
reichlicher ist, und dort künden ihnen alljährlich die russischen

---

*) Phoca barbata Fabr., P. groenlandica Fabr., P. hispida Erxleben
(P. foetida Fabr.).

und norwegischen Fischer einen unversöhnlichen Krieg an. Kein
Thier verdient diese Verfolgung weniger. Man verfolgt es nur,
um sich seines Felles zu bemächtigen und aus seinem Speck
Thran zu gewinnen; es selbst, friedlich und harmlos, sucht sich
dem Menschen zu nähern, seine großen unvergleichlich sanften
Augen scheinen sein Wohlwollen oder wenigstens sein Mitleid
anzuflehen. Als ich ganze Stunden lang vor dem Gletscher der
Magdalenenbai zubrachte, um die Temperatur der Meerestiefe
aufzunehmen, kam jedesmal ein Seehund heran, schwamm um
den Nachen herum, steckte den Kopf über's Wasser und schien
errathen zu wollen, welchen Beschäftigungen sich die für ihn
neuen Wesen, welche seine Einsamkeit störten, hingäben. Ich
hütete mich wohl, ihn zu verscheuchen, und mit jedem Tage kam
er näher heran. Er mußte wohl meinen, der Mensch sei kein
bösartiges Thier; zutraulich geworden, wollte er die Korvette
etwas zu nahe betrachten und ward durch einen Flintenschuß ge=
tödtet. Einige Tage darauf verließen wir die Magdalenenbai,
ohne Zeit gehabt zu haben, dieses Thier zu bedauern, das durch
seine Gegenwart diese eisigen Gewässer belebte und die langen
Stunden, welche die Anforderungen der Physik mich mit einigen
Matrosen vor der die Bucht abschließenden Eiswand zuzubringen
zwangen, verkürzte. Es handelte sich darum, zu wissen, ob das
Seewasser unter die Temperatur von Null herabsinkt, ohne zu
gefrieren. Einige Zahlen sind das Endergebniß dieser langen
und mühsamen Arbeit. Ich stelle mir vor, der Seehund würde
wohl innerlich gelacht haben, wenn er gewußt hätte, weshalb
dieser so weit hergekommene Mensch sich so lange in einem
Boote vor einem Gletscher von Spitzbergen durchkälten ließ.

Im Winter ist die Robbe anderen Gefahren ausgesetzt; die
Fjorde frieren zu, und das Bedürfniß des Athemholens führt sie
dann in die Nähe der Löcher und Spalten, welche die Eisrinde
hie und da darbietet. Will sie aber aus dem Wasser auftauchen,

so ist der Eisbär da, der ihr aufpaßt und sie mit seinen furcht=
baren Fängen packt, die Robbe taucht von neuem unter, glück=
lich, wenn sie ein anderes Loch antrifft, durch welches sie den
Kopf aus dem Wasser stecken und einen Augenblick Athem
schöpfen kann. Findet sie weiter keine Oeffnung in der Nähe,
so wird sie entweder vom Bären verschlungen, oder erstickt
unter dem Eise.

Gewisse Arten von Robben sind nicht an die Scholle ge=
bunden, sondern fahren auf den Eisbergen herum, welche der
Wind und die Strömungen nach allen Seiten auf dem Eis=
meere vor sich her treiben. So hat Herr Torell Scharen von
grönländischen Robben (Phoca groenlandica) auf Eisbergen
zwischen der Bäreninsel und Spitzbergen gesehen. Auf letzterer
Insel fehlte die grönländische Robbe gänzlich, während die
bärtige Robbe (Phoca barbata) sehr gemein war; sie hielt sich
auf dem Eise auf, welches die Baien und Fjorde erfüllte; als
dieses aber im Juli dem offenen Meere zutrieb, wanderte die
Robbe ihrerseits mit, und man traf nur noch die stinkende
Robbe an.

Das Walroß (Trichechus rosmarus) ist ein anderes,
derselben Familie wie die Robben angehöriges Thier. Es
ist eins von jenen Wesen, die der Mensch unförmlich nennt,
weil sie in keine der Formen hineinpassen, womit wir gegen=
wärtig die Vorstellung der Schönheit verbinden. Der kaum
vom Rumpfe geschiedene Kopf ist mit zwei ungeheuren, rückwärts
gekrümmten Hauern, welche aus dem Rachen hervorkommen,
versehen. Der walzenförmige Leib erreicht zuweilen fünf Meter
Länge und drei Meter Umfang. Seine Glieder gleichen denen
des Seehundes. Zu Lande bewegt sich das Walroß in Anbe=
tracht seines Körpergewichts noch schwerfälliger als die Robbe,
schwimmt aber bewunderungswürdig, lebt truppweise an den
Küsten oder fährt auf den Eisbergen herum. Es lebt von Weich=

thieren, unter denen zwei doppelschalige Muschelthiere (Mya truncata und Saxicava rugosa) seine Hauptnahrung ausmachen. Man
getraut sich nicht, die Walrosse auf See anzugreifen, denn sie
vertheidigen sich gegenseitig, fallen die Bote an und bringen sie zum
Umschlagen, indem sie sich an derselben Seite mit Hülfe der langen
Hauer, womit ihr Oberkiefer bewaffnet ist, anhängen. Zu Lande,
wo sie sich kaum fortschleppen können, tödtet der Mensch sie
feiger Weise mit Speer= und Harpunenwürfen. Ihr Fell, das
zu Hängriemen an Wagen dient, ihre Zähne, der Thran
aus ihrem Speck sind der Gewinn, welcher die Habsucht der
Jäger anstachelt. Auch sind die Walrosse an den Westküsten
Spitzbergens sehr selten geworden. Ich habe nur ein einziges
gesehen, welches eingeschlummert auf einem Eisberge dahinfuhr.
Ein Flintenschuß weckte es, doch war es nicht verwundet worden
und verschwand sofort unter Wasser. Diese Thiere sind ge=
wöhnlicher auf der Ostküste Spitzbergens, welche meist durch
Bankeis blockirt ist. In den Jahren, wo diese Eisbank bricht,
begeben sich die Jäger in diese Gegenden; die Walrosse haben
sich friedlich vermehrt und nun wird entsetzlich darunter auf=
geräumt.

Alle übrigen Seesäugethiere Spitzbergens gehören den
Walen oder Cetaceen an. Aeußerlich gleichen diese Thiere den
Fischen, von denen sie nichtsbestoweniger grundverschieden sind,
denn sie bringen lebendige Junge zur Welt, die das Weibchen
lange Zeit säugt, sie athmen durch Lungen und haben nur zwei
Floßfedern oder vielmehr zwei Brustruder, deren Bau dem der
Vorderglieder eines Säugethiers und nicht eines Fisches ent=
spricht. Auf dem Rücken bemerkt man oft eine Rückenflosse.
Die Hinterglieder fehlen völlig. Der Schwanz, meist gespalten,
ist horizontal und nicht wie bei den Fischen vertikal; derselbe
ist ein mächtiges Bewegungswerkzeug, welches nach Art der
Schraube bei Dampfschiffen thätig ist. Bei den meisten Cetaceen

kommt der Kopf dem vierten Theile, ja zuweilen dem Drittel der
Länge des Thieres gleich, und alle die, von denen die Rede sein
wird, sind den Naturforschern unter dem Namen Spritz = Wale
bekannt. Der hintere und obere Theil ihres Kopfes ist nämlich mit
einer Oeffnung versehen, die mit dem Schlunde und den Nasen=
gruben in Verbindung steht; durch diese Oeffnung stoßen diese
Thiere mit Macht die Luft aus, welche in ihre Lungen gedrungen
ist, oder das Wasser, welches ihren Rachen anfüllt. In letzterem
Falle schießt ein Strahl über ihrem Haupte in die Höhe.
Schon von weitem erkennt man die Walfische an diesem Wasser=
strahle, den man bis zu einer Höhe von 12 Meter hat auf=
steigen sehen. Alle diese Wale sind Fleischfresser, und ihr Maul
ist mit gleichartigen, spitzigen Zähnen oder mit Barten, ge=
wöhnlich Fischbein genannt, besetzt.

Fangen wir bei den Delphinen an, die bezüglich die kleinsten
unter den Walthieren sind. Der weiße Delphin, Beluga von den
Russen genannt (Delphinapterus leucas Pallas), ist ein Thier von
schmutzigweißer Farbe und 4 bis 6 Meter Länge; es schwimmt,
indem es nach Art der Meerschweine Purzelbäume im Wasser schlägt
und mit Macht bläst, um die Luft durch das Spritzloch aus=
zustoßen, welches sich senkrecht über der Schnauze öffnet; Rücken=
flossen hat es nicht. Zwei von ihnen strichen eines Tages
an einem Bote vorbei, worin ich mich mit einigen Matrosen
befand; wir begriffen Alle, daß ein einziger Schlag mit ihrem
mächtigen Schwanze hingereicht haben würde, dasselbe um=
zuschlagen.

· Der Tummler oder Butzkopf (Phocaena orca Cuv.)
ist ein gewaltiger Delphin, dessen Rückenflosse einem Säbel
gleicht; er erreicht 6 bis 8 Meter und lebt in Scharen bei=
sammen, die, wie man sagt, den Walfisch angreifen. Er
schwimmt mit solcher Geschwindigkeit, daß es unmöglich ist,
ihn zu harpuniren, man tödtet ihn mit Flintenschüssen.

Die Narwale *) sind große, 4 bis 6 Meter lange Cetaceen, mit einem Zahn bewaffnet, der 2 bis 3 Meter mißt und über die Schnauze in der Verlängerung des Körpers hinausragt. Dieser eine Zahn sollte eigentlich doppelt sein, doch verkümmert einer fast immer und nur der andere entwickelt sich; er ist spindelförmig in einer Spirale gedreht und von elfenbeinartiger Masse, wie der, welchen die Fabel auf das Haupt des phantastischen Einhornes gesetzt hat. Beim Weibchen verkümmern beide Zähne und treten nicht aus der Zahnhöhle hervor. Trotz der furchtbaren Lanze, womit der Narwal bewaffnet ist, ist er ein harmloses Thier, denn er nährt sich von kleinen Fischen und Mollusken. Eine andere Cetacee welche sich den Walfischen nähert, ist der Schnabelwal (Hyperoodon borealis Nils, II. rostratus Wesm.); er hat nicht den Zahn des Narwal, sondern einfach eine vorstehende Schnauze. Es ist ein Thier, das nie über 8 Meter Länge hinauskommt und dessen Fell schlicht schwarz über den ganzen Leib ist. Die Rückenflosse erhebt sich zu Anfang des hintern Drittels des Körpers, die Zähne sind kaum sichtbar und fallen frühzeitig aus, die Zunge ist mit dem Unterkiefer zusammengewachsen. Dieses Thier nährt sich ebenfalls von Fischen, Weichthieren und Holothurien.

Man hat oft die Bemerkung gemacht, daß die größten Thiere der Schöpfung die Cetaceen der Polarmeere im Allgemeinen und die Walfische im Besondern sind. Zwei Arten besuchen gewöhnlich die Striche von Spitzbergen. Die erste ist der faltenbäuchige nordische Finnfisch (Balaenoptera boops L.) Es ist das längste aller Thiere, denn es giebt ihrer, die 34 Meter vom Kopf bis zum Schwanz messen, die meisten messen 25 bis 30 Meter. Seine Dicke aber steht nicht im Verhältniß

---

*) Monodon monoceros L.

zur Länge, denn dieser Finnfisch ist das am wenigsten plumpe unter den Cetaceen. Der Leib, gleichsam walzenförmig, geht in einen verlängerten Kopf über, der beinahe den vierten Theil der Gesammtlänge des Thieres bildet. Längsfalten, deren Ge= brauch unbekannt ist, ziehen sich vom Rande des Kiefers bis zum Nabel hin, und auf dem Rücken erhebt sich eine große aus Fett gebildete Flosse, welche ihm den Namen Finnfisch oder Flossenwal eingetragen hat. Sein Rachen ist mit Barten besetzt; er nährt sich von kleinen Fischen und Mollusken. Scheuer als der Walfisch, ist er schwerer zu harpuniren. Sein Fell giebt wenig Thran, weshalb ihn die Walfischfänger auch minder eifrig und nur in Ermangelung gemeiner Walfische verfolgen. Mehre zur Winterszeit an den Strand des Ozeans getriebene Individuen sind von verschiedenen Autoren beschrie= ben worden. Diese Umstände beweisen, daß der nordische Finn= fisch weite Reisen in die gemäßigten Theile des Atlantischen Meeres unternimmt.

Die Meere von Spitzbergen ernähren noch eine andere, der vorigen sehr ähnliche Art von Finnfisch, die einige Natur= forscher aber durch den Namen Riesenfinnfisch*) davon unter= scheiden. Es giebt auch noch eine dritte, die kleinste von allen, nämlich den spitzmäuligen Finnfisch,**) ein Wal von nur 10 Me= ter Länge; gleich den beiden andern weist er Brust= und Bauch= falten auf. Seine Barten, statt schwarz wie die der anderen Finnfische und des Walfisches, sind von gelblich weißer Farbe. Er führt dieselbe Lebensweise wie seine Vettern.

Wir haben jetzt nur noch den gemeinen Walfisch,***) das größte und dickste unter den Thieren der Schöpfung der Gegen= wart, zu besprechen. Er unterscheidet sich von den Finnfischen durch

---

*) Balaenoptera gigas Eschr.
**) Balaenoptera rostrata Fabr.
***) Balaena mysticetus L.

das Fehlen der Rückenflosse und der Falten unter dem Bauche, von den Schnabelwalen dadurch, daß sein Rachen mit Barten und nicht mit Zähnen besetzt ist. Der nordische Walfisch erreicht oft 20 Meter Länge, sein Kopf bildet ein Drittel der Länge des Thieres. Sein durchschnittliches Gewicht kann auf 100,000 Kilogramme geschätzt werden. Die Flossen haben 3 Meter Länge bei 2 Meter Breite. Das Fell mit dem Speck besitzt eine Dicke von 20 bis 50 Centimeter. Die Barten, womit sein Rachen besetzt ist, haben 3 bis 5 Meter Länge. Dieses riesige Wesen nährt sich nur von kleinen Seethieren, wie Medusen, Krustenthieren, Tintenfischen, vor allem von der Clio borealis, einem kleinen Weichthiere mit zwei Flossen, von denen es in den nordischen Meeren wimmelt. Der Walfisch öffnet seinen breiten Rachen, indem er pfeilgeschwind dahinschießt; die in diesem gähnenden Schlunde gefangenen Thierchen können dann, durch die Barten festgehalten, nicht wieder heraus, nun schließt das Ungethüm den Rachen, stößt das Wasser durch seine Spritzlöcher aus und verschluckt darauf die Tausende von kleinen zwischen seinen Kiefern gefangenen Seethiere.

Ehemals war der Walfisch an den Westküsten Spitzbergens, namentlich zwischen dem 78. und 80. Grade, sehr gemein. Flotten von holländischen, englischen und französischen Schiffen begaben sich jährlich in diese Gegenden, und allesammt kehrten mit Thran und Fischbein beladen wieder heim. Als der Walfisch seltener wurde, verfolgte man ihn bis in das Treibeis, wo das Meer stellenweise oft frei ist; die holländischen Walfischfänger fürchteten nicht, alle Segel auszusetzen und das feste Eis mit dem Panzer, welcher das Vordertheil ihrer Schiffe bekleidete, zu spalten; in diesen Binnenseen verfolgten sie dann die Walfische, welche sich vor ihren Würfen gedeckt glaubten. Um abermals durch das Treibeis durchzukommen und das offene Meer zu gewinnen, verließen sie sich auf Wind und Strömung. Nur die zur Aufsuchung John Franklin's ausgesandten Seefahrer haben es der Kühnheit dieser verwegenen Seeleute gleichgethan. Indeß nahm die Zahl der Walfische mit jedem Jahre ab. Das Weibchen giebt nämlich nur Einem Jungen nach einer Tragezeit von zehn Monaten das Leben, und die auf Spitzbergen gejagten Walfische haben sich an die Küsten Grönlands und in die Baffinsbai geflüchtet, wo die Walfischfänger sie gegenwärtig bis unter den 78. Breitegrad in der Lancaster- und Melvillestraße aufsuchen.

Vögel.

Im Sommer ist die Zahl der Vögel, welche Spitzbergen aufsuchen, unberechenbar, das Verzeichniß der Arten dagegen sehr kurz; dasselbe übersteigt nicht 22, von denen nur 2 Landvögel sind; die andern sind See- oder Wasservögel. Eine einzige Art, das Schneehuhn des Nordens, wandert nicht, alle andern sind Zugvögel.

Vögel Spitzbergens.

Sperlinge. Emberiza nivalis L.

Hühnervögel. Lagopus hyperborea (Tetrao lagopus L.)

Strandläufer. Charadrius hiaticula L.. Tringa maritima Brunn; Phalaropus fulicarius L.

Schwimmvögel. Sterna arctica Temm.. Larus eburneus Phipps., L. tridactylus L., L. glaucus Brunn., Lestris parasitica Nils.. Procellaria glacialis L.. Anser bernicla L., A. leucopsis Bechst., A. segetum Gmel., Anas glacialis L., Somateria mollissima L., S. spectabilis L., Colymbus septentrionalis L., Uria grylle L., U. Brunnichii L., Alca alle L., Mormon arcticus L.

Wenn die Anzahl der Arten beschränkt ist, so ist die der Individuen dagegen so beträchtlich, daß ihre Gegenwart die stillen und öden Küsten Spitzbergens belebt. Bei der ersten

Landung hat man Mühe, sich von diesem erstaunlichen Zu=
sammenströmen Rechenschaft zu geben. Die Erde ist mit Schnee
bedeckt, die Vegetation sehr arm, Insekten nur in 15 Arten
vertreten. Eine kleine Zahl von Torfmooren zwischen den Bergen
und dem Meere nähren weder Würmer, noch Mollusken, noch
Fische, dagegen wimmelt das Meer von Thieren, namentlich
von Mollusken und Krustaceen. Hier ist die Zahl der Arten
gleichermaßen beschränkt, man kennt nur 10 Arten von Fischen
an den Küsten von Spitzbergen. Der Polarschellfisch ist der
gemeinste von allen.

Eine große Anzahl von Seevögeln, welche den Winter über
unsere Küsten bewohnen, zieht zum Eierlegen nach Spitzbergen,
wo sie sicher sind, reichliches Futter und Ruhe zu finden. Nicht
alle legen und brüten ohne Unterschied an allen Punkten der
Küste. Die einen, wie die Gänse, gefallen sich an den Gesta=
den des festen Landes, andere, wie die Eibervögel und Raub=
möven lieben die kleinen, niedrigen und mit Wassertümpeln
übersäeten Inseln; die meisten flüchten sich auf die Felsen,
welche unmittelbar in's Meer hinausragen. Die Zahl derselben
ist so groß, daß diese Felsen unter dem Namen der Vogel=
berge bekannt sind. Die Abdachungen dieser Felsen, aus
hinter= und übereinander liegenden, den Gallerien und Logen
eines Schauspielhauses ähnlichen Schichten gebildet, sind mit
Weibchen bedeckt, die, über ihre Eier gebuckt, den Kopf dem
Meere zugewandt, eben so zahlreich, eben so gedrängt wie die Zu=
schauer in einem Theater am Tage einer ersten Vorstellung da=
sitzen. Vor dem Felsen bilden die Männchen eine wahre Wolke
von Vögeln, die in die Lüfte steigen, die Fluten bestreichen
und untertauchen, um die Krustenthierchen zu fangen, welche
die Hauptnahrung der Brütenden bilden. Die Unruhe, das
Wirbeln, der Lärm, das Geschrei, das Quaken, das Pfeifen
dieser tausend und aber tausend Vögel, so verschieden an Größe,

Farbe, Gang und Stimme zu beschreiben, ist unmöglich. Der Jäger, betäubt und verbutzt, weiß nicht, wo er in diesem le= benbigen Strubel Feuer geben soll, er vermag den Vogel, auf den er anlegen will, nicht zu unterscheiden, geschweige ihn zu verfolgen. Des Dinges müde, zielt er mitten in die Wolke hinein, der Schuß geht los. Nun aber steigt der Aufruhr aufs höchste. Schwärme von Vögeln, die auf dem Felsen saßen oder auf dem Wasser schwammen, fliegen jetzt ebenfalls auf und mischen sich unter die übrigen, endloses, mißtönendes Gekreisch erhebt sich in den Lüften. Weit entfernt, sich zu zer= streuen, wirbelt die Wolke nur noch toller. Die Seemöven, die vorher unbeweglich auf kaum über die Wasserfläche hervorragen= ben Klippen saßen, flattern geräuschvoll hin und wieder, die See= schwalben umkreisen das Haupt des Jägers und schlagen ihn mit ben Fittigen in's Gesicht. Alle diese so verschiedenen Arten, welche hier auf einem, mitten in den Wogen des Eismeeres vereinzelt bastehenden Felsen friedlich vereint sind, scheinen dem Menschen vorzuwerfen, daß er bis an's Ende der Welt das große Werk der Natur, die Fortpflanzung und Erhaltung der Thierarten, zu stören komme. Die Weibchen allein, durch die Mutterliebe festgebannt, begnügen sich damit, ihre Klagen mit denen der er= zürnten Männchen zu vereinen, unbeweglich bleiben sie auf ihren Elern sitzen, bis man sie gewaltsam davon nimmt oder bis sie, getroffen, auf diesem Neste fallen, das die Hoffnungen und Freuden der Familie barg.

Die Vögel sitzen nicht auf's Gerathewohl auf den Fels= kränzen an einander gereiht. Im Schauspielhause stellt der Reichthum zwischen den Zuschauern eine Klaffifikation her, die wahrscheinlich ganz anders ausfallen würde, wenn sie sich auf Geschmack oder Bildung stützte, in ähnlicher Weise sind auf einem Vogelberge die ornithologischen Arten nicht bunt durch einander gemischt. Es giebt solche, wo der nordische Sturmvogel (Procellaria glacialis), der kühnste unter den Seevögeln herrscht. Herr Malmgrén hat einen derartigen Felsen unter 80° 24' n. Br. gesehen. Die Lummen (Uria grylle) nahmen die untern Sitze ein, die Sturmvögel die Mittelstufen über einer Höhe von 250 Meter und ganz oben die Silbermöve. Auf einem andern Felsen war es die weiße Möve (Larus eburneus), welche die Mehrzahl bildete, höher hinauf befand sich die dreizehige Möve und endlich, wie oben, die Silbermöve. Auf gewissen Felsen sind es die Fettgänse (Alca torda), welche alle Vorsprünge bis zur Höhe von 30 bis 60 Meter besetzt halten, darüber die Lumme (Uria grylle) in großer Anzahl, dann der nordische Larventaucher (Mormon arcticus) und endlich das kleine Taucherhuhn (Uria Brunnichii), das sich in zahllosen Schwärmen auf Spitzbergen findet.

Auf diesen senkrechten Felsen sind die Vögel sicher vor den Verfolgungen ihres grausamsten Feindes, des blauen Fuchses, der eben so lüstern nach den Eiern als nach den Müttern ist. Anders würde es sich bei denen verhalten, welche auf den niedrigen Inseln, die das Eis mit dem festen Lande verbindet, nisten; auch wissen dies die Eidervögel recht gut, denn sie lassen sich nie daselbst nieder, es sei denn, daß die Insel ganz vom Wasser umgeben ist; ohne dies würden sämmtliche Weibchen eine Beute der Füchse. Das Nest liegt nämlich in einer Linie mit dem Boden, ist in den Sand gescharrt und mit dem kostbaren Flaum, den wir unter dem Namen Eiderdunen kennen, gepolstert. Diese Federn entreißt das Weibchen dem eigenen Bauche. Der Mensch beutet diesen Trieb des Eiderweibchens aus. Die ganze norwegische Küste entlang bilden die Inseln, wohin die Eidervögel zum Brüten kommen, hoch im Preise stehende Besitzungen. Ein auf der Insel wohnhafter Aufseher schützt die Eidervögel, die sich nicht scheuen, ihr Nest bis

dicht vor die Schwelle seines Hauses zu bauen. Einen Schuß
auf einer dieser Inseln abzufeuern, ist ein mit schwerer Geld-
strafe belegtes Vergehen. Zweimal nimmt der Hüter die Eiderdunen, womit das Nest ausstaffirt ist, weg, nachdem er das
Weibchen sacht entfernt hat, wenn es aber zum dritten Male
den Flaum aus seinem Bauche reißt, so läßt er es in Ruhe
seine Brutzeit vollenden, denn er weiß, daß es im nächsten
Jahre zurückkommt, um ihm einen abermaligen Tribut zu
bringen.

Die Schwimmvögel herrschen unter den Vögeln Spitzbergens vor, gerade weil sie sämmtlich von Seethieren leben. Die
drei einzigen Stranbläufer, der Regenpfeifer, der schwärzliche
Strandreiter und der Wassertreter leben am Meeresstrande
und in der Nähe der kleinen Teiche. Die beiden ersteren nähren sich von der im Moose häufigen Larve einer Mücke, einer
Art von Regenwurm oder von kleinen auf der Oberfläche des
Meeres in der Nähe des Gestades schwimmenden Krustenthieren,
der dritte geht einer kleinen kugelförmigen Alge nach, die zur
Gattung Nostoc zu gehören scheint. Kein insektenfressender
Vogel könnte auf Spitzbergen ausdauern, wo es weder Käfer,
noch Schmetterlinge, Wanzen oder Heuschrecken giebt.

Das Schneehuhn, der Schneeammerling und die drei Arten
von wilden Gänsen sind die einzigen grasfressenden Arten, auch
sind diese Arten außer der Ringelgans (Anser bernicla) selten.
Das Schneehuhn überwintert auf Spitzbergen, und sein Da-
sein während starrer Kälte ist wie das des Rentiers ein
Räthsel. Unter den Schwimmvögeln spielen die Möven die
Rolle der Raubvögel; sie sind es, die sich besonders von
Fischen nähren, das Aas der Cetaceen zerfleischen und sich in
unermeßlicher Zahl auf das, während des Zerlegens am
Schiffe festgebundene Walfischfell stürzen. Die Raubmöve
(Lestris parasitica) fällt die übrigen Vögel an, zwingt

sie, die Nahrung, welche sie verschlungen haben, von sich zu geben, und fängt sie beim Herabfallen in der Luft auf. Die Sturmvögel gehen ihrer Beute auf offenem Meere nach und folgen oft den Schiffen. Die andern Vögel schwim= men auf der Oberfläche der Gewässer und tauchen unter, um ihren Unterhalt darin zu finden; sie sind es, die die Küsten von Spißbergen beleben. Anfangs zutraulich, fliehen sie bei der Annäherung der Menschen nicht; die Taucher umschwimmen die Bote, die Seeschwalben streifen in ihrem pfeilschnellen Fluge den Kopf der Ruderer, die ersten Flintenschüsse aber machen diese Vertraulichkeiten ein Ende, und nach Verlauf mehrer Tage werden diese sonst so zutraulichen Vögel scheu und ängstlich wie die der civilisirten Länder.

Fische und wirbellose Thiere.

Ich werde bei den übrigen Klassen des Thierreichs nicht lange verweilen, ich habe beiläufig bereits bei Gelegenheit der niederen Thiere, von denen sich die Cetaceen nähren, von ihnen gesprochen. Bei diesem strengen Klima herrscht immer dieselbe Armuth an Arten und derselbe Reichthum an Individuen. Kein einziges Reptil kommt auf Spißbergen vor. Die Fische, zehn Arten, den Drachenköpfen, Schleimfischen, Salmen und Schell= fischen angehörend, werden immer weniger gemein, je mehr man sich dem Norden nähert; der Polarschellfisch ist der einzige, der reichlich vorhanden ist.

Die Strandmollusken sind selten; Herr Torell hat nur die Littorina groenlandica bemerkt. Manche schwimmende oder in der Tiefe lebende Arten aber sind sehr verbreitet, namentlich ein Flossenfüßer, die Clio borealis, welche den Walfischen als Haupt= nahrung dient, und andere, den Klassen der Kopflosen, der Arm= und Bauchfüßer angehörende Weichthiere. Ich gebe in der An=

merkung das Verzeichniß derer, welche Herr Torell angezeigt hat,*) sie finden sich sämmtlich in den Gletscherablagerungen Schwedens.

Wenn man die Küste Spitzbergens erforscht, so möchte es scheinen, als ob das Meer kein einziges Krustenthier ernährte, öffnet man aber den Kropf der Seevögel, so findet man ihn mit den Ueberresten dieser Thiere angefüllt, und man ist daraus gezwungen zu schließen, daß die Krustaceen im Eismeere in Menge vorhanden sind. Herr Goes zählt sechs Arten auf, die zu einer einzigen Familie, der der zehnfüßigen Krustaceen mit gestielten Augen zählen,**) der auch die Krabben, Landkrabben und Eremitenkrebse angehören.

Wir haben bereits bemerkt, daß es nur fünfzehn Insekten= arten auf Spitzbergen giebt, nämlich mehrere Arten von Spring= schwänzen, Zweiflüglern, Hautflüglern und eine Art von Was= sermotten oder Netzflügler. Die Spinnen sind durch vier oder fünf Arten von Acarus vertreten.

Die niebern, der Klasse der Strahlthiere angehörenden Geschöpfe sind noch nicht gehörig bekannt, doch weiß man, daß sich barunter schon von Friedrich Martens abgebildete Seesterne, ferner Medusen= und Melonenquallen befinden, die in gewissen Strichen so zahlreich sind, daß die Farbe des Seewassers baburch veränbert wird und nach dem Zeugnisse Scoresby's, der stunden= lang auf diesem green - water, wie er es selbst nennt, herum= fuhr, von blau in gelbgrün übergeht.

Hier endet unsere physische Schilderung Spitzbergens. Gleich von vornherein bemerkten wir, daß dieses Inselmeer das Bild einer der unsrigen vorangegangenen geologischen Epoche, der=

---

*) Mya truncata, Saxicava rugosa, Pecten islandicus, Cardium groen-landicum, Arca glacialis, Astarte corrugata, Leda pernula, Yoldia arctica, Natica clausa, N. Johnstonii, Tritonium norvegicum, T. cyaneum, T. cla-thratum, Trichotropis borealis, Terebratella Spitzbergensis.

**) Hyas araneus L., Pagurus pubescens Kroey, Hippolyte Gaimardi M. Edw., H. Phippsi Kroey, H. Sowerbyi Leach u. H. polaris Sab.

jenigen barbiete, wo ein Theil Europas und Amerikas unter
ungeheuern Gletschern, ähnlich denen, welche gegenwärtig die
Thäler Spitzbergens anfüllen und die Ebenen Grönlands be=
decken, schlummerte. Die erratischen Blöcke Norddeutschlands,
die geglätteten und gestreiften Felsen Skandinaviens, Finlands,
Schottlands und des nördlichen Amerikas sind die stummen
Zeugen dieser ehemaligen Ausdehnung jener Haube von Polar=
eis. Die arktischen Pflanzen, welche noch in den Sümpfen und
auf den Hochgebirgen Europas fortkommen, sind lebendige
Zeugen derselben. Auch die Thiere bezeugen diese ehemalige
Ausdehnung. So bewies schon im Jahre 1846 Edward For=
bes, daß die Muschelthiere, welche sich in den erratischen Ablage=
rungen in Schottland, im Norden Englands, in Irland und auf
der Insel Man finden, Muschelthiere seien, welche arktischen
Arten angehörten, die gegenwärtig in den die Küsten Englands
bespülenden Meeren unbekannt, größtentheils an den Küsten
Labradors leben. Das Meer, welches England umgab, be=
saß eine niedrigere Temperatur, als seine jetzige ist. Damals
waren die britischen Inseln noch nicht völlig aufgetaucht und
hingen mit Island und dem europäischen Festlande zusammen.
In Schweden trifft man Schichten mit Fossilien an, welche
zuweilen eine Dicke von 12 Meter erreichen und 200, ja
250 Meter über dem Meere liegen. Die zu Udevalla bei
Gothenburg sind die berühmtesten; die in denselben enthaltenen
Muscheln weisen auf eben so kalte Gewässer hin, wie die sind,
welche die Küste des westlichen Grönlands bespülen. In Ruß=
land haben die Herren Murchison und de Verneuil an den
Ufern der Dwina arktische Muschelbetten gefunden. In Ame=
rika an der St. Lorenz=Mündung hat man Arten erkannt, die
eins sind mit denen, welche der Eiszeit Schwedens angehören.
Eine in den arktischen Meeren sehr gemeine Art, die Mya truncata, findet sich in fossilem Zustande in den jüngsten Schichten

Siciliens, das Thier selbst aber ist gänzlich aus dem Mittelländischen Meere verschwunden. Ein schwedischer Gelehrter, den
wir unter den Erforschern Spitzbergens genannt haben, Herr
Torell, hat diese in den oberflächlichsten Schichten Englands und
Schwedens gefundenen arktischen Muscheln aufgezählt und sie selbst
mit den noch lebenden Individuen der arktischen Gegenden im
Allgemeinen und Spitzbergens im Besondern, verglichen. *)

Wir haben gesehen, daß eine gewisse Anzahl von Pflanzen
sich nach dem Zurückziehen der großen Gletscher in Mitteleuropa
gehalten hat. Gewisse Thierarten bieten uns dasselbe Schauspiel
dar. In den die britischen Inseln umgebenden Meeren fischt
man in Tiefen von 160 bis 200 Meter Mollusken auf, die
gegenwärtig nur noch in den arktischen Meeren leben; mehre
sind selbst indentisch mit denen, welche sich in den Schichten der
Eiszeit, die in Schottland und im nördlichen England unter dem
Namen Drift bekannt sind, vorfinden. Die oberflächliche Schicht
des im Rheinthal zwischen Basel und Straßburg Löß genannten
Bodens hat uns ebenfalls Arten von Schnirkelschnecken (Helix)
aufbewahrt, die man lebend nur auf den Gipfeln der Alpen antrifft. Während der Periode, wo die Schweizer Ebenen mit einem
ungeheuren Eismantel, welcher alle umliegenden Gegenden er-
starren machte, bedeckt waren, vermochten diese Schnirkelschnecken
zu leben und sich im Rheinthal fortzupflanzen; gegenwärtig
treffen sie nur noch auf den Hochgebirgen das ihrer Organisation zusagende Klima an.

Es giebt noch überraschendere Thatsachen; ein schwedischer
Naturforscher, Herr Lovén, hat in bedeutender Tiefe in den großen
schwedischen Seen, dem Wenner- und Wettersee, Krustaceen **)

---

*) Hier die Namen einiger dieser Arten: Pecten islandicus, Arca glacialis,
Terebratella Spitzbergensis, Yoldia arctica, Tritonium gracile, Trichotropis
borealis, Piliscus probus, Scalaria Eschrichtii.

**) Mysis relicta, Gammarus loricatus, Idothea entomon, Pontoporeia
affinis.

aufgefischt, die nicht nur arktische Arten, sondern obenein See=
arten sind, die entweder dem Eismeere oder dem Bottnischen
Meerbusen angehören. Die Gegenwart dieser Thiere beweist,
daß zur Eiszeit diese Seen mit dem Baltischen Meere in Ver=
bindung standen und tiefe Fjorde bildeten, wie die, welche jetzt
die Westküsten Skandinaviens einschneiden. Allmälig hob sich
die Halbinsel, wie sie noch heute thut, die Fjorde wurden Seen,
die von oberflächlichen Wasserläufen und unterirdischen Quellen
gespeist wurden. Die meisten dieser Seethiere kamen um,
einige aber gewöhnten sich allmälig daran, in einem weniger
salzigen Wasser zu leben, und hielten sich bis heute. Die Austern
und viele Thiere der Salzteiche bieten uns dasselbe Schauspiel
dar. Danach organisirt, Gewässer zu bewohnen, deren Salzge=
halt im Laufe des Jahres je nach den Regenfällen oder der
Ausdünstung bedeutend abweicht, gewöhnen sie sich schließlich
an das Süßwasser. Ein plötzlicher Wechsel würde für sie ver=
hängnißvoll sein, ein schonender Uebergang aber gestattet ihrem
Organismus, sich an eine neue Lebensweise zu gewöhnen. Eben=
so wechselt der Salzgehalt der Fjorde, je nachdem die Flüsse
und Bäche, vom Schmelzen des Schnees oder durch anhaltende
Regen angeschwollen, ihnen eine bedeutende Menge süßen Wassers
zuführen oder, während alle Zuflüsse durch die Winterfröste ge=
hemmt sind, die Stürme vom Meere her das Salzwasser bis
tief in die entlegensten Kanäle hineintreiben. Man begreift
also, daß die Krustenthiere, deren Vorfahren diese Fjorde, welche
gegenwärtig durch die beiden großen schwedischen Seen ersetzt
worden sind, bevölkerten, in den bedeutenden Tiefen dieser Süß=
wasserflächen verborgen geblieben sind, lebendige Zeugen der
Senkung Skandinaviens unter das Eismeer, das es damals
umgab, und seiner langsamen und allmäligen Erhebung seit
jener Zeit.

Ueberall an den Küsten Schwedens und Norwegens trifft

man über dem jetzigen Gestade offenbare Spuren ehemaliger Gestade an, die nicht nur die Erhebung der Küste festzustellen, sondern auch zu messen gestatten. Diese alten Meerspiegellinien entsprechen arktischen Muschelbetten, und die Geologie in Uebereinstimmung mit der Zoologie weist uns zugleich das Vorhandensein einer Eiszeit und das beständige Schwanken der Erdrinde nach, welches fast im ganzen Lande durch die Erhebung oder Senkung der Küsten auf den Inseln und Festländern bezeugt wird.*)

Die in der Nähe des Südpols liegenden Länder bieten uns gleich denen des Nordpols das ungeschwächte Bild der Eiszeit dar. Die von Dumont d'Urville und James Roß entdeckten Gestade von Sabrina, Abelaide und Victoria sind wie Spitzbergen und Grönland unter Gletschern begraben. Das Meer ist besäet mit Legionen von Eisbergen, welche die Strömungen nach Norden fortreißen. Auf Neuseeland hat Hochstetter auf dem kurzen Abhange der Centralkette Gletscher schon in einer Höhe von nur 200 Meter über dem Ozean und umgeben von einer reichen Vegetation baumstämmiger Farne angetroffen. Ueberall trägt die Insel unzweideutige Spuren einer Epoche an sich, wo diese Gletscher bis zum Meere herunterreichten. Die Kältezeit hat demnach auf dem ganzen Erdboden geherrscht, und es wäre eitle Mühe, sie durch örtliche Veränderungen in der Gestaltung von Meer und Land erklären zu wollen. Eine allgemeine Ursache kann einzig und allein Rechenschaft von einem Phänomen geben, das, von den beiden Polen des Erdballs ausgehend, sich über die Hälfte jeder der beiden Hemisphären ausgebreitet hat.

*) Siehe über diesen Gegenstand die Abhandlung Bravais' über die alten Meerspiegellinien (Voyages en Scandinavie de la corvette la Recherche. Géographie physique. t. l. p. l.) und eine Studie von Herrn E. Reclus (Revue des deux mondes 1. Janvier 1865).

Hier endet diese lange und ernste Untersuchung. Haben wir uns in der Voraussetzung getäuscht, daß der Leser uns unermüdet folgen würde, während wir vor seinen Augen das rauhe Bild der nördlichsten Länder und Meere Europas entrollten, des Aufenthaltsortes von Pflanzen und Thieren, welche Sommers ohne Wärme zu leben und Winters einer selbst für die trägste Einbildungskraft erschreckenden Kälte Widerstand zu leisten vermögen? Männer, ja Helden, wie Barentz, Franklin, die beiden Roß, Richardson, Parry, Maclure, Maclintock, Inglefield, Belcher, Penny, Bellot, Kane, Hayes haben ihr getrotzt; allein sie waren von Gefühlen beseelt, welche den Menschen über alle Schwierigkeiten emporheben und ihn gegen alle Gefahren gleichgültig machen, vom heiligen Feuer der Wissenschaft und der Liebe für wahren Ruhm, jenen Ruhm, der darin besteht, nicht, seinen Nebenmenschen zu tödten, sondern der Menschheit zu dienen und sie zu zieren.

Das Nordkap von Lappland.

Am 13. Auguſt 1838 reiſte ich von Hammerfeſt ab, um
das Nordkap zu beſuchen. Zwei Böte enthielten die Mehrzahl
der Offiziere von der Korvette Recherche, welche die Mit=
glieder des wiſſenſchaftlichen Norbausſchuſſes nach Lappland ge=
führt hatte und ſie weiter nach Spitzbergen führen ſollte. Beim
Auslaufen aus dem Hafen betraten wir unmittelbar den breiten
zwiſchen den Inſeln Qualoe und Soroe liegenden Kanal, und
nicht lange, ſo befanden wir uns faſt auf offener See. Die Luft
war ſtill, ja zu ſtill, denn wir kamen nur vermöge unſerer
Ruder vorwärts, und während die leichte norwegiſche Barke
pfeilgeſchwind über das Waſſer hinglitt, hatte die ſchwerfällige
Schaluppe der Korvette Mühe ihr zu folgen. Abends ſtiegen
wir bei Rolfſoe an's Land; es iſt bies eine von mehren Fiſchern
bewohnte Inſel. Wir brachten einige Stunden daſelbſt zu, um
ben erſchöpften Matroſen Ruhe zu gönnen, und ich hatte Muße,
dort mehre Pflanzen unſerer Ebenen und Gebirge zu ſammeln,
welche auf dieſem Eiland ihre nördliche Grenze erreichen.

Rolfſoe verlaſſend, wandten wir uns öſtlich, um den Havoe=
ſund zu durchſchneiden, einen engen Kanal, der die Inſel Havoe
von der äußerſten Spitze des europäiſchen Feſtlandes trennt.

Ein Kaufmann, Namens Ulich, dessen Vater den König Louis Philipp während seiner Reise nach Lappland aufgenommen hatte, wohnt allein auf dieser einsamen Insel. Sein weißes mit grünen Fensterläden versehenes Haus ist von Wiesen umgeben und liegt auf einer kleinen Anhöhe, welche das Ufer beherrscht. Zahlreiche Magazine fassen den Rand des Meeres ein, und die Fischerbarken kommen hierher, um ihre Fische auszuladen und dagegen Waaren aller Art einzutauschen. Am Eingange der Meerenge befindet sich eine hübsche Kirche, wo Reiseprediger den lutherischen Kultus für die Bewohner der Umgegend feiern. Diese kommen in Böten von den entlegensten Punkten des Archipels herbei, wohnen dem Gottesdienste bei, plaudern von ihren Geschäften und berauschen sich leider auch an starken Getränken. Diese auf einer Insel oder auf einem öden Vorgebirge liegenden Kirchen und Kaufmannshäuser überraschen den Reisenden immer, der zum ersten Male Norwegen besucht. Man begreift nicht, mit welchem Handel sich ein Kaufmann befassen kann, der die Einsamkeit bewohnt; dieser Kaufmann ist aber gleich der Kirche der gemeinsame Mittelpunkt dieser zerstreuten Bevölkerung. Die Lappen, Hirten und Nomaden, den Sommer über an der Küste und auf den benachbarten Inseln mit ihren Rentthierheerden umherirrend, bringen ihm die Felle und Geweihe der Thiere, die sie zu ihrem Lebensunterhalt geopfert haben. Seßhafte und Fischfang treibende Lappen wohnen im Hintergrunde eines entlegenen Fjords, wo sie von dem Gewinn ihres Fanges leben, dessen Ueberschuß sie verkaufen. Die Quäner oder eingewanderte Finnen dienen als Arbeiter. Die Russen, welche von Archangel des Fischfangs halber in die Gewässer Spitzbergens und des Nordkaps kommen, und die Norweger, welche sich demselben Erwerbszweige hingeben, treiben Handel mit ihm. Diese an der Küste zerstreuten Händler kaufen den Fisch in Kleinen ein und schicken ihn an die

Kaufherren in Hammerfest und Bergen, welche ganze Schiffs=
ladungen voll Stockfisch nach allen Welttheilen versenden. Der
Kaufmann auf der Insel Havöe trägt dagegen Sorge für den
Bedarf der armen Bevölkerung in seiner Umgebung und verkauft
ihnen alle zu ihrem Nomadenleben nothwendigen Gegenstände.
Herr Ulich hatte nichts vernachlässigt, seine Einsamkeit zu
verschönern; er pflegte einen kleinen Garten, wo er mir sehr
schönen Welschkohl und Kohlrabi, sowie Erbsen zeigte, welche 3
Decimeter Höhe hatten und zuweilen eßbare Schoten liefern,
ferner Möhren, deren Wurzeln die Dicke eines Zeigefingers er=
reichen, Runkelrüben vom selben Umfange, Lattich, Kresse und
Blumenkohl, welche nur alle fünf oder sechs Jahre etwa ein=
schlagen. Man wird sich darüber nicht wundern, wenn man
weiß, daß die mittlere Jahrestemperatur 1 Grad C. unter Null
beträgt, die Temperaturen der verschiedenen Jahreszeiten sind
annähernd folgende:

$$\text{Winter} \ - 8^0 \qquad \text{Sommer} \ + 6^0$$
$$\text{Frühling} - 5^0 \qquad \text{Herbst} \ + 2^0$$

Im Winter fällt das Thermometer bisweilen auf — 15
Grad, selten aber darunter, im Sommer beträgt das Marimum
im Allgemeinen + 15 Grad, der größte Umfang der thermo=
metrischen Oscillation beträgt demnach 30 Grad C.

Dem Hause des Herrn Ulich gegenüber erhebt sich ein Vor=
gebirge, es ist das am weitesten hinausgeschobene des europäischen
Kontinents. Der Gipfel liegt 316 Meter über dem Meere, doch
besitzt es weder die Erhabenheit, noch die Berühmtheit desjenigen,
welches den Namen Nordkap trägt und die Insel Mageröe, die
nördlichste Europas, abschließt. Auf den Abhängen dieses fest=
ländischen Nordkaps beobachtete ich die Pflanzen aus der Um=
gegend von Hammerfest, verkrüppelte gemeine Birken, die Zwerg=
birke im Ueberfluß sowie einige Gruppen der lappländischen Weide.
Auf der Spitze desselben befindet sich ein kreisförmiges, aus

übereinanber gehäuften Steinen gebildetes Signal, welches der
Grundmauer eines Thurmes gleicht. Die phanerogamischen
Pflanzen waren von diesem Kap, das unaufhörlich von ben
Winden, bie es von allen Punkten des Horizonts frei bestreichen,
gepeitscht wirb, verschwunden, boch war bie Erbe buchstäblich
weiß von Flechten; sie überziehen ben ganzen Boben, ja selbst
bie vertrockneten Zweige ber Stauben, welche sich baselbst fest=
zusetzen versucht hatten. Dieser Anblick rief mir bas schöne
Gemälbe zurück, womit Linné bie Prolegomena zu seiner Flora
Lapponica beschließt: „Das Palmengeschlecht herrscht auf ben
heißesten Theilen bes Erbballs, bie Tropenzonen werben von
strauchartigen Gewächsen bewohnt, ein reicher Pflanzenkranz
umzieht bie Gestabe bes mittägigen Europas, Scharen grüner
Gräser bebecken Hollanb unb Dänemark, zahlreiche Moosge=
schlechter haben sich in Schweben angesiebelt, bie bleichen Algen
aber ober bie weißen Flechten sinb es, bie allein im kalten Lapp=
lanb, bem entlegensten ber bewohnbaren Länber, fortkommen. Die
letzten unter ben Pflanzen bebecken bas letzte unter ben Länbern."

Die Havoestraße verlassenb, kamen wir an einer niebrigen
Insel, ber grünen Masoe, vorbei, bie ehemals bewohnt war,
jetzt aber verlassen ist, unb begaben uns Abenbs in einer kleinen
Bucht berselben, Giestvaer genannt, zur Ruhe, wo ein armer
Krämer unb mehre Fischer wohnen. Daselbst verbrachten wir
einen Theil ber Nacht unb brachen am folgenben Morgen zum
Norbkap auf. Alsbalb entbeckten wir bie Stappen, schwarze
Klippen, bie sich wie Thürme aus bem Schoße ber Wellen
emporheben. Eine Menge Seevögel, Möven, See= unb Raub=
möven, flogen umher. Letztere, wahre Freibeuter ber Lüfte,
machen Jagb auf schwächere Vögel als sie selbst, zwingen sie,
sich zu übergeben unb bie Fische unb Krustenthiere, bie sie zu
sich genommen, wieder auszuspeien. Im Augenblicke, wo bas
erschöpfte Thier sie von sich giebt, stürzt sich bie Raubmöve auf

diefe efle Beute und fängt fie auf, bevor fie ins Meer fällt.
Mehr als einmal waren wir Zeugen diefer Kämpfe, wo das
Opfer einen Tribut zu zahlen fcheint, um den Verfolgungen
eines läftigen Zubringlings zu entgehen. Inzwifchen nahm der
Wind zu und trieb die Wogen des Eismeeres in die Höhe;
diefes unruhige und gepeitfchte Meer zeigte uns die Nähe jenes
von den Schiffern fo gefürchteten Vorgebirges an, das man
Nordfap nennt, aber eben fo gut Kap der Stürme nennen fönnte.
In der That ift das Meer in diefen Strichen niemals ruhig,
felbft beim ftillften Wetter nicht, denn die Schlagwellen aller
der auf dem Atlantifchen, auf dem Eis= und Weißen Meere
wüthenden Stürme brechen fich am Fuße diefes Vorfprunges,
der zwifchen den ungeheuren Kontinenten von Nordamerika und
Nordafien in den Ozean hinausragt. Der widrige Wind zwang
uns zu laviren, und fo hatten wir lange das ernfte und erhabene
Schaufpiel diefer Felfenmaffe vor uns. Langgeftrect wie der
Bug eines Schiffes, fcheint fie den ohnmächtigen Meeresfluten
entgegenzutreten, die fich feit uralten Zeiten an ihr brechen. End=
lich legten wir noch eine Strecke mit Laviren zurück und gingen
öftlich vom Nordfap in einer fleinen Bucht vor Anker, welche von
ihrer Geftalt den Namen H o r n v i g oder Hornbai erhalten hat.

Wie angenehm war ich überrafcht, als ich mich, ans Land
fteigend, auf der üppigften fubalpinen Matte, die fich denken
läßt, befand. Das hohe und dichte Gras ging mir bis an die
Kniee, und am äußerften Ende Europas begegnete ich den
Pflanzen, welche ich fo oft in den Schweizer Alpen bewundert
hatte; fie waren es, eben fo kräftig, ebenfo prächtig und dabei
größer als auf ihren heimifchen Bergen.*) Zur Rechten erhob

* Ich nenne hier die hauptfächlichften für Liebhaber der Pflanzenkunde:
Trollius europaeus, Bartsia alpina, Archangelica officinalis, Alchemilla alpina, Geranium sylvaticum, Viola biflora, Hieracium alpinum, Oxyria reniformis, Arabis alpina, Polygonum viviparum, Phleum alpinum, Poa alpina.

sich die imponirende Masse des Nordkaps, schwarz, schroff, un=
zugänglich. Ein steiler, aber grünender Abhang vor uns gestattete,
den Gipfel in Winbungen um die Basis des Vorgebirges zu
erreichen. Begierig sammelte ich alle Pflanzen, welche sich meinen
Blicken barboten, es schien mir, als ob sie ein besonderes In=
teresse besäßen, weil sie so zu sagen bie kühnsten und kräftigsten
unter ihren europäischen Schwestern waren.*) Es machte mir
Vergnügen, barunter Pflanzen aus ber Umgegend von Paris
anzutreffen, sie schienen mir wie ich selbst auf biesem schwarzen,
von ben Fluthen gepeitschten Felsen heimatlos zu sein. Ich
hätte sie gerne gefragt, warum sie bie Ränber ber Fluren
und ben frieblichen Schatten bes Gehölzes von Meubon, wo
sie bie Hulbigungen ber Pariser Botaniker empfangen, ver=
lassen hätten, um traurig unter Fremben zu leben, benn bie
alpinen Pflanzen waren in ber Mehrzahl. Auf ber Höhe bes Ab=
hanges befand ich mich auf einer nacten, entblößten unb mit
Wasserlachen bebeckten Hochebene. In ber Ferne rollt sich unab=
sehbar Fläche auf Fläche ab, große wellenförmige Strecken mit
geringen Unebenheiten, burch Seen ober moorige Grünbe unter=
brochen. Alles ist kalt, starr, öbe. Während auf ber schönen
Matte, bie ich beschrieben habe, Ruhe herrschte, segte ein
wüthender Norbwind bie Hochebene bes Kaps unb hinberte uns
fast am Gehen. Nichtsbestoweniger brangen wir vor unb ge=
langten bis an ben äußersten Ranb. Nie werbe ich bie büstere
Größe bes Schauspiels vergessen, bas sich meinen Augen barbot.
Vor uns behnte sich bas Eismeer, bessen Grenzen am Pole
liegen, aus unb wogte unter einer bichten Wolkenschicht, bie
auf ihm zu lasten schien; zur Linken eine lange unb niebrige,

---

*) Ich nenne Cerastium arvense, Capsella bursa-pastoris, Veronica ser-
pyllifolia, Taraxacum dens-leonis, Solidago virga aurea, Rumex acetosa,
Chaerophyllum sylvestre, Spiraea ulmaria, Parnassia palustris, Anthoxanthum odoratum.

mit Schaum gesäumte Landzunge, zur Rechten einige namenlose Inseln. Als ich mich über den Rand des Abgrundes beugte, welcher das Kap begrenzt, sah ich am Fuße des Abhanges in einer Tiefe von 1000 Fuß das Meer sich brechen. Von dieser Höhe gesehen, bildeten die ungeheuren in gerader Linie von Grönland, Spitzbergen oder Nova Semlja kommenden Wogen bei der Brandung nur einen dünnen Schaumstreifen, gleich den krausen Wellen eines kleinen Sees, die von einem leisen Windhauche sanft ans Ufer getragen werden.

Der höchste Gipfel des Nordkaps befindet sich meinen Beobachtungen gemäß 308 Meter über dem Meere, derselbe wird von einem kleinen Felsen überragt, auf den die Reisenden ihren Namen einkritzeln. Ich las darauf mit Achtung den Parrot's, berühmt durch seine Reisen in den Alpen, im Ararat und Kaukasus. Selbst dieser letzte Felsen ist nicht ganz von Pflanzenwuchs entblößt, tellerförmige Fleckchen von Parme= lien und Ombilikarien, schwarz, wie der Felsen selbst, hatten sich an diesen angeklammert, und ein kleines mikroskopisches Moos (Orthotrichum Floerkianum) war in den Spalten ver= steckt. Auch auf dem Plateau gab es ein paar dürftige, vom Winde zerzauste und am Boden gelagerte Pflanzen, welche hinter den Bodenfalten Schutz suchen vor den beständigen Wind= stößen, die das Nordkap umsausen.

Ein wissenschaftlicher Winteraufenthalt in Lappland.

Den 13. Juni 1838 verließ die Korvette Recherche den Hafen von Havre, um sich nach Norden zu begeben. Sie trug eine Kommission an Bord, die vom Könige und dem Marineminister beauftragt war, wissenschaftliche Beobachtungen jeglicher Art anzustellen, damit auch der Name Frankreichs unter den zahlreichen Polarexpeditionen nicht fehle, an denen bisher nur Holland, England und Rußland Theil genommen hatten. Den 27. Juni legte die Korvette bei Drontheim, der ehemaligen Hauptstadt Norwegens, an, wo sie noch einige schwedische, norwegische und dänische Gelehrte an Bord nahm, welche von ihren Regierungen dazu ausersehen waren, an der Reise Theil zu nehmen. Wenige Tage darauf entfernte sich die Recherche von Drontheim und steuerte auf Hammerfest zu, eine kleine Stadt von 500 Einwohnern am äußersten Ende der skandinavischen Halbinsel, in der Provinz Westfinmarken gelegen.

Den 13. Juli lief die Korvette in den Hafen von Hammerfest ein, den sie beinahe unmittelbar darauf wieder verließ, um sich nach Spitzbergen zu begeben. Nichts hemmte die Fahrt.

Von einem beständigen Tage begünstigt, schnitt das Schiff ohne Unfall durch das Ende einer Bank von Eisbergen und ankerte den 25. Juli in der Bai von Bellsund unter 77° 30' n. Br. Nach einem für die Wünsche der Naturforscher und Physiker zu kurzem Aufenthalte ging die Recherche auf's neue unter Segel und den 12. August im Hafen von Hammerfest vor Anker. Hier theilte sich die Kommission; mehre Mitglieder überstiegen die Kette der skandinavischen Alpen und kehrten über Stockholm und Kopenhagen nach Frankreich zurück, andere birekt mit der Recherche. Endlich blieben nur die Herren Lilliehöök und Siljeström, schwedische Phy= siker, Lottin und Bravais, französische Marineofficiere, und Be= valet als Zeichner zurück, um in Lappland zu überwintern und sich einer Reihe von Beobachtungen über die Meteorologie und Physik des Erdballs zu widmen. Nachdem sie die benachbarten Gegenden besucht hatten, entschieden sie sich, ihre Wohnung zu Bossekop, einer kleinen Handelsnieberlassung aufzuschlagen, die an einem tief ins Land bringenden Fjord gelegenen ist. Die Norweger bezeichnen mit dem Namen Fjorbe jene schmä= len und krummen Meerbusen, welche die Westküste ihres Lan= des zerschneiden. Balb gleichen sie großen Seen, balb ist man geneigt, sie für von Menschenhand gegrabene Kanäle anzusehen. Ihre Tiefe ist oft beträchtlich, doch sind sie durch hohes Land geschützt, und die Schlagwellen des Ozeans verlaufen sich in ihren langen Verzweigungen.

Mehrere Beweggründe mußten die Wahl der Station Bos= sekop als eines der Meteorologie gewidmeten Winteraufenthaltes entscheiden. Die im Norden dieser Nieberlassung liegenden Berge sind weder hoch, noch nahe genug, um den Anblick der Norb= lichter zu verhindern. Da das Meer ziemlich entfernt ist, so ist der Himmel nicht wie zu Hammerfest mit beständigem Nebel be= beckt. Andererseits gestattete der Fjord Ebbe und Flut, die

Phänomene der Luftspiegelung und die Temperatur der Gewässer
zu beobachten. In Hammerfest fällt das Thermometer selten
auf 15 Grad unter Null, bei Bossekop konnten unsere Gelehr=
ten auf niedrigere Temperaturen rechnen und die sie begleiten=
den physischen Phänomene beobachten. Endlich begünstigten die
Nähe eines Waldes, eines großen Flusses, hoher Berge und
ziemlich ausgedehnter Ebenen alle die Experimente, welche sie
anzustellen beabsichtigten.

Versuchen wir, bevor wir mit der Erzählung ihrer Arbei=
ten beginnen, eine Vorstellung von den noch wenig bekannten
Gegenden zu geben, welche der Schauplatz derselben waren;
denn der Gelehrte sucht sich wie der Maler ein neues und noch
wenig erforschtes Stück Erde aus, wo er mit vollen Händen
ernten kann, statt auf der Spur seiner Vorgänger Nachlese zu
halten.

Hammerfest- verlassend, bringt der Reisende, welcher sich
nach Süden wendet, durch ein enges Gat in den Fjord von Al=
ten. Eine Zeit lang bemerkt er nur grünende Abhänge, deren
dichtes Gras bis aus Ufer hinabzieht und sich mit den Tan=
gen vermischt. Bald aber erheben sich schroffe Felsen um
ihn herum, und ihr von dem klaren Gewässer zurückgeworfenes
Bild scheint die Höhe der Steilufer zu verdoppeln. In spär=
lichen Zwischenräumen verrathen leichte Rauchsäulen die Hütte
eines einsamen Lappen. Ein am Strande aufgelaufener Nachen
und einige an der Sonne trocknende Schellfische, an langen
Stangen aufgehängt, künden den Aufenthalt eines armen nor=
wegischen Fischers an. Im Allgemeinen aber ist das Ufer
verlassen, und der traurig umherschweifende Blick entdeckt nicht
einmal einen Baum, der mit seinem regelmäßigen Wiegen diese
regungslose Natur belebte. Tiefes Schweigen, nie vom Rascheln
des Laubes unterbrochen, herrscht in dieser Einöde. Nur
selten fliegen plumpe Eidergänse, in einsamen Seitenbuchten

versteckt, geräuschvoll auf und zerstreuen sich in der Ferne, auf den Gewässern hingleitend, oder ein schäumender Wasserfall braust inmitten der Felsen. Eine Weile vernimmt man sein eintöniges Rauschen, dann beim Umbiegen um ein Vorgebirge bricht es plötzlich ab und gleicht nur noch einem fernen Murmeln, das sich endlich in Schweigen verliert. Oft löst sich ein schwarzes und kahles Kap von der Küste ab und scheint den Hintergrund des Meerbusens zu versperren; allein je mehr sich das Boot nähert, desto mehr öffnet sich die Durchfahrt vor ihm und ein weites Becken nimmt es in seine ruhigen Gewässer auf. Hat man endlich einen großen, aus sonderbar gewundenen Schichten gebildeten Felsen umschifft, so läßt der Wind nach, das erschlaffte Segel hängt am Mast herunter und der Nachen steht von selbst im Hintergrunde einer Bai von geringer Tiefe still, deren anmuthige Krümmung sich am Ufer entfaltet. Einige Magazine umgeben den Landungsplatz, und die am Abhange eines langen Hügels zerstreuten Wohnungen scheinen den Reisenden einzuladen, sich daselbst ein Unterkommen zu suchen. Es ist das Dorf Bossekop. Der Distriktsvorsteher und ein paar norwegische Kaufleute, welche mit den Lappen Handel treiben, bewohnen diese bescheidenen Holzhäuser. Hinter dem Dorfe dehnt sich ein großer Kiefernwald aus, unter dessen Schatten Wachholder, Haidekräuter, Heidelbeeren und andere die Kälte liebende Pflanzen wachsen. Durchschreitet man den Wald in östlicher Richtung, so gelangt man wieder an die stets ruhigen und klaren Gewässer des Fjords. Gegen Süden sind Torfmoore, auf denen einige verkrüppelte Kiefern sich hervorwagen, aber unter dem feindlichen Einflusse dieses schwammigen und feuchten Bodens in buschförmigem Zustande verharren. Weiterhin entdeckt man den Altenfluß, welcher zwischen den sandigen Ufern, die er sich selbst geschaffen, majestätisch dem Eismeere zuströmt. Ueberall am Horizonte hohe schnee-

bedeckte Berge und bei jeder Wegbiegung unerwartet der
Fjord, dessen bläuliche Gewässer sich zwischen die Flächen
des Bildes drängen. In den seltenen Augenblicken, wo
die Sonne nicht durch Wolken verhüllt wird, ist diese Land=
schaft denjenigen vergleichbar, welche die Seen der Schweiz und
des südlichen Norwegens einrahmen. Wie schön dünkte sie mich,
als nach der Rückkehr von Spitzbergen mein so lange vom An=
blick schwarzer Felsen und schneebedeckter Ufer betrübtes Auge
sich an diesem lachenden Anblick erquicken konnte! Wie mir
die Bäume hoch und dicht, der Rasen grün, die Luft milde und
mit harzigem Duft der Kiefern lieblich erfüllt schien! Aber leider
hüllt zumeist ein Nebelschleier die ganze Gegend ein, oder ein
lichtloser Tag entfärbt das Bild; denn die stets dicht am Hori=
zont verweilende Sonne vermag mit ihren bleichen Strahlen die
Wolken, welche der Seewind beständig auf den Bergen an=
sammelt, nicht zu durchbrechen.

Beim Heraustreten aus dem Kiefernwalde überrascht ein
kleines, von gut bebauten Gerstefeldern umgebenes Dorf den
Reisenden gar angenehm. Diese Felder sind die vorgerückten
Posten des europäischen Ackerbaues. Man muß einen ganzen
Grad die Westküste Norwegens entlang gen Süden zurückgehen,
um ähnliche Kulturen wiederzufinden. Das Dorf heißt El=
vebaken und verdankt seiner glücklichen Lage ein verhältnißmäßig
gelindes Klima und seine ausnahmsweisen Ernten. Sandige
Hügel schützen es gegen die kalten Ostwinde, und das Schwemm=
land, welches seinen Boden bildet, verschluckt schnell den
Regen oder erwärmt sich binnen wenigen Augenblicken an den
schwachen Strahlen der nordischen Sonne. Jedoch reift selbst
in den besten Jahren das Korn nur unvollkommen, und die
Ernte findet nie vor Mitte Septembers statt.

Wendet man sich westlich, so zieht sich der Fjord abermals
zurück und endet in dem kleinen Busen von Kaafjord, wo ein

bedeutendes Kupferbergwerk umgeht. Vor zwölf Jahren noch
war diese Gegend öde und verlassen. Ein Lappe findet
bei der Renthierhut einen glänzenden Stein, den er dem
englischen Konsul zu Hammerfest bringt. Es war ein reich=
haltiges Kupfererz, welches 50 Prozent Metall enthielt. Der
Konsul, Mr. Crowe, reist nach England, bringt die nöthigen
Fonds zusammen und hat lange Zeit diesem unerschöpflichen
Bergwerke vorgestanden. Fünfhundert Arbeiter brechen das
Erz aus, pochen es und verwandeln es darauf in Barren.
Schiffe kommen, mit Steinkohlen beladen, von England und
kehren mit Kupfer beladen wieder zurück. Diese Nachbarschaft
war für unsere Gelehrten äußerst werthvoll, denn sie fanden
in dem Chef des Etablissements und den beiden Ingenieuren,
den Herren Thomas und Jhle, eifrige Mitarbeiter, welche die
durch die Abreise der Beobachter von Bossekop unterbrochene
Reihe meteorologischer Beobachtungen fortsetzten.

Alte Meerspiegellinien.

Der Altenfjord, dessen allgemeines Aussehen wir beschrie=
ben haben, war der erste Schauplatz der Untersuchungen des
Herrn Bravais, einem der thätigsten Mitglieder der Kommission.
In der Nähe von Hammerfest hatte er an den Gebirgsabhän=
gen zwei parallele und horizontale Vorsprungslinien bemerkt.
In Anbetracht ihrer Form allein glichen sie den Steilrändern eines
Kanals, und ihre Stellung in halber Höhe des Abhanges erinnerte
an die Staffeln bei Festungswerken. Ein in der Nähe liegender
See war von ähnlichen bedeutend über seinem Spiegel erhabenen
Rändern umgeben, und tausend Anzeichen, deren Aufzählung
zu weit führen würde, zeigten klar und deutlich, daß dieser See
ehemals eine Bucht war, während sich seine Gewässer jetzt ins
Meer ergießen, indem sie einen etwa 5 Meter hohen Wasser=

fall bilden. Bravais' erster Gedanke war, die Höhe dieser eigen=
thümlichen Ränder über dem Meeresspiegel zu messen; um
dies jedoch mit Erfolg zu thun, war ein Ausgangspunkt von=
nöthen, der sich nicht veränderte. Ebbe und Flut des Eis=
meeres, ohne eben so stark wie an den Küsten der Normandie
aufzutreten, betragen doch eine Aenderung des Niveau's je nach
der Tagesstunde von 2 bis 4 Meter. Das mittlere Niveau
des Meeres auf allen Punkten des Fjords zu bestimmen, war
ein Ding der Unmöglichkeit; für denjenigen aber, der sich nicht
auf eine engbegrenzte Spezialität beschränkt, reichen sich sämmt=
liche Wissenschaften gegenseitig die Hand, und in diesem Falle
hat die Botanik die Mittel geliefert, eine schwierige Frage der
praktischen Geometrie zu lösen. Die Umrisse der Fjorde Nor=
wegens sind sämmtlich mit Blasentang bekleidet, einer Meer=
pflanze, die mit luftgefüllten Bläschen versehen ist, vermöge
deren sie auf der Oberfläche des Wassers schwimmt, es ist der
Fucus vesiculosus der Botaniker. Nun hängt das Dasein die=
ses Tanges von der Bedingung ab, täglich eine genügende Weile
unter Wasser getaucht zu bleiben; daraus folgt, daß er eine
unveränderliche und parallele Linie mit der Oberfläche des Was=
sers bilden muß. Oberhalb dieser Linie verweilt das Meer
nicht lange genug zum Fortkommen dieser Pflanze, so daß die
Alge plötzlich bei einer haarscharf bezeichneten Grenze auf=
hört. Es ist ein hübscher Anblick, den Fjord bei Ebbe von
einem gelbbraunen Rahmen eingefaßt zu sehen, welcher gegen
das Grün der Wiesen und die schwarze Farbe der Felsen ab=
sticht. Genaue Messungen, zu Hammerfest wie zu Bossekop an=
gestellt, bewiesen, daß diese Linie 6 Dezimeter über dem durch=
schnittlichen Niveau des Meeres liegt.

Nachdem der Ausgangspunkt einmal bestimmt worden,
war es ein Leichtes, die Höhe der ehemaligen Ränder über der
Fucuslinie mit Hülfe des Barometers oder einer Wasserwage

zu messen. In einem Boote die Krümmungen des Fjords
bestreichend, erkannte Bravais bald ähnliche Ränder wie
zu Hammerfest. In den zurücktretenden Theilen des Ufers
aber, im Hintergrunde der Seitenbuchten, bei Bach= oder
Flußmündungen, stellten sich diese Ränder statt als ein=
fache Staffeln unter der Form von Terrassen dar, die ober=
halb durch eine horizontale Fläche und vorn durch eine regel=
mäßige Böschung, die sich dem Meere zusenkte, begrenzt wurden.
Diese Böschung ward zuweilen durch parallele Stufen, ähnlich
denen, von welchen die Rede gewesen, unterbrochen. Aus einem
feinen und gleichartigen Sande bestehend, bieten diese großen
Terrassen eine solche Regelmäßigkeit dar, daß man versucht ist,
sie für wirkliche Redouten, für Festungswerke zu nehmen,
bestimmt, den Eingang zu den Thälern zu vertheidigen, die sie
von der Seeseite vollständig schließen. Wo das Ufer durch
steile Gestade gebildet wird, da entdeckt das Auge oft schwarze,
unter sich parallele Linien, und erhebt man sich vom Ufer,
zu diesen Linien, so erkennt man, daß sie einem mehr oder
minder tiefen Einschnitt, einer mehr oder minder auffallenden
Erosion, welche den Felsen an diesen Stellen aushöhlt, ent=
sprechen. Diese Erosionslinien sind die Spuren eines ehemaligen, in Folge der Küstenerhebung aufgetauchten Ufers. Die
Abschleifung der Felsen, die durch die Einwirkung der Wellen
gebildeten Höhlen und Grotten, das abgerundete Aussehen der
Oberflächen, alles erinnert an das jetzige Ufer, welches sich oft
30 Meter unterhalb befindet. Die Terrassen und Staffeln sind
ebenfalls Merkmale des ehemaligen Wasserspiegels, man trifft
sie in Frankreich an den Rändern von Kanälen und Seen an,
deren Wasserstand sich verändert, trotzdem er sich eine Zeit lang
auf bestimmten Höhen erhält.

Es ist eine längst bekannte Thatsache, daß die Küsten Nor=
wegens und Schwedens Schwankungen unterworfen sind, wo=

von einige auf die historischen Epochen zurückgehen. Zuweilen
senkt sich die Küste, meistens aber hebt sie sich, nicht in
plötzlichen Stößen, sondern so langsam, daß der Niveau=
unterschied sich erst am Ende einer bedeutenden Anzahl von
Jahren bemerklich macht. So hatte das Meer also längs des
Altenfjords Spuren seines Verweilens hinterlassen. Das Aus=
sehen dieser Spuren ändert sich je nach der Gestalt der Küste
und der Natur des Gesteins; beim Eingange der Thäler und
im Hintergrunde der Seitenbuchten Sandterrassen, am Abhange
der Gebirge horizontale Ränder oder Staffeln, längs der
Klippen parallele Erosionslinien.

Sind diese Spuren fortlaufend, oder bilden sie mit andern
Worten eine oder mehre Linien, die man ununterbrochen von
der Einfahrt des Fjords bis zu seinem äußersten Ende verfol=
gen kann? Herr Bravais hat sich überzeugt, daß dem so ist
und daß man zwei Linien unterscheiden kann, die, von Ham=
merfest ausgehend, bei Bossekop auslaufen und mit den Staf=
feln, Terrassen und Erosionslinien zusammenfallen. Sind
diese Spuren parallel mit dem Spiegel des Ozeans? Wenn
man zwischen den beiden Gestaden des Fjords hinfährt und diese
ehemaligen Meerspiegellinien betrachtet, so scheinen sie in der
ganzen Ausdehnung, die das Auge zu umspannen vermag, ge=
nau horizontal zu sein; da die Gesammtlänge des Fjords aber
etwa 8 Myriameter beträgt, so konnte man unmöglich wissen,
ob diese Linien in ihrer ganzen Länge mit dem Meeresspiegel
parallel laufen oder mit andern Worten, ob sie horizontal sind.
Glücklicher Weise liefert uns die Sorge, die man getragen, die
Höhe dieser Linien über dem Ufer von Punkt zu Punkt zu mes=
sen, unmittelbar die Lösung dieser Frage. Bei Hammerfest be=
trug der obere Rand 28,6 Meter, der untere 14,1 M. über
dem Meere. In der Mitte des Meerbusens werden die Höhen
beträchtlicher, und im Hintergrunde des Fjords betragen sie

67,4 M. für die obere und 27,7 M. für die untere Linie. Folg=
lich sind 1) diese Linien keineswegs horizontal, 2) sind sie nicht
vollkommen parallel unter sich, 3) sind sie nicht einmal gerad=
linig, und gegen die Mitte des Fjords bildet die Linie, welche
von Hammerfest ausgeht, einen Winkel mit demjenigen, welche
bei Bossekop endet.

Die Folgerungen, welche sich aus diesen Messungen erge=
ben, sind wichtig für die Geologie, und Herr Elie de Beaumont
hat sie sorgfältig in seinem vortrefflichen Bericht über diese Ar=
beit hervorgehoben. So lange man sich nämlich, dem al=
leinigen Zeugnisse der Augen vertrauend, eingebildet hatte, daß
diese ehemaligen Wasserstandlinien gerablinig und parallel mit
dem Meeresspiegel wären, konnte man glauben, daß das Meer sich
gesenkt und auf diese Weise eine horizontale Spur an der Küste
zurückgelassen habe; man war also berechtigt anzunehmen, daß es
auf gewisse Ufer übertrete, von andern zurückweiche und sich so
langsam auf der Oberfläche der Erde verrücke. Da aber die
alten Niveaulinien weder horizontal noch unter sich parallel
sind, so ist diese Annahme unzulässig, denn eine flüssige Fläche
kann nur eine horizontale Spur, wie sie selbst, zurücklassen.
Es ist also nicht das Meer, welches gesunken ist, sondern die
Küste, welche sich gehoben hat. Diese Erhebung ist um so be=
trächtlicher gewesen, je tiefer man ins Land bringt, sie ist ruck=
weise mit Unterbrechung von zwei langen Zwischenräumen der
Ruhe vor sich gegangen. Die stärkste Erhebung von 40 Meter
hat bei Bossekop, die schwächste von 14 bei Hammerfest stattge=
funden. So hat Herr Bravais in einer Wissenschaft, wo das
Verlangen zu generalisiren oft die Beobachtungen von That=
sachen vernachlässigen läßt, nach einer strengen Methode ver=
fahrend, einen Beweis für die Erhebung der Küste Norwegens
geliefert, welche seine Reisevorgänger erkannt hatten, ohne sie
auf mathematische Art beweisen zu können.

Bis auf welche Epoche geht diese Erhebung zurück? Das ist eine schwer zu lösende Frage. In Schweden hat man sichere Beweise, daß sie sich seit den historischen Zeiten fortsetzt. Ringe, bestimmt um Schiffe daran zu befestigen, sind in weiten Abständen und in bedeutender Höhe über dem Ufer gefunden worden. In Lappland, wo die Civilisation erst seit so kurzer Zeit eingedrungen ist, giebt es noch keine historischen Denkmäler, die über mehr als zwei Jahrhunderte hinausreichen. Die Terrassen aber sind oft mit Kiefern bedeckt, deren einige vierhundert Jahre und darüber alt sind, also kann das Auftauchen dieser Terrassen nicht wohl nach diesem Zeitraume stattgefunden haben. Auch ist es wahrscheinlich, daß die Erhebung der Küste von Finmarken nicht älter ist als die letzten Umwälzungen des Erdballs, denn man findet auf einigen Punkten über dem Meeresspiegel Muscheln, welche noch im Schoße desselben leben, folglich zu der zoologischen Epoche zählen, welcher der Mensch angehört.

Aufstellung der Instrumente.

Den 1. September 1838 waren die Herren Lottin, Lilliehöök, Bravais und Siljeström zu Bossekop vereinigt. Die Wohnung eines Kaufmanns war zum Mittelpunkt gewählt worden, dort wohnten die Franzosen, die beiden Schweden hatten sich in zwei besonderen Häuschen eingerichtet. Allein die Menschen unterzubringen, war eine Kleinigkeit gegen die Aufstellung der Apparate. Aus dem Raume der Korvette hatte man eine ungeheure Menge von Instrumenten hervorgezogen: Theodoliten, Barometer, Thermometer, Altinometer, Pyrheliometer, Teleskope, riesige Boussolen, ja selbst Geräthe, um einen artesischen Brunnen zu bohren. Dies Alles lag in einem großen Sale bunt durch einander, das alles verlangte seinen Platz, seine Aufstellung. Zunächst beschäftigte man sich mit der Sternwarte. Ein kleines Holz= haus ward angekauft, und da es sich nicht in passender Lage befand, brach man es ab, um es anderwärts wieder aufzubauen. Die viereckig behauenen Balken, welche das Fachwerk aus= machten, wurden abgeschlagen, Stück für Stück numerirt und auf den Gipfel des Hügels geschafft, wo das Haus von neuem aufgebaut ward. Durch dies Beispiel ermuthigt, ließ auch Herr Lilliehöök das seinige versetzen, damit ihm nichts den Anblick des Horizonts benähme. Nachdem die Häuser an Ort und Stelle gesetzt waren, mußte man daneben Mauerpfeiler für die Instrumente errichten, einen Ofen im Laboratorium anlegen und einen artesischen Brunnen in den Boden bohren, um die Erdtemperatur bei verschiedenen Tiefen zu beobachten. Welche Mühe, welche Ueberwachung aber erforderten diese in civilisirten Ländern so einfachen Operationen! Statt gescheiter Arbeiter Lappen und Finnen, so ungeschickt und langsam, daß man tausendmal vor Ungeduld hätte vergehen mögen, sodann Unbe= kanntschaft mit der Sprache, Französisch, Schwedisch, Norwegisch sich kreuzend und mit der Zeichensprache verbindend, und die Gelehrten jeden Augenblick gezwungen, selbst mit Hand ans Werk zu legen. Nach der Sternwarte errichtete man noch fünf andere von einander entfernte Stätten, wo sich verschiedene magnetische und meteorologische Apparate befanden.

Im Meere nahe am Ufer ward eine Flutstange aufgepflanzt. Dieselbe bestand in einem senkrechten Pfahl, der in gleiche Theile von einem Dezimeter Höhe, abwechselnd weiß und schwarz und von unten nach oben beziffert, eingetheilt war. Mit Hülfe eines Fernrohrs konnte man von weitem lesen, welches die Meereshöhe zu jeder Tagesstunde war.

Ebbe und Flut des Meeres.

Die Kenntniß der Gezeiten ist für den Schiffer unerläßlich, doch ist sie auch von großem Belang für den Astronomen. Man weiß nämlich, daß Ebbe und Flut von der Anziehung herrühren, welche Sonne und Mond auf die bewegliche Masse der Meere ausüben. Gelangt man nun eines Tages dahin, die Gezeiten in der ganzen Welt gut zu kennen, genau den Einfluß der Breite, der Küstengestalt, des barometrischen Druckes, der Richtung und Gewalt der Winde auf die Größe und Dauer dieser Schwankungen schätzen zu können, so wird man daraus, schärfer als es bisher geschehen, das absolute Gewicht des Mondes ableiten. Wenn nämlich die Entfernung und Stellung dieses Gestirns in Bezug auf Sonne und Erde, seine Größe, die Masse der Sonne und die Attraktionsgesetze bekannt sind, so ist es klar, daß die mathematische Analyse, nachdem sie den Antheil dieser verschiedenen Ursachen festgestellt hat, von der hervorgerufenen Wirkung, d. h. der Höhe und Dauer der Gezeiten, allein noch auf das zu bestimmende Element, die Dichte des Mondes, zurückzugehen vermag. Diese Untersuchung ist um so interessanter, als die bisher aus der Beobachtung von Ebbe und Flut gefolgerte Dichte von derjenigen abweicht, auf welche man durch rein astronomische Betrachtungen hingeführt worden ist, und es ist möglich, daß dieser übrigens unbedeutende Unterschied einzig und allein von der Unvollkommenheit unserer Kenntnisse über die Gezeiten herrührt.

Astronomie. Sternschnuppen.

Der Nutzen einer Sternwarte kann wohl nicht bezweifelt werden. Sie war in der That unerläßlich, um ganz genau die Breite von Bossekop zu bestimmen, indem man eine bedeutende

Anzahl von Sonnen= und Sternenhöhen aufnahm. Die Länge
oder der Unterschied zwischen den Meridianen von Paris und
Bossekop ist mit Hülfe der ausgezeichneten Chronometer, welche
die Expedition mitgebracht hatte, und durch Vergleichung der
Stellung des Mondes zu benachbarten Sternen scharf be=
stimmt worden. Nachdem so Länge und Breite gekannt
sind, kann dieses Observatorium als Ausgangspunkt für
alle geographischen und hydrographischen Operationen die=
nen, die man in der Folge im westlichen Finmarken aus=
führen mag.

Der Anblick des Nordhimmels war für französische Astro=
nomen ein neues Schauspiel. Der Polarstern, der zu Paris
49° über dem Horizont steht, schien das Zenith einzunehmen.
Eine Menge Sternbilder, welche für uns jeden Abend un=
tergehen, blieben die ganze Nacht über sichtbar, während die in
der Nähe des Aequators befindlichen sich kaum von der Süd=
seite über den Horizont erhoben. So zeigte sich der Sirius,
dieses große Gestirn, das Winters am Himmel von Paris
funkelt, nur wenige Augenblicke über der schwarzen Silhouette
der Berge. Im Herbst waren die Beobachter Zeugen eines
merkwürdigen Phänomens. Jedermann weiß, daß der Mond
allnächtlich etwa dreiviertel Stunden später, als am Abend zu=
vor aufgeht, in den nördlichen Ländern dagegen geht der Voll=
mond im September einige Minuten eher als am Tage vorher
auf. Da diese Epoche in Schottland mit der Kornernte zu=
sammenfällt, so ist der Septembervollmond daselbst unter dem
Namen Erntemond bekannt.

Da Bossekop unter dem 70° n. Br. gelegen ist, so sahen
unsere Gelehrten die Sonne über ihrem Horizonte immer kleinere
Bögen beschreiben, endlich den 17. November Mittags bemerkte
man nur den obern Theil ihrer Scheibe, und den folgenden
Tag ging sie nicht mehr auf. Nur südwärts in der Mittags=

gegend tauchte ein Schimmer auf, dessen Glanz mit jedem Tage
abnahm. Gegen das Wintersolstitium (21. Dezember) gab
dieser Schimmer nur noch eine zweifelhafte Helle von sich, und
das ganze Land blieb in eine ewige Nacht versunken. Anfang
Januars nahm der Schimmer wieder etwas Glanz an, und den
30. desselben Monats begrüßte der einstimmige Freudenruf der
an den Fenstern oder auf erhabenen Punkten stehenden Bewohner
die Rückkehr des so ungeduldig erwarteten Gestirns. An diesem
Tage ruht jede Arbeit, man wünscht sich gegenseitig Glück, man
tanzt, man trinkt auf die Auferstehung der Sonne. Dann
werden auch die zahllosen Wetten und endlosen Streitigkeiten
geschlichtet, die auf Kosten der Wand= und Taschenuhren den
ganzen Winter über unternommen wurden. Wenn die Sonne
nicht mehr zum Vorschein kommt, so wird es in der That un=
möglich, die Uhren zu stellen, man muß sich auf die Regel=
mäßigkeit ihres Ganges verlassen. Nun rühmt Jeder den
Gang der seinigen und macht den der andern herunter. Diese
Zuversicht geht so weit, daß ein Einwohner von Hammerfest
sich nicht scheute, die Aussagen einer Schwarzwälder Uhr dem
einstimmigen Zeugnisse der Chronometer der Kommission ent=
gegenzusetzen. Der Augenblick, wo sich die Sonne zeigt, ist
ein entscheidender Augenblick, welcher alle Zweifel löst und die
zu weit von Mittag entfernten Zeiger Lügen straft. Von
diesem Augenblicke an steigt die Sonne mit jedem Tage höher
und geht zuletzt gar nicht mehr unter. Gegen Mitternacht
nähert sich das Gestirn dem Horizont, aber statt ins Meer zu
versinken oder hinter den Bergen zu verschwinden, erhebt es sich
sofort wieder und beginnt einen neuen Kreis zu beschreiben.
So herrscht denn während des Sommers ein ewiger Tag in
Lappland, ein Tag, der eben so ermüdend ist wie die lange ihm
folgende Nacht traurig und eintönig.

Seit einer ziemlichen Reihe von Jahren haben die Stern=

schnuppen die Aufmerksamkeit der Astronomen auf sich gezogen. Indem man die Zahl derselben zu schätzen suchte, hat man gewisse feste Epochen entdeckt, wo sie häufiger sind als zu anderen. Hierher gehören die Nächte vom 13. und 14. November. Um jedoch ihre Beobachtungen nützlicher und vollständiger zu machen, beschlossen unsere Meteorologen sich zu trennen. Während also die Herren Lottin und Lilliehöok zu Bossekop blieben, begaben sich die Herren Bravais und Siljeström nach Jupvig, dem Wohnsitz eines Kaufmanns, der im Hintergrunde eines der Seitenzweige des großen Altenfjords gelegen ist. So genossen sie den doppelten Vortheil, einen größeren Theil des Himmels zu beherrschen und später die Höhe dieser Meteore berechnen zu können. Den 12. November schifften sich die Herren Bravais und Siljeström in einem kleinen norwegischen Nachen ein, um an die Ausführung dieser Operation zu gehen; das Thermometer stand auf 15 Grad unter Null. Anfangs war der Wind günstig, bald aber sprang er um, und sie mußten gegen die hohle See ankämpfen. Jeden Augenblick brachen Sturzwellen über ihren Nachen herein, und durchkältet kamen sie in Jupvig an, denn das Seewasser hatte ihre Kleider durchnäßt und sie, gefrierend, mit einer Eisschicht bedeckt. Zu Jupvig waren die Häuser unter Schnee begraben, der Kaufmann aber nahm sie herzlich auf, und bald fanden sie unter einer dichten Eiderbunendecke erquickenden Schlaf. Entschlossen, die nächste Nacht unter freiem Himmel zuzubringen, ließen sie ein Zelt auf eine benachbarte Anhöhe bringen, um demjenigen von Beiden abwechselnd als Schutz zu dienen, welcher den Bleistift und die Uhr halten sollte, um das Erscheinen und den Durchgang der Sternschnuppen zu notiren. Ein mächtiges Feuer ward im Innern des Zeltes angezündet, allein der Rauch war der Art, daß sie es nur dicht am Eingange, den Rücken dem Herde zugewandt, darin aushalten

konnten. Glücklicher Weise war Nachmittags das Thermometer
wieder gestiegen und hielt sich Nachts auf 4 Grad unter Null.
Doch setzten alle Augenblicke heftige Windstöße, von feinem und
prickelndem Schnee begleitet, den Beobachtern zu, und der
Himmel, abwechselnd heiter und bewölkt, bedeckte und klärte
sich mehr als zwanzigmal im Laufe der Nacht. Diese Wider=
wärtigkeiten hinderten sie vereint daran, mehr als einund=
dreißig Meteore zu zählen. Diejenigen unter uns, welche Win=
ters nie anders als mit Pelzwerk wohlverwahrt ausgehen und
sich schnell durch rasches Gehen erwärmen, können sich unmög=
lich vorstellen, welch ein ganz anderes Gefühl es ist, wenn
man durch Beobachtungen, die, sobald sie gemacht sind, auch
eingetragen werden müssen, zum Stillstehen verurtheilt ist. Mit
Handschuhen würde man nicht rasch schreiben können, und in
einem beschränkten Raume hat man sich gut Bewegung machen;
die Kälte bringt allmälig durch die Kleider, packt den Be=
treffenden und verläßt ihn alsdann nicht wieder. Ist das
Wetter ruhig, so läßt sich die Kälte ertragen, wenn die Luft
aber in Bewegung ist, nicht mehr, und stände das Thermometer
auch nur auf 2 oder 3 Grad unter Null; auch büßten unsere
beiden Astronomen ihre meteorologischen Ausschweifungen der eine
mit mehren Tagen Fieber, der andere mit einer leichten Augen=
entzündung, die er sich in dem rauchigen Zelte zugezogen hatte.

Während der Nacht vom 7. auf den 8. Dezember hielt
sich das Thermometer zwischen 20 und 30 Grad unter Null.
Der Himmel war von wunderbarer Klarheit, und in anderthalb
Stunden zählten die Herren Lottin und Bravais zweiundfünfzig
Sternschnuppen. Eben diese Nacht ward zu Newhaven in den
Vereinigten Staaten, in China, Brüssel, Parma und Toulon
der außerordentlichen Anzahl dieser Meteore halber notirt. In
der Nacht vom 2. auf den 3. Januar sah man alle fünf Mi=

nuten eine bis zwei Sternschnuppen, und diese Nacht ist seitdem noch von den Herren Wartmann und Quetelet der Häufigkeit dieser Erscheinungen wegen angezeigt worden.

Meteorologische Reihe.

Unabhängig von diesen getrennten Beobachtungen hatten unsere Gelehrten seit dem 6. September einen meteorologischen Tag= und Nachtdienst organisirt. Der Tag war in drei Perio= den eingetheilt, eine von zwölf Stunden, nämlich von acht Uhr Morgens bis acht Uhr Abends, die beiden andern von acht Uhr Abends bis acht Uhr Morgens. Jeder war reihum damit be= auftragt, während dieser Perioden sämmtliche Instrumente zu beobachten. Alle zwei, oft selbst alle Stunden ward die Höhe des Barometers und Thermometers, sowie die Richtung des Windes die Beschaffenheit des Himmels und die Temperatur der Erde auf ihrer Oberfläche angemerkt. Unter den sechs mag= netischen Apparaten wurden einige eben so oft wie die meteoro= logischen Instrumente, andere in längern Zwischenräumen beobachtet. Zu gewissen verabredeten Zeiten verfolgte man von fünf zu fünf Minuten den Gang der Magnetnadel vier= undzwanzig Stunden lang hintereinander. Die Anzahl durch den Eifer ersetzend, blieben unsere muthigen Physiker zuweilen drei Stunden hintereinander das Auge auf das Fernrohr gerichtet in einer eiskalten Hütte, wo das Thermometer auf — 10 Grad sank, ohne daß sie ein Feuer hätten anzünden können, weil die Veränderungen der Temperatur auf die der Magnetnadel ge= wirkt haben würden. Nach Ablauf dieser drei Stunden eilten sie mitten in der Nacht durch Glatteis, Schnee und Wind einem andern Observatorium zu, wo sie eine eben so mühsame und nicht weniger lästige Arbeit erwartete. Allein sie wurden beseelt von dem heiligen Feuer der Wissenschaft, und durch die Hoffnung

11 *

aufrecht erhalten, aus diesen langen Reihen von Ziffern, welche
sie unabläſſig anhäuften, eines Tages irgend eine neue Ent=
deckung hervorgehen zu ſehen; denn es ſind koſtbare Materialien,
aus benen alle Gelehrten Europas mit vollkommenem Vertrauen
die Grundlagen ihrer meteorologiſchen Arbeiten ſchöpfen können.
Nachts, wenn ein glänzendes Nordlicht ben Himmel erhellte, waren
alleſammt auf ihrem Poſten, die Einen verfolgten die Störungen
der Magnetnabeln, die Andern notirten unter freiem Himmel, oft
bei 20 Grad Kälte, bie verſchiedenen Phaſen des Phänomens
ober maßen die Höhe deſſelben über bem Horizont. Die
Schraubenköpfe ihrer Jnſtrumente waren ſo kalt, baß ſie ge=
nöthigt waren, bieſelben mit Tuch zu umwickeln, ohne bieſe Vor=
ſichtsmaßregel blieben ihnen die Finger durch die Feuchtigkeit
ber Haut, welche augenblicklich gefror, am Kupfer angeklebt. Wenn
ihre Hände, ſteif und ſtarr, ben Bleiſtift nicht mehr zu halten
ober bas Jnſtrument zu richten vermochten, ſo ſtanb ihnen
weiter kein Mittel zu Gebote, ſie wieder zu erwärmen, als
ſie heftig zuſammenzuſchlagen, bis ber Schmerz wieder etwas
Wärme und Gefühl in bieſelben zurückrief. Trotz aller Hin=
berniſſe, welche ein rauhes Klima ihnen entgegenſetzte, haben
ſie in einem Zeitraum von acht Monaten eine ſolche Maſſe
von Arbeiten bewältigt, baß ich es aufgebe, ſie in bieſer Analyſe
anzubeuten. Gezwungen eine Auswahl barunter zu treffen,
werbe ich mich auf einige Reſultate beſchränken, die leicht bar=
zuſtellen ſind, die Erörterung ber anbern findet ſich in bem
auf Staatskoſten unter bem Titel: Voyages de la corvette
la Recherche en Scandinavie, en Laponie et au Spitzberg herausgegebenen Werke.

Temperatur.

Boſſekop hat in Anbetracht ſeiner Entfernung vom Pol
kein ſehr ſtrenges Klima. Es rührt bies von ber Nähe ber

Nordsee her, welche unaufhörlich von den verschiedenen
Zweigen des Golfstroms erwärmt wird. Diese große Strö=
mung heißen Wassers entspringt im Golf von Meriko, wo
ihre Temperatur 27 Grad und darüber beträgt; sie um=
fließt die Küsten von Schottland, zieht sich dann Nor=
wegen entlang und verliert sich endlich im Eismeere und im
Weißen Meere. Das Vorhandensein dieser Strömung läßt
sich nicht bestreiten, denn ich selbst habe am Nordkap unter
den Strandsteinen einen Samen von Mimosa scandens,
einem Strauch des südlichen Amerika, aufgelesen, und ähn=
liche findet man in allen Hütten der Küstenfischer.

Bis zum 7. Oktober 1838 hielt sich das Thermometer
über Null, an diesem Tage aber sank es unter den Gefrier=
punkt herab, und nach einigen Schwankungen blieb es in der
Nacht vom 17. auf — 12° stehen. Im November war sein
niedrigster Standpunkt 21°,4. Im Beginn des Dezembers
stieg es nie über — 10° und erreichte den 7. Mitternachts
seinen niedrigsten Punkt, nämlich —23°,5. Mitte Dezembers
stieg es wieder über Null und hielt sich daselbst bis zum
22.; den 18. war es sogar auf 6 Grad gestiegen. Das Ende
des Monats war nicht streng, vom 1. Januar an stellte sich
aber die Kälte wieder ein, ohne jedoch so intensiv zu sein
wie im vorigen Monat. Gegen Ende Januar schwankte das
Thermometer von neuem einige Tage um Null herum. Im
Februar hielt es sich im Ganzen zwischen — 5° und — 12°,
in der ersten Woche des März aber sank es wieder auf — 20°,
um gegen Mitte des Monats wieder auf Null zu steigen
und in den letzten Tagen desselben Monats abermals auf
— 19° zu fallen. Mit dem 1. April ward die Luft lauer und
es begann zu thauen, das Thermometer hielt sich auf wenigen
Graden unter Null und trotz mehrmaliger Wiederkehr der Kälte
konnte der Winter als beendigt betrachtet werden, obgleich der

Frühling noch nicht die Schneedecke abgeschüttelt hatte, worunter die Erde begraben lag.

Untersucht man sorgfältig die Ursachen dieser häufig sehr plötzlichen Temperaturschwankungen, da das Thermometer oft binnen wenigen Stunden um 6 bis 8 Grad variirte, so gewahrt man alsbald, daß sie hauptsächlich von den in der Richtung des Windes eintretenden Veränderungen herrühren, dessen Wärme je nach den Gegenden, aus denen er bläst, nicht dieselbe ist. In Paris ist es Winters gemeiniglich bei Nordostwind am kältesten, während der West und Südwest das Thauen herbeiführen. Das kommt daher, weil der Nordost, bevor er zu uns gelangt, sich, über die eisigen Einöden Sibiriens und die mit Schnee bedeckten Ebenen Rußlands und Norddeutschlands hinstreichend, abgekühlt hat. Der Südwest dagegen, in Regionen entspringend, die in der Nähe des Aequators liegen, weht, über den Atlantischen Ocean fegend, die warmen Dünste des Golfstromes vor sich her.

Zu Bossekop war der kälteste Wind der Südost, der wärmste der Südwest, und die Zwischenwinde reihen sich in dieser Beziehung folgendermaßen an einander: Ost, Nordost, Nord, Nordwest, West. Die Vertheilung von Meer und Land um das Nordkap, sowie die Temperatur des Oceans, welche während des Winters bei Weitem höher als die der Erde ist, erklären diese Unregelmäßigkeiten. Der Seewind, der Südwest, ist der wärmste zu Bossekop wie zu Paris, die Eisfelder aber befinden sich statt im Nordosten im Südosten auf dem Plateau Lapplands. Dieser Einfluß der Erde ist so bedeutend, daß der Nordwind, welcher unmittelbar vom Eismeere herbläst, wärmer als der Südwind ist, welcher aus dem Innern der skandinavischen Halbinsel dorthin gelangt.

Bekanntlich ist die Wärme zu den verschiedenen Tages- und Nachtstunden nicht dieselbe, man nennt dies die tägliche

Temperaturschwankung. So beobachtet man in den Ebenen unserer Klimate folgenden Gang. Vor Aufgang der Sonne ist die Luft kälter als in irgend einem andern Augenblicke des Tages, gegen neun Uhr Morgens kommt ihre Wärme der mittlern Temperatur des Tages gleich, dann fährt sie fort zuzunehmen bis 3 Uhr Nachmittags, zu welcher Zeit sie ihren höchsten Grad erreicht. Von diesem Augenblick an nimmt die Wärme ohne Unterlaß ab, langt zwischen 8 und 9 Uhr Abends wieder bei der mittlern Temperatur an und erreicht ihr Minimum abermals vor Sonnenaufgang. Man ermißt leicht, daß diese Veränderungen eine Wirkung des täglichen Laufes der Sonne sind, die, je höher sie sich über den Horizont erhebt, desto mehr die Erde erwärmt. Nach Sonnenuntergang erkältet sich die Erde durch Strahlung, ohne daß irgend etwas sie für ihre Wärmeverluste entschädigte.

Da der tägliche Gang der Temperatur in unsern Klimaten durch den Lauf der Sonne geregelt wird, so ist es merkwürdig zu sehen, welcher Art die Temperaturveränderungen während der 24 Stunden sind, wo die Sonne, beständig unter dem Horizont, nur einen sehr schwachen Einfluß auf die atmosphärische Wärme ausübt. Nimmt man die mittlere Temperatur der vierzig nächtlichen Tage, welche dem Wintersolstitium vorangegangen oder gefolgt sind, so sieht man, daß ihre stündliche Schwankung nur vier Zehntel eines Grades beträgt, während sie während des Winters unserer Klimate auf mehre Grade steigt. Ja mehr, da der kälteste Augenblick des Tages um sechs Uhr Abends, der wärmste um eilf Uhr Morgens fällt, so ist der tägliche Gang der Temperatur alsdann, wie man sieht, vollständig unabhängig vom Lauf der Sonne und erklärt sich durch andere, allgemeine oder örtliche, Einflüsse, welche die Analyse der Beobachtungen mit einiger Wahrscheinlichkeit zu bestimmen gestatten wird.

Die Abwesenheit der Sonne war einer Art von Experimenten günstig, deren Interesse nicht weniger bedeutend ist. Je
mehr man sich in der Atmosphäre erhebt, sei es auf einem
Berge, sei es in einem Luftballon, desto kältere Luftschichten
durchmißt man, oder mit andern Worten: die Temperatur nimmt
mit der Höhe ab. Dieses Gesetz aber, im Ganzen richtig, ist
nicht ohne Ausnahmen; so hat man in bergigen Ländern während
des Winters oft eigenthümliche Temperaturumkehrungen notirt; es
ist vorgekommen, daß es auf dem Gipfel eines Berges wärmer war
als am Fuße desselben. Verhält es sich ebenso in der Nähe des
Pols? Wenn die Sonne über dem Horizont erscheint, so sind
die Experimente sehr unsicher, denn die Einflüsse des Tages verlängern sich bis in die Nacht hinein und verfälschen die Resultate. Ueberdies muß man einen Augenblick wählen, wo das
Wetter stät und die Beschaffenheit des Himmels gleichförmig ist.
Je nachdem die Brise null oder mäßig war, bedienten sich die
Herren Lottin und Bravais bald gefesselter Ballons, bald fliegen-
der Drachen. An diese Apparate waren Maxima- und Minima-
Thermometer, d. h. Instrumente befestigt, welche die Angabe der
höchsten und niedrigsten Temperaturen, denen sie unterworfen
wurden, bewahren. Diese Luftsonden haben zwischen 70 und
450 Meter Erhebung gezeigt, daß die Temperatur im Allgemeinen
mit der Höhe zunahm. Der Unterschied belief sich bisweilen
auf 6 Grad. Im Durchschnitt betrug die Zunahme auf die
ersten 100 Meter 1°,6; jenseit dieser Grenze durchschnitt der
Ballon immer kältere atmosphärische Schichten. Diese eigenthümliche Thatsache läßt sich folgendermaßen erklären. Auf der
großen Hochebene von Lappland ist der Winter sehr streng,
denn das Thermometer sinkt oft auf — 40 Grade. Daraus
ergiebt sich, daß die Luft daselbst dichter und schwerer wird, sie
senkt sich also auf die Küsten herab, ohne die Erdoberfläche zu
verlassen, daher der zu Bossekop so gewöhnliche Südostwind.

Da aber das Meer wärmer als der Boden ist, so erhebt sich ein aufsteigender Luftstrom über demselben und fließt dem Lande zu, angezogen durch die auf dem lappländischen Plateau sich bildende Lücke. Demnach herrschen gewöhnlich zwei über einander gelagerte Strömungen in der Atmosphäre, die untere besteht aus kalter, die obere aus warmer Luft. Man öffne die Thür eines geheizten Zimmers, welches mit einem kalten Gemache in Verbindung steht, und man wird dieselbe Erscheinung beobachten. Die Flamme einer über der Thür aufgestellten Kerze richtet sich nach außen, die einer unten aufgesteckten Kerze nach innen. So stieß das Thermometer, wenn es in die Lüfte stieg, auf die Seeströmung, deren Temperatur höher war als die der Landbrise.

Den 4. Oktober waren die Ebenen weiß vom ersten Schnee, und gegen Mitte Mais war er noch nicht ganz geschmolzen. Wenn das Thermometer sich auf wenigen Graden unter Null hielt, fiel der Schnee oft in anhaltender Weise und in großen Flocken. Nicht so verhielt es sich, wenn die Temperatur unter — 15 Grade betrug. Man weiß nämlich, daß der Schnee bei großer Kälte selten ist. So ist in Sibirien, wo die Winter äußerst streng sind, die Menge des Schnees, welcher fällt, geringer als in den Gegenden, wo die Winter milder sind. Auf den Schweizer Alpen finden die beträchtlichsten Schneeanhäufungen gegen die Baumgrenze, bei 2000 Meter etwa, statt; höher hinauf fällt weniger. Es ist ein bemerkenswerther Umstand, daß der Boden trotz Temperaturen von — 18 bis — 20°,6 während des Aufenthalts unserer Gelehrten mit reichlichem Schnee bedeckt war. Auch sahen sie, daß unter allen Krystallformen des Schnees die des Sternes eine der häufigsten war.*) Die niedrigste Temperatur, bei der sie einen sternförmigen Schneefall beobachteten, betrug — 12 Grade, die Sternchen hatten kaum 2 Millimeter im Durchmesser.

---

*) Siehe Kämtz, Lehrbuch der Meteorologie, Band I. S. 409 u. Taf. 2.

Verbindet man die Beobachtungen der Herren Lottin, Bravais, Lilliehöök und Siljeström mit denjenigen, welche die Herren Crowe, Thomas und Jhle vier Jahre lang nach der Abreise der französischen und schwedischen Beobachter fortgesetzt haben, so ist es leicht, daraus die mittlere Temperatur von Bossekop abzuleiten; ich habe gefunden, daß sie banach 0°,49 beträgt, b. h. sehr nahe bei Null steht und also um 10 Grad niedriger als die von Paris ist; darauf könnte man dieses Mittel mit den Temperaturen der Brunnen, der Quellen und des Bodens bei verschiedenen Tiefen vergleichen. Mehre Einzelheiten über letztere werden vielleicht nicht ohne Interesse sein.

Je mehr die Erde im Laufe des Tages oder in der Folge der Jahreszeiten von der Sonne erwärmt wird, desto mehr bringt diese Wärme in den Boden ein und wirkt auf die in demselben eingesetzten Thermometer. Bei schwacher Tiefe wird das Thermometer durch die täglichen Temperaturschwankungen berührt, und die Höhe der Säule wechselt in der Zwischenzeit von 24 Stunden. Bei 1,5 M. unter der Oberfläche aber berühren diese Schwankungen das Instrument nicht mehr und bei 20 Meter etwa wird das Thermometer selbst nicht mehr von den jährlichen Schwankungen berührt, b. h. es zeigt stets dieselbe Temperatur. Dies war das allgemeine Resultat der zu Paris, Brüssel, Edinburg und Upsala angestellten Experimente über die Tiefe, bei welcher die täglichen und jährlichen Schwankungen der Temperatur erlöschen. Herr Bravais wollte sie zu Bossekop wiederholen, er nahm sich vor, ein Bohrloch von 20 Meter Tiefe zu machen; das Abbrechen des Erdbohrers aber, ein in diesen Gegenden unersetzlicher Verlust, zwang ihn, bei 8,5 M. stehen zu bleiben. Ein Thermometer ward in diesen Schacht hinabgelassen, und ein ganzes Jahr lang hat sich die Säule um keinen einzigen Grad verlängert oder verkürzt. Dieser Umstand gestattet zu berechnen, bei welcher Tiefe sie gleich der des Thermometers, das sich 28 Meter unter dem Boden der Pariser Sternwarte befindet, unbeweglich geblieben wäre. Weniger tief eingesetzte und regelmäßig in zweckdienlichen Zwischenräumen abgelesene Instrumente werden auch gestatten, das Gesetz der Wärmefort= pflanzung im Boden und im Schnee während des Winters von Finmarken festzustellen.

Es würde mir, ohne die Geduld des Lesers zu miß= brauchen, nicht möglich sein, Rechenschaft von den über die Temperatur der Brunnen, der Quellen und des Meeres ange= stellten Beobachtungen abzulegen; letztere namentlich sind zu Bossekop und Kaasjord regelmäßig fortgesetzt worden, um sich Gewißheit darüber zu verschaffen, ob Ebbe und Flut irgend welchen Einfluß auf die Wärme der Golfgewässer haben, und um zu sehen, unter welchen Bedingungen sie sich mit Eis be= decken. Das positivste Resultat ist das gewesen, daß selbst bei 20 Grade unter Null übersteigenden Frösten die Fjorde von Finmarken nicht zufrieren, während schwere mit Erz be- ladene Wagen den ganzen Winter lang über den Altenfluß fahren. Mehr noch, das Meerwasser ist im Allgemeinen wärmer als die Luft, auch stößt es fast immer einen dichtem Rauche vergleichbaren Dunst aus und die lappländischen Fischer tauchen oft ihre Handschuhe hinein, um sich die Hände zu wärmen.

Atmosphärischer Druck.

Die zu Bossekop während des Winters von 1838 auf 1839 angestellten barometrischen Beobachtungen sind in den Augen der Gelehrten nicht minder interessant, als die auf die Messung der Temperaturen bezüglichen. Da dieses Interesse jedoch weniger allgemein ist, so werde ich mich hier darauf be= schränken, einige leicht faßliche und auszusprechende Resultate zu geben.

Jedermann weiß, daß man nach der Höhe des Barometers
mit einiger Gewißheit das Wetter voraussehen kann. Wenn
das Barometer hoch steht, so ist es wahrscheinlich, daß das
Wetter schön wird, steht es niedrig, so muß man befürchten,
daß es schlecht wird. In Wirklichkeit hängen diese Anzeichen
von der Richtung des Windes ab. So erreicht das Barometer
zu Paris seine höchste Höhe bei Nordost, seinen niedrigsten
Stand bei Südwest. Da nun der Nordost ein trockener, der
Südwest ein regenbeladener Wind ist, so ist es klar, daß, wenn
das Barometer hoch steht, Aussicht vorhanden ist auf schönes
Wetter, wenn es niedrig steht, die Wahrscheinlichkeit, daß es
regnen wird. Diese Regel aber, richtig für Frankreich, ist es
nicht für alle Länder. So ist in Süddeutschland der Nordwest
der Regenwind, in Schweden bringt den Bottnischen Meerbusen
entlang der Ostwind schlechtes Wetter. In diesen Gegenden
ist ein starkes Fallen des Barometers keine Regenprophezeiung
und zu Petersburg, wo es gleichmäßig bei allen Winden regnet,
giebt es keine Beziehung mehr zwischen der Höhe des Baro=
meters und den Veränderungen des Wetters. Zu Bossekop be=
obachtet man etwas Aehnliches, denn wenn man die Winde der
entsprechenden Höhe der Barometersäule gemäß in zwei Grup=
pen zusammenstellt, so findet man, mit denen beginnend, bei
welchen das Barometer sich am höchsten hält, Nordost, Nord,
Nordwest, West und Südwest, gesammt Seewinde. Die
zweite Gruppe umfaßt Ost, Südost und Süd, welche vom
Lande herwehen. Da nun der Südost ein trockener und die
Westwinde feuchte Winde sind, so sieht man, daß ein Fallen
des Barometers eine Prophezeiung schönen Wetters ist. Außer=
dem bemerkt man, daß die warmen Winde das Barometer
steigen lassen, während die kalten Winde es herabdrücken, was
das Gegentheil dessen ist, was man gemeiniglich während des
Winters in den andern Theilen Europas beobachtet.

Stellen wir uns einen Augenblick vor, man notirte jeden Monat genau den niedrigsten und den höchsten Punkt des Barometers. Dem Unterschiede zwischen den beiden beobachteten Höhen giebt man den Namen m o n a t l i c h e Oscillation. Stellt man diese Beobachtungen mehre Jahre hinter einander an und nimmt das Mittel der beobachteten Unterschiede, so wird man die m i t t l e r e m o n a t l i c h e Oscillation erhalten; dieser Unter=schied nimmt beständig zu, je mehr man sich vom Aequator entfernt. So beträgt sie Winters auf Havanna 9,6 Mm., zu Marseille 23,1 Mm., zu Berlin 33,1 Mm., zu Bossekop fand die Nordkommission, daß sie auf 38,5 Mm. stieg, was das von uns ausgesprochene Gesetz bestätigt.

Man kann sich die Atmosphäre als ein tiefes Meer vor=stellen, in dessen Schoß wir untergetaucht sind. Dieses Meer bildet auf seiner Oberfläche Wellen und Wogen, ähnlich denen des wirklichen Meeres. Gehen diese Wellen über un=sere Köpfe weg, so steigt das Barometer. Auch sind die Meteorologen schon längst von dem lebhaften Verlangen beseelt gewesen, den Lauf dieser atmosphärischen Wellen zu verfolgen, indem sie die allmäligen Barometerveränderungen in verschiedenen Ländern verglichen; in dieser Absicht beschlossen. Herr Delcros und ich, den Barometer alle Stunden bei Tag und bei Nacht in Paris zu beobachten, während unsere Mitarbeiter dasselbe in Bossekop thaten. Diese Beobachtungen wurden fünf Wochen lang, im März und April 1839, fortgesetzt. Indem man jedoch den Gang der Instrumente zu Paris und zu Bossekop ver=gleicht, findet man keine offenbare Uebereinstimmung, keine stete Wechselbeziehung zwischen den Veränderungen des atmosphäri=schen Drucks. Es bedürfte also einer gewissen Anzahl von Zwischenpunkten, die uns belehrten, welches die Veränderungen des Drucks in der ganzen Zone, welche Paris und Bossekop trennt, gewesen sind. Wenn die civilisirte Welt erst mit einem

Netz meteorologischer Stationen bedeckt sein wird, dann wird man diese und noch viele andere Fragen aufzuklären vermögen, deren Lösung nur durch gleichzeitige Beobachtung der atmosphäri= schen Phänomene möglich ist.

Die Erfüllung dieses Wunsches ist vielleicht nicht mehr sehr fern. Es bestehen bereits eine Menge von Stationen in Europa. Die gleichzeitigen Beobachtungen derselben, durch den elektrischen Telegraphen in den Hauptobservatorien der vornehmsten Länder zusammengefaßt, werden eines Tages gestatten, die Gesetze zu finden, welche die Störungen der Erdatmosphäre und die Fortpflanzung der Luftwellen, von denen soeben die Rede ge= wesen, beherrschen.

Nordlichter.

Die Untersuchungen, von denen wir bisher gesprochen, können in allen Ländern angestellt werden, aber es giebt solche, welche nur in der Nähe der Pole unternommen werden können; hier= her gehört das Studium der Nordlichter.

In unsern Klimaten ist das Nordlicht ein seltenes Phä= nomen von kurzer Dauer. Zwei bis drei Mal des Jahres bemerkt man über dem Horizont und in nördlicher Richtung einen Schimmer, der alsbald wieder verschwindet. Die Tinten desselben sind die der Dämmerung, und da es sich oft beim An= bruch der Nacht zeigt, so unterscheidet es der unachtsame oder schlecht orientirte Beobachter nicht von den röthlichen Reflexen, welche zuweilen noch ziemlich lange nach Sonnenuntergang an= halten. Ja oft hat man das Nordlicht mit dem Schein einer großen Feuersbrunst verwechselt. Im Norden sind dergleichen Irrthümer unmöglich, das Phänomen tritt daselbst mit einem Glanz und einer Pracht auf, daß sich nichts damit vergleichen läßt. Prächtig und bunt, wie ein Feuerwerk, wechselt das

Schauspiel jeden Augenblick. Der Maler hat die Zeit nicht, die Formen und Tinten dieser flüchtigen Schimmer festzubannen, der Dichter muß darauf verzichten, sie zu beschreiben. Nie gleicht ein Nordlicht dem andern, sie wechseln ins Unendliche ab. Ich werde mich also darauf beschränken, die verschiedenen Phasen des Phänomens, wie es sich meistens darstellt, anzugeben, und daran die Veränderungen zu knüpfen, welche dieselben in der Richtung der Magnete hervorrufen.

Um eine Vorstellung von den Arbeiten der Kommission über die Nordlichter zu geben, kann ich nichts Besseres thun, als wörtlich die Analyse wiederzugeben, welche Herr Elie de Beaumont in seiner ausgezeichneten Lobrede auf Auguste Bravais, die er als ständiger Sekretär der Akademie der Wissenschaften in der öffentlichen Sitzung vom 6. Februar 1865 hielt, darüber angestellt hat.

„Wenn der erste noch zweifelhafte Schein eines Nordlichtes anfängt sich am Himmel zu verbreiten, so bemerkt man zuerst am Horizonte ein wenig westlich von Norden einen dunkeln Kreisabschnitt, der nach den sehr wahrscheinlichen Muthmaßungen Bravais' nichts Anderes sein würde als die dichte Masse der Nebel, womit die temperirten Gewässer des Polarmeeres fast beständig bedeckt sind. Ueber dem dunkeln Abschnitt zeigt sich alsbald ein Schein ähnlich dem einer Feuersbrunst, vielleicht einfach von den noch fernen Strahlen des Nordlichtes herrührend, die sich auf der Oberfläche der Meeresdünste spiegeln. Bald darauf zeichnet sich ein leuchtender Bogen über dem dunkeln Segment ab. Die beiden äußersten Enden desselben, seine beiden Pfeiler, stützen sich auf den Horizont, und sein Kulminations= punkt, der ihn in zwei gleiche und symmetrische Theile theilt, liegt meist in der Nähe des magnetischen Meridians. Durchschnittlich fällt er etwas westlich von diesem Meridian, von dem er sich mehr und mehr entfernt, je höher er sich über· dem nördlichen Rande des

Horizonts befindet, namentlich wenn er sich, das Zenith über=
schreitend, dem südlichen Horizont nähert, von dem er in ge=
wissen Fällen nur einige Grade entfernt ist.

„Zuweilen zeigen sich mehrere verschiedene Bögen zu gleicher
Zeit, sehr oft sieht man ihrer zwei, seltener drei; man hat ihrer
neun zugleich gezählt.

„Die Breite derselben, welche im Durchschnitt 7 bis 8 Grad
beträgt, kann über 25 Grade steigen, namentlich im kulmini=
renden Theile, wenn er am Zenith vorüberkommt. Durch
Kombinirung der Messungen führt letztere Bemerkung zu der
Annahme, daß die Bögen des Nordlichts parallel mit der Erb=
oberfläche abgeplattet sind, und diese Annahme hat Bravais eins
der geeigneten Mittel an die Hand gegeben, das Maß der Höhe
zu bestimmen, in der sie sich über dem Boden befinden.

„Seit Langem schon hatte man sich mit dieser Höhe be=
schäftigt und mit Recht gemeint, daß man sie nach der Parallel=
are berechnen könnte, die sich aus zwei Beobachtungen ein
und desselben Bogens ergäbe, welche gleichzeitig von zwei in
bekannter Entfernung von einander aufgestellten Forschern an=
gestellt würden. Um sich dieses Mittel zur Bestimmung zu
verschaffen, brachte Bravais dreizehn Tage, vom 9. bis zum
22. Januar 1838 in Juppig, einem 15 Kilometer nördlich von
Bossekop gelegenen Orte, zu, um hier seinerseits die Nordlichter
zu verfolgen, welche seine Mitarbeiter in denselben Augenblicken
auf der gewöhnlichen Station beobachteten.

„Die Formen einer bedeutenden Anzahl von Bögen und
namentlich die der regelmäßigsten Bögen sind von der Kom=
mission mit großer Sorgfalt aufgenommen worden, und Bravais
hat gezeigt, indem er sie mit Hülfe eleganter geometrischer
Konstruktionen und sehr geschickt und einfach reduzirter trigono=
metrischer Formeln erörterte, daß sich alle diese Bögen der
Hypothese des berühmten korrespondirenden Mitgliedes des

Instituts, Herrn Hansteen (von Christiania) gemäß, als die Perspektiven kreisförmiger Ringe betrachten lassen, deren Mittelpunkt im Erdhalbmesser des magnetischen Poles liegt und deren Ebene senkrecht auf diesem Halbmesser steht.

„Seine Formeln haben ihm für jeden Fall die Höhe des Ringes über der Erdoberfläche geliefert, und dieses Messungs= mittel in Verbindung mit den beiden anderen bereits angegebe= nen hat ihn zu dem Schlusse geführt, daß die Bögen des Norblichts sich in einer Höhe von 100 bis 200 Kilometer in der Region befinden, wo die Sternschnuppen und Meteorsteine weißglühend und leuchtend werden, d. h. nahe an den äußersten Grenzen der Erdatmosphäre, deren Höhe man lange Zeit für weniger bedeutend gehalten hatte.

„Die Farbe der Norblichtbögen ist gewöhnlich schlicht weiß= gelb. Sie besitzen hinlängliche Durchsichtigkeit, um die Gestirne hindurch zu erkennen. Der Glanz der strahlendsten Bögen kommt dem von Sternen erster Größe gleich, die Mehrzahl aber kann sich nur mit Sternen zweiter, dritter, vierter Größe messen.

„Die Stellung eines jeden Bogens ist während der ganzen Dauer seines Daseins nicht unveränderlich. Im Gegentheil wechselt sie oft mit großer Schnelligkeit, was den Beobachter nöthigt, sehr behend zu operiren, um den verschiedenen Theilen ein und desselben Bogens genau unter sich korrespondirende Punkte zu bestimmen. In ihren Bewegungen nähern sich die Bögen bald dem Zenith, bald entfernen sie sich, sei es nach Norden, sei es nach Süden. Ihr unterer, dem Horizont zuge= wandter Rand ist gewöhnlich am schärfsten begrenzt. Sie haben nicht immer regelmäßige Formen; man sieht sie tausend bizarre Gestalten annehmen, wie von einem wellenförmigen Faltenwurfe oder auch eines Hakens. Zuweilen, namentlich gegen Ende

zeigen sie Neigung, sich in kurze, in der Richtung der Breite
des Bogens laufende Strahlen aufzulösen.

„Nach den Bögen kommen etwas später die eigentlichen
sogenannten Strahlen zum Vorschein, welche den zweiten
Typus bilden, auf den sich der Schein des Nordlichts zurück=
führen läßt. Die Strahlen bestehen in leuchtenden und bei
weitem längeren, als breiten Säulen, deren Verlängerung nach
oben im magnetischen Zenith zusammenlaufen würde, dem
scheinbaren Vereinigungspunkt aller parallel mit der Neigungs=
nadel laufenden Linien, und welche zu Bossekop nur 13 Grad
südlich vom astronomischen Zenith liegt.

„Der Glanz der Strahlen ist veränderlich wie der der
Bögen und gewöhnlich lebhafter.

„Die Strahlen zeigen zwei Arten von Bewegungen;
kraft der einen verlängert sich der Strahl gegen den Zenith
oder gegen den Horizont, kraft der andern wird er seitlich oder
parallel mit sich selbst verrückt. Diese Bewegungen besitzen zu=
weilen eine ungemeine Geschwindigkeit, und nicht selten sieht
man die Strahlen ihr Licht in zitternder Bewegung nach dem
Zenith und noch öfter mit äußerster Lebhaftigkeit nach dem Hori=
zont schießen. Wenn diese beiden Bewegungen schnell mit ein=
ander abwechseln, so scheint der Strahl zu spielen oder zu
tanzen. Es sind die caprae saltantes der Alten, die Mario=
netten der Bewohner von Neufundland, die merry dancers
der Engländer. Im Allgemeinen werden, je schneller die Be=
wegungen, desto glänzender die Strahlen.

„Die Farbe der Nordlichtstrahlen ist gewöhnlich weiß oder
blaßgelb, zuweilen röthlich. Wenn die zitternden Bewegungen
der Strahlen sehr schnell werden, so konzentrirt sich die glänzend
gelbe Tinte im mittleren Theile derselben, und die entgegenge=
setzten Enden färben sich mit einem violetten Roth und mit

Grün, wobei das Roth sich immer an der Seite zeigt, wohin
der Strahl sein Licht schießt.

„Die Strahlen vereinigen sich zuweilen im magnetischen
Zenith, um dort eine vollständige oder unvollständige Krone zu
bilden. Wenn diese Strahlen, in Bewegung gerathend, einen
lebhaften Glanz annehmen und sich ihrer gewöhnlichen gelblichen
Tinte entäußern, um sich roth und grün zu färben, dann bietet
die Krone den höchsten Grad von Pracht dar, den das Nordlicht
zu entfalten vermag.

„Die zitternden Bewegungen, von denen die Strahlen be=
lebt sind, verändern sich in bestimmten Augenblicken in einer
Art allgemeinen Zuckens, welches sich jedes Schimmers im
Nordlicht, der Bögen sowohl wie der Strahlen, bemächtigt.
Dieß ist die Ankündigung der mehr oder minder nahen Ab=
nahme des glänzenden Meteors.

„Der Glanz des Nordlichts scheint den nordischen Regionen
als eine Entschädigung für die Abwesenheit der Sonne verliehen
zu sein, und diese Polarhelle, kaum zwei= bis dreimal jährlich
am Horizont von Paris sichtbar, erleuchtet fast jeden Abend die
Horizonte, von welchen das Tagesgestirn sich entfernt hat. Man
beobachtet sie dort nicht während des ununterbrochenen Sommer=
tages, erst gegen Ende August und namentlich zur Zeit des
Herbstäquinoctiums beginnen sie in Lappland häufiger zu wer=
den, während ihre Häufigkeit mit dem Frühlingsäquinoctium und
namentlich gegen Ende April abnimmt. Während dieser sechs=
monatlichen Zwischenzeit giebt es nur wenige Nächte ohne
Nordlicht.

„Die Nordlichter sind also in ihren Erscheinungen dem
Lauf der Jahreszeiten unterworfen und was nicht weniger
beachtenswerth ist, selbst während der Winternacht bleiben die
Stunden ihres Beginnes und ihrer verschiedenen Phasen in be=
ständiger Beziehung zur Stunde des Durchgangs der unsicht=

12*

bar gewordenen Sonne durch den Meridian. Sie zeigen sich stets während der Stunden, die der Nacht unserer gemäßigten Zonen entsprechen. Meist zwischen zehn und elf Uhr Abends bleiben sie sich in die glänzenden Farben, welche einige derselben aus= zeichnen. Dieser Abschnitt der Nacht ist die strahlendste Periode des Meteors, das gewöhnlich gegen Morgen verschwindet.

„Bravais hat sich überzeugt, daß er beim Schein eines glänzen= den Nordlichts eine mit Petitschrift gedruckte Seite fast eben so leicht als beim Schein des Vollmonds zu lesen vermochte. Der Voll= mond befindet sich in Opposition zur Sonne, und da, wo die Sonne nicht aufgeht, sieht man ihn fast beständig am Horizont. Das doppelte Licht des Nachtgestirns und des Nordlichts ver= mindert für die Polarregionen bedeutend die Dunkelheit der Winternacht. Diese unregelmäßige Helle genügt den Lappen, Samojeden und Esquimaur, um von ihren Renthieren oder Hunden gezogen, im Schlitten die enblosen Schneeflächen, welche ihre Heimat bedecken, zu durcheilen, und wenn die Abwesenheit der Sonne dahin wirkt, ihre Vorstellungen zu verdüstern, so führt der wundersame Glanz der leuchtenden Erscheinungen ihnen dagegen phantastische Bilder vor, ganz geeignet, ihre Einbil= dungskraft zu wecken und zu beschäftigen.

„Trotz der Bewegungen, womit die Bögen und Strahlen des Nordlichts begabt sind, ist es doch klar, daß sie der Dre= hungsbewegung der Erde folgen. Das Nordlicht ist also ein atmosphärisches und kein kosmisches Phänomen. Canton, Becquerel und andere Physiker haben die Aehnlichkeit hervor= gehoben, welche die violettrothen Tinten dieses Meteors mit denen darbieten, welche die Elektrizität entfaltet, wenn sie sich im leeren Raum bewegt. Dieser Umstand in Verbindung mit der so häufig konstatirten Einwirkung des Nordlichts auf die Magnetnadel hat die Physiker darauf gebracht, sie unter die elektrischen Phänomene zu rechnen. Bravais hat sich dieser

Meinung angeschlossen, deren Richtigkeit ein berühmter Physiker, Herr be la Rive, neuerdings durch ein prächtiges Experiment bestätigt hat."

Ist das Norblicht ein konstantes Phänomen? Für unsere Klimate kann die Antwort wohl nicht zweifelhaft sein, denn man bemerkt jährlich höchstens fünf oder sechs; im Norden ist es anders. Frägt man die Bewohner, so werden sie antworten, daß die Norblichter häufig sind, aber nicht jede Nacht glänzen; das kommt daher, weil sie nur diejenigen bemerken, deren Glanz mächtig genug ist, um plötzlich die Fenster ihrer Wohnungen zu beleuchten. Alle verschwommenen oder zerstreuten Norblichtschimmer, welche sich am Horizont zeigen, gehen unbemerkt vorüber. Unseren Gelehrten aber konnten sie nicht entgehen, denn einer von ihnen wachte stets während der Nacht, und ihre geübten Augen wußten die geringste leuchtende Tinte, welche sich am Himmel zeigte, zu unterscheiden. Vom 12. September 1838 bis 18. April 1839 sahen sie hundertunddreiundfünfzig Norblichter, sechs oder sieben Nächte mit zweifelhaftem Schimmer ungerechnet. Ich finde in ihren Registern von Anfang bis zu Ende keine klare Nacht erwähnt, die nicht dies Phänomen dargeboten hätte. Man muß also zugeben, daß das Norblicht sich in allen Nächten gezeigt hat, wo die Beschaffenheit des Himmels gestattete, es zu bemerken. Andererseits kann man nicht annehmen, daß das Norblicht gerade jedesmal bei Wolkenbedecktem Himmel ausgeblieben sei, und man ist daher zu der Behauptung berechtigt, daß sich dieses Phänomen wahrscheinlich allnächtlich wieder erzeugte. Nichtsdestoweniger würde es gewagt sein, von der Gegenwart auf die Zukunft zu schließen, denn man hat säkulare Perioden für die Häufigkeit dieser Erscheinungen wahrgenommen. Sehr gewöhnlich von 1707 bis 1790, wurden sie während der dreißig darauf folgenden Jahre selten, seit 1820 aber sieht man sie wieder öfter. Um dieses Ausbleiben genau festzustellen, müßten die Beobachter des Nordens den Muth haben, reihum zu wachen, damit kein Nordlicht ihrer Aufmerksamkeit entgehe; ohne Erfüllung dieser Bedingung würde ihre Häufigkeit nur ein Maßstab für den Eifer der Meteorologen sein, und da die Beobachtung der Himmelserscheinungen täglich mehr Mitarbeiter zählt, so würde es mich gar nicht wundern zu vernehmen, daß die Zahl der Nordlichter unaufhörlich zunimmt.

Die Meinungen über die Höhe der Nordlichter sind ungemein verschieden. Einige verlegen sie über die Grenzen unserer Atmosphäre, während die englischen Reisenden sie unterhalb der Wolken, oder auch am Boden streichend und sich zwischen sie und ihre Gefährten schiebend, gesehen haben wollen. Da sie in Nordamerika, wo der magnetische Pol liegt, beobachteten, so ist es wohl möglich, daß sie in der That Nordlichter fast in gleicher Linie mit dem Boden gesehen haben, zu Bossekop aber hat eine aufmerksame Untersuchung bewiesen, daß diese Erscheinungen trügerisch sind und sich durch den Reflex des Nordlichts auf dem Schnee oder den Wolken erklären lassen.

Erdmagnetismus.

Es bleibt mir noch eine schwierige Aufgabe übrig, die nämlich, die Einflüsse des Nordlichts auf die Magnetnadel darzuthun. Um diese Einflüsse zu analysiren, sind mehre Apparate erforderlich. Der erste ist die Abweichungsnadel. Man stelle sich eine große Magnetnadel horizontal an einem Bündel ungezwirnter Seide aufgehangen vor. Dieses Bündel ist an einem Querbalken befestigt, der von zwei feststehenden, anf einer horinzontalen Marmorplatte ruhenden Säulen getragen wird. Eine in Grade eingetheilte Skala dient dazu, die Abweichungen der Nadel zu schätzen. Diese steht nämlich nie still; unaufhörlich wandert sie in ziemlich regelmäßiger Weise nach Osten oder nach Westen, sobald sich aber das Nordlicht zeigt, zeigt die

Nabel eine ganz außergewöhnliche Unruhe. Fast immer be=
ginnt die nördliche Spitze nach Westen zu wandern, kommt
dann auf ihren Ausgangspunkt zurück, überschreitet ihn nach
Osten und hält erst nach vielen unregelmäßigen Schwankungen
inne. Namentlich während der Norblichtkronen, wenn das
Norblicht in seinem ganzen Glanze basteht, ist die Ab=
weichung sehr stark. Die größte, den 4. Februar beobachtete,
hat 4½ Grad oder den achtzigsten Theil des Umfanges
betragen. Die wenig glänzenden Norblichter, die, deren Licht
zerstreut ist und die den Horizont nicht verlassen, wirken
dagegen nur sehr wenig auf die Magnetnabel ein. Wenn
der Himmel rein und ohne Norblicht ist, so ist die Nabel nie
unruhig, sondern ihre Bewegungen sind langsam und abgemessen
wie in unsern Klimaten.

Die Nabel, von der soeben die Rede gewesen, bleibt nur
in Folge einer besondern Stellung des Aufhängungspunktes in
horizontaler Lage. Untersucht man, welches die Richtung einer
frei an ihrem Mittelpunkte schwebenden Magnetnabel ist, so
sieht man, daß sie dem Horizont zugeneigt ist. Eine Nabel
dieser Art nennt man die Neigungsnabel. Zu Bossekop war
diese Nabel um 76° 20' geneigt, und die Kommission konnte zu
wiederholten Malen die seit langem beobachtete Thatsache be=
stätigt sehen, daß die Kronen, welche die Norblichter begleiten,
sich immer in der Region des Himmels befinden, wo die
verlängerte Neigungsnabel auslaufen würde. Dieser enge Zu=
sammenhang zwischen der Richtung der Nabel und der Stel=
lung der Krone am Himmelsgewölbe zeigt die genaue Ver=
bindung, worin die Norblichter mit den Störungen des Erd=
magnetismus stehen.

Die frei an ihrem Mittelpunkte schwebende Nabel gehorcht
zwei Kräften, einer horizontalen und einer vertikalen. Um die
Veränderungen dieser beiden Kräfte zu messen, braucht man

zwei verschiedene Apparate; sie wurden mit Ausdauer beobachtet. Man wies nach, daß die Stärke der horizontalen Kraft zunimmt, wenn das Nordlicht sich zeigen soll, darauf vermindert sie sich, und wenn jenes zum Zenith gelangt, so ist sie geringer als vor dem Erscheinen des Nordlichts. Was die vertikale Stärke betrifft, so ist sie während der Nordlichter schwächer.

Welches ist nun der Zusammenhang, der zwischen diesem Phänomen und den Kräften besteht, welche die Stellung der Magnetnadel bestimmen? Das ist eins der größten Räthsel der heutigen Physik, und die Lösung desselben würde wahrscheinlich zur Kenntniß der verborgenen Natur dieser geheimnißvollen Kräfte und des Nordlichtes selbst führen. Wünschen wir inzwischen unsern Landsleuten und ihren Genossen Glück dazu, die Lösung der Frage gefördert zu haben, indem sie die Wirkung der Nordlichter gleichzeitig an allen den zur Zeit, wo sie beobachteten, bekannten magnetischen Apparaten untersuchten.

Schädelmessungen.

Die leblose Natur ist der Haupt-, dóch nicht der einzige Gegenstand der Studien der Nordkommission gewesen. Finmarken ist der gemeinsame Sammelplatz drei verschiedener Racen, der Norweger, Finnen und Lappen. Die Racen unterscheiden sich durch Verstand, Sprache, Gesichtsbildung, Größe, Sitten und Tracht. Ehemals begnügte man sich mit diesen unterscheidenden Merkmalen, aber seit sämmtliche Wissenschaften mehr und mehr nach Genauigkeit streben, genügen die malerischen Beschreibungen nicht mehr. Da das Haupt der Sitz der Sinneswerkzeuge und des Verstandes ist, so ist seine Form von großer Bedeutung für die Charakteristik der Racen, und jeder Reisende hat die Gewohnheit, aus den Ländern, die er besucht, einige Schädel mitzubringen. Außer den physischen Schwierig-

keiten und moralischen Bedenken, welche diese Art von Samm=
lungen hemmen, ist es in Finmarken eine materielle Unmög=
lichkeit, daran zu denken. Man hätte auf einem Kirchhofe nicht
die Köpfe der drei Racen, welche sich daselbst durcheinander
gewürfelt finden, herauserkennen können. Uebrigens ist der
Nutzen dieser Sammlungen ein weniger begründeter, als man
gewöhnlich meint. Man bringt zwei oder drei Schädel mit, die
man für Typen ansieht, während sie sehr wohl völlige Aus=
nahmen bilden können. Was würde man wohl von einem
Reisenden sagen, der den mächtigen Schädel Cuvier's oder den
kleinen Kopf gewisser Idioten als den Schädeltypus unseres
Landes vorzeigen wollte?

Ein typischer Schädel ist in der Ethnologie ein solcher,
welcher eine Form und Mittelbimensionen aufweist, die gleich
weit von den Extremen in Größe oder Kleinheit entfernt sind.
Wie aber diesen mittleren Schädel erkennen? Nichts weist darauf
hin, denn man weiß eben nicht, welches diese Mittelbimensionen
sind, deren Kenntniß von so wesentlichem Belang ist. Könnte
man die Kopfburchmesser von lebenden Menschen nehmen, so
würden alle Schwierigkeiten sofort gehoben sein. Der Cephalo=
meter des Doctors Anthelme gestattet dies. Derselbe ist ein
aus zwei Kupferringen bestehendes Instrument, einem festen,
der den Kopf umgiebt, und einem beweglichen, der sich von vorn
nach hinten bewegt. Dieses Instrument, auf das Prinzip der
Polarkoordinaten der Geometer gegründet, giebt die Entfernung
des Schädelcentrums von sämmtlichen Punkten der Peripherie
desselben. Dieses Centrum befindet sich inmitten der geraden
Linie, welche die beiden Ohrlöcher mit einander verbindet. Nach=
dem man den Schädel eines Individuums mit diesem Cephalo=
meter gemessen hat, kann man die Form und Größe desselben
in Gyps oder Thon genau wiedergeben. Allein so viel Mühe
ist nicht einmal erforderlich, es genügt, den Abstand von etwa

zwanzig Punkten der Peripherie des Schädels vom Mittelpunkte desselben auf einer Krümmung zu messen, die, von der Nasen= wurzel ausgehend, in der Mitte des Nackens ausläuft. Auf diese Weise erhält man den vertikalen Flächen=Durchschnitt des Schädels, welcher den Kopf in zwei symmetrische Hälften, eine linke und eine rechte, theilen würde. Dieser Durchschnitt von vorn nach hinten wird die Form des Ganzen vollkommen charakterisiren. Wenn man will, vervollständigt man diese Mittelmessung durch Seitenmessungen, Querschnitten entsprechend, die von einem Ohre zum andern gehen und das Haupt in zwei nicht symmetrische Theile, einen vordern und einen hintern, scheiden werden. Auf diese Weise haben Pravais und ich an hundertundvierzig Individuen operirt, die sich bereitwillig zu dieser Operation hergaben. Alles kam darauf an, den Ersten zum Entschluß zu bringen, hinterher kamen die Andern, durch den Reiz einer kleinen Belohnung angelockt, massenweise herzu.

Diese an einer großen Anzahl ein und derselben Nation angehöriger Köpfe vorgenommenen Messungen gestatten, die mittlere Länge eines jeden der vom Centrum des Schädels in der Peripherie desselben auslaufenden Halbmesser zu nehmen; mit allen diesen Mittelhalbmessern konstruirt man dann einen fingirten Kopf, der in Wahrheit den Typus der Race darstellen wird, weil er die mittleren Dimensionen des Schädels, den er charakterisirt, darbietet. Es ist möglich, ja wahrscheinlich, daß kein Individuum speziell den Mittelschädel seiner Race oder seiner Nation besitzt, dieser Mittelschädel ist ideal, vertritt aber nichtsbestoweniger den Gehirntypus der Nation oder der Race. Diese numerischen Resultate werden fortan das Studium der Einzelschädel ersetzen können, deren Formen und Dimensionen nothwendig individuell sind und keineswegs gestatten, sich zu allgemeinen Betrachtungen über die Gestalt des Kopfes in den verschiedenen Varietäten des Menschengeschlechts zu erheben.

Schlüsse und Hoffnungen.

Dies ist der höchst unvollständige und kurz gefaßte Abriß der in einem Zeitraum von acht Monaten von den Herren Lottin, Bravais, Lilliehöok und Siljeström ausgeführten Arbeiten Den 18. April 1839 machten sich die Herren Lottin und Lillie- höok wieder auf den Weg nach Stockholm und durcheilten im Schlitten die Hochebene von Lappland. Herr Siljeström reiste später ab und durchstreifte die norwegischen Alpen von Bossekop bis Christiania. Bravais blieb, um die Reihe meteoro- logischer Beobachtungen fortzusetzen und die Untersuchung der alten Meerspiegellinien zu vollenden. Endlich in den ersten Tagen des Monats September verließ er seinerseits Bossekop, um mit den Mitgliedern der Kommission, welche die Recherche noch einmal nach Norden geführt hatte, nach Frankreich zurück- zukehren.

Die beiden Reisen der Korvette und der Winteraufenthalt, welcher dieselben von einander trennt, sind der erste Versuch einer wissenschaftlichen Expedition, bei der man längere Zeit in einem Lande zugebracht hat, um dasselbe von allen möglichen Gesichtspunkten aus zu studiren. Sache des wissenschaftlichen Publikums ist es, darüber zu urtheilen, ob diese Reisen denen vorzuziehen sind, wo man eine große Anzahl von Punkten be- rührt, ohne auf jeder Station lange zu verweilen. Denkt man hierüber nach, so wird man gewiß finden, daß die Vortheile sich gegenseitig aufwiegen und daß beide Reiseweisen von Nutzen für die verschiedenen Zweige des menschlichen Wissens in ver- schiedener Weise sind. Man darf also rückhaltslos König Louis Philippe loben, den Jugenderinnerungen ohnehin dazu stimmten, eine Expedition nach dem Norden Europas zu ermuntern, dem Marineminister Beifall zollen, welcher sie angeordnet hat, und Herrn Gaimard, Präsidenten der Kommission, beglückwünschen,

beſſen rührige und ausdauernde Schritte die Verwirklichung
der miniſteriellen Abſichten geſichert haben. Dank ihnen hat
Frankreich zuerſt eine Bahn betreten, auf der England nicht
gezögert hat ihm zu folgen, indem es die Expedition des Kapi=
tains James Roß und die Gründung zahlreicher meteorologiſcher
Obſervatorien in allen Welttheilen anordnete.

Von dieſen beiden Reiſen, welche einen Zeitraum von etwa
zwei Jahren umfaſſen, zurückgekehrt, empfand jedes der Mitglieder
der Nordkommiſſion den Verdruß, ſo Vieles noch künftigen
Forſchern zur Ausführung zu laſſen. Die Meteorologen na=
mentlich verließen mit Bedauern eine Gegend, wo all' die Phä=
nomene, womit ſie ſich beſchäftigen, in einem Glanze und in einer
Großartigkeit auftreten, welche ſie in den gemäßigten Zonen
nicht mehr darbieten. Die Nordlichter blieben trotz all' ihrer
Bemühungen ein unlösbares Räthſel, das man ſich um ſo we=
niger unterwindet erklären zu wollen, je länger man ſie be=
obachtet hat. Auch gehörte die Rückkehr zum Norden zu den
Wünſchen der meiſten unter ihnen. Doch ſtellen ſich einige Be=
denken entgegen und verlangen geprüft zu werden. Seit der
Abreiſe von Boſſekop haben die Ingenieure der Minen von
Kaafjord die regelmäßige Reihe der meteorologiſchen Arbeiten
ſo vollſtändig wie möglich fortgeſetzt. Man beſitzt demnach jetzt
vierjährige, im Hintergrunde des Altenfjords angeſtellte Be=
obachtungen. Das genügt, um dies Klima beſſer zu kennen,
als das der meiſten Städte im innern Frankreich. Dagegen
giebt es einen andern Punkt des Erdballs, der zugleich die
Aufmerkſamkeit der Gelehrten und der Seefahrer erheiſcht, näm=
lich die Inſel, welche Südamerika abſchließt: das Feuerland.
Dort, nicht weit vom Südpol würde man die klimatiſchen Ver=
hältniſſe des Nordens, modifizirt durch die phyſiſchen Bedin=
gungen einer andern Halbkugel, wiederfinden. Indem man
die Phänomene an und für ſich unterſuchte, würde man ſie

fortwährend mit denen der entgegengesetzten Hemisphäre ver=
gleichen. Aus diesen wiederholten Studien, aus diesen fort=
währenden Vergleichen würde neues Licht hervorbrechen, und
statt sich auf eine einzelne Expedition zu beschränken, würde
unser Vaterland die Ehre genießen, das begonnene Unternehmen
völlig zu beenden.

Seit mehren Jahren haben die großen seefahrenden Na=
tionen diese Bahn betreten. Die Russen, Engländer, Ameri=
kaner errichten im ganzen Umfange ihrer Besitzungen meteoro=
logische Observatorien. Diese Observatorien sind ständig, die
Serien laufen mehre Jahre hindurch. Auf diese Weise erlangt
man eine vertraute Bekanntschaft mit dem Klima und dem Ein=
flusse desselben; man legt das vollständige Verzeichniß aller
wildwachsenden Bodenprodukte an und stellt nicht mehr oft ganz
unmögliche Naturalisationsversuche an. Die Kolonisten können
sich mit Sicherheit in einem Laube niederlassen, das zuvor von
allen Gesichtspunkten aus, welche den Erfolg einer fernen Nie=
derlassung zu sichern vermögen, untersucht worden ist. So
verdankt England seinen Missionaren unvollständige, aber hin=
reichende Bemerkungen über die Länder, welche es erobern will.
Stets bereitet es sorgfältig die Zukunft seiner Kolonien vor.
Alles ist lange vorausbedacht und weise berechnet. Ahmen wir
sein Beispiel nach, ersetzen wir aber auch die kirchlichen Missio=
nare durch Missionare der Wissenschaft. Ihr aufgeklärter Ei=
fer wird darum nicht weniger glühend sein, und ihre genauern
Angaben werden nützlicher sein. Statt die Gewissen mit Un=
ruhe zu erfüllen, statt in der Kindheit lebenden Völkern düstere
Glaubensmeinungen oder kindische Gebräuche aufzuerlegen, soll=
ten wir ihre sittlichen und geistigen Fähigkeiten ausbilden, und
je mehr ihre Bildung sich entwickelt, desto besser und folglich
glücklicher werden sie werden.

Reise in Lappland
vom Eismeer bis zum Bottnischen Meerbusen.

Im Herbst des Jahres 1839 ging der Verfasser der nach=
stehenden Beschreibung mit August Pravais über die Landenge,
welche das Eismeer mit dem Bottnischen Meerbusen verbindet.
Von Bossekop bis Karesuando reisten sie in Gesellschaft mit ihren
Collegen, den Herrn Gaimard, Marmier, Durocher, Anglès,
Lauvergne und Giraud. Zu Karesuando aber trennten sie sich
von den übrigen Mitgliedern der Kommission und gingen allein
auf dem Muonio= und Torneo=elf bis Haparanda, einer schwedi=
schen Stadt, herunter, welche sich dem alten Torneo gegenüber
erhebt, das jetzt dem russischen Reiche einverleibt ist. Das Baro=
meter in der Hand haben sie das breite lappländische Plateau
nivellirt und sorgfältig die Höhengrenzen der verschiedenen Pflan=
zenzonen bestimmt. Von den Ufern des Eismeeres bis zu den
nackten Spitzen des Kjölen haben sie gesehen, wie die Flora
allmälig verarmte, dann am Südabhange des Massivs allmälig
wieder zum Vorschein kam, je mehr sie sich den großen Flüssen
näherten, welche sich in den Bottnischen Meerbusen ergießen.
Im Jahre 1806 hatte ein berühmter Reisender, Leopold

von Buch*) dieselbe Reiseroute eingeschlagen. Von Bossekop
bis Kautokeino sind die Routen wahrscheinlich dieselben. Bei
Kautokeino scheiden sie sich, um bei Palajocki, an den Ufern
des Muonioelf, wieder zusammenzutreffen; von da hat uns,
wie ihn, ein und derselbe natürliche Weg, der Lauf dieses
großen Flusses, zur alten Stadt Torneo geführt. Den
Spuren eines so geschickten Beobachters folgend, bleibt in wis=
senschaftlicher Beziehung weiter nichts übrig, als Nachlese zu
halten, und in literarischer Beziehung dürften sich wohl nur
wenige Schriftsteller schmeicheln, dem Reiz seines Styles und
dem Kolorit seiner Beschreibungen gleichzukommen. Doch ver=
dienen unsere barometrischen Messungen vielleicht mehr Vertrauen
als die seinigen, denn wir genossen eines Vortheils, dessen er
zu einer Zeit beraubt war, wo die Meteorologie weniger be=
trieben wurde, als gegenwärtig. Tüchtige und gewissenhafte
Beobachter, die Herren Thomas und Jhle zu Raasjord und der
Herr Pastor Lästadius zu Karesuando, beobachteten dreimal
täglich gute Instrumente, die mit den unserigen verglichen und
auf Punkten über dem Meeresspiegel oder Höhen aufgestellt
waren, die als hinlänglich bekannt gelten dürfen. Weniger
glücklich als wir hat von Buch wahrscheinlich in weiten Ent=
fernungen nach Beobachtungen suchen müssen, die mit den seinigen
kombinirt werden könnten, um zur Bestimmung der verschiedenen
Punkte seines Nivellements zu dienen.

In der schönen Jahreszeit ist der Monat September fast
der einzige, worin man die Reise durch Lappland unternehmen
kann. Vom 20. November bis 20. April läßt sich die Reise
auf einem mit Renthieren bespannten Schlitten machen, sie
bietet dann weiter keine Beschwerden, als die Strenge der Kälte,
den Widerschein des Schnees sowie die Ermüdung des Schlit=

---

tenjahrens, welche für den dieser beschwerlichen Beförderungs=
weise ungewohnten Reisenden groß ist. Im Frühjahr vereitelt
das Schmelzen des Schnees jeden Versuch. Im Juli und
August ist der Schnee größtentheils geschmolzen, der sumpfige
Boden Lapplands aber ist noch von Wasser getränkt und Wol=
ken von Schnaken fallen wüthend über die unglücklichen Rei=
senden her. Die, welche diese beiden Monate wählten, haben
fast sämmtlich ihre Verwegenheit bereut, so die Herren Sibuel
und de Beaumont. Im October ist es zu spät, der Schnee
fängt an liegen zu bleiben, und wenn er zu reichlich fällt, so
kann er das Leben der Pferde gefährden, indem er die Weide=
plätze, wo sie ihre Nahrung finden, vollständig bedeckt.

Am 6. September 1839 verließen wir Bossekop. Bravais,
der eben erst dreizehn Monate hinter einander in diesem ein=
samen Distrikt zugebracht hatte, war kaum von den Folgen
eines schmerzhaften Knieleidens hergestellt, zum Glück bedachte
ihn das Loos mit einem vortrefflichen Pferde, geduldig, muthig
und abgehärtet gegen Beschwerden. An schlimmen Stellen be=
hutsam, schien es seine ganze Kühnheit für die Schneestürze,
denen wir auf unserem Marsche begegneten, aufzusparen; den
Abhang am steilsten Punkte hinansetzend, klomm es schnell
empor und suchte eine Ehre darin, immer an der Spitze
des Zuges zu bleiben. Ein Fall hätte für seinen Reiter ver=
hängnißvoll werden und seine Schmerzen erneuern können, nie
aber trat es fehl, selbst beim Zurücklegen der bodenlosen Torf=
moore nicht, denen man in Lappland so häufig begegnet. Es
ist nicht unsere Absicht, hier die geschichtlichen Einzelheiten der
Reise unserer Karawane zu geben, sondern wir werden nur
bei unsern eigenen Beobachtungen verweilen, welche fast sämmt=
lich die physikalischen und Naturwissenschaften betreffen.

Den 6. September Abends übernachteten wir in Eiby (Aiby auf
der Karte des Kapitains Roosen) an den Ufern des Altenelf,

um daselbst zu übernachten. Die Straße, welche nach Eiby führt, entfernt sich nur wenig von den sandigen Ufern des Flusses und durchschneidet schöne Wälder von Kiefern (Pinus sylvestris), Birken (Betula alba),*) Ellern (Alnus incana, β virescens, Wahlenb.). vermischt mit verkrüppelten Sträuchern des gemeinen Wachholders, des rothen Johannisbeerbusches, des Rubus arcticus und der Tamarix germanica. Die Birken sind meist 15 Meter hoch, und unter den Kiefern erreichen einige 20 Meter Höhe. Eiby selbst liegt in einem Grunde fast in einer Linie mit den Gewässern des Altenelf und ist von schönen Bäumen umgeben, in deren Mitte man eine ziemlich breite Lichtung gehauen hat. Das Thal, fast von allen Seiten geschlossen, wird durch sandige und walbige Terrassen beherrscht, welche sich etwa dreißig Meter über den Alluvialboden des Thales erheben. Der Einfluß dieses Schutzes zeigt sich im Habitus der Birken. Sie haben nicht mehr jenes steife Aussehen, jene starren und aufwärts gerichteten Zweige der Birken, welche die Seegestabe und die Umgegend von Hammerfest bewohnen. Der Baum hat wieder einen Theil seiner südlichen Grazie angenommen, der Stamm schießt schlank in die Höhe, und die äußerst biegsamen Zweige fallen zur Erde nieder und wiegen sich im Winde. Die Hauptursache dieser Unterschiede im Aussehen derselben ist folgende: Mit wiederkehrendem Frühling, wenn die Birke von der bleichen Sonne Lapplands nur ungenügende Wärme empfängt, treiben ihre Knospen nur dicke und kurze Zweige, welche an ihrer Spitze vier bis sechs rosettenförmig gestellte Blätter tragen. Ist der

---

*) Einige Botaniker, Herr Grisebach u. A., führen die gemeine Birke Norwegens auf Betula pubescens Ehrh. (Betula carpatica Willd.) zurück, die sie als eine bestimmte Art ter Betula alba L. betrachten. Unsere Proben passen allerdings zu B. pubescens Ehrh. Allein, dem Beispiele von Linné, Wahlenberg, Fries, Hartmann, Blytt und Spach folgend, der sich zuletzt mit der Gattung Betula beschäftigt hat, betrachten wir diese angebliche Art als eine einfache Abart der gemeinen Birke.

dann folgende Sommer kalt und feucht, so erreicht der jährliche
Trieb nur einige Millimeter Länge, doch ist der Durchmesser
desselben beträchtlich. An diesen verkrüppelten Aesten zeigen sich
deutlich die Spiralen mit zwei bis drei Parallelen genau
wie bei einem Farnrhizom. Diese Zweige sind stets starr und gen
Himmel gerichtet. Es trete aber einmal ein wärmerer Sommer
als gewöhnlich ein, so streckt sich der Zweig, dünner werdend,
länger hinaus, die Blätter entfernen sich von einander und der
zarte und schwanke Ast neigt sich wie bei den Birken unserer
Klimate zu Boden. Zuweilen bietet ein und derselbe Zweig das
eine wie das andere Aussehen dar in der Weise, daß er von
Punkt zu Punkt knotig erscheint.

Den 7. September brachen wir gegen elf und ein halb Uhr
Morgens von Eiby auf und machten uns ohne Verweilen an die
Besteigung der Kjölenkette. Mittags traten wir aus einer sumpfigen
Waldung heraus; doch erhebt sich die Baumvegetation noch höher.
Um zwei und dreiviertel Uhr langten wir bei den letzten Kiefern an;
die Grenze derselben befindet sich 249 Meter über dem Meere. Um
drei und ein halb Uhr waren wir bei einer Höhe angelangt, wo die
Birke in zusammenhängender Weise zu wachsen aufhört, d. h. bei
380 Metern; in dieser Höhe verkrüppeln die zerstreuten Birken allmälig und verschwinden gänzlich über 432 Metern.

Die Höhengrenze der Birken ist im Allgemeinen leichter
als die der Fichten zu bestimmen, sie bildet am Abhange der
Gebirge eine bestimmte und deutlich gezogene Linie. In Be-
treff der Kiefern verhält es sich anders, diese Bäume wachsen
massenweise und erheben sich nur wenig am Abhange der Gebirge, die vereinzelten Individuen aber steigen viel höher hinan.
So hat Bravais eine kleine vereinzelte Kiefer von sechs Dezimeter
Höhe am nördlichen Gehänge des Storvandsfjeld in einer Höhe
von etwa 500 Metern angetroffen.

Um fünf Uhr überschritten wir das nördlichste Kettenglied des

Kjölen, welches 558 Meter hoch ist, worauf wir in das Thal
des Karajocki, ein Seitenthal desjenigen des Alteuelf, hinabstiegen.
Am Südabhange dieses Kettengliedes steigen die Birken sehr hoch
in die Höhe; die ersten trafen wir um fünf und ein halb Uhr
an, sie waren von 534 Meter an sehr verkrüppelt und standen
an geschützten Stellen. Neben diesen Birken fanden sich geschlif=
fene und gereifelte Blöcke, ähnlich denen, welche man auf dem
Kongshavnösield antrifft, wir hatten aber keine Zeit, sie aufmerksam
zu untersuchen. Um sechs und ein halb Uhr hatten wir den Ort er=
reicht, wo wir die Nacht zubringen sollten. Es ist dies eine
von zwei Armen des Karajocki umgebene Insel, ihr Boden
liegt 423 Meter über dem Meere. Es ist klar, daß dies der
Rastplatz war, wo von Buch den 4. September 1806 über=
nachtete. *) Er weist ihm 467 Meter Höhe an. Die Insel
ist sehr grün und bietet reichliches Futter für die Pferde dar,
sie ist mit Birken und Weiden bedeckt. Die Temperatur dieser
Gegend ist niedrig, selbst im Sommer, denn die Insel wird von
einer Masse Schnee beherrscht, der auf einem nordöstlich gerich=
teten Abhange liegt und nie gänzlich verschwindet. Unser
Führer hat ihn seit dreißig Jahren, in denen er die Berge
durchstreift, stets gesehen.

Folgenden Tags, den 8. September, brachen wir um sechs
und ein halb Uhr Morgens auf. Den Rastplatz verlassend,
begannen wir sogleich, nachdem wir den Fluß passirt hatten,
anzusteigen. Ein prickelnder Nebel umgab uns von allen
Seiten, bald aber ließen wir ihn hinter uns, worauf wir die
Sonne hell über unsern Köpfen glänzen sahen. Der weiße
Regenbogen zeichnete sich auf dem Nebel in sehr schwacher
Entfernung von uns der Sonne gegenüber ab; sehr interessant
wäre es gewesen, den Durchmesser desselben zu messen, allein
der schnelle Marsch der Karawane gestattete dies nicht.

*) Reise durch Norwegen und Lappland. Bd. II., S. 142.

Sobald man die Thalsohle verlassen hat, verliert man die
Birken aus dem Gesicht, welche an dem Nordabhange der zwei=
ten Kette, die wir in Begriff waren zu überschreiten, nicht em=
porsteigen. Der Gipfel dieses Massivs ist ein sehr breites Pla=
teau, Ruppivara genannt, dessen erste Stufen, welche wir gegen
acht Uhr erreichten, bei 600 Meter über dem Meere liegen.

Nichts vermag eine Vorstellung von dem öden und doch
großartigen Anblick dieser Hochebene zu geben. Die breiten
wellenförmigen Erhebungen des Terrains folgen sich unabseh=
bar stets in derselben Art. Selten unterbricht ein Fels mit
schroffen Formen, die allgemeine Bodenfläche überragend, auf
Augenblicke die Einförmigkeit der Landschaft. Ueberall ist der
Fels nackt, nur hier und da verstecken sich verkrüppelte Büsche
der Zwergbirke und einige noch niedrigere Gewächse*) in den Bo=
denfalten, wo sie geschützt sind gegen die eisigen Winde, welche
sich auf diesen entblößten Flächen frei umhertummeln. Einsame
Seen schlummern in den großen Bodensenken. Die einen, von
ungeheurer Ausdehnung, tragen noch zur Einförmigkeit dieses
Anblicks bei. Die andern, kleiner, vermögen ihn nicht zu be=
leben, denn kein Baum, kein Kraut badet seine Wurzeln in
ihren gelblichen Gewässern, kein Weichthier kriecht an ihren
nackten Gestaden, kein Vogel bestreicht mit schnellem Fittich ihre
Oberfläche, nur ihre Tiefen sind von zahlreichen Fischen be=
wohnt, zu deren Fange die Lappen im Herbst hierher kommen.
Während des Sommers steigen Myriaden von Schnaken aus
diesen Seen auf und verbieten dem Reisenden die Wanderung über
dieses Plateau. Im Winter gefriert Alles, und acht Monate
lang verschwinden Erde und Wasser unter einem Leichentuch
von Schnee. Das Gefühl der Einsamkeit und Verlassenheit
beschleicht den Reisenden, welcher diese Wüsten des Nordens

---

*) Empetrum nigrum, Lychnis alpina, Andromeda tetragona, Poa
alpina.

burchzieht. Nichts um ihn her lebt, Alles ist still und todt. *)
Stets im Mittelpunkt einer Landschaft, die sich nicht verändert,
stets in derselben Richtung die Schneekuppen der fernen im
Westen sich verlierenden Lyngenkette vor sich, möchte er fast
glauben, er komme nicht vom Fleck, sondern drehe sich unauf=
hörlich in einem magischen Kreise.

Der Wappus oder lappländische Führer jedoch leitete uns
in diesen Einöden ohne Zaudern. Nichts vermochte seinen gleich=
förmigen Gang zu beschleunigen, zu verzögern. In gleichmäßigem
Schritt betrat er die Torfmoore und stieg er die steilsten Abhänge
hinan, oft erschien er uns oben auf einer Anhöhe, sich mit sei=
nem langen Stabe auf der Schulter gegen den Himmel abhebend,
als der Führer und Befehlshaber, von dem das Heil unserer
Karawane abhing. Kein Ereigniß brachte Abwechslung in die
Monotonie dieses Tagemarsches, nur Tausende von Lemmings,
durch das Getrappel unserer Pferde aufgeschreckt, liefen hin und
wieder, und zwei wilde Renthiere verschwanden, nachdem sie
uns ein paar Sekunden erstaunt betrachtet hatten, am Horizont
wie ein phantastisches Wild.

Gegen vier und ein halb Uhr begannen wir abwärts zu
steigen, aber auf wenig geneigten Abhängen. Um sieben Uhr
waren wir auf einem Plateau, welches das östliche Ufer eines
großen Sees, von den Lappen Törö genannt, begrenzt, dessen
Länge etwa einen Myriameter beträgt. Das Barometer zeigte
687 Meter Erhebung. Um sieben und ein halb Uhr stießen
wir auf die ersten Weiden (Salix Lapponum L.), mit dem ge=
meinen Wachholder bunt durcheinander wachsend. Ein wenig
unterhalb fanden sich sumpfige Weidenplätze. Es wäre unmöglich
gewesen, zwischen diesem und dem vorigen Punkte einen Ort zu
finden, wo wir Feuer hätten anzünden und unsere Pferde gra=

*) Siehe von Buch's Reise. Bd. II. S. 114.

sen lassen können. Dieser Rastplatz ist Lipsakoppi, 610 Meter
über dem Meeresspiegel.

Es ist schwer, in diesem Törösee nicht den von Buch unter
dem Namen Zhjolmijaure bezeichneten wieder zu erkennen; der
gelehrte Reisende giebt ihm die längliche Form, welche wir be=
schrieben haben, dieselbe Länge und eine Höhe von 652 Me=
ter.*) Der Fluß, welcher an unserm Lager vorbeifloß, war
sicherlich der Lipsajocki oder wenigstens einer seiner Zuflüsse;
an seinem Ufer erhob sich die lappländische Weide bis zu zwei
Meter Höhe.

Nachdem wir folgenden Tags um acht Uhr Morgens auf=
gebrochen waren, folgten wir zuerst den Windungen eines was=
serarmen kleinen Thales, das ein ehemaliges Flußbett zu sein
scheint, wiewohl man daselbst keine Rollkiesel antrifft. Der
Wechsel von ein= und ausspringenden Winkeln an seinen
Ufern ist sehr regelmäßig. Um acht Uhr und einige Minuten
sahen wir den Wachholder wieder zum Vorschein kommen, um
zehn und ein halb Uhr waren wir am rechten Ufer eines der
Zuflüsse des Lipsajocki, das Vottajocki. Die Rast, welche wir an
seinen Ufern hielten, ist von Herrn Lauvergne abgebildet wor=
den. An den Ufern des Flusses hat die Salix Lapponum
3 Meter Höhe. Diese Weide liebt merkwürdig die fließenden
Gewässer; es ist eine von den Pflanzen, welche sich an den Ge=
birgen erheben, indem sie dem Laufe der Bergbäche aufwärts
folgen, während andere es vorziehen, die Felsenkämme zu er=
klimmen, welche den Gipfel der Gebirge mit ihrer Basis ver=
binden. Wir befanden uns damals 531 Meter über dem
Meere, und die Birken hatten sich noch nicht wieder gezeigt.

Bald nach Mittag verließen wir unsern angenehmen Halte=
platz am linken Ufer des Vottajocki, der nun betretene Distrikt

---

*) Siehe a. a. O. Bd. II. S. 154.

warb weniger uneben. Um ein und dreiviertel Uhr sahen wir
die Birken wieder auf dem leicht nach Süden geneigten Abhange
eines großen Plateaus zum Vorschein kommen, 477 Meter
über dem Meere hörten sie plötzlich auf. Diese Höhenbestim=
mung scheint uns ziemlich genau zu sein. Kein örtlicher Schutz
oder Einfluß hat hier die natürliche Grenze dieser Bäume zu
verändern vermocht, das Plateau, wo sie wachsen, ist gänzlich
offen, und eine ziemlich bedeutende Anzahl derselben war ab=
gestorben oder zerschmettert. Wahrscheinlich sind es Kälte und
Wind, welche ihr Wachsthum hier begrenzen. Anfangs ver=
krüppelt und kaum die Höhe von einem Meter erreichend, sieht
man sie schnell an Größe zunehmen, je mehr man fortfährt,
gen Süden herabzusteigen. Eine Stunde weiter in einer Höhe
von 447 Meter sind diese selben Birken bereits 5 Meter hoch.
Es ist sehr wahrscheinlich, daß die fortgeschrittensten Bäume
dazu dienen, die andern gegen den Nordwind zu schützen, und daß
die Birken der höchsten Zone zu einer bei weitem größern Ent=
wickelung gelangen würden, wenn sie geschützt wären. In
dieser selben Höhe (447 Meter) trafen wir den ersten Stamm
eines Vogelbeerbaums an.

Von Buch weist der Grenze der Birken an dieser Stelle
504 Meter an.*) Dieser Unterschied kann von den Irrungen
im Messen herrühren, doch wäre es möglich, daß Buch die Grenze
bei irgend einem geschützten Stamme bemerkt hätte.

Um sechs und einviertel Uhr machten wir Halt und schlugen
unser Zelt für die Nacht unter großen Birken und in ange=
nehmer Lage bei dem Ufer eines kleinen Flusses auf, der wahr=
scheinlich der Lipsajocki ist. Unser Führer bezeichnete diesen
Ort mit dem Namen Jubsövuomi. Drei Beobachtungen liefern
uns 391 Meter für die Höhe dieses Punktes.

---

*) Siehe a. a. O. Bd. II. S. 167.

Während dieser beiden Reisetage wurden wir von zahl=
losen Legionen Lemmings (Mus lemmus L.), welche nach Sü=
den zogen, begleitet. Unterhalb der Birkengrenze nahm ihre Zahl
ein wenig ab. Sehr gewöhnlich auf den Hochebenen, an tro=
ckenen und dürren Stellen, waren sie seltener in den Gründen
und an sumpfigen Orten, und liefen mit großer Schnelligkeit
hin und wieder. Verfolgt, versteckten sie sich unter den Grup=
pen der Zwergbirke, oder suchten sich zu vertheidigen. Als wir
die Spitze des Zuges bei den Stromschnellen von Eyenpaika
auf dem Muonioflusse erreicht hatten, erkannten wir deutlich,
daß sie alle in derselben Richtung zogen. Schon vor längerer
Zeit habe ich die Beobachtungen, welche wir über diese Thiere
anstellten, veröffentlicht. *)

Den 10. September um fünf und einviertel Uhr Morgens
setzten wir über den Fluß, an dessen Ufer wir unser Zelt auf=
geschlagen hatten, und die gewöhnliche Route verlassend, steuer=
ten wir auf einen in der Nähe liegenden Hügel zu, wo wir
eine scharf gezogene Grenze der Betula alba bemerkten. Der Gipfel
bildet ein offenes, in der Richtung von N.N.W. nach S.S.O.
verlängertes Plateau; wir hingen unsern Barometer an einen
einzeln stehenden Baum, 30 Meter etwa über der Grenze
der in geschlossenen Beständen wachsenden Birken auf. Auf diese
Weise fanden wir, daß das einzeln stehende Individuum sich
508 Meter und die allgemeine Grenze auf der S.W.Seite
des Berges 480 Meter über dem Meere befand, eine Bestim=
mung, die mit der vom vorigen Tage übereinstimmte. Auf dieser
Grenze erreichen die Birken noch 2 bis 3 Meter Höhe. Auf
dem übrigens sehr dürren Plateau wuchsen Salix Lapponum,
Betula nana, Empetrum nigrum. Dieser etwa 520 Meter hohe
Berg ist wahrscheinlich der Lilla Lipza auf Buch's Karte.

---

*) Siehe die Revue zoologique, redigée par M. Guérin-Méneville,
Juillet 1840.

Nach Jubſövuomi zurückgekehrt, trafen wir daſelbſt die übrigen Mitglieder der Kommiſſion an und verließen unſer Lager gegen acht Uhr Morgens. Wir ſetzten im Nachen über den Siaberbajocki; es iſt dies der beträchtlichſte Zufluß des Al= tenelf. Buch war genöthigt, ihn mit großer Mühe zu durch= waten. Im Frühling muß der Uebergang über dieſen Fluß ſehr ſchwierig ſein. Denſelben Tag um drei und einhalb Uhr erreichten wir Kautokeino, ein bedeutendes Dorf des norwegi= ſchen Lappland. Wir richteten uns im Hauſe des Präſt= gaarb ein, der damals völlig leer ſtand, denn der Pfarrer hält ſich nur im Winter daſelbſt auf. Unſer Barometer ward im Erdgeſchoſſe in demſelben Saale aufgeſtellt, wo Herr Lottin vor einigen Monaten ſich aufgehalten hatte. Unſere meteorologiſchen Beobachtungen umfaſſen den 11., 12., 13. und 14. September 1839. Verbunden mit denen des Herrn Lottin, weiſen ſie dem Erdgeſchoß des Präſtgaarb von Kautokeino eine Höhe von 301 Meter über dem Meere an.*) Die Gewäſſer des Alten liegen etwa 295 Meter hoch. Das Pfarrhaus iſt das bemerkenswer= theſte Gebäude des ganzen Dorfes; letzteres wird bewohnt von Finnländern oder Finnen und von Lappen, von denen die einen anſäſſig ſind, die andern ein Nomadenleben führen und nur hierher kommen, um den Winter über zu bleiben. Die Wohnungen liegen zerſtreut inmitten großer Wieſen, ein Theil derſelben iſt auf das linke Ufer des Fluſſes gebaut, der Präſt= gaarb aber und die Kirche nehmen das andere Ufer ein. Auf einer Anhöhe fanden wir einen Brunnen in den Sand gegra= ben, er hatte 5,₇₈ M. Tiefe im Ganzen, die des Waſſers betrug 1,₃₀ M. Die Wände des Brunnens waren mit einer Eisſchicht von 2 Meter Höhe, von der Waſſerfläche an gerechnet, bedeckt. Dieſes Eis mußte ſich den ganzen Sommer über gehalten

---

*) Buch hatte (Bd. II. S. 183) 255 Meter gefunden.

haben, und dieser eine Umstand genügt, um eine Vorstellung von der Strenge des Klimas zu geben. Ohne die starre Winterkälte würde Kautokeino ein keines= wegs unangenehmer Aufenthaltsort sein. Die Oertlichkeit ist sehr offen und von kleinen Plateaus umgeben, deren sanfter Ab= hang dem Flusse zugekehrt ist. Dieser wird von sandigem Terrain eingefaßt, dessen oberes Niveau 20 Meter über dem Flusse liegt. Der Anblick des Himmels ist vollkommen frei, die Gebirge nehmen die letzten Flächen des Horizonts ein. Dieser Ort würde demnach äußerst günstig für astronomische Beobachtungen sein und eine vortreffliche Station bilden, um Messungen über die Höhe der Nordlichter anzustellen, Messungen, die solchen entsprächen, welche andere Beobachter gleichzeitig zu Bossekop anstellen würden. Die Linie, welche beide Stationen mit einander verbindet, bildet einen sehr spitzen Winkel mit dem magnetischen Meridian. Man hat nämlich:

Prästgaard von Kautokeino:

Breite = 69° 0′ 34″ n. Länge = 20° 59′ 51″ ö.

Bossekop, Haus des Herrn Klerck:

Breite = 69° 58′ 0″ n. Länge = 21° 4′ 15″ ö.

Demnach würde das Azimuth der nördlichen Station 1° 30′ ö. in Bezug auf die Südstation sein, und der beiden Stationen gemeinsame Vertikalkreis mit der Ebene des magnetischen Meridians einen Winkel von 12° bilden; der Bogen, welcher beide Stationen mit einander verbindet, würde eine Länge von 167 Kilometer besitzen. Diese Umstände wür= den der Bestimmung der Parallaxe der Nordlichter sehr günstig sein. Die Meeresnebel können nur schwer diesen Abstand er= reichen, und der Himmel muß im Ganzen klar sein.

Man trifft auf dem an die Kirche stoßenden Friedhofe sowie auf den benachbarten Höhen einige schöne Birken an, Kie= sern aber bekommt man daselbst nicht zu Gesicht, doch kam

diefer Baum vor nicht ganz hundert Jahren in der Umgegend
von Kautokeino vor. Das Vorkommen der Kiefer in diefer
Höhe (320 Meter) ift nichts Außerordentliches, weil fie bei Ka=
rajocki, Kalanito und Euvajervi noch höher anfteigt. Wenn
fie gegenwärtig alfo nicht mehr zu Kautokeino wächft, fo kommt
dies daher, daß die Einwohner fie haben verfchwinden laffen, indem
fie die Stämme zum Bauen ihrer Häufer verwandten. Nun weiß
man, daß die Wälder, einmal ausgerottet, fich in vielen Ländern
nicht wieder erzeugen. Die verfchiedenen Arten von Vaccinium
(V. myrtillus, V. vitis idaca, V. uliginosum) und von Arbutus
(A. alpina, A. uva ursi) find um Kautokeino reichlich vorhan=
den, allein ihre Beeren waren kaum reif. Zwei Gräfer, Festuca ovina und Aira flexuosa erreichen auf den feuchten Sand=
bänken des Altenelf eine riefige Höhe. Unter den Vögeln
kommt eine ziemlich feltene Eule, Strix kaparakok, in der Um=
gegend häufig vor.

Am 13. Abends genoffen wir den fchönen Anblick eines
Nordlichts an einem leider fehr bewölkten Himmel, während der
Nacht fiel das Thermometer auf — 5 Grade.

Wir verließen Kautokeino den 14. September um zwölf
und einhalb Uhr, indem wir unfere Schritte Karefuando zu=
lenkten, und erreichten um fünfundeinviertel Uhr die finnifche
Niederlaffung Kalanito, nachdem wir zwei kleine Flüffe, den
Everijocki und Akijocki überfchritten hatten. Man kann den
Fluß aufwärts von Kautokeino bis Kalanito im Nachen be=
fahren. Ein Theil der Mitglieder der Kommiffion folgte diefem
Wege und langte eine halbe Stunde vor dem Haupttrupp der
Karawane an, der den Landweg eingefchlagen hatte. Die Um=
gegend von Kalanito ift ziemlich waldig; unter den Birken und
Weiden, welche eine ziemliche Höhe (10 Meter etwa) erreichen,
fieht man mehrere intereffante Arten wachfen, wie Polemonium
caeruleum L., Geranium sylvaticum L., Veronica longifolia

L., var. γ incisa Hartm., Carduus heterophyllus L., Galium uliginosum L., Alopecurus fulvus Sm., Calamogrostis phragmitoides Hartm., Triticum repens L. sowie einige andere diesen eisigen Gegenden eigenthümliche Pflanzen. Die Ebene, welche sich vor der Niederlassung ausbreitet, liegt 307 Meter über dem Meere.

Zwischen Kautokeino und Kalanito bietet der Boden sanfte wellenförmige Erhebungen und an vielen Stellen große kegelförmige Vertiefungen dar, welche durch kleine Erhöhungen in Form länglicher Dome von einander getrennt werden. Wasser findet man auf dem Grunde dieser natürlichen Trichter nicht. Die Renthierflechte (Cenomyce rangiferina Achar.) bedeckt den Boden und schließt fast jede andere Kräutervegetation aus. Die gelbe Farbe derselben verleiht der Landschaft ein ganz eigenthümliches Aussehen, als wäre die Erde mit Schwefel bestreut, und die kegelförmigen Trichter, von denen man umgeben ist, tragen zur Unterhaltung der Täuschung bei. Die Renthierflechte bildet die Hauptnahrung dieser Thiere während des Winters. Im Sommer weiden sie das Gras und die Blätter der Bäume ab, wie die Wiederkäuer unserer Klimate. Die Flechte ist nur im Winter eßbar, wenn ein längeres Verweilen unter dem Schnee ihre Ausbreitungen erweicht hat, welche im Sommer hart und lederartig sind. Natur und Farbe des Bodens in dem Distrikt, von dem die Rede gewesen, erklären die wahrscheinlich übertriebenen Berichte über die unerträgliche Hitze, von der mehre Reisende beim Bereisen Lapplands zu leiden gehabt haben. Es ist begreiflich, daß die fortwährende Wirkung der Strahlen einer Sonne, die nicht untergeht, endlich die ausgedörrten Flechten, welche den Boden bedecken, mächtig erhitzen und auf die mit ihnen in Verbindung stehende Luftschicht zurückwirken muß. Nimmt man dazu die Rückwerfung der Sonnenstrahlen von den zahlreichen Falten des Terrains, so begreift man, wie es möglich gewesen, in Lappland eine fast eben so starke Hitze, wie in den Wüsten Afrikas zu erleiden.

Den 15. September um sechs und einhalb Uhr Morgens verließen wir Kalanito und folgten dem rechten Ufer des Alten-elf. Am Tage zuvor hatten wir das linke Ufer verlassen und den Fluß vor Kalanito durchwatet. Während der Nacht war Schnee gefallen, und lag mehrere Centimeter hoch um uns her; Abends aber war er beinahe gänzlich geschmolzen.

In einer Höhe von 341 Meter über dem Meere sahen wir die Kiefern wieder zum Vorschein kommen, ihre Höhen-grenze ist hier weit auffallender als im Altendistrikt. Allerdings waren sie verkrüppelt, doch war ihre Erscheinung an den nach Westen gekehrten Abhängen in eben dieser Höhe bei weitem schöner. Gegen neun Uhr bestimmten wir eine andere Grenze auf einem kleinen Plateau von 374 Meter Höhe; wir bemerk-ten, daß die nach Osten gekehrten Abhänge keinen einzigen Stamm dieser kostbaren Bäume darboten, während die des Plateaus nahe an 5 Meter Höhe maßen. Um zwölf und ein halb Uhr setzten wir über einen kleinen Fluß Namens Suoba-busjocki, an dessen Ufern wir einige Zeit verweilten. Es ist einer der Zuflüsse des Altenelf, von dem wir bei Kalanito Ab-schied genommen hatten; er fließt von S.O. nach N.W. Wir befanden uns daselbst 451 Meter über dem Meeresspiegel und hatten den Altenelf zu unserer Rechten; die Quellen des letztern Flusses liegen gegen Westen, 6 Myriameter etwa von unserer Station Suvajervi. Von Kalanito ab ist das Land im All-gemeinen flach oder einfach gewellt; das durchschnittliche Niveau desselben erhebt sich nicht über 470 Meter, die Gewässer fließen nach Norden. Die Seen sind zahlreich, aber von geringer Aus-dehnung, das sie umgebende Terrain ist oft weit niedriger, als der Spiegel ihrer Gewässer, allein kleine Torfpolster, von Wei-ben eingefaßt, widersetzen sich dem Abfluß derselben. Indem sie das Wachsthum der Moose, die Torfbildung, die Entwickelung und das Verwachsen der Wurzeln von Weiden, Binsen und Riedgräsern begünstigen, tragen diese stehenden Gewässer selbst zur Erhöhung des Dammes bei, welcher die Beständigkeit ihres Niveaus erhält. Die Ingenieure dürften nützliche Fingerzeige im Studium dieser natürlichen Eindämmungen finden. Trotz dieser eigenthümlichen Anordnung besitzen diese Seen einen, allerdings sehr langsamen, Abfluß. Die Zuflüsse bieten wahr= scheinlich ähnliche, stufenweis übereinander liegende und eben so viel Mühlgerinne und Schleuseneinsätze bildende Einzapfungen dar, die sämmtlich auf Kosten der Natur entstanden sind.

Am Abend überschritten wir die Wasserscheidungslinie der beiden Meere und erklommen die letzte Kette, welche uns von dem großen Thale des Muonioelf trennte. Diese Kette ist niedrig (etwa 550 Meter hoch) und bietet keinen sonderlich her= vorragenden Punkt dar, wie bereits Buch bemerkt hat, dessen Route unter dieser Breite übrigens östlicher als die unserige war. Der höchste Punkt des Passes, den wir zurücklegten, liegt 532 Meter über dem Meere. Die Kiefer war vollständig ver= schwunden, als Entschädigung erlangten wir einige Höhengren= zen von Birken. So trafen wir gegen zwei und dreiviertel Uhr diese Bäume 433 Meter hoch auf einem Plateau an, wo sie vollständig verkrüppelt waren. Auf einem benachbarten, nach Osten gekehrten Hügel erreichen sie 520 Meter, auf einem klei= nen an die Nordseite eines Hügels angelehnten Plateau 498 Meter, und bei der Richtung nach S.W. reichten die verkrüp= pelten Birken bis zu 530 Meter hinauf. Am selben Ort und am selben Abhang erreicht der Vogelbeerbaum eine Höhe von 474 Meter. Man sieht, daß die Grenze der Sorbus aucuparia 40 bis 50 Meter niedriger als die der Birke ist. Dort überzog die Cenomyce rangiferina abermals den Boden vollständig, kaum dem Empetrum nigrum und einigen Arbutus Platz las=

senb. Von Buch hatte bereits festgestellt, daß diese Flechte am häufigsten zwischen ben Grenzen ber Kiefer und ber Birke (350 bis 500 Meter) ist.*)

Um sieben Uhr Abends erreichten wir Suvajervi, wir hatten damit russisches Gebiet betreten. Suvajervi ist weiter nichts, als eine elende von zwei angesessenen Lappen bewohnte und am Ufer des Sees gleichen Namens gelegene Hütte, beren Höhe unsere Beobachtungen auf 409 Meter festsetzen. Dieser See ist ziemlich groß und mag einen halben Myriameter lang sein, er ist fischreich, und sein lappländischer Name zeigt an, daß er eine beträchtliche Tiefe besitzt. Seine Ufer sind übrigens sehr dürr.

Den 16. September um zwölf und ein halb Uhr verließen wir die lappländische Hütte von Suvajervi, und indem wir durch einen immer weniger bergigen Distrikt zogen, erreichten wir Karesuando gegen sieben Uhr Abends. Ein ziemlich schlichter Abhang führt von ber ersten zur zweiten dieser Stationen. Um zwei und ein halb Uhr zeigten sich die Kiefern wieder; auf einer nach W.S.W. geneigten Abbachung stiegen sie bis zu 410 Meter hinauf. Diese Kiefern waren bereits hoch gewachsen, benn sie erreichten 10 Meter. Etwas weiter sahen wir sie am selben Abhange in einer Höhe, welche wir etwa 60 Meter höher als die erstern schätzten. Diese Zahlen stimmen mit benen Leopold von Buch's, welcher unter berselben Breite, aber einige Myriameter weiter östlich, diese Grenze bei 405 Meter befunden hat. Bei ihrem nächsten Auftreten gesellen sich die Kiefern sofort zu großen Wäldern zusammen, welche ohne Unterbrechung bis zum Bottnischen Meerbusen herrschen.**)

---

*) Reise durch Norwegen und Lappland. Bb. II. S. 212.
**) Außer ben bereits genannten Pflanzen haben wir auf bem lapplänbischen Hochlanbe noch mehre anbere interessante Arten gefunken, z. B. Barbarea recta Fr., Angelica sylvestris L., Epilobium alpinum L., Saussurea alpina DC., Veronica alpina L., Salix phylicifolia L., Eriophorum angustifolium Sm., Arundo stricta Tim. u. A. lapponica Wahlenb.

In Karesuando richteten wir uns beim Pastor Lästadius
ein, der zu wiederholten Malen die Güte gehabt hatte, an den
Arbeiten der Kommission Theil zu nehmen. Unsere erste Sorge
war, unsere beiden Barometer mit dem Barometer Nr. 8 von
Ernst zu vergleichen, welches ihm die französische Regierung zur
Verfügung gestellt hatte, um seine meteorologischen Untersuchun=
gen zu erleichtern. Wir bestimmten demnach die konstante Kor=
rektion, welcher die Lesungen dieses Barometers unterliegen
mußten, um den wahren Druck der Atmosphäre zu ergeben.
Diese Korrektion wurde als ein Mehr von und $= + 0{,}64$ M.
befunden, vermöge eines Mittels von sechs Messungen, angestellt
mit jedem der Barometer No. 23 und No. 43 von Ernst,
welche wir bei uns trugen. Das Barometer No. 8 ist im Erd=
geschosse des Prästgaard, $0{,}6$ M. über dem Fußboden aufgestellt.
Die Berechnung ergiebt 324 Meter für die Höhe des Gefäßes
über dem Meere. Noch genauer wird man dieses Niveau be=
stimmen können, wenn man damit die Gesammtheit der zu
Raafjord von den Herren Minen = Ingenieuren und zu Kare=
suando von Herrn Lästadius seit dem 1. Mai 1838 angestellten
regelmäßigen Beobachtungen vergleicht. Die erlangte Zahl
nähert sich aber jedenfalls sehr der Wahrheit. Vor dem Hause
des Pfarrers ist das Niveau des Muonioelf 319 Meter über
dem Spiegel des Oceans erhaben.

Karesuando ist für das schwedische Lappland, was Kauto=
keino für das norwegische Lappland; es ist der Mittelpunkt des
Distrikts, es befindet sich daselbst ein Prästgaard und ein Thing
oder Stadthaus. Die Kirche befand sich ehemals zu Enontekis;
allein seit das Dorf russisch geworden, ist sie, nicht Stein für
Stein, sondern Balken für Balken und Brett für Brett auf
schwedisches Gebiet geschafft worden. Die Häuser sind um die
Kirche gruppirt. Südlich von Karesuando liegt ein ziemlich
großer See, aus dem Schoße desselben steigen zwei bis drei

grüne Eilande empor. Der Muonio fließt von W. = N. = W. nach O.=S.=O.; seine Breite von wenigstens 200 Metern und seine rasche Strömung machen ihn schon zu einem bedeutenden Flusse. Die Umgebungen sind offen und sehr waldig, die Kiefer ist daselbst reichlich vorhanden.

Der Pastor Lästabius, welcher jeden Augenblick, den ihm die Pflichten seines Amtes frei lassen, der Botanik widmet, hat dem Pflanzengarten zu Paris zwei Sendungen von Pflanzen gemacht, welche zu Karesuando, Piteo, Torneo, Tromsoe, Lyngen und Kaafjord gesammelt wurden. Die Proben sind zahlreich und mit großer Sorgfalt gesammelt und bestimmt. Das nachfolgende Verzeichniß umfaßt die bemerkenswerthesten, von Herrn Lästabius eingesandten Arten aus der Umgegend von Karesuando; die Abarten und Bastarde habe ich bei Seite gelassen, sie würden überflüssig gewesen sein bei einem Vegetationsverzeichnisse dieses Distrikts, das als Maßstab für die Vergleichung mit den nördlichen Gegenden oder alpinen Zonen der gemäßigten Länder bienen soll.

Pflanzen aus der Umgegend von Karesuando.
(Br. 68° 36′ n., L. 20° 18′ ö.)

Ranunculaceae. Ranunculus acris L., R. auricomus L., R. hyperboreus Rottb., R. reptans L., R. lapponicus L., R. aquatilis L., R. repens L.

Cruciferae. Draba hirta L., Barbarea vulgaris Br.

Violarieae. Viola palustris L., V. biflora L.

Caryophylleae. Lychnis alpina L., Stellaria graminea L., S. longifolia Fries, S. alpestris Fr., S. crassifolia Ehrh., Spergula saginoides L., Cerastium triviale Link, C. vulgatum Wahlenb., C. viscosum L., C. alpinum L., C. trigynum Vill.

Geraniaceae. Geranium sylvaticum L.

Leguminosae. Phaca frigida L., Astragalus alpinus L.

Rosaceae. Rubus castoreus Laest., R. arcticus L., Potentilla alpestris Fr., Sorbus aucuparia L.

Halorageae. Callitriche verna L.

Onagrarieae. Epilobium alpinum L.

Saxifrageae. Saxifraga hirculus L.

Rubiaceae. Galium palustre L.

Compositae. Pyrethrum inodorum Sm., Solidago virga
aurea L., Saussurea alpina DC., Tussilago frigida L.,
Gnaphalium dioicum L., G. alpinum L., G. supinum
Hoffm., Hieracium vulgatum Fr., H. boreale Fr., H.
sylvaticum Wahlenb., H. alpinum L., Erigeron uniflorus
L., Sonchus sibiricus L.

Ericaceae. Arbutus alpina L., Menziezia caerulea Wbg.,
Chamaeledon procumbens Link.

Gentianeae. Gentiana nivalis L.

Polemoniaceae. Polemonium caeruleum L.

Rhinanthaceae. Pedicularis lapponica L., P. palustris L.,
Rhinanthus cristagalli L., Bartsia alpina L., Euphrasia
officinalis L., Veronica serpyllifolia L., V. longifolia L.

Labiatae. Galeopsis tetrahit L., G. versicolor Willd.

Utriculariceae. Pinguicula villosa L., P. alpina L.

Polygoneae. Rumex domesticus Hartm., R. acetosa L.,
Oxyria reniformis Hoock, Polygonum viviparum L.

Amentaceae. Salix versifolia Wahlenb., S. myrsinites L.,
S. Herbacea L., S. myrtilloides L., S. lanata L., S. Lap-
ponum L., S. arbuscula L., S. nigricans L., S. hastata
Hartm., S. limosa Wahlenb., S. capraea L., S. canescens
Fr., Betula nana L., B. humilis Hartm., B. pubescens
Ehrh., B. alba L.

Orchideae. Orchis lapponica Laest.

Colchicaceae. Tofieldia borealis Wahlenb.

Junceae. Juncus triglumis L., J. nodulosus Wahlenb., J. trifidus L., J. stygius L., J. triglumis L., Luzula parviflora Ehrh., L. spicata DC., L. campestris DC.
Cyperaceae. Eriophorum capitatum Hoffm., E. vaginatum L., E. alpinum L., E. polystachyum L., E. russeolum Fr., E. gracile Koch, E. angustifolium Reich., Carex curvirostra Hartm., C. panicea L., C. livida Wahlenb., C. microglochin Wahlenb., C. pauciflora Lightf., C. laxa Wahlenb., C. saxatilis Wahlenb., C. ampullacea L., C. limosa L., C. rotundata Wahlenb., C. aquatilis Wahlenb., C. capitata L., C. tenuiflora Wahlenb., C. loliacea L, C. chordoriza Ehrh., C. capillaris L., C. canescens L., C. cespitosa L., C. teretiuscula Good., C. heleonastes Ehrh., C. Buxbaumii Wahlenb., C. dioica L., C. microstachya Ehrh., C. tenuiflora Wahlenb.
Gramineae. Calamagrostis phragmitoides Hartm., C. epigejos L., C. strigosa Wahlenb., C. Halleriana Hartm., Agrostis stolonifera L., A. canina L., A. rubra L., Phleum alpinum L., Alopecurus geniculatus L, Aira atropurpurea Wahlenb., A. flexuosa L., Avena subspicata Wahlenb, A. alpestris Hartm., Festuca rubra L., F. ovina L., Arundo stricta Wahlenb., A. lapponica Wbg., Poa serotina Hartm., P. flexuosa Wahlenb., P. annua L.

Zu Karesuando verließen wir die übrigen Mitglieder der Kommission. Wir gewannen bei dieser Trennung eine Freiheit der Bewegung, ohne die eine wissenschaftliche Reise nicht von Nutzen sein kann. In der That ist das Ziel, welches sich Physiker und Naturforscher stecken, so verschieden von demjenigen, welches der Gelehrte und der Künstler verfolgen, daß sie sich durch die Verpflichtung, beisammen zu bleiben, gegenseitig hindern. An den Grenzen der europäischen Civilisation angelangt, trennten wir uns nicht ohne Bedauern, aber im Interesse unserer beiderseitigen Arbeiten.

Am 19. September Morgens acht Uhr nahmen wir vom Pastor Lästabius Abschied, um den Muonio und Torneoelf bis Kulkula, einem nur wenige Myriameter vom Bottnischen Meerbusen gelegenen Dorfe, hinunterzugehen. Das Wetter, anfangs unsicher und veränderlich, setzte sich und ward schön. Auf den Renthierfellen, womit unsere Barke ausgeschlagen war, hingestreckt, ließen wir unsere Blicke von einem Ufer zum andern schweifen. Bald glitten wir langsam die Krümmungen der grünenden Ufer des Flusses entlang, bald riß uns sein ungestümer Lauf schnell mit sich fort. Durch das Schollen der Wellen hin und her geworfen, und von den Wirbeln erfaßt, welche um die aus dem Wasser hervorragenden Klippen schlugen, schoß unsere Barke alsdann wie ein Pfeil dahin, den höckerigen Grund des Flusses mit dem Kiele streifend, worauf sie wieder in einem Wasser, ruhig wie das eines Sees, gemächlich weiterglitt.

Am ersten Tage kamen wir bei Kuttano oder Kuttaneby am rechten Ufer und Palajocki und Songa = Motka am linken, also zu Rußland gehörigen Ufer, vorbei und erreichten am Abend Katkesuando, ein auf dem linken Ufer gelegenes und folglich zu Rußland gehöriges Dorf. Palajocki ist ohne Zweifel das Palajönsu von Buch's;*) es ist der Punkt, wo dieser Reisende den Muonioelf wieder erreichte. Die Lappen verändern bekanntlich gern die Endungen ihrer Hauptwörter, und Jocki bedeutet im Lappländischen Fluß. Um fünf und ein halb Uhr begegneten wir den ersten Fichten (Abies excelsa) genau an der Stelle, wo sie auf von Buch's Karte verzeichnet stehen, 15 Kilometer etwa oberhalb Katkesuando und 250 (nach

*) Siehe a. a. O. Bd. II. S. 218.

von Buch 260) Meter über dem Meere. Ihre Aeste sind starr
und hängen nicht wie die der südlicheren Zonen herab. Die
Breite des Flusses ist beträchtlich, denn meist übertrifft sie die der
Seine bei Paris, übrigens sind seine Ufer flach und einförmig.
Folgenden Tages, ben 20. September, um fünf und ein
halb Uhr Morgens von Katkesuanbo aufgebrochen, erreichten
wir Unter-Muonioniska gegen zehn Uhr Morgens. Beim
Anlanden konnten wir uns einen Augenblick lang nach
Frankreich versetzt wähnen. Lieblich gewellte Hügel waren von
jüngst erst abgeernteten Feldern bedeckt; auf bem Gipfel
bes einen erinnerte uns ein cylindrischer massiver Thurm
an die großen Taubenhäuser von Beauce; die Luft war rein,
die Sonne fast heiß. Vor vierzehn Tagen bis drittehalb Wochen
hatte man die Gerste, das einzige Getreide, welches sich unter
dieser Breite anbauen läßt, eingeheimst. Seit zehn Jahren
war die Ernte nie so schön ausgefallen, die Gerste war fast
zu völliger Reife gelangt. Dieselbe hängt von der Temperatur
und der Klarheit des Himmels während der letzten Wochen im
August und zu Anfang Septembers ab. Daher das im Nor-
ben sehr verbreitete Vorurtheil, daß der Mond viel zum Reifen
bes Getreibes beitrage. Unsere Landleute messen das Erfrieren
der Frühjahrstriebe dem tückischen Einflusse des Aprilmondes bei,
während es von der Wärmestrahlung der Pflanzen während einer
klaren Nacht herrührt, und biejenigen an den Ufern bes Muonioelf bebenken nicht, baß auf die kurzen Nächte, wo der Mond
am Firmamente glänzt, lange Tage folgen, an benen der
wolkenlose Himmel der Sonne gestattet, ihre Ernten zur Reife
zu bringen. Wenn der Himmel für gewöhnlich mit Wolken
bedeckt wäre, so würden sie den Mond nicht alle ihre Nächte
erhellen sehen. Trotzbem ist die Reise der Gerste nie vollstän-
big. Bevor man die Ernte einbringt, muß man sie trocknen.
Zu bem Ende theilt man die Gerste in kleine Garben ab, die

man senkrecht auf Trockengerüsten aufhängt, welche aus wage=
recht übereinander gelegten Stangen bestehen. Diese Gewohn=
heit trifft man auch in den Hochthälern des Wallis im Allge=
meinen und in denen von Entremont, Saas und Zermatt im
Besondern an. Sämmtliche Dörfer, deren Höhe 1300 Meter
über dem Meeresspiegel übersteigt, sind von diesen großen
Trockengerüsten umgeben. In Lappland legt man die Gerste,
wenn sie zu feucht und die Jahreszeit zu kalt ist, wagerecht
auf das Dach kleiner Häuser ohne Fenster, in deren Innerm
sich ein großer Ofen befindet, dessen Rauch durch die Thür ab=
zieht. Den Rest des Tages verbrachten wir in Muonioniska,
und Nachts bekamen wir ein sehr schönes Nordlicht zu Gesicht.
Beim Dorfe ist das Niveau des Flusses 225 Meter über dem
des Meeres erhaben.

Den 21. September verließen wir Muonioniska um fünf
und ein viertel Uhr Morgens. Wir gingen nicht im Nachen
die berühmte Stromschnelle des Eyenpakka hinab, sondern
schlugen einen Fußpfad ein, der uns durch sumpfige Waldungen
führte. Unterhalb der Stromschnellen erreichten wir die Spitze
des gen Süden wandernden Lemmingszuges. Ihre Reser be=
deckten die Gestade des Flusses und die Raubvögel waren der=
gestalt gesättigt, daß sie nur noch das Herz und die Leber
fraßen. An keinem andern Punkte noch waren uns diese Nage=
thiere so zahlreich erschienen, und fast alle liefen parallel mit
der Richtung des Flusses. Das Aussehen seiner Ufer hatte
sich verändert. Er floß inmitten großer Fichten= und Kiefern=
wälder, welche bis an seine Ufer traten; einzelne Bäume
waren über den Strom geneigt, welcher sie unterwühlte, und ihre
Zweige, in den Gewässern des Flusses gebadet, schienen nahe
daran zu sein, von den Wogen, welche sie unablässig zerrten,
fortgerissen zu werden. Oft ward der Wald durch einen
Sumpf unterbrochen, der eine große Lichtung bildete, wo ver=

krüppelte Kiefern inmitten des Torfes ihr jämmerliches Dasein fristeten. Von Zeit zu Zeit kündete sich uns schon von ferne ein finländischer Meierhof durch den Schwengel an, welcher sich über den Brunnen desselben erhob. Wenn der Muonio= elf, ruhig und majestätisch, sich in der Ebene auszubreiten schien, dünkte es uns, als ob wir einen jener großen Ströme Ameri= kas hinunterglitten, der über seine Ufer getreten sei und Hun= derte von Myriametern einsam durch Savannen und jungfräu= liche Wälder hinflute. Wenige Vorfälle unterbrachen die Ein= förmigkeit unserer Wasserfahrt. Das Ufer war unbewohnt, und wir begegneten keinem Nachen. Eines Tages jedoch bemerkten wir von weitem eine menschliche Gestalt inmitten des Flusses, ohne die Barke, welche sie trug, erkennen zu können. Je mehr wir uns näherten, desto deutlicher ward der Mann, der Nachen aber blieb unsichtbar. Endlich klärte sich die Sache auf. Es war ein finnischer Bauer, der sich einige Bäume oberhalb des Flusses gefällt hatte, und nun auf den Stämmen, woraus er sich ein Floß gemacht, sitzend, nach Hause zurückkehrte.

So passirten wir allmälig die Dörfer Parkajocki und Ki= langi, beide am linken Ufer liegend, dann Huki, welches auf dem schwedischen Ufer liegt; nicht weit hinter Huki erblickten wir die Mündung des Niesajocki und erreichten Kolare, wo wir die Nacht zubrachten. Kolare liegt auf einer Insel und gehört zu Rußland; der Arm des Muonioelf, auf dem man zum Dorfe gelangt, ist der Kolareelf. Die Höhe unseres Rast= platzes ward 158, die des Flusses 149 Meter befunden.

Am folgenden Morgen, den 22. September, durchschnitten wir die Insel zu Fuß und begaben uns an das westliche Ufer derselben; ein Wägelchen schaffte unser Gepäck hinüber. Am jenseitigen Ufer angekommen, wechselten wir Kahn und Mann= schaft und gingen so bis Jottialka, einem 5 Kilometer unter= halb Kolare gelegenen russischen Dorfe hinunter. Dort wechsel=

ten wir zum zweiten Male mit dem Kahn. Um elf und ein
halb Uhr kamen wir bei Kierisvara vorbei, wo die Herren
Lottin und Lilliehöök im Mai 1839 einen Aufenthalt mach=
ten. Da das Dorf im Gehölz liegt, so ist es vom Flusse
aus unmöglich, dasselbe zu bemerken. Nicht lange darauf
schwammen wir im Zusammenflusse des Muonio mit dem Tor=
neo, der, nachdem er seinen Tributär aufgenommen hat, seinen
Namen beibehält. Doch stößt der Torneoelf im rechten Winkel
auf seinen Nebenbuhler, der sich von seiner geraden Richtung
nicht abwendet. Durch seine Breite ist der Muonioelf dem
Torneoelf überlegen, seine Strömung jedoch weniger schnell und
seine Wassermenge wohl nicht ganz so bedeutend. Kengis liegt
an den Ufern des Torneo. Die 2 Kilometer vom Dorfe ge=
legenen Eisenhämmer besitzen eine gewisse Berühmtheit. Herr
Anglès, welcher zwei Tage nach uns Kengis passirte, sah da=
selbst die ersten Sperlinge wieder. In der Provinz Finmarken
sind sie unbekannt.

Die Stromschnellen sind in diesem Theile des Flußlaufes
häufig. Sie sind an allen Punkten vorhanden, wo das Bett
uneben und das Gefälle etwas stark ist. Alsdann verursacht
die Flußströmung Wellen, welche sich beständig rückwärts brechen,
und ein scholtendes Meer mit kurzen Wellen nachahmen. Der
Mann, welcher das Steuerruder hält, muß diese Wellen immer
so viel als möglich im rechten Winkel durchschneiben, denn eine
Welle, welche sich seitlich über die ganze Länge des Nachens
bräche, könnte ihn zum Umschlagen bringen. Die Kähne sind
banach gebaut, nach vorn sind sie emporgerichtet, und die Form
des Kiels bildet in diesem Theile eine schräge Fläche, welche
das Geraberichten des Vordertheiles erleichtert. Ueberdies paßt
man ihnen noch zwei Planken an, welche die Seitenbekleidungen
erhöhen. Ueberall, wo die Welle sich sehr stark bricht, kann
man sicher sein, daß eine Klippe wasserpaß liegt und entweder

weicht man ihr schon von Weitem aus, ober man steuert auch gerade auf sie los, um in ihren Strudel hineingerissen zu werden. Uebrigens kommt es selten vor, daß das Felsenriff die ganze Breite des Flusses einnimmt. Zuweilen ist man genöthigt, im Halbkreis um gewisse Klippen zu biegen, wie z. B. bei der Stromschnelle von Matkojocki bei Korpikula.

Da es wichtig ist, daß der Nachen sich fortwährend leicht steuern lasse, rudern die Bootsleute aus Leibeskräften, unb das Fahrzeug erhält so eine wahrhaft erschreckende Schnelligkeit. In solche Stellen würbe man sich nicht ohne Nothruber hineinwagen, benn ein plötzlich abgebrochenes Ruber würbe den Untergang der Barke unb der Menschen, welche sie trägt, nach sich ziehen.

Um sechs unb ein halb Uhr Abends kamen wir im Gasthause von Pello an. Dieses Dorf bilbet die nörbliche Spitze des von Maupertuis gemessenen Bogens, des ersten Franzosen, welcher Lappland in wissenschaftlicher Absicht besuchte, boch vermochten wir keine sichere Spur von bem Aufenthalte bieses großen Geometers aufzufinden.*)

---

*) Zwei Jahre später besuchte ich voll Anbacht das Grab bes Maupertuis in ber Kirche bes Dörfchens Oberkornach im Kanton Solothurn in ber Schweiz. Nachbem er sich nach Basel zu seinem Freunbe Johann Bernouilli zurückgezogen hatte, starb Maupertuis in seinen Armen unb wollte in ber bescheibenen Kirche bieses Weilers begraben sein. Hier seine Grabschrift, wie sie in eine einfache Sanbsteinplatte eingehauen ist:

„Virtus perennat, cetera labuntur. Vir illustris genere, ingenio summus, dignitate amplissimus, Petrus Ludovicus Moreau de Maupertuis ex collegio XL. academicorum Ling. Franc., eques auratus ordinis Reg. Boruss. praestantibus meritis dicati, Academiarum celebrium Europae omnium socius ac Regiae Berolinensis praeses, natus in castro Sancti Maccorii, die XXVIII. sept. MDCXCVIII., aetate integra lenta morte consumptus, hic ossa sua condi voluit.

„Catharina Eleonora de Bork, Maria soror et Joannes Bernouilli in cujus aedibus Basileae. die XXVI. Julii MDCCLIX.. decessit, communis desiderii lenimen hocce monumentum beatis manibus posuerunt."

Folgenden Tages verließen wir Pello um sieben und ein
halb Uhr. Einen Myriameter unterhalb dieses Punktes sahen
wir zum ersten Male das Tanacetum vulgare und das Trifolium repens. Um elf Uhr kamen wir bei dem russischen
Dorfe Tortula an. Diesem Punkte gegenüber wies das Baro=
meter den Gewässern des Flusses 30 Meter Höhe über dem
Meere an, eine Zahl, die uns zu gering erscheint. Hier ist die
äußerste Grenze der Hopfenkultur, und Herr Anglès hat hier
eine Birke von $2{,}44$ Meter Umfang gemessen.

Da wir am linken Ufer ein hübsches Landhaus, von schönen
Wirthschaftsgebäuden umgeben, bemerkt hatten, so konnten wir dem
Verlangen nicht widerstehen, demselben einen Besuch abzustatten.
Der Herr des Hauses empfing uns sehr artig und ließ uns
in einen ziemlich eleganten Salon eintreten, wo eine seiner
Töchter auf dem Piano spielte. Diese Töne machten einen
magischen Eindruck auf uns; es war ein fernes Echo der Civili=
sation, welche uns inmitten der Einöden Lapplands aufsuchte.
Jeder von uns knüpfte irgend eine Erinnerung an die ab=
wesende Heimath daran, und wir hatten einige Mühe, uns von
diesem Salon, dem allernördlichsten unter diesem Meridian,
loszureißen, um unsere Barke wiederzugewinnen.

Auf diesem Theile unserer Reise war es, wo sich allmälig
wieder die Verfeinerungen der Civilisation einstellten; wir
konnten zugleich die Breitengrenze der Pflanzen und die eines
jeden jener Hausgeräthe bestimmen, welche man im Innern
des gesitteten Europas als unerläßlich zum Leben betrachtet.
Auf dem lappländischen Hochlande schliefen wir, von Renthier=
fellen eingehüllt und durch ein einfaches Zelt geschützt, am
Muonioelf auf Heu in den Scheunen der finnischen Bauern=
höfe, weiter südlich breitete man Tücher über das trockne Gras,
welches uns als Lager dienen sollte. In Pello hatten wir
jeder eine Bettstelle und ein Betttuch, in Mattaringi war unser

Bett mit zwei Laken versehen, aber erst in Kulkula schien unser Lager allen Anforderungen des europäischen Reisenden zu genügen. Die Küche beobachtete denselben Fortschritt, leider war es immer die aus dem Jahrhunderte Ludwigs XIV., welche Boileau in seiner dritten Satire so prächtig beschrieben hat.*) Unterhalb Tortula liegt das schwedische Dorf Jockjengi und das Städtchen Mattaringi, ehedem Ober = Torneo (Ofver Torneo). Die Landstraße von Stockholm nach Norden geht nicht über letztere Stadt hinaus.

Am folgenden Tage, den 24. September, blieben wir in Mattaringi und machten einen Ausflug auf den Gipfel des Ava= sara, eines Berges, der durch die Messung eines Längengrades berühmt geworden ist, welche nacheinander im Jahre 1738 von Maupertuis und Celsius, und im Jahre 1801 von Ofverböm und Svanberg angestellt wurde. Wir fanden mit dem Baro= meter, daß der Gipfel dieses Berges 196 Meter über den Ge= wässern des Torneoelf liegt. Diese Höhe kann nicht viel von der wahren abweichen. In dem Bericht von Svanberg lesen wir, daß die schwedischen Beobachter vom Gipfel des Avasara aus für die Eintiefung der Nordgrenze ihrer Basis 51722 Centesimalsekunden, rund 4° 39′ 18″, gefunden haben, während der horizontale Abstand zwischen beiden Punkten 2132 Meter betrug. Daraus ergiebt sich für den Niveauunterschied 187,₃ M., und es ist nur noch die Höhe des Signals, der Nordspitze der Basis über den Gewässern des Torneoelf hinzuzufügen, sowie der Augenhöhe des Beobachters über dem Gipfel des Avasara Rechnung zu tragen. Wir haben die Elemente zu diesen Korrektionen nicht in Händen, doch kann man nach dem Bericht von Svanberg annehmen, daß sie die beobachtete Höhe in eine Höhe von 190 bis 195 Meter verwandeln würden. Was die

*) Aimez-vous la muscade, on en a mis partout. (Muskatnuß liebt Ihr wohl? Sie fehlt in keiner Schüssel.)

der Flußgewässer von Mattaringi betrifft, so geben ihr unsere
Beobachter 21 Meter, doch ist wohl die Höhe von 48 Meter,
welche Herr Svanberg angiebt, vorzuziehen. Der Abstand,
welcher uns von Karesuando trennte, war bereits zu groß, als
daß wir auf die Genauigkeit der barometrischen Resultate hät=
ten rechnen können, und die Messung des Herrn Svanberg er=
giebt sich wahrscheinlich aus einem geodätischen Nivellement.

Die Vegetation des Avasara ist sehr schön, Heidelbeeren und
Bärentrauben sind in Menge vorhanden. Ihre Beeren waren
reif. Während der beiden Sommer, welche wir im Eismeere
zugebracht hatten, des Obstes beraubt, fanden wir den Geschmack
derselben köstlich. Auf dem Gipfel bewunderten wir Birken
von 10 Meter Höhe, deren schwankende und hängende Aeste
an die Physiognomie dieses Baumes in den französischen Land=
schaften erinnerten.

Zu Mattaringi (Ofver=Torneo) vernahmen wir, daß Herr
Portin, den Meteorologen durch seine langen Reihen von Be=
obachtungen wohl bekannt, im vergangenen Winter gestorben
sei. Leider konnten wir unser Barometer nicht mit dem sei=
nigen vergleichen, da das Quecksilber in der Zeit zwischen sei=
nem Tode und unserer Ankunft ausgeflossen war. An
diesem Instrument saß eine Papierskala in Zolle und Zehntel=
zolle eingetheilt. Wir versicherten uns, daß 3 Zolle dieser
Eintheilung 89 Millimetern, rund 1 Zoll $= 29,_7$ Mm., gleich=
kamen. Die Röhre war viel zu kapillar, und die Kugel ohne
beständiges Niveau. Man sieht, daß diese Beobachtungsreihen
nur einen sehr geringen Grad von Vertrauen verdienen.

Am 25. September Abends gingen wir in Kulkula zur
Ruhe, dort sind die Gewässer des Flusses nur noch an zehn
Meter über dem Meere erhaben.

Am folgenden Morgen verließen wir unsern Nachen, um
den Landweg einzuschlagen. Das Land war mit geackerten

Feldern bedeckt, die durch Hecken getrennt, und mit Wiesen und Schlagholz untermischt waren. Der Roggen gesellte sich zur Gerste, welche zu Mattaringi allein gebaut wird. Zahl= reiche Windmühlen überragten die Gipfel der Hügel. Dieser Anblick erinnerte uns an die Umgegend von Paris, und doch befanden wir uns unter dem Polarkreise bei Torneo, dem äußersten Reiseziel der Touristen, welche die Sonne um Mitter= nacht sehen wollen. Den 26. um neun Uhr Morgens von Kulkula aufgebrochen, langten wir gegen Mittag zu Haparanda an. Seit Torneo russisch geworden ist, hat der Handel diese neue Stadt geschaffen, die sich wie durch Zauberschlag am schwedischen Ufer des Flusses erhebt und wächst. Wir blieben daselbst bis zum 3. Oktober, worauf wir die Heerstraße nach Stockholm einschlugen.

Pflanzenbesiedelung der brittischen, der Shetland- und Faröerinseln, sowie Islands.

Stammt eine jede Pflanze von dem Orte her, wo sie sich gegenwärtig fortpflanzt, oder giebt es Schöpfungscentren, von wo die Gewächse sich rings über die Erdoberfläche ausgebreitet haben? So lauten die beiden Fragen, über deren Beantwortung die Naturphilosophen noch lange getheilter Meinung sein werden. Die Einen suchen die Frage gewissermaßen zu umgehen, und nehmen an, daß die Pflanze an dem Orte, wo sie vor unsern Augen lebt, entsprungen sei; — die Andern dagegen nehmen große Pflanzenwanderungen an, ähnlich denen der Menschen-rassen. Indem Letztere auf diese Fragen die ihnen von der Geologie über die Vergangenheit der Erde und von der physischen Geo-graphie und der Meteorologie über den gegenwärtigen Zustand derselben gelieferten Kenntnisse anwenden, begnügen sie sich nicht damit, in der geographischen Vertheilung der Arten eine Thatsache ohne Prämissen und Konsequenzen zu erblicken. Sie suchen darin die Spur der letzten oberflächlichen Veränderungen unsers Planeten und die Wirksamkeit der so zahlreichen und mannichfachen Kräfte zu erkennen, welche noch jetzt die Zer-streuung der Pflanzen beeinträchtigen oder begünstigen. Sie

suchen auf der Karte den Marsch dieser Pflanzenheere anzu=
geben, welche gewisse Länder überzogen haben, während andere
ihre ursprüngliche Flora bewahrt haben. Diese Untersuchungen
datiren erst von gestern; indem wir das Augenmerk der denken=
den Geister darauf lenken, hoffen wir, daß man die Bedeutung
derselben ahnen werde. In der That ist die Schöpfung der
gegenwärtigen Gewächse dem Auftauchen der Kontinente und
Inseln auf dem Fuße gefolgt. Es ist gewissermaßen der letzte
Akt in der geologischen Geschichte unsers Erdballs. Zu gleicher
Zeit erscheint der Mensch; die Tradition jedoch beginnt erst
lange nachher.

Seit Anfang unsers Jahrhunderts hatten die Botaniker
bemerkt, daß gewisse Inseln eine ihnen eigenthümliche Flora
besitzen, während andere keine Pflanze darbieten, die sich nicht
auf dem nächsten Festlande wiederfindet. Die britischen Inseln
befinden sich in diesem Falle, doch wollen wir uns nicht darauf
beschränken, die Vegetation Englands, Schottlands und Irlands
zu analysiren, wir wollen auch die Pflanzenwanderungen auf
jener Reihe von Inselgruppen, Inseln und Inselchen zu ver=
folgen suchen, welche unter den Namen Orkaden, Shetland,
Faröer und Island die einzige Kette bilden, welche Mittel=
europa mit Nordamerika verbindet.

Untersuchen wir zuerst die Pflanzengeographie der britti=
schen Inseln. Bei dieser Untersuchung werden uns als Führer
die schönen Arbeiten der Herren Hewett Watson*) und Edward
Forbes**) dienen. Alle Beide haben ihr Vaterland, der erste

---

*) Remarks on the geographical distributions of British Plants, chiefly
in connexion with Latitude, Elevation and Climate (1 vol. in 8°, 1835)
sowie Cybele Britannica 1847 bis 1859.

**) On the Connexion between the distribution of the existing Fauna
and Flora on the British Isles and the geological changes which have
affected their Area, specially during the epoch of the Northern Drift (Me-
moirs of the geological Survey of Great Britain, 1846. t. I. p. 336).

als Botaniker, der zweite als Zoologe und als Geologe, sorg=
fältig erforscht. Ein wichtiger Hauptumstand beherrscht sämmt=
liche Ergebnisse, zu welchen diese Gelehrten gelangt sind, daß
nämlich die brittischen Inseln nicht Eine Pflanze darbieten,
welche ihnen eigenthümlich angehört und die sich nicht auf dem
festländischen Europa wiederfindet.*) Diese Inseln lassen sich
also nicht als ein Mittelpunkt der Pflanzenschöpfung betrachten,
da alle Pflanzen, welche sie bewohnen, auch auf dem europäischen
Festlande vorkommen. Doch stammen nicht alle aus denselben
Gegenden Europa's, und an der Hand der Herren Watson
und Forbes werden wir eine Reihe von Pflanzenwanderungen
erkennen, welche die brittischen Inseln allmälig bevölkert haben.

Asturischer Typus. Dank der Gelindigkeit seiner
Winter hat uns Irland sozusagen die Reste einer iberischen
Flora aufbewahrt. Man trifft im Südwesten dieser Insel
wildwachsend zwölf in Asturien heimische Pflanzen an, welche
sich in Irland als die letzten Ueberreste einer Kolonie erhalten
haben, deren Ausgangspunkt sich im Norden Spaniens befindet.
Auf die Westküste beschränkt, kommen diese Pflanzen in den
östlichen Provinzen der Insel nicht vor. Weiter unten werden
wir mit Forbes die wahrscheinlichen Ursachen dieser Wanderung,
der ältesten von allen, herauszufinden suchen, der ältesten, weil
sie eine Temperatur und eine Vertheilung von Land und Meer
voraussetzt, welche von der heutigen sehr verschieden sind.

Armorikanischer Typus. — Der Südwesten Englands
und der Südosten Irlands bieten eine Vegetation dar, deren
Aehnlichkeit mit der der Bretagne und Normandie den Bota=
nikern schon längst aufgefallen ist. Viele südliche Arten trifft
man die Westküsten Frankreichs entlang an, bis ihnen die stets
wachsende Strenge des Klimas auf ihrer Wanderung nach

---

*) Eine einzige Art, das Eriocaulon septangulare, auf die Küsten der
Hebriden verbannt, ist in Nordamerika einheimisch.

Norden Einhalt gebietet. Eine gewisse Anzahl dieser Pflanzen treffen auf der Halbinsel, deren äußerste Spitze Cherbourg einnimmt, eine so gelinde Wintertemperatur an, daß sie dort trotz der geringen Sommerwärme aushalten. Später haben sich diese Pflanzen im Südwesten Englands die Küsten von Devonshire und Cornwallis entlang ausgebreitet, von da haben sie die gegenüberliegenden Gestade Irlands gewonnen und sich in den Grafschaften Cork und Waterford naturalisirt. Ebenso brachen vordem die Normannen unter der Führung Wilhelm's des Eroberers von denselben Gestaden auf, um England an sich zu reißen. Die Pflanzeneroberung aber hat den Süden der Insel nicht überschritten und bis Strenge des Klimas, welche die Menschen nicht zu hemmen vermag, dem Einfall der Pflanzen einen unübersteiglichen Wall entgegengesetzt.

Nordischer Typus. — Die Gebirge Schottlands, Cumberlands und des gälischen Hochlandes bieten dem Botaniker eine ganz besondere und in allen Punkten verschiedene Vegetation dar. Derjenigen der Schweizer Alpen analog, besitzt diese Flora eine noch auffallendere Aehnlichkeit mit der Flora der arktischen Länder, wie Lapplands, Islands und Grönlands. Die bei weitem größte Anzahl der auf den Gipfeln der Hochgebirge Schottlands lebenden Pflanzen kommt auch auf den Inseln des Eismeeres am Meeresstrande fort, doch finden sich viele darunter, welche nie in den Schweizer Alpen gefunden worden sind. Gleichwohl kommt die große Mehrzahl dieser Gewächse zugleich an den Gestaden der Polarländer und auf den schneegekrönten Gipfeln der Alpen und Pyrenäen vor.

Germanischer Typus. — Dies ist derjenige, welcher in England herrscht, und sozusagen den Grundstock der Vegetation bildet. Im nördlichen Frankreich und Deutschland einheimisch, haben diese Gewächse den größten Theil Englands, Schottlands und Irlands eingenommen, wie vordem die Sachsen ins Gebiet der Angeln einfielen, um sich an deren Stelle zu setzen. Wenn es wahr ist, daß die eingeborenen Herren nach der Eroberung verschwunden sind, so ist es wohl eben so wahr, daß die Pflanzen Deutschlands diejenigen erstickt haben, welche die ursprüngliche Vegetation dieser Inseln bildeten. Im Laufe der Jahrhunderte ist der germanische Typus dermaßen vor= herrschend geworden, daß die meisten englischen Botaniker ihn mit dem Namen des brittischen bezeichnen. Gleichwohl hat eine gewisse Anzahl von Pflanzen, welche diesem Typus angehört, die Meerenge, welche England von Irland trennt, keineswegs überschritten, während der übrige Theil der Einwanderung die= ses Hinderniß besiegte. Diese Arten, gemein an der englischen Küste, welche den St. Georgskanal einfaßt, sind an dem gegen= überliegenden Strande von Irland unbekannt. Die Studien des Zoologen bestätigen in allen Punkten die aus der Botanik gezogenen Schlüsse. Gewisse in Deutschland sehr verbreitete Thiere scheinen in England in denjenigen Gegenden gewisser= maßen eingehegt zu sein, wo die germanische Flora ausschließ= lich herrscht; so sind der Hase, das Eichhorn, das Murmelthier, der Hausmarder, der Maulwurf auf England beschränkt und finden sich in Irland nicht. Auf letzterer Insel vertreten nur fünf Arten die Klasse der Reptilien. In England giebt es deren elf, und in Belgien, dem Ausgangspunkte der germanischen Wanderung, zweiundzwanzig. Lebende Mollusken, so ver= schiedene Arten von Schnirkel= und Schließschnecken, sind in gleicher Weise vertheilt.

Die Meer=Fauna und Flora gehorchen allen den Gesetzen, welche bei der Vertheilung der Landthiere und Landgewächse walten. Gewisse, den südlichen Bezirken eigenthümliche See= algen finden sich nur an den Westküsten Englands, und man fängt daselbst Fischarten, welche nie über den Pas de Calais oder den St. Georgskanal hinauskommen. Dies sind die neptunischen Repräsentanten des asturischen und armorikanischen Typus. Desgleichen sind der Häring, der Schellfisch, der schwarze Wittling nur in der Nordsee die Ostküsten entlang, wo der germanische Typus vorherrscht, reichlich vorhanden. Endlich scheinen die großen Cetaceen, wie die Walfische, die Narwale, die Delphine der arktischen Meere selbst im Schoße des Ozeans die ideale Grenze einzuhalten, welche die nordische Vegetation Schottlands und Englands von den südlicheren Floren von Cornwallis und des südlichen Irlands trennt.

Bislang hatten die Naturforscher in dieser Vertheilung der lebenden Wesen nach gewissen bestimmten Regionen nur eine natürliche Folge des allmächtigen Einflusses des Klimas und des Bodens erblickt. Wenn einige Pflanzen Asturiens sich im Süden Irlands halten, so rührt dies nach ihnen daher, daß sie dort die gelinden Winter der iberischen Halbinsel antreffen, und daß die mäßig warmen Sommer Irlands zum Reifen ihrer Samenkörner hinreichen. Desgleichen haben die Pflanzen der Bretagne und Normandie die Meerenge überschreiten und Cornwallis und Devonshire einnehmen können, wo ein ihrem Heimatlande analoges Klima herrscht. Die kräftigen Gewächse Deutschlands haben in den mittleren Gegenden Englands, im Süden Schottlands und im Norden Irlands Daseinsbedingun= gen, analog denen im Norden Deutschlands und Frankreichs, angetroffen, daher ihre Vermehrung und Verbreitung im größten Theile der brittischen Inseln. Endlich boten die Felsen, die grasigen Abhänge, die Torfe und Moore Schottlands den ark= tischen Pflanzen die mannichfachen Standörter, die mäßigen Sommer, den langen Winterschlaf und den schützenden Schnee der Polarländer.

Edward Forbes hat sich mit diesen Erklärungen keines= wegs begnügt, er hat einen tiefern Grund für das Vorhanden= sein dieser fremden, Fauna und Flora der britischen Inseln

bildenden Typen gefunden. Er hat darin die Spuren einer
nicht mehr vorhandenen Ordnung der Dinge, die Beweise für
das Vorhandensein wärmerer oder kälterer, als die heutzutage
herrschenden Klimate, die Anzeichen einer Gestaltung von Erd
und Meer zu erkennen gemeint, deren Spuren uns die Tiefe
des Ozeans verhüllt. Folgen wir ihm in seinen geistreichen
und gelehrten Forschungen. Da er zuerst eine neue Bahn ein=
schlug, konnte und mußte er oft auf verkehrte Wege gerathen.
Allein mit mächtiger Hand verknüpft er die Vergangenheit
unsers Erdballs mit der Gegenwart desselben, alle Reiche der
Natur ruft er zum Zeugnisse seiner Idee auf, und sollte er sich
auch irren, so hat er doch zum Fortschritte der Naturwissen=
schaften beigetragen, indem er vollends die eingebildete Scheide=
wand einriß, welche die Gelehrten und die Tradition zwischen
dem gegenwärtigen Zustande und den geologischen Epochen
unsers Planeten aufgeführt hatten.

Die zehn einheimischen Pflanzen Asturiens, welche den
Südwesten Irlands bewohnen,*) sind in Forbes Augen die
Reste der ältesten Pflanzenkolonie der britischen Inseln. Unter
allen den Pflanzen, welche gegenwärtig den Archipel bevölkern,
giebt es keine, welche dem Boden, der sie trägt, fremder wären.
Die Entfernung ihres kontinentalen Ausgangspunktes, der un=
geheure Golf, welcher jetzt die kleine Kolonie von ihrem Mutter=
lande trennt, die Verschiedenheit der Klimate, die geringe Anzahl
der überlebenden Arten, Alles verkündet einen alten Ursprung
und eine Ordnung der Dinge, die sich durchaus nicht mit der
heutzutage herrschenden vergleichen läßt. Um dieselben wieder=
zufinden, geht Forbes auf die Reihe der geologischen Forma=
tionen zurück und versetzt uns in die Epoche, wo sich die jüng=

---

*) Saxifraga umbrosa L., S. elegans Mack., S. geum L., S. hirsuta L.,
S. hirta Don., S. affinis Don., Erica Makaii Hook., E. mediterranea L.,
Daboecia polifolia Don., Arbutus unedo L.

sten Tertiärschichten auf dem Grunde eines Meeres ablagerten,
welches einen großen Theil des südlichen Europas und des
nördlichen Afrikas bedeckte. Das Vorhandensein bieses Meeres
wird durch die zahlreichen fossilen Muscheln bewiesen, welche
ibentisch sind mit denen, welche man auf einer Menge von
Punkten von den Inseln Griechenlands bis zum Süden Frank=
reichs antrifft. Als biese neugebildeten Länder sich über dem
Meere erhoben, beschrieben sie einen ungeheuren Kontinent,
welcher Spanien, Irland, einen Theil von Norbafrika, die
Azoren und Kanaren umfaßte.

Die Erhebung bieses Meeresbodens ist keineswegs eine
müßige Hypothese, da Forbes eben biese Muscheln im Taurus
in einer Höhe von 1800 Metern über dem Niveau des Mittel=
länbischen Meeres angetroffen hat. Ja mehr, die große Bank
schwimmender Algen, welche sich im Halbkreise jenseits der
Azoren vom 15. bis 45. Grade der Breite ausdehnt, deutet
uns vielleicht die Umrisse bieses verlorenen Kontinents an.
Seine Ufer sind unter dem Meere verschwunden, der Gürtel
von Seealgen aber, welcher ihn umgab, schwimmt noch auf
der Oberfläche der Gewässer.*)

Nach Forbes hängt das Erscheinen der armorikanischen
Pflanzen in Devonshire, Cornwallis und im Südosten Irlands
mit dem Dasein bieses zerstörten Kontinents zusammen. Die
südliche Physiognomie dieser Gewächse ist in seinen Augen das
Anzeichen eines gemäßigteren Klimas als des gegenwärtigen.
Gleichwohl hindert nichts, biese Wanderung als gleichzeitig mit
der germanischen Eroberung zu betrachten, indem man sie auf

---

*) Diese Bank wird von einer Algenart, dem Sargassum bacciferum, ge-
bildet, das nur eine schwimmende Abart des Sargassum vulgare zu sein
scheint; welches man auf den die Küsten Europas einfassenden unterseeischen
Klippen antrifft.

die Epoche zurückführt, wo England und Frankreich noch mit einander verbunden waren.

Auf das Untertauchen dieses großen Kontinents, welches nachher eintrat, folgte eine ganz verschiedene Periode, während welcher die Temperatur der Luft niedriger war als jetzt. Während dieser Periode vollzog sich nach Forbes die Wanderung arktischer Pflanzen, welche sich in den Gebirgen Schottlands und Englands gehalten haben. Die Beweise für eine Gletscherperiode, welche derjenigen, worin wir leben, unmittelbar voranging, sind im ganzen Norden Europas reichlich vorhanden.

Ich will hier nicht auf die zahlreichen Spuren ehemaliger Gletscher eingehen, welche man in den Gebirgen Schottlands, Englands und Irlands antrifft, sondern mich auf die dem Thierreiche entnommenen Beweisgründe beschränken.

Der größte Theil der brittischen Inseln ist mit einem lockern, aus verführten Materialien gebildeten Gebirge bedeckt, welches die englischen Geologen mit dem Namen Drift bezeichnet haben. In den beiden nördlichen Dritteln Englands und Irlands und in ganz Schottland enthält dieser Drift die Reste von Thieren, welche sich in lebendem Zustande nur noch im Schoße des Eismeeres, sowie an den Küsten Islands und Grönlands finden. Ihre Aufzählung würde zu weit führen. Ich will nur den gemeinen Walfisch, den langköpfigen Potfisch, einen Flossenwal, den Narwal, einen Fisch der Meere Grönlands, sowie eine große Menge von Muscheln anführen, welche noch jetzt in denselben Strichen vorhanden sind. Während dieser Periode war England also zum Theil mit Gewässern bedeckt, deren Temperatur sich der des Eismeeres näherte. Nicht nur die Ebenen, sondern auch alle niedrigen Theile der Gebirge bildeten den Boden oder die Gestade dieses Ozeans, denn man hat im gälischen Hochlande Kies=, Sand= und Muschelbetten 450 Meter über dem gegenwärtigen Meeresspiegel erhaben gefunden. Um diese Zeit bildeten England und Schottland nicht ein zusammen= hängendes Land, sondern eine Gruppe von Inseln und Insel= chen. Nur die Gebirge Schottlands, Cumberlands und des gälischen Hochlands erhoben sich über den Fluten. Ein Klima, dem Islands ähnlich, herrschte auf diesem Archipel, die Gipfel der Gebirge waren, wie der des Hekla, mit ewigem Schnee be= deckt, und zahlreiche Gletscher reichten längs der Thäler bis zum Meeresstrande hinab. Die Pflanzen Grönlands, Islands und Norwegens landeten, von den Strömungen getragen und von den Eisbergen verführt, an diesen Inseln, wo sie ein nur wenig von dem ihres Heimatlandes verschiedenes Klima vor= fanden. Diese Verführung der Pflanzen durch die Eisberge ist keineswegs eine müßige Hypothese. Die Schiffer der Polar= meere haben oft Schollen angetroffen, die mit einer enormen Masse von mit Erde und Kies untermischten Trümmern bedeckt waren. Auf diesen Trümmern wachsen wie auf den oberfläch= lichen Moränen der Alpengletscher Pflanzen, und die an eine ferne Küste treibende Scholle setzt daselbst sozusagen die Pflan= zen ab, welche sich nachher in der Gegend verbreiten.

Diese arktischen Gewächse, sagt Edward Forbes, sind keines= wegs aus England verschwunden. Sie sind noch in den Ge= birgen Cumberlands, des gälischen Hochlandes und namentlich Schottlands vorhanden, wo sie ein Klima finden, welches dem ihres Heimatlandes analog ist.

Am Ende der Gletscherperiode begannen die brittischen Inseln langsam aus dem Schoße der Wellen aufzutauchen. Ueberall an ihren Küsten findet man noch Terrassen oder Linien ehemaliger Gestade, Anzeichen der Ruheperioden, welche diese allmälige Erhebung unterbrochen haben. Um diese Erscheinung gut zu verstehen, muß man sich nicht eine einfache Hebung der Küste vorstellen, wobei die untermeerischen Theile unbeweglich

blieben, sondern eine gleichzeitige Erhöhung des Meeresgrundes
und des Landes, welche sich mitsammen über ihr altes Niveau
erhoben. Diese Hebung ist es, welche das gegenwärtige Relief
der brittischen Inseln gebildet und die Gestalt und Tiefe der
umgebenden Meere bestimmt hat. Die Eintiefungen sind
weniger tief geworden und die Hochgründe aufgetaucht. Daher
eine Umwandlung in der Meerfauna. Indem das Meer wär=
mer war, wurden seine Gestade von den Thieren überzogen,
welche dieselben gegenwärtig bevölkern. Da die Temperatur=
veränderung in großen Tiefen aber weit weniger bemerkbar ist,
so haben die Thiere der Gletscherperiode sich dort zu halten
vermocht. Auch fängt man, sagt Forbes, in den Eintiefungen,
wo das Senkblei 160 bis 200 Meter anzeigt, mit dem Scharr=
netz die Mollusken der arktischen Meere, ja eine bedeutende
Menge von Muscheln, welche in fossilem Zustande im D r i f t
oder demjenigen Gebirge der Gletscherperiode vorkommen, wel=
ches den nördlichen Theil der brittischen Inseln bedeckt. Aus
dieser Gesammtheit von Thatsachen schließt Edward Forbes, daß
die tiefen Theile der brittischen Meere Bevölkerungen bergen,
deren Dasein, wie die Anwesenheit der die Gipfel der schottischen
Alpen bekränzenden Pflanzen, sich in die Gletscherperiode zu=
rückerstreckt.

Während der ganzen Dauer der geologischen Epoche, welche
wir soeben untersucht haben, war England mit Frankreich ver=
bunden. Der Kanal und die Meerenge von Calais waren
nicht vorhanden. Das ist eine für die Wissenschaft gewonnene
Thatsache und alle Geologen stimmen darin überein, die Tren=
nung Englands vom Kontinent als ein bezüglich sehr neues
und wahrscheinlich sogar mit dem Menschen gleichaltriges Er=
eigniß zu betrachten. Constant Prévost und b'Archiac haben
dies vollständig bewiesen, Ersterer, indem er auf die Ueberein=
stimmung hinwies, welche zwischen den Kreideschichten der beiden

Ufer des Kanals obwaltet, Letzterer, indem er die Jdentität der
die Kreide bedeckenden Schichten von Rollsteinen bewies. Diese
Schichten, ähnlich benen der jetzigen Flüsse und Wasserläufe,
bilden die oberste Decke des Bodens, diejenige also, welche sich
nach allen übrigen abgelagert hat; da diese Decke nun auf
beiden Seiten des Kanals identisch ist, so ist sie zur Zeit, wo
beide Länder vereint waren, von bemselben Strome abgelagert.
Die Trennung ist später vor sich gegangen, sie rührt von der
Aufrichtung der Kreibeschichten her, welche sich auf beiden Seiten
nach bem Jnnern bes Landes zu senken und von ber Seeseite
gehoben erscheinen.

Beim Anbrechen ber gegenwärtigen Epoche bilbete England
also eine Halbinsel, ähnlich wie Dänemark, das Klima, die
Bobenoberfläche waren, was sie heute noch sind, auch überzogen
bie Pflanzen Frankreichs und Deutschlands alsbald biese neu
aufgetauchten Erbstriche, bie kräftigen Gewächse bes nörblichen
Europas nahmen ben größten Theil ber brittischen Inseln ein.
Wälder, eben so büster wie bie Deutschlands, bebeckten bamals
bie Hügel Englands. Sumpfgewässer stanben in ben Niede=
rungen, man findet noch in ben Torfmooren, welche sie ersetzt
haben, Knochen und Geweihe von Riesenhirschen und bie
Stämme von ben Bäumen bieser erloschenen Walbungen. Ver=
loren gegangene Arten von Ochsen, Bären, Wölfe und Füchse
waren die einzigen Bewohner bieser Einöben. Die Aufgabe
ber Natur war vollbracht, bie bes Menschen beginnt. Die
Wälber fallen unter der Art, bie stehenden Gewässer verlaufen
sich, bie Kultur breitet sich aus, bie schäblichen Thiere ver=
schwinden, bie Bevölkerung wächst und bie Umwandlung des
Bobens vollzieht sich burch bie unaufhörlichen Fortschritte ber
Civilisation. Ein Werk von Menschenmacht, ist biese Umwand=
lung eben so vollständig, eben so tiefgreifend, als bie, welche

in den geologischen Zeiten vor sich ging, zur Zeit, wo die
gegenwärtige Epoche der Gletscherperiode folgte.

Versuchen wir die Ideen Hewett Watson's und Edward
Forbes' über den Ursprung der Flora und Fauna des britti=
schen Archipels zusammenzufassen, so werden wir mit ihnen
sagen, daß diese Inseln von mehren, seit der Epoche der mitt=
leren Tertiärschichten bis zur unsrigen, allmälig vom festlän=
dischen Europa ausgegangenen Kolonien bevölkert worden sind.
Als sich ein ungeheurer Kontinent von den Mittelmeergegenden
bis zu den brittischen Inseln ausdehnte, bevölkerten die Pflan=
zen Asturiens und Armorikas den Süden Englands und Ir=
lands. Dieser Periode folgte die Eiszeit, während welcher das
Land bis zu einer Höhe von etwa 450 Metern bedeckt ward.
Es ist die Zeit der Wanderung der arktischen Pflanzen, welche
noch die Spitzen der Gebirge Schottlands bewohnen. Als das
Land wieder auftauchte, war England mit Frankreich vereint,
die Temperatur so, wie sie gegenwärtig ist. Nun fand die
große germanische Eroberung Statt, sie verschlang sozusagen
alle andern und ließ nur schwache Reste übrig. Während so
die asturischen Pflanzen, die des Südens, zu einer geringen
Anzahl auf den Südwesten Irlands beschränkter Arten zusam=
mengeschmolzen sind, vollenden die kräftigen Gewächse des Nor=
dens ihre Eroberung und bemächtigen sich des Bodens, der
später von einem kriegerischen, aus denselben Gegenden stam=
menden Geschlechte eingenommen werden sollte. Nach voll=
brachter Besiedelung trennt sich England vom Festlande, und
dieses letzte geologische Ereigniß, so unbedeutend im Vergleich
zu den ihm vorangegangenen, hat einen unermeßlichen Einfluß
auf die Geschicke der Welt ausgeübt. Weniger isolirt, würde
England weniger selbstsüchtig geworden sein, und seine starken
Rassen hätten sich vielleicht mit einer der großen Festland=
Nationen, welche es bevölkert haben, verschmolzen.

Während Hewett Watson und Edward Forbes den konti=
nentalen Ursprung der Pflanzen und Thiere Englands bewiesen,
studirte ich die Pflanzenbesiedelung der Shetland= und Faröer=
inseln, sowie Islands. Diese Inseln bilden sozusagen eine
fortlaufende Kette, welche die äußerste Nordspitze Schottlands
mit der Ostküste Grönlands verbindet. Es sind die einzigen
Länder, welche Europa mit Amerika verknüpfen. Ich hatte die
Faröer im Jahre 1839 besucht; die Vegetation dieses Archipels
war mir aufgefallen. Obgleich inmitten der Nordsee verloren,
bestand ihre Flora doch aus ganz gemeinen Pflanzen, von
denen die meisten in den Ebenen Mitteleuropas, andere in den
Schweizer Alpen, einige in Schottland und Grönland einheimisch
sind. Indem ich meine Nachforschungen auf die Shetland=
inseln und Island ausdehnte, fand ich ebenfalls, daß diese
Inseln keine ihnen eigenthümliche Vegetation besitzen, sondern
daß alle ihre Pflanzen vom Kontinent stammen. Es ist das=
selbe Resultat, bei welchem Watson bei seinen Nachforschungen
über die brittische Flora angelangt war. Hier bot sich ein
neues Problem dar; kamen diese Pflanzenkolonien von Europa
oder von Amerika? Da eine große Anzahl von Pflanzen den
nördlichen Theilen der alten und neuen Welt gemeinsam sind,
bot die Frage einige Schwierigkeiten dar. Immerhin fand ich
mehr als hundert ausschließlich europäische Arten unter den
auf den Inseln verbreiteten Pflanzen, welche ich unter sich ver=
glich, alle übrigen waren Europa und Amerika gemeinsam.
Europa hat demnach den größten Antheil an der Besiedelung
dieser Inselgruppen gehabt; eine große Pflanzenwanderung hat
sich durch England, Schottland, die Orkaden, Shetland und
Faröer bis Island erstreckt. Einige Arten sind direkt von den
Küsten Norwegens gekommen. Zu gleicher Zeit aber verfolg=
ten die auf Grönland einheimischen arktischen Pflanzen einen
umgekehrten Weg und verbreiteten sich über Island, die Faröer

und Shetland bis in die Gebirge Schottlands, wo sie ein zwei=
tes Vaterland antrafen. Diese doppelte Wanderung zeigt sich
in Zahlen. Wenn man den bezüglichen Antheil der ausschließ=
lich europäischen Arten, welche in der Flora der Shetland ent=
halten sind, berechnet, so findet man, daß derselbe ein Viertel
beträgt; auf den Faröer beträgt er nur ein Siebentel, auf
Island gar nur ein Zehntel. Je mehr man sich also von
Europa entfernt, desto mehr vermindert sich die Zahl der diesem
Kontinent eigenthümlichen Gewächse, zugleich aber nimmt der
Antheil der grönländischen Pflanzen fast im selben Ver=
hältnisse zu.

Sämmtliche Ideen Edward Forbes', so gewagt zur Zeit,
wo er sie laut werden ließ, sind durch die späteren Beobach=
tungen der Naturforscher Englands und Schottlands bestätigt
worden. Man hat deutlich das Vorhandensein von zwei Eis=
zeiten erkannt. Die erstere folgt unmittelbar auf das Dasein
der untermeerischen Wälder an der Küste von Norfolk zwischen
Cromer und Kessingland, welche den Braunkohlenlagern von
Uznach und Dürnten in der Schweiz entsprechen. Die Bäume
im Walde von Cromer, von denen einige noch stehen, gehören
den jetzt noch lebenden Kieferarten an; zwischen diesen Stämmen
findet man Haselnüsse, Samenkörner von Sumpfpflanzen, wie
Bitterklee (Menyanthes trifoliata), nebst Seerosen und Knochen
von Elephanten (E. antiquus Falc, E. meridionalis und E.
primigenius Blumb.), vom Nashorn (R. etruscus Falc),
vom Flußpferd, von Ochsen, Pferden, Hirschen und Bibern.
Dieser Wald lag in der Nähe des Meeres, denn er ist unmittel=
bar mit feinem Sand und mit Thon bedeckt, welcher Muscheln
enthält, die Brakgewässer bewohnen. Ueber dieser Schicht be=
merkt man ungeschichtete Haufen eckiger, geglätteter, gestreifter
oder gereifelter Kiesel, von denen einige Syenite und Porphyre
sind, die durch die Eisberge von Skandinavien herübergeführt

wurden. Diese Gletscherformationen submarinen Ursprunges haben zuweilen 130 Meter Dicke und beweisen, daß die Küste sich seit der Zeit, wo sie sich im Meere ablagerten, gehoben hat; um diese Zeit bildeten die brittischen Inseln einen aus einer beträchtlichen Anzahl kleiner Inseln bestehenden Archipel, woselbst die von den Gletschern Norwegens kommenden und mit diesem Lande eigenthümlichen Blöcken und Grandmassen belasteten Züge von Eisbergen an den Strand trieben. Allmälig hob sich dieser Archipel mit dem Boden des ihn umgebenden Meeres zu einer um wenigstens 500 Meter die jetzige übertreffenden Höhe.

Sandschichten bildeten sich in den aufgetauchten Thälern, Torfmoore überzogen alle niedrigen und feuchten Theile, aber Dank der größeren Erhebung des Kontinents setzten sich in den Gebirgen Schottlands und Englands Gletscher fest und stiegen bis in die Ebenen hinab; dies ist die zweite Gletscherperiode. Der Mensch erschien wahrscheinlich zwischen beiden, auch ist es die Zeit, wo der irische Riesenhirsch (Cervus eurycerus) lebte, dessen Skelet sich in den Torfmooren dieses Landes wiederfindet. Um diese Zeit war der Paß be Calais nicht vorhanden und England eine Halbinsel wie Dänemark. Seitdem hat eine neue Senkung stattgefunden, sie beträgt etwa 200 Meter; es sind dies die größten Tiefen, welche das Senkblei in dieser Meerenge anzeigt, und es würde genügen, daß der Grund desselben sich um eben diese Menge höbe, um England von neuem zu einer Halbinsel Europas zu machen.

Doch Dank einer neuen Vertheilung von Land und Wasser verschwanden, da sich das Klima verbessert hatte, die Gletscher, und die brittischen Inseln nahmen ihre gegenwärtige Gestalt an, allein die Oberfläche ihres Bodens bewahrte die unauslöschlichen Eindrücke dieser Veränderungen in Temperatur, Niveau, Fauna und Flora, welche die Ausdauer und der

Scharfsinn der jetzt lebenden Geologen in dem oberflächlichen Boden der brittischen Inseln zu erkennen gewußt hat. Nur eine, während einer unberechenbaren Anzahl von Jahrhunderten sich fortsetzende Reihe langsamer Vorgänge vermag die Mächtig= keit und Mannichfaltigkeit dieser verführten Gebirge zu erklären. Die Zeit hat gethan, was die gewaltigsten Wasserfluten nicht hervorzubringen vermocht hätten. Alles lehrt uns, daß sie das Agens ist, welches die Erdoberfläche umgewandelt hat und noch vor unsern Augen umwandelt. Die Erkenntniß von der Macht der jetzigen umwandelnden Ursachen, vermehrt durch die Wir= kung der Zeit, ist die kostbarste Eroberung der heutigen Geo= logie. Vordem, in der theologischen Periode dieser Wissenschaft, stürzte man sich entschlossen in die ungeheuerlichsten Phantasie= gebilde hinein. Je nach Bedürfniß nahm man plötzliche Um= wälzungen, ungeheure Zerstörungen, riesige Kräfte, unbekannte Triebfedern, eingebildete Ursachen an. Jetzt suchen aufrichtige Geister erst den Grund der geologischen Thatsachen in den natürlichen Kräften, innerhalb der Machtgrenzen wirkend, die sie vor unsern Augen entfalten, und betreten das Feld der Hypothese erst, nachdem sie das der Wirklichkeit erschöpft haben.

Zwanzigste Versammlung der Brittischen Gesellschaft zu Edinburg im August 1850.

Zu Anfang des Jahres 1831 machte David Brewster, einer der größten Physiker Großbrittanniens und der Welt, Professor Phillips den Vorschlag, zu York, etwa im Mittelpunkte Englands, eine Anzahl von Gelehrten zu dem Ende zu versammeln, am Fortschritte der Wissenschaften zu arbeiten, indem man wichtige, alljährlich von denselben aufgeworfene Fragen erörterte und Aufgaben stellte, deren Lösung von Belang für die Zukunft des gesammten Menschengeschlechts ist. Der Ruf fand Gehör, und eine Anzahl Männer, jeder von der Wissenschaft, die er verherrlicht hatte, sozusagen abgeordnet, kamen zusammen, um sie auf diesem im Entstehen begriffenen Kongresse zu vertreten. Mehre hohe Herren, welche es sich zur Ehre anrechnen, zum Fortschritte des menschlichen Wissens durch ihre Arbeiten, ihren Einfluß und ihr Vermögen beizutragen, verbanden sich mit ihnen. Auf den festen Grundlagen der Einheit, der gegenseitigen Achtung und der Liebe zum Guten errichtet, wuchs die Brittische Gesellschaft sehr schnell. Alljährlich eine der hauptsächlichsten Städte Großbrittanniens als Sitzungsort ihrer Zusammenkünfte erwählend, versammelte ſie ſich nach einander zu York, Orford, Cambridge, Edinburg, Dublin, Briſtol, Liverpool, Newcaſtle, Birmingham, Glasgow, Plymouth, Mancheſter, Cork, und kam nach dreizehn Jahren wieder auf ihren Geburtsort York zurück. Im Jahre 1850, nach einem Zwiſchenraum von vierzehn Jahren, fand ſie ſich abermals in Edinburg, vor andern der Stadt der Wiſſenſchaft und Litteratur, zuſammen, die noch nicht von dem ungeheuren induſtriellen Strome, welcher ganz Großbritannien mit ſich fortreißt, überſchwemmt iſt. Allein Dank jenem fruchtbaren Genoſſenſchaftsgeiſte, welcher das engliſche Volk beſeelt, hat der beſcheidene Verein von 1831 alle Verhältniſſe einer mächtigen Geſellſchaft angenommen, welche eine entſcheidende Rolle in der wiſſenſchaftlichen Welt zu ſpielen berufen iſt. Dieſes Jahr be= ſtand ſie aus 1225 Perſonen, nämlich 954 Engländern, Schott= ländern oder Irländern, 247 Damen und 24 Fremden. Die eingegangene Summe, bei einem Satz von einer Guinee auf die Perſon, belief ſich auf 27,500 Francs, deren Verwendung wir angeben werden. Die Damen waren faſt ſämmtlich Töchter oder Frauen von Mitgliedern der Geſellſchaft, oder von Ein= wohnern Edinburgs und der Umgegend; ſie benützten dieſe Gelegenheit, um ſich eine Vorſtellung von jenen Wiſſenſchaften zu verſchaffen, die weniger Anziehendes als die Künſte haben, deren Intereſſe aber auch ein reelles iſt. Wenn die Sinne nicht erregt oder entzückt werden, ſo wird dagegen der Verſtand befriedigt; das ruhige Licht der Wahrheit blendet die Einbildungskraft nicht, klärt aber die Einſicht auf. Auch denke man nicht, daß dieſe Damen dem hinfort erloſchenen Geſchlecht der Blauſtrümpfe angehörten; meiſt jung und hübſch, folg= ten ſie regelmäßig den Sitzungen der verſchiedenen Sektionen. Die meiſten hatten ſich der geologiſchen Sektion beigeſellt, und es war keine geringe Ermunterung für die zahl= reichen Freunde dieſer Wiſſenſchaft, vor einem zugleich ſo ge=

bietenden und ſo reizenden Auditorium zu reden. Mehre be=
mühten ſich, in die erhabenen aber ſchwierigen Kenntniſſe einzu=
bringen, welche das Gebiet der Aſtronomie und der Phyſik
bilden, andere wurden von der Zoologie oder von der Botanik
gefeſſelt. Die Vögel und die Blumen, dieſe entzückenden
Schöpfungen, welche der Poeſie, der Malerei und der Natur=
geſchichte zugleich angehören, hatten ſie von der Kunſt zur
Wiſſenſchaft hingezogen. Ja, einige hatten es nicht geſcheut, die
Statiſtik in Angriff zu nehmen, Erörterungen über Staats=
wirthſchaft beizuwohnen und den Reihen von Ziffern, ſowie
ihren obligaten Gefährtinnen, den Proportionalzahlen, zu trotzen.

Die Mehrzahl der berühmteſten Gelehrten Englands hatte
ſich zu der Verſammlung nach Edinburg begeben; ſie betrach=
ten dieſe Pünktlichkeit als eine Pflicht gegen die Wiſſenſchaft
und als eine Höflichkeit gegen beſcheidenere und minder begün=
ſtigte Mitgenoſſen, ſei es von Seiten der Natur, welche ihnen
nicht gleich hervorragende Fähigkeiten verlieh, ſei es von Seiten
des Glücks, welches ihnen nicht geſtattete, dieſelben zu entwickeln;
ſie ehren und ermuntern auch den uneigennützigen Eifer des
beſcheidenen Arbeiters, der bei ſeinen Bemühungen der Leitung
und Unterſtützung bedarf. Betrachtet man die Einfachheit im
Weſen, die Umgänglichkeit und Vertraulichkeit dieſer hervor=
ragenden Männer, ſo wird man ihr Genie darunter nicht ver=
muthen, ſie verbergen es mit eben ſo viel Sorgfalt, als hohe
Herrſchaften ihre Titel und Reichthümer. Es iſt dies eine Ge=
rechtigkeit, die ich glücklich bin dieſer Elite der engliſchen Ge=
ſellſchaft widerfahren zu laſſen. Die vollkommenſte Gleichheit
herrſcht unter all' dieſen, in mehr als einem Betracht bedeuten=
den Männern, auch gefallen ſich die Tiefergeſtellten darin, eine
Hierarchie anzuerkennen, welche die Höhergeſtellten ſich unab=
läſſig bemühen vergeſſen zu machen. Man beſtreitet nie eine
Ueberlegenheit, die ſich nicht aufdrängt, und das Gefühl einer

achtungsvollen Zuneigung verbindet fich ganz natürlich mit dem einer wohlverdienten Bewunderung.

Ein anderes unterfcheidendes Merkmal diefes Vereins ift es, daß er weit davon entfernt ift, ausfchließlich aus Gelehrten von Fach, d. h. Profefforen, Aerzten oder Ingenieuren, zu be= ftehen. Bei den meiften Mitgliedern ift die Liebe zur Wiffen= fchaft vollkommen felbftlos; die durch ihr Verdienft hervorragend= ften Männer widmen ihr, weit entfernt, den mindeften Vor= theil aus der Wiffenfchaft zu ziehen, ihre Einficht, ihre Zeit, ihr Vermögen, ohne andere Hintergedanken, als einige neue Wahrheiten zu entdecken und fich die Achtung ihrer Mitbürger zu erwerben. Mehre der bedeutendften Gelehrten Englands und der Welt find Dilettanten, und ihre Namen find fehr zahlreich in dem folgenden Verzeichniffe vertreten, worin auch hohe Herren figuriren, die in den Studien eine edle Zerftreuung von den Arbeiten der Politik, des Krieges oder der Verwal= tung fuchen.

Unter den phyfikalifchen und mathematifchen Wiffenfchaften bemerkte man: Brewfter, Airy, Scoresby, J. D. Forbes, Philips, Laffell, General Brisbane, Bifchof Terrot, Lord Wroteffley, Oberft Sykes, Nasmyth, Osler u. f. w.

Unter den Chemikern: Chriftifon, Gregory, Daubeny, Joule.

Die Geologen, ein fahrendes Volk, waren die zahlreichften; hier die Namen der berühmteften: Jamefon, Murchifon, Eger= ton, Maclaren, Sedgewick, Mantell, der Herzog von Argyle, Lord Enniskillen, Flaming, der Marquis von Northampton, Pentland, Oldham, Philips, Pratt, Ramfay, Smith von Jor= danhill, Strickland, Edward Forbes und Hugh Miller.

Unter den Naturforfchern begnüge ich mich zu nennen: Richard Owen, Goodfir, Richardfon, Greville, Bentham, Ba= bington, Balfour, Cleghorn, Walker Arnott, Trevelyan und

Bogle; unter den Aerzten: Syme, Bennet, Hyrtl und
A. Thompſon.

Für die Statiſtik und die mechaniſchen Wiſſenſchaften:
Lee, Gordon, Aliſſon, Porter, Robinſon, Scott Ruſſell, Strang
und Stevenſon.

Unter der kleinen Anzahl Frember, welche ſich zu dem
Kongreß begeben hatten, bemerkte man: Herrn Hitchcock, einen
amerikaniſchen Geologen, Herrn Kupffer, einen ruſſiſchen Phy=
ſiker, Herrn Parlatore, einen italieniſchen Botaniker, Herrn
Hyrtl, Profeſſor der Anatomie zu Wien. Es waren da fünf
Deutſche, drei Holländer, drei Italiener, zwei Ruſſen, acht
Amerikaner und ein einziger Franzoſe, der, welcher die Ehre
hat dieſe Zeilen zu ſchreiben. Nachdem nunmehr das Perſonal
des Kongreſſes unſeren Leſern bekannt iſt, wollen wir verſuchen,
ihnen eine Idee von den Arbeiten deſſelben zu geben.

Am 31. Juli war die Geſellſchaft in dem großen und
ſchönen Konzertſaale der Stadt Edinburg verſammelt. David
Brewſter, dieſer tüchtige Phyſiker, deſſen Name mit allen gro=
ßen Entdeckungen auf dem Gebiete der Optik ſeit Anfang dieſes
Jahrhunderts verknüpft iſt, trug eine bedeutende Rede über die
Fortſchritte der Geſellſchaft und die der phyſikaliſchen und aſtro=
nomiſchen Wiſſenſchaften in den letzten Jahren vor. Nachdem
er den Schutz des Staates für die poſitiven Wiſſenſchaften an=
gerufen hatte, ſchloß er mit folgenden bedeutſamen Worten:
„Dieſer Schutz aber genügt nicht. Es hieße nicht in wirkſamer
Weiſe zum Frieden und zum Glück der Geſellſchaft beitragen,
wollte man die Wiſſenſchaft einzig und allein auf die Kaſte der
Gelehrten und Philoſophen beſchränkt ſein laſſen, eine derartige
Konzentrirung würde keine Wohlthat ſein; die Wiſſenſchaft
muß bis in die äußerſten Zweige des ſozialen Körpers ein=
bringen, dann erſt kann ſie ihn ernähren und ſtärken. Wenn
das Verbrechen ein Gift iſt, ſo iſt Bildung das Gegengift deſ=

16*

felben. Die Gefellfchaft würde vergebens den Seuchen und der Hungersnoth zu entrinnen fuchen, wenn der Dämon der Unwiffenheit, von feinen abfcheulichen Begleitern, dem Lafter und der Ausfchweifung, gefolgt, fich in alle Klaffen des Volkes einbrängte, die bürgerlichen Einrichtungen erfchütternd und die Grundlagen der Familie und der Gefellfchaft zerftörend. Der Staat hat alfo eine hohe Pflicht zu erfüllen; wenn er das Recht in Anfpruch nimmt, das Verbrechen zu ftrafen, fo übernimmt er damit auch die Verpflichtung, demfelben aus allen Kräften vorzubeugen; wenn er Unterwerfung unter die Gefetze fordert, fo muß er das Volk lehren, diefelben zu lefen und zu verftehen, er muß ihm die unfterblichen Wahrheiten beibringen, welche die Bürger zu Freunden der Ordnung, frei und glücklich machen werden. Es ift eine große Frage, was bei dem grenzenlofen Wachsthum menfchlicher Macht über die phyfifche Welt und des materiellen Wohlfeins aus unferm gefellfchaftlichen Zuftande werden wird, wenn diefer doppelte Fortfchritt nicht von einer entfprechenden Verbefferung der fittlichen und geiftigen Natur deffelben begleitet ift. Mögen die Gefetzgeber, die Häupter der Völker alfo ernftlich auf die Herftellung eines Syftems von Volksbildung bedacht fein, welches die Nationen über ihre wahren Intereffen aufklärt und die Täufchungen vernichtet oder die Vorurtheile zerftreut, welche fie in's fichere Verderben ftürzen würden."

Diefe Rede ward mit Beifall überfchüttet, und die Verfammlung ging auseinander. Während der folgenden Tage trennte fie fich in Sektionen, welche Tag für Tag von elf bis drei Uhr Sitzung hielten, um dem Vortrage von Abhandlungen zu laufchen, intereffante Fragen zu erörtern oder Experimenten beizuwohnen. Ich werde eine Vorftellung von den vornehmften Arbeiten, welche die öffentliche Aufmerkfamkeit feffelten, zu geben verfuchen.

Scoresby, der große Seefahrer, welcher einundzwanzig=
mal die Gegenden von Spitzbergen beſucht und eines der her=
vorragendſten Werke über die Polarmeere*) herausgegeben hat,
theilte Beobachtungen über die Größe und Schnelligkeit der
Wogen des Atlantiſchen Ozeans zwiſchen Nordamerika und
Europa mit. Nach ziemlich heftigem Winde, welcher ſechs=
unddreißig Stunden geweht hatte, fand er, daß eine Woge zehn
Sekunden brauchte, um die Länge eines Schiffes von 66 Me=
tern zurückzulegen, ihre Geſchwindigkeit betrug demnach 60 Kilo=
meter in der Stunde. Die bedeutendſte hatte 13 Meter Höhe,
und die Entfernung der beiden Kämme, welche die Länge der
Welle ergiebt, betrug 180 Meter. Ich werde die Mittheilungen
über Aſtronomie von Airy, über Optik von Brewſter oder über
Magnetismus von den Herren Philips und Allan Brown
nicht näher berühren; ſie erfordern, um verſtanden zu werden,
vorgängige Kenntniſſe, welche leider noch allzu ſelten ſind.
Jedermann aber würde entzückt geweſen ſein, die bewunderungs=
würdigen Zeichnungen der Mondoberfläche zu ſehen, welche Herr
Nasmyth mit Hülfe ſeines großen Teleſkops auszuführen ver=
mocht hat. Die Krater der ſogenannten Vulkane des Mon=
des ſind, in dieſem Teleſkop geſehen, eben ſo deutlich wie
die eines Erdgebirges in der Entfernung von drei bis vier
Meilen. Man erkennt ſehr gut die kreisrunde Böſchung
und den Kegel in der Mitte, doch gewahrt man keine
Spur von jenen Ausbrüchen oder Lavaſtrömen, deren Vor=
handenſein allein die Vergleichung dieſer Krater mit den Vul=
kanen der Erde rechtfertigen könnte. Die Meteorologie nahm
einen bedeutenden Platz in den Sitzungen der Sektion ein.
Man theilte Ueberſichten über die verſchiedenſten und entfernteſten
Klimate — Chriſtiania und die Azoren, die Ebenen von York=

---

*) Siehe S. 72.

ſhire und die Plateaus von Tibet, 3000 Fuß über dem
Meere — mit.

Eine Kommiſſion, beſtehend aus den Herren Airy, Forbes,
Kupffer, Philips, Brewſter, A. Thomſon und Ch.
Martins, war beauftragt worden, einen in der Nähe von Edinburg vom
Blitz zerſchmetterten Baum zu unterſuchen; ſie ſtellte eine Spren=
gung des Baumes feſt, deſſen Rinde und Splitter weit wegge=
ſchleudert waren. Eins der Ausſchußmitglieder machte darauf
aufmerkſam, daß dieſer vom Blitz getroffene Baum genau ſo
beſchaffen war, wie die durch die Verdunſtung des Waſſer=
dampfes während der Waſſerhoſen von Chatenay, Monville
u. ſ. w. geſpaltenen Bäume, ſo daß die elektriſche Natur jener
nicht länger bezweifelt werden kann.

Wir ſagten, daß die Abtheilung für Geologie die beſuch=
teſte geweſen ſei; die Mitglieder derſelben haben dieſen Eifer
auch zu rechtfertigen geſucht, und der Vorſitzende, Herr Murchi=
ſon, hat die Verhandlungen mit hoher Einſicht und Unpartei=
lichkeit geleitet. Die Abhandlungen waren danach gruppirt,
allgemeine Diskuſſionen herbeizuführen; letztere waren voll Leben
und Intereſſe, ohne daß irgend einer der Redner ſich je von
den Regeln der vollkommenſten Höflichkeit entfernt hätte. Der
Vorſitzende machte ſeine Entdeckung von dem Steinkohlengebirge
angehörenden Lagern in der Kette des Forez in der Umgegend
von Vichy bekannt. Herr Edward Forbes zeigte, daß die
neokomiſchen Schichten (Purbeck=Schichten) der Küſte von
Dorſet ſehr zahlreiche Abwechſelungen von Süßwaſſermuſcheln,
den tertiären Arten ſehr ähnlich, darbieten, während die See=
muſcheln weſentlich davon abweichen. Eine ganze Sitzung war
der Unterſuchung über den Urſprung der gereifelten Felſen, der
erratiſchen Blöcke, der geſtreiften Kieſel und des in der Um=
gegend von Edinburg ſie einſchließenden Thones gewidmet. Die
Meinungen waren getheilt zwiſchen denen, welche meinen, daß

Schottland ehedem, wie Spitzbergen noch heute, mit Gletſchern bedeckt geweſen iſt, und Andern, welche die fraglichen Phänomene vom Norden gekommenen Eisbergen zuſchreiben. Wie dem auch ſei, beide Hypotheſen ſetzen gleichmäßig das Vorhandenſein der Gletſcher in Gegenden voraus, wo ſie gegenwärtig nicht mehr vorhanden ſind, nur daß einige Geologen ihre Ausdehnung mehr als andere beſchränken. Die alte Annahme von diluvialen Fluten fand keinen Anwalt. Herr Murchiſon legte ſodann eine Skizze der geologiſchen Karte von Spanien unſeres Lands= mannes, Herrn Verneuil, vor, indem er ſeinem Eifer und ſei= nem Talent eine Huldigung darbrachte, welche mit einſtimmigem Beifall aufgenommen ward. Desgleichen machte er die ſchönen und gelehrten Unterſuchungen eines andern Franzoſen, des Herrn Barrande, früheren Erziehers des Grafen von Chambord, über die Foſſilien der unteren Gebirgsarten Böhmens bekannt. Allein und ohne Unterſtützung irgend welcher Art ſetzt Herr Barrande ſeine Zeit und ſein beſcheidenes Vermögen daran, die Thiere bekannt zu machen, welche zuerſt auf der Erdoberfläche erſchienen und um Millionen von Jahren nicht nur dem Men= ſchen, ſondern auch den großen Säugethieren und Reptilien, welche jüngere Schichten bergen, vorangegangen ſind. Welcher Einſichtige begriffe nicht, wie belangreich es iſt, die erſten Spuren des Lebens auf der Oberfläche dieſes alten Erdballes, den wir erſt ſeit geſtern bewohnen, aufzuſuchen. Die Geologie Schottlands ſollte und hat auf dem Kongreſſe eine bedeutende Rolle geſpielt. Ein junger Pair, einer der größten Namen der nationalen Ge= ſchichte, der Herzog von Argyle, las eine Arbeit über die Geo= logie von einem Theil ſeines eigenen Gebietes. Es war ein erheben= des Schauſpiel, zu ſehen, wie dieſer junge Mann, Herr eines gro= ßen Vermögens, die edlen Genüſſe des Geiſtes aufſuchte und ſeinen Mitbürgern die Frucht ſeiner Arbeiten darbot, über welche er ſich das aufgeklärte Urtheil der Meiſter der Wiſſenſchaft

erbat. Möchte ein derartiges Beispiel Nachahmer bei uns fin=
den! Möchten diejenigen, welche in Frankreich historische Na=
men tragen, sich des Grafen von Buffon, des Präsidenten
Malesherbes, Duhamels de Monceau, des Herzogs von Chaulnes
erinnern, statt der Parteihäupter, welche Frankreich getheilt und
zerrissen haben!

Hätte ich über mehr Raum zu gebieten, so würde ich über
die belangreichen Denkschriften sprechen, welche bei der Abthei=
lung für Botanik und Zoologie eingereicht waren; die Unter=
suchungen von Henry Strickland über den Dodo, einen Vogel
der Isle de France, welcher seit dem vorigen Jahrhundert gänz=
lich verschwunden ist; die von Royle über die Veränderungen,
welche die Kultur in den Eigenschaften der Baumwolle hervor=
bringt, die Bedingungen, unter welchen die Samenkörner ihre
Lebenskraft bewahren, und die angestellten Versuche, Farne in
künstlichen Atmosphären leben zu lassen, um die Frage über den
Ursprung der Steinkohle aufzuklären, die bekanntlich großentheils
aus Pflanzen dieser Familie gebildet ist; auch will ich die Ab=
handlung des Professors Parlatore aus Florenz über die be=
sondern Organe, welche sich im Stengel der Wasserpflanzen
finden, anführen.

Es drängt mich zur Statistik und Staatswirthschaft zu
kommen, Wissenschaften von allgemeinerem und unmittelbarerem
Interesse als die physikalischen und Naturwissenschaften.

Herr Strang, Schatzmeister der Stadt Glasgow, las einen
Bericht über das Wachsthum dieser Stadt; wir entnehmen
demselben eine Uebersicht mit um so größerem Vergnügen, als
derselbe eine Vorstellung von der ungeheuern Entwickelung der
großen Manufakturstädte Englands geben wird. Die amtliche
Stellung des Verfassers und die Sorgfalt, womit er seine Ar=
beit unternommen hat, berechtigen uns, seinen Ergebnissen vol=
len Glauben zu schenken.

Glasgow bietet den auffallenden Charakterzug dar, daß es alle Arten des Gewerbfleißes verbunden mit einem ſehr leb= haften Exporthandel darbietet; ſo findet man hier die Spin= nereien Mancheſters, die Zeugfabriken Norwichs, die Seiden= manufakturen Macclesfields, die Hüttenwerke Birminghams, die Glas= und Töpferwaaren Newcaſtles, Handel und Gewin= nung der Steinkohle, kurz alle in den einzelnen Städten Groß= brittanniens zerſtreuten Induſtriezweige beiſammen. Glasgow iſt eine der älteſten Städte Schottlands; die Gründung ſeines Domes erſtreckt ſich bis in den Anfang des 11. Jahrhun= derts zurück, als induſtrielle Großſtadt iſt ſie eine der neueſten Schottlands. Hier der Fortſchritt ſeiner Bevölkerung ſeit Anfang dieſes Jahrhunderts:

1801 . . .	77,385	Einwohner
1811 . . .	100,749	„
1821 . . .	147,043	„
1831 . . .	202,427	„
1841 . . .	282,134	„
1850 . . .	367,800	„

Demnach hat ſich ſeine Bevölkerung ſeit fünfzig Jahren um das Fünffache vermehrt, und der jährliche Zuwachs beläuft ſich auf etwa 2000 Seelen.

Dieſer Zuwachs rührt nicht von vermehrten Geburten, ſondern von einer fortwährenden Einwanderung her; auch zählt die Stadt; welche im Jahre 1800 nur 55 Kilometer an Stra= ßen enthielt, gegenwärtig 177. Welches ſind die Urſachen die= ſer ungeheuern Zunahme? 1) Seine Lage inmitten eines rei= chen Steinkohlen= und Erzbiſtriktes, 2) ſein Fluß, welcher durch Kunſt ſchiffbar gemacht iſt. Zu Anfang des Jahrhunderts ging die Tiefe des Clyde an vielen Stellen nicht über 1,50 M. hin= aus, und nur mühſam vermochten Fahrzeuge von 30 bis 40 Tonnen denſelben hinaufzufahren; jetzt beträgt die mittlere

Tiefe bei Flut 4,8 M. und bei Hochflut im Frühjahr 5,8 M., auch können Fahrzeuge von 1000 Tonnen bis Glasgow hinauf= gehen, und Dampfſchiffe von 2000 Tonnen, überdies noch mit ihrer Maſchine belaſtet, gehen von den Quais deſſelben ab. Im Jahre 1850 ſind 392,033 Tonnen durch Segelſchiffe, 873,159 durch Dampfer zugeführt worden. Die Einnahme an Tonnengeld, welche im Jahre 1820 82,000 Francs betrug, be= lief ſich im Jahre 1850 auf 1,606,100 Francs, hat ſich alſo binnen 50 Jahren zweimal um das Zehnfache vermehrt. Die= ſes Reſultat iſt nicht ohne bedeutende Ausgaben erzielt worden, produktive Ausgaben, welche hohe Zinſen tragen. Eine Unter= ſuchung der Zollabgaben führt zu denſelben Ergebniſſen. Die Marine von Glasgow, erſt von geſtern ſtammend, iſt bereits bedeutend; vor dem Jahre 1812 gab es noch keine der Kauf= mannſchaft von Glasgow angehörende Schiffe, jetzt giebt es ihrer 507, mit einem Tonnengehalt von 137,999.

Die erſte Dampfmaſchine, um die Spulen einer Baum= wollenmanufactur in Bewegung zu ſetzen, ward im Jahre 1792 in Glasgow eingeführt, gegenwärtig giebt es in dieſer Stadt 1,800,000 Spulen, welche jährlich 120,000 Ballen Baum= wolle einrollen.

Die Zahl der Hochöfen für die Eiſeninduſtrie betrug im Jahre 1830 16, im Jahre 1849 79; ſie produziren jährlich 475,000 Tonnen Gußeiſen.

Glasgow brennt jährlich 132,000,000 Kubikmeter Leucht= gas. Das Waſſer wird durch zahlreiche Leitungen in der gan= zen Stadt und in allen Stockwerken der Häuſer vertheilt, ein bedeutender Theil dieſes Waſſers wird 74 Meter hoch gehoben, und zieht man dasjenige, was in den Hüttenwerken verbraucht wird, ab, ſo ſtellt ſich heraus, daß jeder Einwohner täglich etwa 120 Liter verbraucht. Addirt man die von drei Geſellſchaften für die gewerblichen und häuslichen Bedürfniſſe der Stadt ge=

lieferte Waſſermenge zuſammen, ſo gelangt man zu der unge=
heuern Zahl von 54,000,000 Liter im Tage, während in Paris,
der Hauptſtabt Frankreichs, Waſſer und Licht nicht in der gan=
zen Stadt zirkuliren. In den Häuſern ſteht man noch bei
den mit dem Namen Wachskerzen (bougies) beehrten Talglich=
ten, beim Petroleumöl und dem Waſſerträger, während in
Schottland ſelbſt die in einem gewiſſen Umkreiſe der Städte
gelegenen Landhäuſer wie ſie beleuchtet und bewäſſert werden.

Herr Strang beſchränkt ſich nicht darauf, das Bild des
Wohlſtandes und der Fortſchritte der Stabt zu entwerfen,
welche ihm die Verwaltung ihrer Finanzen anvertraut hat, als
ächter Philanthrop und ſtrenger Statiſtiker zeigt er uns auch
die Kehrſeite der Medaille, die Armuth neben dem Reichthum.
Im Jahre 1784 verausgabte Glasgow nur 27,050 Francs
für ſeine Armen, jetzt beläuft ſich dieſe Ausgabe jährlich auf
eine Million. Ein Beweis von dem tiefen Elend eines Theils
der Bevölkerung iſt die Anzahl der auf Gemeinbekoſten ſtattge=
funbenen Begräbniſſe, welche in jedem der letzten Jahre nicht
weniger als etwa 4000 betrug. Die Verbrechen und Vergehen
bieten auch eine betrübende Geſammtſumme dar, da im Jahre
1849 3194 Männer und 1825 Frauen vor den Strafpolizei=
richtern erſchienen ſind und die Zahl der für längere oder kür=
zere Zeit gefänglich eingezogenen Perſonen ſich auf 5088 be=
laufen hat.

Trotz dieſer bedauernswerthen Schatten im Gemälde der
Blüthe Glasgows ſchreitet dieſe Stadt doch auf der Bahn der
Humanität vorwärts. Je mehr ſeine Manufakturen zunehmen
und ſein Handel ſich ausbreitet, deſto mehr Armenhäuſer, Hoſpi=
täler und Verſorgungskaſſen gründet und errichtet der Wohl=
thätigkeitsſinn und iſt er darauf bedacht, jene Plage, die Armuth,
welche ſich wie eine Peſt an die blühendſten Städte und glück=
lichſten Staaten zu heften ſcheint, zu verringern. Und da der

Gegenſatz zur allgemeinen Wohlfahrt die Häßlichkeit des Elends
noch erhöht, ſo ſcheint es, als ob die Dürftigkeit in England
noch entſetzlicher ſei, als in Spanien, Portugal oder Italien,
wo die Natur den Armen nicht von dem herrlichen Tiſche aus=
ſchließt, den ſie freigebig allen ihren Kindern anbietet, ſondern
ihn zur Theilnahme an dem Glücke und den Vergnügungen
zuläßt, welche unter einem rauhen Himmel und auf einer
kargen Erde das ausſchließliche Vorrecht der Wohlhabenden ſind.

Ich kann die Statiſtik nicht verlaſſen, ohne einige Worte
über die Unterſuchungen des Herrn Porter hinzuzufügen, jenes
Freihandelsapoſtels, der von ſeinen Glaubensgenoſſen zu Paris,
ſobald das Glück ſie zur Regierungsgewalt gelangen läßt, be=
ſtändig im Stiche gelaſſen wird. Die Sektion lauſchte mit leb=
haftem Intereſſe ſeiner Arbeit über die freiwilligen von
den Arbeiterklaſſen gezahlten Steuern, die enormen Summen
nämlich, welche den Reichen und dem Staate die künſtlichen
Bedürfniſſe des Armen einbringen. Es giebt nichts Beredteres
als die folgenden Zahlen. Die Arbeiter Englands, Schott=
lands und Irlands geben jährlich an gegohrenen Getränken
(Branntwein, Gin, Whisky, Rum) 402,286,450 Francs, den
fünften Theil des Budgets von Frankreich, aus! Man wundere
ſich alſo nicht, wenn der Mißbrauch der ſtarken Getränke in
Großbrittannien der Art iſt, daß er eine ernſtliche Gefahr für
die Geſellſchaft wird; er iſt eine Geißel, welche die ganze Be=
ſorgniß redlicher Menſchen erregt, denn ſie iſt die Hauptur=
ſache jenes unheilbaren Elends der niedern Klaſſen. Danken
wir dem Himmel, welcher geſtattet, daß die Rebe faſt auf der
geſammten Oberfläche Frankreichs wächſt, denn der Wein be=
rauſcht und erheitert den Armen, ohne ihn zu verdummen oder
zu vergiften. Die Trunkenheit des Weins iſt eine Betäubung,
die des Gin iſt der Tod.

Nach Schluß der Sitzungen fand eine abermalige General=

verfammlung ftatt, wo die von der Gefellfchaft ausgefetzten Unterftützungen bekannt gemacht wurden, nämlich 7500 Francs für das meteorologifche Obfervatorium von Kew bei London, die einzige Anftalt in Europa, welche ausfchließlich der Beobach= tung der atmofphärifchen Phänomene gewidmet ift, 1250 Francs für die Herren Forbes und Kelland, um auf experimentalem Wege die mathematifchen Gefetze der Wärmeverbreitung feftzuftellen, eine gleiche Summe für eine mit der Unterfuchung der chemifchen und elektrifchen Einflüffe der Sonnenftrahlen und der Ent= wickelung der Pflanzen in künftlichen Atmofphären beauftragte Kommiffion, endlich kleinere Summen für Experimente über die Lebensfähigkeit der Samenkörner, über die Luft und das Waffer in den Städten, fowie die periodifchen Phänomene der Pflanzen und die Anatomie der Anneliben.

Die Arbeiten, von denen wir höchftens den zwanzigften Theil analyfirt haben, nahmen nicht jeden Augenblick des Kon= greffes in Anfpruch. Auch das Vergnügen hatte feinen Theil daran. Zwei geologifche Ausflüge wurden unternommen, einer unter Leitung von Herrn Chambers, der andere unter der der Herren Maclaren und Murchifon, um die Umgegend von Edin= burg näher in Augenfchein zu nehmen. Die Botaniker begaben fich auf die Hügel von Pentland, die Phyfiker befuchten die Leuchtthürme an der Küfte auf einem Dampfboote, welches die Abminiftration zu ihrer Verfügung geftellt hatte. Zwei große Abenbunterhaltungen wurden von der Stadt im Concertfaale gegeben. Endlich hielten drei Gelehrte, die Herren Bennet, Mantell und Nasmyth, Vorlefungen, der Erftere über das Blut, der Zweite über die erlofchenen Riefenvögel Neufeelands und der Dritte über die Erfcheinungen auf der Mondoberfläche. Nicht ohne Grund rechne ich diefe drei Sitzungen unter die der Gefellfchaft gegebenen Fefte, es waren geiftige Fefte. Man ftelle fich z. B. Herrn Mantell vor prachtvollen, kolorirten Zeichnungen

rebend vor, welche erft die Küfte von Neufeeland, wo diefe
Thiere gefunden worden find, fobann diefe Vögel felbft in ihrer
natürlichen Größe von 3 bis 4 Meter darftellten, und vor dem
Redner die ungeheuren Knochen, welche bewiefen, daß feine
Reftaurirung keineswegs ein Werk der Einbildung war; ferner
feitwärts jene eigenthümlichen noch lebenden Vögel Neufeelands,
welche von der Natur der Flügel beraubt find und diejenigen
im Kleinen darftellen, denen fie gefolgt find. Um Geftalt und
Erfcheinungen der Blutkügelchen zur Anfchauung zu bringen,
hatte Herr Bennet ihnen den Umfang einer Untertaffe geben
laffen, und die Erläuterungen des Vortragenden kamen an
Klarheit diefen Darftellungen gleich. Endlich fei noch Herrn
Nasmyth's gedacht, der eine Stunde lang fein ftilles und
aufmerkfames Auditorium durch die Gebirge, Thäler und ins
Innere der Krater des Mondes führte.

Ein Kongreß ohne Diners ift nicht denkbar; diefelben waren
zahlreich und vortrefflich; dasjenige aber, welches Profeffor
Syme, der erfte Wundarzt Schottlands, im Namen der medizi-
nifchen Fakultät der Univerfität Edinburg zum Beften gab, war
eins der glänzendften. In einem herrlichen Garten, gegenüber
dem grünen Hügel von Blackforb, von wo Marmion fein Heer
betrachtete, und wo Walter Scott fchon als Kind fpielte und
träumte,*) war ein eleganter Pavillon errichtet, exotifche Stauden
und Blumen fchmückten den ganzen Umkreis deffelben. Hundert-
undfünfzig Gäfte nahmen an einer langen Tafel Platz, die
Mufik eines Regiments Bergfchotten wechfelte mit dem düftern
Gefumm von fechs Dudelfackpfeifern in Nationaltracht ab.
Beffer als Alles, was ich gelefen, hat mir diefe eintönige, un-
ausgefetzte, raft- und ruhelofe Mufik eine Vorftellung von jenen
blutigen Schlachten gegeben, in denen die Schotten ihre Feinde

———————

*) Marmion, IV. Gefang, 24. Strophe.

von Tagesanbruch bis in die Nacht hinein bekämpften, ſo lange
der Dudelſack ſich hören ließ und ein Lebensodem ihre erſchöpften
Leiber belebte. Bei Herrn Syme jedoch waren dieſe Dudelſäcke
nur dazu da, den Appetit der Gäſte, der durch die an der Tafel
ſich folgenden ausgeſuchten Gerichte und köſtlichen Weine bereits
hinlänglich gereizt war, rege zu erhalten. Eine Menge eleganter
Damen ſchweiften in den Gartenanlagen umher; als die offiziellen
Toaſte auf die Königin, die Armee und die Marine, ſowie auf
die Rettung des Seefahrers Franklin ausgebracht waren, rief
ein Gentleman aufſtehend und das Glas erhebend aus: The
ladies! (die Damen!), worauf rauſchender Beifall, wiederholte
Bravos folgten. Herr Syme, deſſen Feſt der Himmel ſo ſehr
begünſtigt hatte, an demſelben Tage, wo ein Platzregen Paris
überſchwemmte, konnte ſich in einer Anwandlung von Dank=
barkeit nicht enthalten, einen Toaſt auf das ſchöne Wetter vor=
zuſchlagen, dieſen in Schottland ſo ſeltenen Gaſt, der ſich aber,
ſeit die Brittiſche Geſellſchaft tagte, dort unveränderlich feſtgeſetzt
zu haben ſchien. Nach dieſem Toaſt wurden andere auf die
Stadt Edinburg, die Univerſität, den Präſidenten der Geſell=
ſchaft, den berühmten David Brewſter, die Fremden u. ſ. w.
ausgebracht. Nachdem unter letzteren mehre im Namen ihres
Vaterlandes geſprochen, erhob ſich der einzige bei dieſem Banket
gegenwärtige Franzoſe und ſprach: „Ich bringe einen Toaſt aus
auf das Gedeihen Schottlands, deſſen Geſchichte eng mit der=
jenigen Frankreichs verknüpft iſt. (Beifall.) Ich bringe einen
zweiten Toaſt aus auf die ſtete Eintracht Großbrittanniens und
Frankreichs als ſicheres Unterpfand des Friedens der Welt und
der Fortſchritte der Civiliſation!...“ Wenn ich hundert Jahre
lebte, ich würde nie den Ausbruch von Begeiſterung vergeſſen,
welcher dieſen Worten folgte. Dieſe Engländer, welche für ſo
kalt gelten, erhoben ſich wie ein Mann, die Gläſer ſchwingend
mit dem Rufe: Hurrah for ever!.... Ich wünſchte, ganz

Frankreich hätte ihren Beifallsſturm gehört und gleich mir be=
griffen, daß nichts die geſitteten Nationen Europas trennen
darf, deren Einigkeit allein die Welt vor den Umſtrickungen des
Despotismus und einem abermaligen Hereinbrechen der Barbarei
zu retten vermag.

Die Alpengletscher und ihre ehemalige Ausdehnung in den Ebenen der Schweiz und Italiens.

Im Monat August 1815 kam ein Geologe von einer langen Exkursion auf die Gletscher zurück, welche den Hintergrund des Lourtier=Thales ausfüllen, das sich von dem Hauptthale, welches zum Kloster des großen St. Bernhard führt, seitlich abzweigt. Da er sich am folgenden Tage über einen schwierigen und wenig bekannten Paß auf das Hospiz zu begeben wünschte, so verbrachte er die Nacht in der Hütte eines Gemsenjägers Namens Jean Pierre Perraubin, welcher ihm am andern Tage als Führer dienen sollte. Vor dem Herbe sitzend, auf welchem Alpenrosenbüschel brannten, deren duftender Rauch oben durchs Dach abzog, plauderten der Geologe und der Aelpler von den Hochregionen, welche sie beide so oft durchstreift hatten. Bald fiel die Unterhaltung auf jene mächtigen Granitblöcke, welche man oft in so weiter Entfernung von den Felsen, von denen sie sich abgelöst haben, antrifft. Der Geologe erklärte dem Bergbewohner lang und breit, wie die Gelehrten mit Hülfe scharfsinniger Berechnungen nachgewiesen hätten, daß diese erratischen Blöcke vordem durch große Wasserströme verführt worden seien. Auf das Alles vermochte Jean Perraubin nicht

zu antworten, doch schüttelte er mit zweifelnder und ungläubiger
Miene den Kopf. „Mich dünkt," sagte er endlich, „daß die
Gletscher unserer Alpen ehemals weit ausgedehnter waren, als
sie es jetzt sind. Unser ganzes Thal bis zu einer bedeutenden
Höhe über dem Bergbache der Drance ist von einem mächtigen
Gletscher erfüllt gewesen, welcher bis Martigny hinabreichte,
wie es die Felsblöcke beweisen, welche man im Umkreise dieser
Stadt findet, und die zu groß sind, als daß das Wasser sie
hätte dahin führen können." Indem er so sprach, versah sich
Perraudin nicht von ferne, eine große Entdeckung gemacht und
mit seinem gesunden Menschenverstande ein Problem gelöst
zu haben, welches die berühmtesten Geologen, ausgerüstet mit
allen Hülfsmitteln der Wissenschaft, erfolglos in Angriff ge=
nommen hatten.

Zum Glück war der Gelehrte, dem er das Resultat seiner
einsamen Beobachtungen mitgetheilt hatte, ein praktischer Mann,
der sich mehr um Thatsachen, als um Theorien kümmerte. Das
Samenkorn, welches der Bauer in seinen Geist gestreut, ent=
wickelte sich in demselben frisch und frei, und die Idee einer ehe=
maligen Ausdehnung der Gletscher über ihre gegenwärtigen
Grenzen hinaus ward zwanzig Jahre lang der beständige Ge=
genstand seiner Untersuchungen und seines Nachdenkens. Einer
seiner Freunde, ein Ingenieur, Herr Venetz, war seinerseits
durch das Studium der erratischen Blöcke von Wallis zu den=
selben Ansichten hingeleitet worden. Endlich im Jahre 1834,
als seine Ueberzeugung vollständig und durch zahlreiche und
unwiderlegliche Beweise gestützt war, ließ Herr be Charpentier
(denn dieser war der Vertraute Perraudin's gewesen) seine
Meinungen auf dem Kongresse der zu Luzern versammelten
Schweizer Naturforscher laut werden. Wie jede neue Idee
ward auch diese kalt aufgenommen oder verächtlich zurückgewie=
sen; aber da sie eine Wahrheit war, so brach sie sich ganz allein

Bahn, und heute ist sie eine der bestaufgeklärten Fragen unter allen denen, welche das geologische Publikum bewegt haben. Dank den zahlreichen über diesen Gegenstand erschienenen Arbeiten*) hat das erst in den Alpen beobachtete Phänomen die Verhältnisse einer langen Kälteperiode angenommen, welche über einen beträchtlichen Theil der beiden Erdkugeln herrschte. Wenn der menschliche Geist sich eines Tages zu der Ursache dieser Gletscherperiode aufzuschwingen vermag, so wird er helles Licht auf die letzte Phase der geologischen Geschichte des Erdballs, auf die geheimnißvolle, dem Erscheinen des Menschen auf der Erde unmittelbar gefolgte Epoche und auf jene Ueberschwemmungen geworfen haben, deren Spuren sich noch in sämmtlichen Ueberlieferungen der Völker Asiens, Europas und beider Hälften Amerikas vorfinden. Der enge Zusammenhang, welcher diese beiden Phänomene mit einander verknüpft, kann nicht bestritten werden, denn er wird uns durch das Nachdenken und durch die Beobachtung zugleich bezeugt. Trotzdem wollen wir das Studium der Gletschererscheinungen in allen den Ländern, wo sie angezeigt worden sind, nicht weiter verfolgen, sondern uns darauf beschränken, sie in den Alpen näher zu betrachten, wo die Thatsachen, wohl bekannt und besser gewürdigt, alljährlich von zahlreichen Reisenden beglaubigt werden können.

Sind die Gletscher der Schweiz und Savoyens stets auf ihre gegenwärtigen Grenzen beschränkt gewesen, oder haben sie sich

---

*) Unter diesen Arbeiten wollen wir die der Herren Agassiz, Desor, A. Guyot, J. Forbes, Stuber, A. Escher von der Linth, Blanchet, Alph. Favre, de Mortillet, Hogard, Tyndall, Ramsay, Heer, Gastaldi und Omboni in den Alpen; Leblanc, Renoir, Hogard u. E. Collomb in den Vogesen; Agassiz, Lyell, Buckland, Smith, Maclaren, Ramsay in Schottland, England und Irland: Al. Brongniart, Selfström, Keilhau, Böthling, Siljeström, Daubrée, Murchison, de Verneuil, Durocher, Kjerulf, Nordenstjöld und A. Torell in Finland und Skandinavien; Agassiz, Desor, Hitchcock und Darwin in Amerika; Hochstetter in Neuseeland u. s. w. anführen.

17*

ehedem in den großen, die Alpenkette umgebenden Ebenen ausgebreitet? So lautet die Frage, möglichst einfach ausgedrückt.
Meine Absicht ist, die Thatsachen darzulegen, worauf sich die
Verfechter der ehemaligen Ausdehnung der Gletscher stützen.
Um dieser Idee Geltung zu verschaffen, haben sie bei den Gelehrten altgewurzelte Ueberzeugungen, gestützt auf die unantast-
barsten Autoritäten in der Geologie, und bei der großen
Menge das Zeugniß der biblischen Ueberlieferung und dasjenige aller unserer Sinne zu bekämpfen gehabt, welche sich
bei dem bloßen Gedanken sträuben, daß diese so fruchtbaren
und bevölkerten Ebenen während langer Perioden unter einer
unermeßlichen Schnee- und Eisdecke begraben gewesen sein sollen.
Beide haben das Recht, zahlreiche und sichere Beweise dafür zu
verlangen; diese Beweise sind vorhanden; bevor wir dieselben
jedoch untersuchen, ist es unerläßlich, einige Vorstellungen von
den gegenwärtigen Gletschern zu gewinnen, denn die Methode,
welche von jenen Geologen befolgt wurde, denen man die Resultate, welche wir darlegen werden, zu verdanken hat, ist immer
diejenige gewesen, welche Constant Prévost und Lyell in die Wissenschaft eingeführt haben, und die sich in die Worte zusammen-
fassen läßt: „Die Wirkungsart der natürlichen Elemente untersuchen, welche wir vor unseren Augen thätig sehen, und die
Wirkungen, welche sie hervorrufen, mit denjenigen vergleichen,
deren Eindruck die Oberfläche des Erdballs bewahrt hat.‟
Indem wir so verfahren, werden wir sehen, daß man überall
in den ungeheuren Ebenen, welche die Alpen umgeben, den
Spuren jener gigantischen Gletscher begegnet, wovon die heutigen sozusagen nur ein Bild im Kleinen sind. Allein obgleich auf geringe Verhältnisse zurückgeführt, bieten uns die
gegenwärtigen Gletscher doch im Kleinen all' die Erscheinungen
dar, welche die Eisdecken ehedem in größerem Maßstabe darboten. Die Wirkungen sind dieselben, und aus ihrer Identi-

tät können wir auf die der Kräfte schließen, welche sie hervor=
gerufen haben.

Jetzige Gletscher.

Von der Höhe der Jurakämme, welche das Becken des
Genfer Sees beherrschen, umfaßt man mit Einem Blicke die
ganze Alpenkette vom Wallis bis zum Dauphiné. Die riesige
Masse des Montblanc, auf ihrer breiten Basis thronend, er=
hebt sich majestätisch über diesem langen zackigen Grat. Die
höchsten Zinken unterscheiden sich von den minder hohen Gipfeln
durch die blendende Weiße des sie bedeckenden Schnees. Im
Sommer bildet die untere Grenze dieses ewigen Schnees eine
gerade, scharfgezogene, horizontale Linie, welche gegen das dunkle
Grün der am Fuße der Berge sich ausbreitenden Walbungen
absticht. Ueber derselben herrscht allein der Winter, unterhalb
verfolgen die Jahreszeiten ihren regelmäßigen Lauf. Oberhalb
ist Leben kaum vorhanden und wird nur durch einige Alpen=
Pflanzen und einige Eintagsinsekten vertreten, unterhalb giebt
es sich unter tausend verschiedenen Formen kund, von den
höchsten Regionen an, wohin sich nur Arve und Gemse wagen,
bis hinab in die von den Menschen bewohnten Ebenen, wo die
Ernten gelben und der Weinstock seine Trauben reift.

In der Schweiz liegt die untere Grenze des ewigen Schnees
2700 Meter über dem Meeresspiegel; wenn man sich aber den
Alpen nähert und in die engen Thäler eindringt, welche in die
Hauptmassive, wie die des Montblanc, des Monte Rosa, des
St. Gotthardt, der Jungfrau, einschneiden, so gewahrt man, daß
diese Grenze keine gerade Linie ist, wie sie es zu sein scheint,
wenn man sie aus der Ferne betrachtet. Die ewigen Schnee=
felder entsenden sozusagen Zweige, welche in die Thäler unter
der Form von Eismassen, ähnlich gefrorenen Bergströmen, hin=
absteigen. Diese Massen sind Gletscher. Ihr Fuß liegt oft

mehr als 1500 Meter unter der Grenze des ewigen Schnees und tritt oft dicht an größere Dörfer, wie Chamouni, Courmayeur und Grindelwald heran, deren durchschnittliche Höhe 1120 Meter über dem Meere beträgt. Doch giebt es eine bedeutende Anzahl von Gletschern, welche nicht so tief herabsteigen und an jenen hohen Abhängen stillstehen, wo man nur noch zerstreute Sennhütten antrifft, welche blos einige Monate im Jahre bewohnt werden.

Welches sind die Beziehungen, die zwischen diesen Gletschern und den Schneefeldern, mit denen sie zusammenhängen, obwalten? Das ist die erste Frage, welche wir untersuchen müssen. Die Wissenschaft hat sie bereits gelöst. Im Winter, Frühling und Herbst fallen auf den Alpengipfeln beträchtliche Schneemassen.*) Dieser von den Winden weggefegte, von den Wirbeln fortgeführte Schnee häuft sich namentlich in den großen an die Hochgipfel grenzenden Vertiefungen auf. Diese Vertiefungen sind unter dem Namen Cirkus bekannt, denn sie enden gewöhnlich in einem halbkreisförmigen Raume, welcher von hohen Spitzen umgeben ist. Dergleichen sind in der Nähe von Chamouni der Cirkus, welcher auf den Col du Géant, jenes große Plateau führt, welches nur 800 Meter unter dem Gipfel des Montblanc liegt; bei Grindelwald der Cirkus, welcher auf die Strahleck führt; bei der Grimsel die des Lauteraar und Finsteraar. Der Schnee, welcher sich in diesen Mulden anhäuft, bleibt nicht auf einer Stelle liegen, er ist mit einer fortschreitenden Bewegung begabt, welche ihn nach dem Thale hinzieht. Aehnlich jenen Seen, welche einen Fluß speisen, und deren Gewässer langsam zu fließen anfangen, sobald der Einfluß des Gefälles sich

---

*) Die Höhe des auf der Grimsel, 1860 Meter über dem Meere, gefallenen Schnees hat seit dem Monat November 1845 bis zum Monat April 1846 16,60 M. betragen. Die aus dem Schmelzen dieses Schnees sich ergebende Wasserschicht würde 1,40 M. Dicke gehabt haben.

fühlbar zu machen anfängt, können diese Schneefelder auf sehr
schwach geneigten Bodenflächen hingleiten. Je mehr dieser
Schnee in die gemäßigten Regionen hinabsteigt, unterliegt er,
namentlich in der schönen Jahreszeit, wichtigen Veränderungen,
welche die Natur und das Aussehen desselben vollständig ver=
ändern: er verwandelt sich in Eis. Hier die Art, wie diese
Verwandlung vor sich geht. Vor der Wärme der Sonnen=
strahlen beginnt die Oberfläche des Schnees zu schmelzen; das
aus diesem Schmelzen hervorgehende Wasser sickert in die unteren
Schichten, welche sich unter dem Einflusse der Nachtfröste in
eine körnige Masse verwandeln, die aus kleinen, noch lockeren
Schollen besteht, welche aber doch schon mehr unter sich zusam=
menhängen als die Flocken, welche ihnen das Dasein gaben.
Dieser Zustand des Schnees ist von den Schweizer Physikern
mit dem Namen Firn (névé) bezeichnet worden. Den ganzen
Sommer hindurch wird dieser Firn von neuen Wassermassen
durchsickert, welche immer von dem Schmelzen an der Oberfläche
oder dem des umgebenden Schnees herrühren, dessen Gewässer
sich in der Vertiefung sammeln, welche die Wiege des Glet=
schers bildet. Da das Thermometer in diesen Regionen, selbst
mitten im Sommer, allnächtlich unter Null sinkt, so gefriert
dieser Firn zu wiederholten Malen. In Folge dieses abwechselnden
Schmelzens und Gefrierens bietet er den Anblick eines weißen,
kompakten, aber von einer zahllosen Menge sphärischer und
sphäroidischer Luftbläschen erfüllten Eises dar: es ist das Glet=
schereis oder blasige Eis (glace bulleuse) der Autoren, welche
über diesen Gegenstand geschrieben haben. Da das Durchsickern
und Gefrieren der Masse immer vollständiger wird, je mehr der
Gletscher zu den bewohnten Regionen hinabsteigt, so ersetzt das
Wasser endlich sämmtliche Luftbläschen; dann ist die Verwand=
lung vollständig, das Eis erscheint gleichartig und bietet jene
schönen azurblauen Tinten dar, welche das Entzücken der Rei=

senden bilden. Das ist in wenig Worten die Geschichte der
Gletscherbildung; in Wirklichkeit bestehen sie, wie man sieht, aus
allen den seit einer langen Reihe von Jahren angehäuften
Schneeschichten, die sich allmälig in mehr oder minder festes Eis
verwandelt haben.

Wenn die Sommerhitze nicht das Anwachsen der Gletscher
beschränkte, so würden sie unendlich an Länge und Mächtigkeit
zunehmen; jeder Sommer aber sieht eine beträchtliche Dicke der
Eisoberfläche schwinden*); es ist dies das Phänomen, welches
Herr Agassiz mit dem Namen Abschmelzung (ablation) bezeichnet hat. Zu gleicher Zeit schmilzt das untere Ende rasch, und
der Gletscher würde mit jedem Jahre abnehmen, wenn ein unauf-
hörliches Vorrücken dieser Wirkung nicht die Wage hielte. So
stellt sich eine Art von Gleichgewicht her zwischen der Sommer-
schmelze einerseits und dem jährlichen Vorrücken andererseits.
Ist die Jahreszeit heiß und trocken, so ist es das Schmelzen,
was überwiegt, und der Gletscher zieht sich zurück, ist der Sommer kalt und regnerisch, so wiegt das Vorrücken reichlich die
Wirkungen des Schmelzens auf, und der Gletscher rückt vor.

Man begreift gegenwärtig, welches die Einflüsse sind, die
den Gletschern eine mittlere Grenze anweisen, um die herum
sie schwanken können. Weniger leicht ist es, sich Rechenschaft
davon zu geben, warum gewisse Gletscher in die bewohnten
Thäler hinabsteigen, während andere an den Seiten der höchsten
Berge hängen bleiben. Diese Unterschiede rühren von der Größe
und Höhe der Mulden ab, welche zur Speisung dieser Gletscher
dienen. Je größer und höher diese Mulden, und je beträchtlicher die daselbst sich ansammelnden Schneemassen sind, desto
weiter werden die Abflüsse der Schneefelder auch in die Tief-
thäler hinabsteigen und sozusagen das Terrain wieder gewinnen,

---

*) Auf dem Aargletscher etwa drei Meter.

welches sie jedes Jahr durch das Schmelzen einbüßen. Auf diese Weise steigt der Glacier des Bossons, dessen Quelle sich auf dem großen Plateau des Montblanc, einem mächtigen, nahe an 4000 Meter über dem Meere gelegenen Cirkus, befindet, bis auf 1040 Meter herab und rückt inmitten der Wohnungen, Obstgärten und Aecker vor. Die Gletscher von Aletsch, Viesch, Grindelwald, Zermatt befinden sich im gleichen Falle. Alljährlich kann der erstaunte Reisende goldige Ernten zur Seite des Brenvagletschers, eines der hauptsächlichsten Abflüsse auf der Südseite des Montblanc, zu Gesicht bekommen; der Einfluß der Größe und Erhebung der Cirkus wiegt selbst, der Bemerkung des Herrn Desor zufolge, den der Lage auf und erklärt den überraschenden Umstand, daß die längsten und mächtigsten Gletscher der Berner Alpen sich am Südabhange der Kette befinden.

Wir haben gesehen, daß diese Gletscher von einer vorwärtsrückenden Bewegung belebt sind, welche sie nach der Ebene hinzieht. Welches sind die Gesetze dieser Bewegung? Das Aufsuchen dieser Gesetze hat die Physiker, welche sich dieser Art von Arbeiten widmeten, fortwährend beschäftigt, ohne daß sie bisher die Ursache dieses Vorrückens aus der Gesammtheit der eigenthümlichen Phänomene, welche es begleiten, abzuleiten vermocht hätten. Herr J. D. Forbes hat sie auf dem Eismeere von Chamouni studirt; doch sind auf den Aargletschern die Beobachtungen mit der meisten Sorgfalt und Ausdauer fortgesetzt worden. Seit dem Jahre 1842 haben sich die Herren Agassiz und Desor, durch die Mitwirkung der Herren Wild, Otz und Dollfus-Aussel unterstützt, unablässig mit dieser Frage beschäftigt; sie haben festgestellt, daß dieser Gletscher in seinem mittleren Theile 71 Meter jährlich vorrückt. Gegen das untere Ende wird die Geschwindigkeit des Vorrückens so sehr gehemmt, daß sie nur noch 39 Meter beträgt, dagegen nach oben etwas beschleunigt, wo der Gletscher jährlich einen Raum von 75 Meter zurücklegt. *)

Die Neigung des Abhanges, auf welchem der Gletscher her= absteigt, scheint keinen Einfluß auf die Geschwindigkeit seines Ganges zu haben, doch wird sie eigenthümlich mobifizirt durch die Wände des Trichters, in welchem er sich bewegt. Die Rei= bung des Eises wider diese Wände hemmt das Vorrücken der Seitentheile des Gletschers bedeutend. Noch mehr; wenn ein Vorgebirge sich nach der Mitte des Thales vorschiebt, so windet sich der Gletscher, an einer seiner Seiten gehemmt, mit äußer= ster Langsamkeit um dieses Hinderniß herum oder diese Seite bleibt vielmehr zurück, während der mittlere Theil und der ent= gegen gesetzte Rand mit ihrer relativen Geschwindigkeit weiter ziehen.

---

*) Hier kurz die Methode, wie man das Vorrücken des Gletschers ge= messen. Man wählte auf den beiden Ufern zwei einander gegenüberliegende Felsen aus; jeder dieser Felsen war mit einem weißen auf den Stein gemalten Kreuze bezeichnet; nun pflanzte man im Eise eine Reihe zwischen diesen beiden Punkten gerichteter Pflöcke derart auf, daß sie eine gerade, perpendikulär auf der Axe des Gletschers stehende Linie bildeten. Nach Verlauf mehrer Tage stellte sich ein Beobachter vor eins der Kreuze und richtete ein mit einer Was= serwage und einem Fadenringe versehenes Fernrohr auf dasjenige, welches gegenüber angebracht war. Da der Gletscher und die Pflöcke mit ihm gerückt waren, so befanden letztere sich nicht mehr in der ursprünglichen geraden Linie. Nun steckte ein auf dem Gletscher postirter Führer eine Stange, welche von einem deutlich sichtbaren Gegenstande überragt war, in der Richtung der alten Linie auf. Diese Richtung ward ihm durch die Signale des Beobachters, dessen Auge sich am Fernrohr befand, angedeutet. Dieser ließ die Stange so lange nach oben oder unten rücken, bis sie sich genau auf dem ursprünglich von dem Pflocke eingenommenen Punkte befand. Nachdem dies geschehen, maß der Führer auf dem Eise die Entfernung vom Fuße der Stange bis zu dem des Pflockes. Dieser Zwischenraum war genau die von dem Gletscher zwischen den beiden Beobachtungen durchlaufene Länge. Im Jahre 1846 ist dieses Verfahren von den Herren Dollfus, Otz und mir in der Weise vervoll= kommnet worden, daß es uns die tägliche von dem Aargletscher zurückgelegte Strecke mit einer solchen Genauigkeit zu verfolgen gestattete, daß der Beob= achtungsfehler keine 2 Millimeter oder eine Linie etwa überschreiten konnte.

Von den jetzigen Gletschern geglättete und gereifelte Felsen.

Die Reibung, welche der Gletscher auf seinen Grund und auf seine Wände ausübt, ist zu beträchtlich, um nicht Spuren auf den Felsen, mit denen er in Berührung kommt, zurückzu= lassen; seine Wirkung ist aber je nach der mineralogischen Natur dieser Felsen und der Gestalt des Bettes, welches er einnimmt, verschieden. Dringt man, die Eishöhlen benutzend, welche sich zuweilen an seinen Rändern oder an seinem Ende öffnen, zwischen den Boden und die untere Fläche des Gletschers, so kriecht man auf einer wassergetränkten Schicht von Kieseln und feinem Sande. Nimmt man diese Schicht weg, so erkennt man, daß der darunter liegende Fels durch die Reibung abgeflächt, geglättet, geschliffen und mit gerablinigen Streifen bedeckt ist, welche bald kleinen Furchen, öfter noch schnurgeraden, wie mit einem Griffel oder selbst mit einer ganz feinen Nadel rabirten Strichen gleichen. Der Mechanismus, vermittelst dessen die Striche gravirt werden, ist derselbe, welchen die Industrie ver= wendet, um die Steine und Metalle zu poliren. Mit Hülfe eines feinen, Schmirgel genannten Pulvers reibt man die Metallfläche und verleiht ihr einen Glanz, der von dem durch eine zahllose Menge kleiner, äußerst feiner Striche zurückgewor= fenen Lichte herrührt. Die zwischen den Gletscher und den darunter liegenden Fels geschobene Kiesel= und Schlammschicht ist der Schmirgel. Der Fels ist die Metallfläche, und die Gletscher= masse, welche die Schlammschicht drückt und rückt, indem sie be= ständig thalwärts zieht, vertritt die Thätigkeit der Hand des Polirers. Auch laufen die Striche, von denen die Rede ist, stets in der Zugrichtung des Gletschers; da dieser aber kleinen Seitenabweichungen unterworfen ist, so kreuzen sich die Striche zuweilen, ganz kleine Winkel unter sich bildend. Untersucht man die Felsen, welche den Gletscher einfassen, so trifft man dieselben rabirten Striche auf benjenigen Theilen wieder an, welche mit der gefrorenen Maſſe in Berührung gekommen ſind. Ich habe mir oft ein Vergnügen daraus gemacht, das auf den Fels drückende Eis zu zerbrechen, und unter dieſem Eiſe fand ich dann geglättete und mit Strichen bedeckte Flächen. Die Kieſel- und Sandkörner, welche dieſelben gravirt hatten, ſaßen noch im Gletſchereis eingefügt, wie der Diamant des Glaſers am Ende des zum Glasſchneiden dienenden Inſtrumentes befeſtigt iſt.

Die Schärfe und Tiefe der Streifen hängt von mehren Umſtänden ab. Wenn der zur Stelle befindliche Fels kalkig iſt und der Schmirgel aus Kieſeln und Sand beſteht, der von härteren Geſteinen, wie Gneis, Granit oder Protogin, herrührt, ſo werden die Streifen ſehr markirt ſein. Man kann ſich hier- von am Fuße der Roſenlaui- und Grindelwaldgletſcher im Kanton Bern überzeugen. Gehört der Fels dagegen dem Gneis, Granit oder Serpentin an, d. h. iſt er ſehr hart, ſo werden die Streifen weniger tief und ſcharf ſein, wie man dies auf den Aar-, Zermatt- und Chamounigletſchern wahrnehmen kann. Der Schliff wird in beiden Fällen derſelbe und oft eben ſo vollkommen ſein, wie der des Marmors, welcher unſere Ge- bäude ſchmückt.

Die von dem Gletſcher auf die unterliegenden Felſen gravirten Striche laufen meiſt horizontal oder mit der Oberfläche deſſelben parallel. Bei den Verengungen der Thäler jedoch richten ſich dieſe Striche auf und nähern ſich der Vertikale. Dies darf nicht Wunder nehmen. Gezwungen, einen Engpaß zu überſchreiten, erhebt der Gletſcher ſich mit ſei- nen Rändern und ſteigt an den Bergwänden, welche ihm den Durchgang verſperren, hinan. Dies ſieht man prächtig bei den Sennhüten der Stieregg, eines Engpaſſes, welchen der untere Grindelwaldgletſcher genöthigt iſt zu überſchreiten, bevor er ſich im Thale gleichen Namens ausbreitet. Auf dem rechten

Ufer des Gletschers sind die Streifen 45 Grad gegen den
Horizont geneigt, auf dem linken Ufer erhebt derselbe sich zu=
weilen bis zu den benachbarten Forsten und reißt große Erd=
schollen, mit Alpenrosenbüschen und Eller=, Birken= oder
Tannengruppen bedeckt, mit sich fort. Weiches oder blättriges
Gestein wird durch die gewaltige Kraft des Gletschers gebrochen
und gestürzt. Hartes Gestein widersteht ihm; allein die Ober=
fläche dieser Felsen, abgeflächt, geschliffen, geglättet und gestreift,
zeugt hinlänglich von dem ungeheuren Drucke, den sie auszu=
halten gehabt haben. So ist auf dem Aargletscher der Fuß
des Vorgebirges, auf welchem sich der Pavillon des Herrn Doll=
fus erhebt, in bedeutender Höhe polirt, und auf der thalauf=
wärts gewandten Seite habe ich um 64 Grad geneigte Streifen
beobachtet. Das wider diese Böschung aufgerichtete Eis scheint
dieselbe erklimmen zu wollen, allein der Granitfels hält Stand,
und der Gletscher ist gezwungen, sich langsam um ihn herum=
zuwinden.

Fassen wir das Gesagte noch einmal zusammen, so wirkt
der beträchtliche Druck eines Gletschers, verbunden mit seiner
vorrückenden Bewegung, zugleich auf die Sohle und auf die
Seiten des Thales, welches er durchzieht. Er glättet alle die
Felsen, welche hinlänglich Widerstand leisten, um nicht von ihm
niedergerissen zu werden, und drückt ihnen oft eine besondere
und charakteristische Form auf. Indem er alles Eckige an
diesen Felsen zerstört, flacht er sie oberhalb ab und rundet sie
bergwärts, während sie thalwärts zuweilen ihre schroffen, rauhen
und unebenen Formen bewahren. Allerdings ist es begreiflich,
daß die Gewalt des Gletschers sich hauptsächlich auf der dem
Cirkus zugewandten Seite, woher er kommt, geltend macht,
ebenso wie die Pfeiler einer Brücke stärker ober= als unterhalb
des Stromes von den Schollen, welche der Fluß im Winter
mit sich führt, beschädigt werden. Von weitem gesehen, erinnert

eine Gruppe derartig abgerundeter Felsen an den Anblick einer
Schaafheerde, daher der Name R u n b h ö c e r (roches moutonnées),
den ihnen Saussure gegeben hat, und der ihnen geblieben ist.

Moränen und erratische Blöcke der jetzigen Gletscher.

Noch eine andere Ordnung von Phänomenen spielt eine große
Rolle in der Geschichte der gegenwärtigen Gletscher der Schweiz
und derer, welche sie ehemals bedeckten; ich will hier von den
Felstrümmern jeglicher Größe und jeglicher Art, welche der
Gletscher mit sich führt, sprechen. Die Alpen sind, dies sagt
uns ihr Anblick, ungeheure Ruinen. Alles wirkt zu ihrer Zer=
störung zusammen, alle Elemente scheinen verschworen zu sein,
ihre stolzen Gipfel zu erniedrigen. Die Schneemassen, welche
während des Winters auf ihnen lasten, der Regen, welcher sich
während des Sommers zwischen ihren Schichten einsaugt, die
plötzliche Wirkung der reißenden Bergwasser, und die langsamere
aber noch mächtigere der chemischen Verwandtschaften beschädigen,
lockern und zersetzen die härtesten Felsen   Ihre Trümmer fal=
len von den Gipfeln in die von den Gletschern eingenommenen
Mulden, unter der Form mächtiger Bergstürze, begleitet von einem
furchtbaren Getöse und großen Wolken von Staub. Selbst
mitten im Sommer habe ich diese Lauinen von der Höhe der
Schreckhorngipfel herabstürzen und auf dem fleckenlosen Schnee
einen langen schwarzen Streifen, bestehend aus ungeheuren Fels=
blöcken und einer endlosen Zahl kleinerer Bruchstücke, bilden
sehen.   Im Frühjahr erzeugt ein schnelles Schmelzen des
Winterschnees oft gelegentliche Gießbäche von ungeheurer Ge=
walt. Geht das Schmelzen langsamer vor sich, so bringt das
Wasser in die geringsten Felsspalten ein, gefriert darin und
spaltet die sprödesten Massen. Diese von den Gebirgen abge=
lösten Blöcke haben zuweilen riesige Verhältnisse; man findet

solche, deren Länge 20 Meter erreicht, und solche, welche nach allen Seiten 10 Meter messen, sind in den Alpen nicht selten.

Rührte sich der Gletscher nicht, so würden diese Trümmer sich daselbst ohne die mindeste Ordnung aufthürmen; allein das Vorrücken desselben führt in der Vertheilung dieser Materialien eine gewisse Anordnung, ja eine gewisse höchst auffällige Regel=mäßigkeit herbei. Die Blöcke vertheilen sich auf dem Gletscher in langen, mit seinen Ufern parallel laufenden Wällen, oder häufen sich am Ende unter der Form großer Querbämme auf. Diese wie jene sind mit dem Namen Moränen bezeichnet worden.

Nachstehend der Mechanismus der Bildung dieser Mo=ränen.

Indem die Trümmer der umliegenden Berge auf die Rän=der des Gletschers fallen, nehmen diese Trümmer an der Be=wegung desselben Theil und rutschen mit ihm fort; da aber täglich andere Bergstürze hinzukommen, so reihen sie sich an die andern an, und alle vereint bilden jene langen Züge von Ma=terialien, welche sich die beiden Ufer des Gletschers entlang er=strecken; — dieß sind die Seitenmoränen. Ein Gletscher bietet oft mehre Seitenmoränen dar, weil die Erdfälle auf ungleich von der Mitte entfernte Punkte niederfallen, deren Geschwindig=keit daher auch verschieden ist. Die meisten Touristen, welche die großen Gletscher der Schweiz besucht haben, kennen diese Seitenmoränen, und mehr als einer erinnert sich noch mit Schmerzen der Beschwerden, welche er erdulbet hat, um diese Haufen auf einander gethürmter Blöcke zu übersteigen. Es ist, als ob von Riesenhand ein Wall errichtet wäre, um den Zu=gang zu diesen ewigen Schneefeldern zu vertheidigen, wo die Natur das Geheimniß der letzten Umwandlungen unseres Erd=balls verborgen hat. Nachdem der Reisende die Seitenmoräne überschritten hat, entdeckt er fast immer einen noch beträchtlichern

Wall, welcher der Länge nach über die Mitte des Gletschers sich hinzieht, und den man **Mittelmoräne** nennt. Dieselbe entsteht aus der Verbindung zweier Gletscher von fast gleicher Mächtigkeit. Am Ende des sie trennenden Vorsprunges lehnt sich die linke Seitenmoräne des einen an die rechte Seitenmoräne des andern an. Diese beiden Seitenmoränen verschmelzen alsbald zu einer einzigen und bilden die Mittelmoräne des neuen Gletschers, der selbst aus den beiden vereinigten Zuflüssen besteht. So sieht man bei der Verbindung der Arve und der Rhone die trüben Gewässer des Bergbaches sich in der Mitte des Zusammenflusses mit den durchsichtigen Wellen des durch seinen Durchgang durch den Genfer See geklärten Flusses mischen. Die Mittelmoräne nimmt an der Bewegung des mittlern Theiles des Gletschers Theil; nach einer mehr oder minder langen Reise erreicht jeder Block seinerseits den Schlußabhang, rollt die Böschung desselben hinab und hält am Fuße dieses Eiswalles inne. Auf dem Aargletscher, dessen Länge 8 Kilometer beträgt, braucht ein Block 133 Jahre, um den zwischen dem Vorgebirge des Abschwung, welcher die beiden Hauptzuflüsse trennt, und dem untern Ende liegenden Raum zu durchmessen. Die Anhäufung dieser Blöcke bildet einen gegen dieses Ende konzentrisch gerichteten Damm; es ist dies die **Endmoräne** oder der **Stirnwall**, welcher sich von allen bisher beschriebenen dadurch unterscheidet, daß er nicht auf dem Gletscher, sondern vor demselben auf der Thalsohle ruht.

Wir kennen jetzt drei Arten von Moränen: die einen **oberflächliche**, über die Oberfläche des Gletschers verbreitete, welche in **Seitenmoränen** und **Mittelmoränen** zerfallen, je nachdem sie sich auf den Seiten oder in der Mitte desselben befinden, und die **Endmoräne**, welche von der Anhäufung der an der Endböschung des Gletschers niederfallenden Blöcke herrührt, die auf dem Boden ruhen. Noch eine andere

Art von Moräne giebt es, nämlich die Sand= und Kieselschicht, welche zwischen die untere Fläche des Gletschers und den darunterliegenden Fels geschoben ist. Ich will sie mit dem Namen Grundmoräne (moraine profonde) bezeichnen, um sie von den oberflächlichen und Endmoränen zu unterscheiden.

Von den jetzigen Gletschern gestreifte Kiesel.

Langsam auf der Oberfläche des Gletschers verführt, bewahren alle Blöcke der oberflächlichen und Endmoränen ihre ursprünglichen Formen. Die Kanten dieser Blöcke sind scharf, die Winkel spitz, wie im Augenblicke, da sie auf das Eis fielen. Sie bieten nicht jene Spuren der Schleifung und Reibung dar, welche man auf den durch die Thätigkeit der Gewässer gerollten und gerundeten Steinen bemerkt. Man kann hübsche Gruppen von Krystallen, eben so unversehrt wie in ihrer ursprünglichen Lagerstätte, davon ablösen, denn außer dem ersten Falle, welcher sie auf den Gletscher stürzte, sind diese Massen seitdem keiner gewaltsamen Berührung unterworfen gewesen. Nur die Verwitterung kann sie zerbröckeln oder zersetzen; darum bewahren auch die aus hartem und sprödem Gestein bestehenden Blöcke oft die riesigen Verhältnisse, von denen die Rede gewesen.

Nicht so verhält es sich mit den Bruchstücken, welche nicht zu den oberflächlichen Moränen gehören. Die Seitenwände des Gletschers stehen keineswegs in unmittelbarer Berührung mit den Thalseiten, fast immer ist eine kleine Lücke zwischen ihnen befindlich. Eine Menge von Blöcken und Trümmern geräth zwischen diese Eiswand und die Felsen, welche sie glättet. Einige bleiben in dieser Lücke hangen, andere gewinnen allmälig die untere Fläche des Gletschers und bilden die Grundmoräne. Diesen Blöcken schließt sich ein Theil derjenigen an, welche in

die zahlreichen, von den unerfahrenen Reisenden so sehr gefürch=
teten Querspalten und Brunnen fallen.*) Alle diese zwischen
dem Fels und dem Gletscher eingeschlossenen Trümmer, gepreßt,
zerrieben, zermalmt von dieser unaufhörlich thätigen Plattmühle,
bewahren nicht die Verhältnisse, welche sie hatten, als sie sich
von den Bergen ablösten. Die meisten verwandeln sich in
einen ganz feinen Schlamm, der, gemischt mit dem Wasser,
das von dem Gletscher herabfließt, die Schlammschicht bildet, wor=
auf er ruht. Die übrigen tragen die unauslöschlichen Spuren
des Druckes, welchem sie unterworfen waren, an sich. Ihre
Ecken stumpfen sich ab, ihre Kanten verwischen sich, so daß sie
die Form gerundeter Kiesel annehmen oder unregelmäßige
Flächen darbieten, welche durch verlängerte Reibung entstehen.
Wenn der Fels weich ist, wie es die Kalkarten sind, so wird
der Kiesel nicht nur gerundet, sondern er bietet auch eine Menge
in allen Richtungen gekreuzter Streifen dar. Diese gestreiften
oder geriebenen Kiesel sind von großer Wichtigkeit für das
Studium der ehemaligen Ausdehnung der Gletscher, es sind
abgenutzte Münzen, deren Gegenwart fast sicher das ehemalige
Dasein eines verschwundenen Gletschers verräth. In der That
hat nur der Gletscher die Macht, diese Kiesel so zu formen, ab=
zuschleifen und zu streifen. Das Wasser glättet und rundet sie,
streift sie aber nicht. Ja mehr, es löscht die von den Gletschern
rabirten Striche aus. Man kann sich von der Wahrheit die=
ser Thatsache am Fuße der Grindelwaldgletscher überzeugen.
300 Meter unterhalb der Endböschung rollen die Gewässer
der aus demselben hervorbrechenden Bäche nur noch runde,
aber glatte und von Streifen gänzlich freie Kiesel. Ich habe

_____

*) Einer dieser von den Herren Dollfus, Otz und mir gemessenen Brun=
nen auf dem Aargletscher hatte 58 Meter Tiefe. Auf dem Finsteraargletscher
hat Herr Desor einen andern sondirt und erst bei 232 Meter unter der Ober=
fläche Grund gefunden.

mich auf's entschiedenste davon überzeugt. Edward Collomb hat die Frage seinerseits in experimentaler Weise gelöst. Er hat von den Gletschern gestreifte Kiesel genommen und sie mit Sand und Wasser in einen horizontalen Cylinder gethan, der nur fünfzehn Umdrehungen in der Minute machte. Nach Verlauf von zwanzig Stunden waren sämmtliche Streifen verschwunden. Auch würde man ihre Spur vergebens auf den von Gießbächen gerollten Kieseln oder auf den Strandsteinen suchen, welche die Gezeiten des Meeres fortwährend drehen und wenden, indem sie sie auf das sandige Ufer schleudern, um sie hernach wieder mit sich ins offene Meer zu führen.

Dank diesen Einzelheiten, sollen, so hoffen wir wenigstens, die Zeugnisse, welche wir als Nachweis der ehemaligen Ausdehnung der gegenwärtigen Gletscher anführen wollen, hinlänglich verständlich werden. Wir haben absichtlich Alles weggelassen, was keine unmittelbare Anwendung auf das Studium dieses großartigen Phänomens zuließ. Die Methode, welche wir befolgen, um diese ehemalige Ausdehnung zu beweisen, ist die einfachste und sicherste zugleich, welche man in der Geologie anwenden kann. Wir werden die Länder, welche die Alpen umgeben, durchstreifen und sehen, ob sie uns nicht unzweifelhafte Spuren von der Einwirkung der Gletscher darbieten. Wenn wir diese Spuren überall eben so zahlreich, eben so deutlich, wie in der Nähe der gegenwärtigen Gletscher, vorfinden, so werden wir unvermeidlich einräumen müssen, daß diese vordem in die Ebene hinein sich erstreckten und den Zwischenraum, welcher die Alpen vom Jura trennt, ausfüllten. Die ehemalige Ausdehnung der Gletscher wird nachgewiesen werden, auch ohne daß wir uns von den meteorologischen Störungen, welche sie bestimmt haben, Rechenschaft geben können; denn bei einem Studium, welches erst fünfundzwanzig Jahre alt ist, kann man sich nicht schmeicheln, eine hinlängliche Anzahl von Thatsachen gesammelt

18*

zu haben, um zu der allgemeinen Ursache, welche das Phänomen
hervorgerufen hat, aufzusteigen. Nur die Behauptung ist ge=
stattet, daß diese ungeheure Entwickelung der Gletscher unter
den jetzigen klimatischen Bedingungen unmöglich wäre, und daß
sie nothwendig eine merkliche Veränderung in der Temperatur
und folglich eine andere atmosphärische Beschaffenheit voraus=
setzt, als die ist, welche seit den historischen Zeiten in Europa
herrscht.

Ehemalige Ausdehnung der Montblanc-Gletscher von Cha-mouni bis Genf.

Bevor ich eine Vorstellung von der Ausdehnung der ehe=
maligen Gletscher zu geben versuche, habe ich es für angemessen
gehalten, einen dieser Gletscher seiner ganzen Länge nach von
seinem Ursprunge bis zu seiner Endmoräne zu verfolgen. Auf
dieser Reise werden wir überall den Spuren begegnen, welche
er auf seinem Zuge zurückgelassen hat, und wir werden mit
Leichtigkeit die Identität dieser Spuren mit denjenigen feststellen,
welche man in der Nähe der gegenwärtigen Gletscher antrifft.
Als Beispiel wähle ich die Gletscher des Montblanc aus, welche
ehemals das ganze Arvethal erfüllten und sich von Chamouni
bis Genf erstreckten.

Versetzen wir uns auf den Montanvert, 850 Meter über
dem Dorfe Chamouni. Das Eismeer liegt zu unseren Füßen,
es steigt von dem mächtigen Cirkus des Jardin und der Aiguille
du Géant herab. Ohne kühne Bergbewohner zu sein, können
wir die Ponts überschreiten, über die linke Seitenmoräne weg=
setzen und uns dem Vorgebirge des Angle nahen. Die ganze
Oberfläche dieses Vorgebirges ist abgerundet, geglättet und ge=
streift, ober= wie unterhalb der Gletscherfläche. Man kann sich
hiervon überzeugen, indem man zwischen das Eis und die

Granitwand hinabschaut. Setzen wir diese Untersuchung noch etwas weiter fort, so werden wir sehen, daß die Felsen bis zu einer bedeutenden Höhe geglättet und gereifelt sind, und daß die Spitzen der Einwirkung des Gletschers erst am Fuße der hohen ihn beherrschenden Spitzen innehalten. Da nun die Streifen, welche das Eis vor unsern Augen rabirt hat, eins sind mit denen, welche sich 300 Meter über unsern Köpfen befinden, so sind wir berechtigt, daraus zu schließen, daß die Dicke des Gletschers oder seine Mächtigkeit, um die Sprache der Geologen zu reden, vordem größer war, als sie es heutzutage ist; wenn aber seine Mächtigkeit größer war, so war es seine Länge auch, denn es besteht ein nothwendiger Zusammenhang zwischen den drei Verhältnissen eines Gletschers. Demnach lag die Endmoräne statt beim Weiler des Bois, 3 Kilometer oberhalb Chamouni, damals viel weiter vorn. Man sieht, daß man sich, ohne die Oberfläche des gegenwärtigen Gletschers zu verlassen, schon die Gewißheit verschaffen kann, daß seine Ausdehnung ehedem beträchtlicher war, als in unsern Tagen. Die übrigen Beweise werden uns nicht mangeln.

Statt, wie der Gletscher, am Fuße des Chapeau genannten Felsens einzuhalten, verlängert sich die rechte Seitenmoräne unter der Gestalt eines ungeheuren Dammes, welcher das Thal von Chamouni versperrt und den Weiler Lavangi trägt. Die Arve hat sich eine enge Bahn zwischen diesem Damm und dem nördlichen Thalgehänge gebrochen. Bei Anlegung der Straße ist man genöthigt gewesen, diesen natürlichen Damm zu durch= stechen, und hat sich bei dieser Arbeit davon überzeugen können, daß derselbe aus Sand, Kieseln und großen, eckigen, bunt übereinander gehäuften Blöcken, wie bei den wirklichen Morä= nen, besteht. Einer dieser Blöcke, welcher auf dem Kamme liegt, ist unter dem Namen der Pierre de Lisboli be= kannt. Dieser Damm ist die ehemalige Seitenmoräne des Eis=

meeres; der Wald jedoch, welcher sie bedeckt, beweist, daß die Oberfläche des Gletschers sich seit langer Zeit zu dem Niveau, worauf wir sie gegenwärtig sehen, herabgesenkt hat. Schon Saussure*) hatte das Dasein dieser ehemaligen Moräne erkannt, welches sich so augenscheinlich herausstellt, daß die vorurtheilsvollsten Geister es nicht würden leugnen können. Sie erstreckt sich thalaufwärts bis zum Weiler des Isles, 2 Kilometer vom Dorfe Argentière entfernt. Die Arve, in ihrem Laufe durch die Moräne von Lavangi gesperrt, bildete vormals einen See, dessen allmälige Wasserstände noch durch die horizontalen Terrassen, welche den Stromlauf einfassen, angezeigt werden.

Von der Höhe dieser Seitenmoräne kann ein aufmerksamer Beobachter in dem Thale die ehemalige Endmoräne des Eismeeres zur Zeit seiner geringsten Ausdehnung erkennen. Die Gestalt dieser Moräne ist charakteristisch; es ist die eines Bogens, dessen konkave Seite bergwärts gerichtet ist. Das Dorf Chamouni ist zum Theil auf dieser Moräne und auf Kosten der erratischen Blöcke, welche sie bilden, erbaut. Der kleine auf dem linken Ufer der Arve liegende Hügel gegenüber dem Hotel de l'Union ist einer der hervorragendsten Punkte. Im Jahre 1845 konnte ich die innere Struktur dieses Hügels untersuchen, während man den Grund zu dem neuen Hotel grub, welches sich dem soeben genannten gegenüber erhebt, und ich habe gefunden, daß sie identisch mit der der gegenwärtigen Moränen ist.

Aber, wird man sagen, wo ist der Beweis dafür, daß die erratischen Blöcke der Moräne von Chamouni dort durch das Eismeer abgelagert sind? Ist es nicht natürlicher, anzunehmen, daß sie von dem Brevent herabgekommen sind, dessen beständige Bergstürze unaufhörlich das Dorf bedrohen und das große ge-

---

*) Voyage dans les Alpes §. 623.

neigte Delta bilden, dessen östliche Ecke er einnimmt? Die
Antwort ist leicht. Der Brevent ist ein Gneisgebirge, und fast
sämmtliche Blöcke der Moräne sind von Protogin, einer charak=
teristischen Granitart, welche die Masse des Montblanc und der
umliegenden Gipfel ausmacht.

Setzen wir unsern Weg längs des Thales fort. Nachdem
man auf einer hölzernen Brücke die Arve überschritten hat, ge=
langt man zu dem Weiler Montcuar, welcher auf allen Seiten
von ungeheuern Protoginblöcken umgeben ist. Das Terrain
wird statt schlicht, uneben, und der Weg führt über mehre Dämme
von geringer Höhe. Man befindet sich auf einer neuen End=
moräne, welche einer größern Ausdehnung des Mer be Glace
und des Glacier des Bossons vereint entspricht, es ist die von
Montcuar, deren Breite, an den Ufern der Arve gemessen,
etwa 400 Meter beträgt. Diese Moräne endet ein wenig jen=
seit des Gießbaches, welcher vom Glacier de Taconnay herkommt.
Die Blöcke, aus denen sie besteht, sind wahrhaft riesig. Jeder
Fremde bemerkt die in dem Ellerwäldchen befindlichen, das
sich am Strome entlang zieht. Einer dieser Blöcke, Pierre Belle
genannt, hat nicht weniger als 24 Meter 7 Decimeter Länge
bei 9 Meter Breite und wenigstens 12 Meter Höhe. Es ist
kein Stein, es ist ein wahrer Hügel, der sich über alle ihn um=
gebenden Bäume erhebt. Sollten dem Beobachter noch einige
Zweifel über die Natur der Kraft zurückbleiben, welche diese
Blöcke verführt hat, so braucht er sich, falls er die schwierigen
Wege nicht scheut, nur über die Böschungen zu erheben, welche
das rechte Ufer der Arve beherrschen. Auf dem rohen Pfade,
welcher zum Weiler Merlat führt, wird er zwischen 336 und
350 Meter über dem Thale Rundhöcker finden, d. h. Felsblöcke,
welche gerundet und geglättet sind wie die, welche man unter
den jetzigen Gletschern antrifft.

Nachdem er die Ebene von Montcuar überschritten hat,

wandert der Reisende auf einem aus Rollsteinen gebildeten Ter=
rain, welche durch die Gießbäche hierher geführt wurden, deren
ausgetrocknete Betten er noch erkennt; wirft er den Blick aber
auf das rechte Ufer der Arve, so bemerkt er von weitem erra=
tische Blöcke und große glatte, fast senkrechte Flächen. Er be=
findet sich bei dem Dorfe des Ouches, dem letzten im Chamouni=
thale. Dort hat der Gletscher die verschiedenartigsten und au=
genscheinlichsten Spuren seines Vorüberziehens hinterlassen.
Der ungeheure Druck, den er hat ausüben müssen, um sich den
Eingang in die enge Schlucht der Montées zu erzwingen, die
Veränderung in der Thalrichtung, alles trug dazu bei, jene
Erscheinungen der Reibung und Abschleifung hervorzurufen,
welche wir am Fuße der Vorgebirge oder bei den Verengungen
beobachten, welche das Bett der gegenwärtigen Gletscher ein=
engen.

Dem Dorfe des Ouches gegenüber, auf dem rechten Ufer der
Arve, erheben sich drei Hügel von charakteristischer Form: berg=
wärts sind sie abgerundet, thalwärts steil abfallend. Man er=
kennt leicht, daß die Kraft, welche die geneigten Schichten des
thonigen Talkschiefers, woraus sie bestehen, abgeschliffen hat,
das Thal herabkam und die nach unten gekehrte Seite verschont
hat; daher der runde Rücken aufwärts, welcher plötzlich mit
einer nach der entgegengesetzten Richtung gekehrten Böschung
endet. Untersuchen wir diese Hügel etwas näher. Ueberall,
auf der Spitze wie an den Seiten, werden wir jene gradlinigen
Reißen, jene feinen in der Richtung des Thales laufenden Striche
finden, welche nur die Gletscher zu reißen vermögen, und um
den Nachweis vollständig zu machen, ruhen zahlreiche Protogin=
blöcke, oft ungeheuer groß, mit spitzen Ecken und scharfen Kan=
ten, auf diesen geglätteten und gereifelten Flächen. Bis zur
Höhe von 593 Meter hinauf ist die ganze Montagne de Cou=
peau über dem rechten Ufer der Arve mit Rundhöckern bedeckt,

welche sozusagen unter zahllosen erratischen Blöcken verschwinden. Die Striche, welche diese Felsen durchfurchen, sind nicht horizontal, sie können es nicht sein, denn dieser Berg bildete ein in das Thal vorspringendes Vorgebirge, so daß der Gletscher sich wider das Hinderniß, welches seinem Marsche entgegentrat, aufrichtete und aufsteigende Linien einrabirte, gleich denen, welche wir auf dem Aargletscher am Fuße des Vorgebirges, welches den Pavillon des Herrn Agassiz trägt, angezeigt haben.

So finden sich die unwiderleglichsten Spuren, welche ein Gletscher von seinem Durchzuge beim Eintritte eines Passes zurücklassen kann: Hügel, aufwärts abgerundet, abwärts schroff, Rundhöcker mit gerablinigen Riesen und Strichen, horizontal auf dem Boden des Thales, ansteigend auf dem Vorgebirge, welcher dasselbe einengt, eine Seitenmoräne, bestehend aus eckigen an den Seiten der Berge hangenden Blöcken — Alles dieses findet sich vereint beim Eingange der Schlucht der Montées vor.

Es giebt noch immer verschiedene Gelehrte, welche alle diese Erscheinungen der Wirkung großer Wasserströme zuschreiben. Sie meinen, daß diese Diluvialfluten die Macht gehabt hätten, die erratischen Blöcke fortzuführen, ohne die Ecken derselben abzustumpfen, ohne die Kanten zu verwischen. Sie messen dem raschen Hingleiten dieser Blöcke die abgerundeten Formen der Rundhöcker und die Streifen, womit sie bedeckt sind, bei; sie scheuen nicht vor der Nothwendigkeit zurück, Ströme von 400 bis 500 Meter Tiefe, während langer Zeitabschnitte fließend, einzuräumen, was wahrhaft unberechenbare Wassermassen, deren Ursprung nicht zu erklären sein würde, voraussetzt. Doch, glaube ich, würde der starke Glaube des hartnäckigsten Diluvialisten erschüttert werden, wenn er die Spuren des ehemaligen im Thale von Chamouni mündenden Gletschers mit der säkularen Wirkung der Arve vergleicht, deren Gießbäche sich in demselben Terrain, welches der Gletscher gebildet hat, ein Bett ge-

graben haben. Einerseits Rundhöcker, von innen gestreiften
Riesen durchfurcht; geglättete Flächen mit feinen, stets gerab=
linigen, oft ansteigenden Streifen; ungeheure erratische Blöcke
mit scharfen Ecken und Kanten an den Seiten der Berge ge=
lagert; — das ist das Werk des Gletschers. Andererseits Aus=
fressungen, gewundene verzweigte Kanäle mit glatten und schlichten
Wänden, stets in der Richtung des Abhanges laufend; cylin=
brische Vertiefungen, Riesentöpfe genannt; Blöcke von mitt=
lerer Größe, gerollt, rund mit abgestumpften Kanten und Ecken,
auf dem Boden des Thales gelagert; — das sind die Wirkungen
eines Gießbachs. Man kann sie im Arvebett neben den Spu=
ren des Gletschers studiren. Im erstern Falle ist es ein fester
Körper, welcher den Fels abflächt und ritzt, im zweiten eine
Flüssigkeit, welche ihn unaufhörlich angreift, aushöhlt, glättet,
aber ohne ihn zu streifen.

Vom Dorfe des Ouches aufbrechend, durchschneidet der
Reisende eine kleine Ebene und verwickelt sich sobann in die
Schlucht der Montées, welche das Thal von Chamouni mit
dem von Servoz verbindet. Zur Rechten braust die Arve in
der Tiefe eines Abgrundes, zur Linken dehnt sich ein niedriger
und sumpfiger Raum bis an den Fuß des Prarion aus. Alle
Abhänge der Gorge des Montées, alle Felsen, welche im Thale
auftauchen, sind rundhöckrig, mit großen erratischen Blöcken
besäet und von gerablinigen Riesen durchfurcht, deren Länge oft
mehre Meter beträgt. Ohne sich von der Hochstraße zu ent=
fernen, kann man einen dieser Hügel auf dem linken Ufer der
Arve sehen, nachdem man über den Pont Pelissier gelangt ist;
es ist der, welcher die malerischen Ruinen des Thurmes von
Saint=Michel trägt. Ueberall um diese Hügel herum trifft man
Protoginblöcke an, welche geglättete und gerieselte Felsen be=
decken. Oft erscheinen diese Blöcke wie hangend an den Seiten
der Hügel, daß man schlechterdings zu dem Schlusse geführt

wird, sie seien durch eine Kraft dahin geführt, welche sie sanft und ohne Erschütterung auf der Stelle absetzte, wo sie im Gleichgewicht liegen geblieben sind, während ein ungestümer Strom sie mit sich fortgerissen und in die Tiefe des Thales geschleudert haben würde.

Welches war die Gewalt des Gletschers im Augenblicke, wo er über den Engpaß der Montées wegsetzte? Um diese interessante Frage zu lösen, bin ich an die beiden Ufern der Arve empor gestiegen. Zur Rechten über den Felsen, deren steile Böschungen sich in den Strom senken, habe ich geglättete Felsen und erratische Blöcke bis zur Höhe von 758 Meter über dem Pont Pelissier gefunden. Zur Linken, nicht weit vom Forklazpasse, erhoben sich die Blöcke bis zur Höhe von 683 Meter. Diese beiden Punkte, einander gegenüberliegend, sind durch einen horizontalen Abstand von wenigstens 4 Kilometer getrennt. Der Gletscher hatte auf diesem Punkte also eine Breite von einer Stunde, und seine durchschnittliche Mächtigkeit betrug wenigstens 720 Meter (2215 Fuß), denn bei dieser Art von Messungen ist man nie sicher, daß Barometer genau über dem letzten polirten Felsen oder bei dem letzten erratischen Blocke aufgehängt zu haben.*)

Jenseit des Dorfes Servoz verschwinden die Spuren des Arvegletschers (mit diesem Namen wollen wir ihn künftighin bezeichnen) eine Zeit lang. Man kommt nämlich über entsetzliche Bergstürze, welche die Rundhöcker und die Moränenblöcke unter einer dicken Schuttschicht begraben haben. Einer dieser Bergstürze, der vom Jahre 1751, war von einem so fürchterlichen Getöse und einer derartig schwarzen Staubwolke begleitet, daß die Behörden der nächsten Stadt einen Kurier nach Turin ab-

---

*) Diese Dicke hat nichts Ueberraschendes, wenn man bedenkt, daß die des gegenwärtigen Aargletschers bei dem Abschwung wenigstens 400 Meter beträgt.

schickten, um zu verkünden, daß sich ein Vulkan in den Alpen geöffnet habe.

Auf dem linken Ufer der Arve sind die Spuren des ehe= maligen Gletschers keineswegs wie auf dem rechten verdeckt worden. Wenn man den Weg, welcher vom Dorfe du Chède zu den Bädern von Saint=Gervais führt, verfolgt, so stößt man an den Ufern des Bergbaches beim Austritt aus der engen Schlucht, der er entschlüpft, um ins Thal von Sallenches zu treten, wieder auf die Protoginblöcke. Einer dieser Blöcke wird von einem Taubenhause überragt, welches ihn der Aufmerksam= keit der Reisenden schon von weitem ankündigt.

Die Bäder von Saint=Gervais liegen am äußersten Ende des Thales von Montjoie, welches sich am Westabhange des Montblanc hinzieht und in das der Arve unter einem beinahe rechten Winkel einmündet. Der Gießbach Bonnant, welcher hinter den Bädern eine unter den Touristen berühmte Kaskade bildet, fließt im Grunde des Thales. Wenn die Theorie der ehemaligen Ausdehnung der Gletscher keine leere Hypothese ist, so muß das Thal von Montjoie wie das von Chamouni den Abfluß eines Gletschers bilden, und beim Punkte seines Zusammentreffens mit dem der Arve müssen wir die Spuren der Phänomene wieder antreffen, welche auf den jetzigen Gletschern bei der Ver= einigung von zwei Zuflüssen stattfinden. Wenn diese Zuflüsse von gleicher Stärke sind, so vereinigen sie sich und laufen parallel neben einander her; sind sie aber von ungleicher Größe, so wird der kleinere von dem größern zurückgedrängt und bildet nur eine Art von Keil, der mehr oder weniger in den Haupt= gletscher dringt. Die Vereinigung des Lauteraar= und Finster= aargletschers ist ein Beispiel des Zusammenflusses erster Art; die kleinen Gletscher des Thierbergs, des Silberbergs, des Grün= bergs, welche sich in den der Aar ergießen, machen uns den zweiten Fall anschaulich. Im Vergleich zu dem der Arve war

der Gletscher des Bonnant nur ein schwacher Zufluß; nichtsdesto=
weniger hat er seine Blöcke am Eingange des Montjoiethales
abgesetzt, wo sie auf einer Strecke von mehren Kilometern allein
die Bergabhänge zwischen Saint=Gervais und Comblour be=
decken; zugleich aber hat der Bonnantgletscher die Seiten=
moräne des Arvegletschers gegen die Mitte des Thales zurück=
gedrängt und die Protoginblöcke gezwungen, sich vom Ufer zu
entfernen. Auch haben sich, als der Arvegletscher schmolz, diese
Blöcke, statt an den Wänden des Thales von Sallenches hängen
zu bleiben, auf dem Grunde gelagert, und wir finden sie heut=
zutage um die von den Bädern von Saint=Gervais einge=
nommene Schlucht umherliegen. Ja wir sehen vor dem
Bade=Etablissement geneigte Schichten von Rollsteinen, untermischt
von eckigen Blöcken: sichere Beweise vom ehemaligen Vorhanden=
sein eines kleinen Gletschersees, ähnlich dem des Tacul, welcher
sich in dem durch die Vereinigung des Géant= und Léchaubglet=
schers, Hauptzuflüssen des Eismeeres von Chamouni, gebildeten
Winkel befindet.

Mehre Kilometer weiter werden die von dem Gletscher des
Bonnant abgesetzten erratischen Blöcke von denen der Seiten=
moräne des Arvegletschers ersetzt, welcher wieder die Berg=
abhänge einnimmt und ohne Unterbrechung vom Dorfe Com=
blour bis zu der kleinen Stadt Sallenches herrscht. Dem ge=
lehrten Bischof von Annecy, Msgr. Renbu, verdankt man
die Entdeckung dieser Moräne. Mit Ueberraschung hatte er
wahrgenommen, daß der Zusammenhang der Ackerfelder, welche
sich von der Thalsohle bis zu bedeutender Höhe erheben, durch
einen Gürtel von Wäldern unterbrochen wurde. Den Schatten
der düstern Tannen betretend, erkannte er sofort die Ursache
dieser Eigenthümlichkeit. In diesem Gürtel verschwindet der
Boden unter einem Haufen von erratischen übereinander ge=
thürmten und sich bis zur Höhe der Bäume erhebenden Blöcken.

Ueberall erblickt man Protoginmassen, welche 10 bis 20 Meter nach allen Seiten messen. Die Kanten dieser Massen sind eben so scharf, die Ecken eben so spitz, wie in dem Augenblick, da sie sich von den Zinken des Montblanc ablösten. Nicht nur sind die Bäume zwischen dem Gestein emporgeschossen, sondern sie haben auch die Blöcke selbst überzogen und oft gebeiht eine prächtige Gruppe von Tannen und Birken gleich einem hängenden Walde, auf einem Sockel von Granit. Der Reisende hat eben so viel Mühe, sich in diesem Irrsal einen Durchgang zu bahnen, als ob er sich in die Moränen des Eismeeres von Chamouni verirrt hätte. Ueberall, wo die Bäche den Boden durchfurcht haben, bemerkt er jenes Gemisch von Sand, Kieseln und eckigen, bunt auf einander gehäuften Blöcken, welches die von den Gletschern gebildeten Ablagerungen kennzeichnet. Erst in der Tiefe von mehren Metern trifft er die Schieferlager des Ge= birges an. Die riesigsten Blöcke der Comblourmoräne finden sich am Waldsaume unterhalb des Dorfes gleiches Namens, ein anderer, nahe beim Weiler des Caches in geringer Entfernung von Sallenches befindlich, ist im Lande unter dem Namen der Pierre à Mabert berühmt.

Die große Anhäufung von Blöcken, welche die Moräne von Comblour zu einer der hervorragendsten in den Alpen macht, erklärt sich leicht, wenn man in Erwägung zieht, daß auf diesem Punkte das Thaljoch genau der Servozschlucht gegenüber liegt, durch welche der Arvegletscher in die Ebene von Sallenches mündete. Diese Moräne war demnach eine Seiten= und Stirnmoräne zugleich, wie die des jetzigen Lauteraargletschers beim Bärenritz. Die Einbildungskraft wagt kaum den Zeit= raum zu schätzen, während dessen der Gletscher die den Spitzen in der Umgegend des Montblanc entrissenen Blöcke dort abge= lagert hat; einige sind nebst denen des Bonnantgletschers in das Hochthal von Mégève, welches sich zwischen Saint=Gervais

und Comblour öffnet, vorgedrungen, doch haben sie keineswegs
die Wasserscheibe zwischen der Arve und der Isère überschritten.
Da das Val de Mégève nicht mit einem von hohen Bergen
umgebenen Cirkus abschließt, so begreift sich, daß es nicht wie
das Montjoiethal einem Gletscher das Dasein gegeben hat; da
es sich aber auf der einen Seite ins Arvethal, auf der andern
in das der Isère öffnet, so ist es wahrscheinlich, daß zwei
Zweige der Gletscher gleiches Namens sich an der Stelle be=
gegneten, wo sich gegenwärtig der Flecken Mégève befindet,
denn darüber hinaus am Abhange der Isère trifft man nicht
mehr jene Protoginblöcke an, welche die Montblancgletscher
charakterisiren.

Schreitet man weiter den Lauf der Arve hinab, so betritt
man das Maglanthal, und man kann sich überzeugen, daß die
Moräne von Comblour nicht bei Sallenches aufhört. Un=
zählige Protoginblöcke bedecken sämmtliche Abhänge, welche das
linke Ufer des Flusses beherrschen. Beim Clusespasse sind
mehre unter diesen Blöcken von der Hauptstraße aus sichtbar,
und ich habe sie bis zur Höhe von 286 Meter verfolgt, welche
sicherlich nicht die äußerste Höhengrenze der Moräne ist. Die
erratischen Blöcke fehlen gänzlich auf dem rechten Ufer im ganzen
Maglanthale. Woher rührt dieser Unterschied? Warum tref=
fen wir Tausende von Protoginblöcken auf dem linken Ufer der
Arve und keinen einzigen auf dem rechten Ufer an? Von
Servoz bis Saint=Martin, Sallenches gegenüber, könnte man
glauben, daß die Blöcke unter den Bergstürzen der Montagne des
Fis und der Aiguille de Varens vergraben seien, oberhalb des
anmuthigen Wasserfalles des Nant b'Arpenaz und des Dorfes
Maglan aber bietet das Gebirge entblößte Stufen dar. Mgr.
Renbu hat diese Schwierigkeit bereits gelöst; er macht darauf
aufmerksam, daß in der Höhe von Servoz ein mächtiger vom
Buet kommender Gletscher in den der Arve über den Col b'An=

terne hinüber abfließen mußte. Dieser beträchtliche Zufluß, paral=
lel mit dem Arvegletscher laufend, dessen rechte Flanke er bildete,
führte keineswegs Protoginblöcke mit sich; seine Moräne war
kalkig, wie die ihn beherrschenden Berge. Da nun die Joche
des Maglanthales derselben Art sind, so vermischt sich diese
Moräne mit Felsen der Bergstürze. Nichts ist in der That
schwieriger, als die erratischen Blöcke zu unterscheiden, wenn sie
dasselbe Aussehen und dieselbe mineralogische Structur wie der
Fels, auf dem sie ruhen, besitzen. Andererseits haben diese
Schiefer=, Kalk= und Sandsteintrümmer nicht wie der Protogin
dem langen Einflusse der Verwitterung Widerstand geleistet und
sind zum großen Theil zerstört.

Man sieht, daß die Theorie der ehemaligen Ausdehnung der
Gletscher sehr gut die Trennung der Protogin=Blöcke und der=
jenigen der Kalkmoräne erklärt. Die Annahme eines Diluvial=
stromes vermag diese Schwierigkeit nicht zu lösen. Wie könnte
man es auch fassen, daß ein ungestümer Bergbach, welcher die
Kalktrümmer und die Granitblöcke, bunt durcheinander gewür=
felt, mit sich fortgerissen hätte, die einen auf dem linken, die
andern auf dem rechten Ufer absetzen sollte, ohne sie mit ein=
ander zu vermischen? Diese Annahme ist unzulässig und be=
weist die Unzulänglichkeit der Diluvialhypothese.

Die lange Seitenmoräne, welche sich von Cluses bis Bonne=
ville ausdehnt, bildet einen ununterbrochenen Damm längs der
ganzen linken Thalwand. Die letzten Blöcke dieser Moräne
liegen oft 640 Meter über der Arve. Beweis hierfür die=
jenigen, welche man in der Nähe der Kirche des Mont Saronet
bemerkt, deren hohe Lage und malerischer Anblick das Auge des
Reisenden schon von weitem auf sich zieht. Die ganze zwischen
Bonneville und dem Mont Salève liegende Ebene ist mit
zahlreichen erratischen Blöcken besäet, dennoch fehlen diese Blöcke
gänzlich auf einem 17 Kilometer langen Streifen von veränder=

licher Breite, welcher sich vom Eingange des Bornandthales
bis Nangy, einem auf dem Wege von Bonneville nach Genf
gelegenen Dorfe, erstreckt. Dieser lange Streifen, unter dem
Namen der Rocailles bekannt, ist fast gänzlich unbebaut
und sticht durch seine Dürre gegen den kräftigen Pflanzenwuchs
der umliegenden Ebene ab. Die kleine Stadt la Roche, die
Dörfer Saint=Laurent und Cornier sind auf diesen Rocailles
gebaut, während die von Pers, von Saint Romain und von
Nangy an den Rändern liegen. Inmitten dieser Felsen, von
denen mehre, 30 bis 40 Meter hoch, die imponirenden Ruinen
der Schlösser be la Roche, du Chatelet und die Thürme von
Saint=Laurent und Bellecombe tragen, sieht sich der Geologe
plötzlich in ein Kalkland versetzt. Die mineralogische Natur
der ihn umgebenden Felsen, der weiße Schlamm, welcher die
Straße bedeckt, Alles bestärkt ihn in dieser Vorstellung. Der
Botaniker erkennt sofort die den Kalkgebirgen eigenthüm=
lichen Pflanzen: Burbaum, Schweinsbrot, Schwalbenwurz;
allein diese Erscheinungen sind trügerisch; überall, wo die
Bergbäche den Boden durchschnitten haben, sieht man die Mo=
lassebänke, auf denen diese Kalkmassen ruhen. Die fossilen
Muscheln, welche sie enthalten, zeigen vollends, daß diese Mas=
sen hier nicht anstehen, sondern ehedem den hohen Theilen der
Berge des Bornand entrissen und in die Ebene verführt wor=
den sind. Man gewinnt endlich die Ueberzeugung, daß die
Rocailles eine große Kalkmoräne sind, die vom Bornandthale
ausgegangen ist, wo ein Gletscher aus diesem Thale mündete,
um sich mit dem der Arve zu vereinigen. An mehren Punkten
kann man sehen, wie sich die Granit= und die Kalkmoräne be=
rühren, ohne sich zu vermischen, am Eingange der Stadt la
Roche auf der Seite von Bonneville z. B. und bei der Brücke
von Bellecombe unterhalb des Dorfes Nangy. Einen Kilometer
oberhalb dieses Dorfes bemerkt der Reisende zwei steile Felsen,

welche sich neben der Straße erheben. Der eine trägt einen
Pavillon, es ist das Chateau de Pierre, der andere ein Föhren=
dickicht von malerischster Wirkung. Diese beiden Felsen sind die
letzten Blöcke der Kalkmoräne des Bornand, vormals vom
Gletscher bis auf das rechte Ufer der Arve geschoben.

Jenseits Rangy ist die zwischen dem Südabhange der Boi=
rons und dem östlichen Rücken des Salève liegende Ebene
mit Protoginblöcken besäet, welche sich hauptsächlich auf dem
hinter diesen Bergen liegenden Plateau des Bornes auf=
gehäuft haben; doch muß man auf der Ostseite der beiden Sa=
lèves die Endmoräne des Arvegletschers suchen. Trotz einer
schon mehre Jahre währenden rührigen Ausbeutung ist der
abgerundete Rücken dieser beiden Berge doch überall von diesen
Blöcken bedeckt. Eine bedeutende Anzahl derselben ist in die
Schlucht von Monetier gedrungen, andere sind oben auf dem
Absturz, welcher nach Genf zuliegt, hangen geblieben oder in die
Ebene, deren Mittelpunkt diese Stadt einnimmt, hinabgestürzt
worden. Bei dem auf dem östlichen Rücken des kleinen Sa=
lève liegenden Dorfe Morner trifft man auch geglättete Felsen
und beträchtliche Haufen von Sand, Kies und gestreiften Kie=
seln an. So sind alle Beweise für das ehemalige Dasein eines
Gletschers auf dem Ostabhange des Salève eben so sichtlich,
eben so unstreitig vereinigt, als im Thale von Chamouni, der
Wiege jenes riesigen Gletschers, dessen Spuren wir verfolgt
haben. Für ihn war die Kette des Salève kein unübersteig=
licher Wall, er hat sich um die Enden derselben herum=
gewunden, um seine letzten Blöcke auf dem Mont Sion, einer
molassischen, im Süden von Genf gelegenen Anschwellung, und
der Wasserscheide der Gewässer, welche sich in den Genfer See
oder den von Annecy ergießen, abzulegen. Die Protoginblöcke
nehmen die höchsten Theile des Mont Sion ein, und die letzte
Gruppe krönt die Spitze eines Hügels, welcher sich unter dem

Dorfe Vers neben der Straße von Genf nach Chambery
erhebt.

Auf den beiden Abhängen des Mont Sion findet der
Geologe erratische Blöcke sehr mannichfaltiger Art, und wenn er
sich an die Gebirge erinnert, in denen die Gesteine dieser
Blöcke anstehen, so erlangt er die Ueberzeugung, daß er sich auf
dem Punkte des Zusammenstoßes von drei großen antediluvia=
nischen Gletschern befindet, desjenigen der Rhone, welcher das
ganze Becken des Genfer Sees erfüllte, desjenigen der Isère,
welcher durch die Seen von Annecy und des Bourget mündete,
und desjenigen der Arve, welcher, wie ein spitzer Keil sich zwi=
schen sie schiebend, bei dem Dorfe Vers endete. Der bescheidene
Mont Sion war, wie Herr Arnold Guyot, dem man diese
schöne Entdeckung verdankt, sich ausdrückt, der Punkt, wo diese
mächtigen Gletscher, welche die Oberfläche der zwischen den Alpen
und dem Jura liegenden Ebene so bedeutend veränderten, zu=
sammenliefen. Wir werden sie nicht alle ihrer Erstreckung nach
verfolgen, denn alle würden uns Eigenthümlichkeiten dar=
bieten, denen des Arvegletschers analog. Ziehen wir nur in
großen Umrissen die Grenzen der ehemaligen Ausdehnung die=
ser Gletscher.

Der Rhonegletscher entsprang in allen den Seitenthälern,
welche in die beiden parallelen Ketten des Wallis einschneiden
und woselbst sich die höchsten Berge der Schweiz, der Monte
Rosa, der Mont Cervin, die Jungfrau, der Velan u. s. w.,
befinden. Dieser Gletscher erfüllte das Wallis und dehnte sich
in der zwischen den Alpen und dem Jura liegenden Ebene vom
Fort l'Ecluse bei der Perte du Rhône bis in die Umgegend
von Aarau aus. Er war der Hauptgletscher der Schweiz;
er hat jene zahllosen Blöcke, welche den Jura bis zur Höhe
von 1040 Meter über dem Meere bedecken, verführt. Die
übrigen Gletscher waren nur schwache Zuflüsse des Rhone=

gletichers, unfähig, ihn von feiner Richtung abzulenken. So
erkennt man, wenn der Arvegletfcher ihm auf dem Kamme der
Salèves ober an ben Abhängen der Voirons begegnet, an der
Vertheilung der Moränen, baß der Rhonegletfcher feinen Marfch
fortfetzt, während ber ber Arve plötzlich ftillfteht. Desgleichen
brängt ein reißender Strom bas kleine Bächlein zurück, welches
ihm ben Tribut feiner Welle zuträgt.

Die übrigen fekunbären Gletfcher nahmen bie Hauptthäler
ber Schweiz ein. Dergleichen waren ber Aargletfcher, beffen
letzte Moränen bie Hügel in ber Umgegend von Bern krönen.
Der Reußgletfcher, welcher bie Ufer bes Vierwalbftädterfees mit
ben ben Spitzen bes St. Gotthard entriffenen Plöcken bebeckt
hat. Der Linthgletfcher hielt am Ende bes Züricher Sees inne,
unb bie Stabt ift auf ber Enbmoräne beffelben gebaut. Der
Rheingletfcher enblich, weniger als bie anbern unterfucht, nahm
bas ganze Becken bes Konftanzer Sees ein unb behnte fich bis
zu ben Grenzpartien Deutfchlanbs aus.

So war alfo während ber Kältezeit, welche bem Erfcheinen
bes Menfchen auf ber Erbe gefolgt ift, bie Schweiz ein mächtiges
Eismeer, beffen Wurzeln fich in bie Hochthäler ber Alpen fenk-
ten, während bie Enbböfchung fich auf ben Jura ftützte. Desgleichen ftiegen auf bem Südabhange ber Kette bie Gletfcher
in bie Ebenen Piemonts unb ber Lombarbei hinab. Die ber
Südfeite bes Montblanc vereinigten fich, um ben Gletfcher bes
Aoftathales zu bilben. Die Enbmoräne beffelben erhebt fich
wie ein riefiger Damm in ber Umgegend ber Stabt Jorea, es
ift bie Serra von Piemont.*) Die Mehrzahl ber Seen
Oberitaliens verbankt ihr Dafein ben Stirnwällen biefer gro-

*) Siehe über biefen Gegenftand: Essai sur les terrains superficiels
de la vallée du Po aux environs de Turin par Ch. Martins et B. Gastaldi
(Bulletin de la Société géologique de France, 2e série, 1850, t. VII,
p. 250).

ßen Gletscher; indem sie den Lauf der Flüsse stauten, zwangen sie dieselben, sich unter der Form stiller Wasserspiegel auszu=breiten. Unter den hervorstechendsten Moränen will ich die drei konzentrischen Bögen erwähnen, welche das Ende des Lago Maggiore bei Sesto Calende umschreiben; die des Gardasees sind nicht minder gut in der Nähe von Desenzano und Peschiera charakterisirt. Die Schlacht von Solferino ist auf diesen alten Moränen geliefert worden, die Oesterreicher hatten die Höhen derselben besetzt. Der Mensch hat in seinem Grimm diese fruchtbaren Hügel, welche aus verführten Gebirgen bestehen, die sämmtliche, den verschiedensten Kulturen günstige minera=logische Elemente in sich vereinigen, mit Blut getränkt. Aber durch das hochherzige Blut Frankreichs ist ein köstlicherer Baum als alle Früchte der Erde daraus emporgesprossen, der Baum der Freiheit, dessen mächtige Aeste · Italien bereits von den Al=pen bis Viterbo und von Terracina bis Syrakus bedecken. Und eines Tages wird seine breite Krone keine Lücke mehr dar=bieten; Rom, ein ehrwürdiges Denkmal des katholischen Mittel=alters und des heidnischen Alterthums, wird gleich Neapel und Florenz in die große Gemeinschaft der befreiten Städte eintreten.

Klima der Eiszeit.

Stellt sich die Einbildungskraft alle die Alpen umgebenden Länder auf die Entfernung von mehren Myriametern unter Eis vergraben vor, so zittert sie sozusagen vor dem Gedanken an die entsetzliche Kälte, welche diese erstaunliche Entwickelung der Gletscher voraussetzt. Es scheint, als ob die Klimate Sibiriens nichts genügend Strenges darbieten, um das be=ständige Vorhandensein dieses über Gegenden ausgebreiteten Eismantels zu erklären, welche jetzt ein gemäßigtes Klima ge=

nießen. Es läßt sich zeigen, daß diese Vorstellungen sehr über=
trieben sind.

Nach dem, was wir über die Umwandlung des Schnees in Eis
durch wiederholtes Schmelzen und Gefrieren gesagt haben, wird
man begreifen, daß es keine Gletscher bei einem Klima von
übermäßiger Kälte, wie das im Norden von Asien, geben könnte.
Spitzbergen, welches im höchsten Grade die Vorstellung eines
von Gletschern überzogenen Landes verwirklicht, indem sie überall
bis ans Meer hinabsteigen, besitzt eine mittlere Temperatur von
8 Graben C. unter Null, die des Sommers beträgt 2°,4 bar=
über. Island, wo die Gletscher am Meeresufer Halt machen,
dasselbe aber nicht überschreiten, wie die von Spitzbergen, bietet
auf seinen verschiedenen Punkten eine mittlere, zwischen Null und
+ 4° liegende Temperatur dar. Uebrigens können wir uns
vermöge einer sehr einfachen Berechnung eine Vorstellung von
dem Klima machen, welches die Gletscher des Montblanc bis
an die Gestade des Genfer Sees zu führen vermochte. Die
mittlere Temperatur dieser Stadt beträgt 9°,16. Auf den um=
liegenden Bergen befindet sich die Grenze des ewigen Schnees,
wie wir gesehen haben, 2700 Meter über dem Meere. Die
großen Gletscher des Chamounithales steigen bis auf 1550
Meter unter diese Linie herab. Nehmen wir nun an, daß
die mittlere Temperatur von Genf nur um 4 Grad fiele und
folglich 5°,16 würde. Da die Abnahme der Temperatur mit
der Höhe einen Grad auf 188 Meter beträgt, so wird die
Grenze des ewigen Schnees auf 750 Meter sich erniedrigen und
nur noch 1950 Meter über dem Meere betragen. Man wird
ohne Schwierigkeit zugestehen, daß die Gletscher von Chamouni
unter diese neue Grenze um eine mindestens gleiche Menge
herabsteigen würden, als zwischen ihrer jetzigen Grenze und
ihrem untern Ende vorhanden ist. Nun befindet sich gegen=
wärtig der Fuß dieser Gletscher 1150 Meter über dem Ozean;

bei einem um 4 Grad kältern Klima wird er sich 750 Meter tiefer, b. h. auf gleicher Höhe mit der Schweizer Ebene befinden. Demnach würde das Fallen der ewigen Schneelinie hinreichen, um die Gletscher von Chamouni bis Genf gelangen zu lassen. Doch darf man nicht vergessen, daß ein Gletscher um so tiefer steigt, je weiter der Cirkus ist, aus dem er hervorkommt; nun werden Gletscher, welche als Speisungsbecken alle über 1950 Meter Höhe erhabenen Thäler und Schluchten besitzen, allein darum schon weit tiefer heruntersteigen als früher. So macht die vereinte Wirkung dieser beiden Ursachen, das Fallen der Linie des ewigen Schnees und die Vergrößerung der Mulden, Ursachen, deren jede einzeln genommen hinreichen würde, die ehemalige Ausdehnung der Gletscher zu erklären, es begreiflich, wie der Arvegletscher ehemals bis in die Umgegend von Genf vordringen konnte. Vergessen wir nicht, daß diese Ausdehnung das Werk einer langen Reihe von Jahrhunderten gewesen ist, deren Zahl uns sozusagen durch jene Millionen von Blöcken enthüllt wird, welche der Gletscher langsam und allmälig vom Fuße des Montblanc bis an die Ufer des Genfer Sees mit sich geführt hat.

Das Klima, welches diese erstaunliche Entwickelung der Gletscher begünstigte, hat nichts, wovon wir uns nicht eine ganz genaue Vorstellung machen könnten, es ist das Klima Upsalas, Stockholms, Christianias und des nördlichen Theiles von Amerika im Staate New-York. Den Geologen, welche nicht zaudern, die mittleren Temperaturen der kalten oder gemäßigten Zonen um 10 bis 15 Grade zu erhöhen, um das Vorkommen im Schoße der Erde von tropischen Farnen oder Thieren der heißen Länder zu erklären, würde es, dünkt mich, schlecht anstehen, sich über diese Veränderung der mittlern Jahrestemperatur zu ereifern, weil die Umwandlung in anderer Richtung vor sich geht und das Thermometer fällt, statt zu steigen. Wenn man zugiebt,

daß das Klima eines Theiles des Erdballes sich hat verändern
können, so ist es eben so zuläſſig, anzunehmen, daß es ſich ab=
gekühlt, als daß es ſich erwärmt habe. Die mittlere Temperatur
einer Gegend um 4 Grade vermindern, um eine der größten
Umwälzungen des Erdballs zu erklären, ist ſicher noch lange
nicht die verwegenſte Hypotheſe, welche die Geologie ſich er=
laubt hat.

Die Urſachen zu erörtern, welche dieſes Sinken der Tem=
peratur hervorgerufen haben, bie geologiſchen oder meteorologi=
ſchen Veränderungen anzugeben, welche dieſe lange Kälteperiode
herbeigeführt haben, ſcheint mir ein durchaus verfrühter Ver=
ſuch zu ſein. Vor Allem muß man die Karte der ehemaligen
Ausdehnung der Gletſcher entwerfen; nun iſt dieſelbe kaum
für die Alpen, die Vogeſen und die ſchottiſchen Gebirge ſkizzirt.
Alte Moränen ſind in den Pyrenäen, dem Altai, dem Kaukaſus
und dem Atlas vorhanden, doch hat noch Niemand die Topo=
graphie der Gletſcher unternommen, welche dieſelben vor ſich
her geſchoben haben. Schweden, Norwegen, Dänemark, Fin=
land, der Norden Amerikas waren mit großen Eisflächen be=
deckt, deren ſüdliche Grenze noch zu beſtimmen bleibt. Was
kann man alſo Sicheres über die Urſachen eines Phänomens
ſagen, deſſen Ausdehnung wir nicht kennen? Ahmen wir nicht
unſere Vorgänger nach, deren glänzende Einbildungskraft die
kühnſten allgemeinen Theorien auf die gebrechliche Unterlage einiger
iſolirter und unvollſtändiger Thatſachen ſtützte. All' dieſe vor=
eiligen Werke ſind dazu beſtimmt, unterzugehen. Die Wiſſen=
ſchaft hat uns einen neuen Abſchnitt in der Geſchichte unſeres
Planeten enthüllt, ein mächtiges Feld eröffnet ſich den Phyſikern,
Aſtronomen und Naturforſchern. Fürchten wir nicht, einen
forſchenden Blick in die Tiefen jener fernen Vergangenheit zu
werfen, deren Spur die Oberfläche der Erde bewahrt hat; ver=
werfen wir dagegen jene Hypotheſen, welche den Thatſachen

vorangehen und welche der anscheinend geringfügigste Umstand un-
erbittlich über den Haufen stößt. Doch hüten wir uns auch,
in das entgegengesetzte Extrem zu verfallen. Neben der Dilu-
vialperiode sehen wir die Gletscherperiode auftauchen, denn sie
ist uns durch das aufmerksame Studium wohlbeobachteter
Thatsachen und nicht durch eitle Spekulationen enthüllt worden.
Erneuern wir nicht die müßigen Streitfragen der Neptunisten
und Vulkanisten; die gerechte Nachwelt hat zwischen ihnen gerichtet. Sie hatten beide gleich unrecht als leidenschaftliche
Parteigänger einer ausschließlichen Idee, sie hatten beide gleich
recht durch die Thatsachen und Beobachtungen, welche sie zur
Unterstützung ihrer absoluten Theorien vorbrachten. Alle Geologen der Gegenwart sind Neptunisten und Vulkanisten zugleich,
die Wissenschaft ist auf Seite des Wassers wie des Feuers getreten. Ebenso wird es sich mit Gletschern und Strömungen
verhalten. Die einen wie die andern haben ihre Rolle in der
Vergangenheit gespielt, wie sie sie noch gegenwärtig ausfüllen.
Die Erscheinungen sind dieselben geblieben; statt jener gigantischen
Kundgebungen aber, welche charakteristisch für die dem unserigen
vorangegangenen geologischen Abschnitte sind, beschränken sie sich
auf die Thätigkeitsgrenzen, welche ihnen durch das Gleichgewicht
der bezüglichen Ruheperiode, worin der Mensch auf der Erde
erschien, auferlegt werden.

Zwei wissenschaftliche Besteigungen des Montblanc.

Seit mehren Jahren sind die Bergbesteigungen in die Mode gekommen; jeden Sommer brechen Touristen von allen Punkten Europas auf, um sich den Alpen zuzuwenden, und erklimmen um die Wette die unzugänglichsten Gipfel. Bald werden alle jene Schneespitzen, deren jungfräuliche Weiße ein bei den Dichtern sehr beliebtes Sinnbild war, ihres Magdthums beraubt sein. Alpenklubs haben sich in England, in der Schweiz, in Oesterreich, in Italien gebildet. Die Mitglieder derselben suchen es einander an Eifer und Kühnheit zuvorzuthun, ein edler Wettstreit, eine berechtigte Eigenliebe reizt und beseelt sie. Die kleine Anzahl von Gipfeln, welche ihr Fuß noch nicht betreten hat, ist zu zählen. Wir loben diesen Eifer, wir nehmen diesen Erfolg beifällig auf. Wo wäre auch eine bessere Anwendung der Kraft, der Geschmeidigkeit und der Energie zu finden, welche die Jugend charakterisiren. Die stereotypen Uebungen der regelmäßigen Gymnastik, die kleinen Vorfälle und Hindernisse auf der Jagd in den wohlbekannten Ebenen, welche das väterliche Erbgut umgeben, können unternehmenden Geistern, von gesunden und kräftigen Körpern bedient, nicht genügen. Die

Alpen sind ein Tummelplatz, wo sie alle ihre physischen und moralischen Fähigkeiten entfalten können. Nächte, in den Senn= hütten oder selbst unter einem Felsen nahe der Grenze des ewigen Schnees zugebracht, die wirklichen Schwierigkeiten und ernstlichen Gefahren der Gletscher, die unvorhergesehenen Hin= dernisse senkrechter den Zugang zu dem gewünschten Gipfel ver= sperrender Felswände, die plötzliche Kälte, die Wirkungen der Luftverdünnung, Wolken, welche plötzlich das Gebirge in einen dicken Nebel einhüllen, die Gewitterstürme, deren Blitz so häu= fig die Spitzen trifft, die Dunkelheit, welche den Reisenden inmitten dieser Schnee= und Eiswüsten überrascht: das sind Abenteuer, würdig der Kraft und des Strebens einer männ= lichen und abgehärteten Jugend. Welch ein Vergnügen, Hin= dernisse zu besiegen und Gefahren zu trotzen, bei denen das Leben eigentlich selten auf dem Spiele steht, und welche Beloh= nung nach dem Siege! Von der Höhe des überwundenen Gipfels sieht man die Welt zu seinen Füßen liegen, das Auge schweift in die Ferne über Berg und Thal. Eine köstliche Ruhe folgt einer augenblicklichen Ermüdung, ein in der Ebene unbe= kannter Appetit würzt das bescheidene Mahl, welches der Füh= rer auf dem mit Alpenblumen geschmückten Rasenteppich aus= breitet; eine reine Luft, ein glänzendes Licht verleihen allen Gegenständen eine in der dicken Atmosphäre der bewohnten Re= gionen unbekannte Schönheit, das Wohlbehagen des Körpers wirkt auf die Verfassung des Geistes zurück, der sich von edlen Wünschen und hohen Gedanken durchdrungen fühlt. Die arm= seligen Interessen und lächerlichen Eitelkeiten der Welt ver= schwinden in ihrer Kleinlichkeit, man erstaunt, sich je damit be= faßt zu haben, gelobt sich, ihnen fürder fremd zu sein. Der Art sind die lebhaften und ungemischten Genüsse beschaffen, welche jeder gutgeartete Mensch in Gegenwart des großartigen Schauspiels, dessen Mittelpunkt er ist, empfinden wird. Noch

innigere Genugthuung ist demjenigen vorbehalten, welcher die=
sen Gipfel in der Absicht erklimmt, die Gesetze der physischen
Welt, die Erscheinungen der Atmosphäre, die Ereignisse der Na=
tur in diesen kalten Regionen zu untersuchen oder den Bau die=
ser Gebirge zu zergliedern, welche ein Chaos zu sein scheinen und
in Wirklichkeit doch nur der Ausdruck einer noch unbekannten
Regel sind. Diese Besteigungen sind wissenschaftliche; sie haben
zur Summe unseres Wissens beigetragen; jene sind malerische
Besteigungen, demjenigen, der sie unternimmt, Genugthuung ge=
während, im Allgemeinen aber unnütz, denn Empfindungen
theilen sich nicht mit; die Eindrücke sind persönlicher Art, und
Alles geht in einer Reihe von Ausrufungen auf, welche der
Bewunderung, der Befriedigung und dem gerechten Stolze des
triumphirenden Touristen Ausdruck geben.

Ich möchte in diesem Bericht den Leser mit zwei wissen=
schaftlichen, in einem Zwischenraume von 57 Jahren unternom=
menen Besteigungen des Montblanc bekannt machen, den Nutzen
derselben beweisen, den Vortheil zeigen, welchen die Wissenschaft
daraus gezogen hat, und denjenigen andeuten, den sie noch von
ähnlichen Unternehmungen erwartet. Die Gipfel der Alpen
sind die höchsten Europas, nicht der Erde. Es sind Bestei un=
gen unternommen worden in den Anden und auf dem Hima=
laya; hervorragende Gelehrte haben dort in Höhen, welche die
des Montblanc übertreffen, verweilt und wichtige Entdeckungen
gemacht; persönliche Erinnerungen und Arbeiten aber führen
mich zu den Alpen hin, und ich ziehe es vor, mich zu beschränken,
um mit Einsicht und Sachkenntniß von dem zu reden, was ich
selbst gesehen und empfunden.

Bis in die Mitte des vorigen Jahrhunderts war das Cen=
tralmassiv der Alpen nur für seine Bewohner vorhanden, die
der Ebene drangen niemals dahin. Das Fehlen oder die Schwie=
rigkeit der Wege, welche weiter nichts als Fußpfade waren, der

Mangel an Gasthäusern, die Scheu vor dem Unvorhergesehenen
überwogen die Neugierde. Am Fuß des Montblanc gelegen,
der damals der verwunschene Berg (Montagne maudite) hieß,
war das Chamounithal den Bevölkerungen an den Ufern des
Genfer Sees unbekannt, obgleich die Priorei oder das Kloster
der Benediktiner seit dem Jahre 1090 existirte und die Bischöfe
von Genf dasselbe seit Mitte des 15. Jahrhunderts besuchten.
Einer derselben, Franz von Sales, kam am 30. Juli 1606
dort an und blieb mehre Tage da. Nichtsdestoweniger ist es
ein durch seine Wanderungen im Morgenlande berühmter Engländer, Richard Pococke, in Begleitung eines Landsmannes,
Windham, welcher das Chamounithal im Jahre 1741 wirklich
entdeckt, seine Schönheiten kennen gelehrt und die lächerlichen
Befürchtungen zerstreut hat, welche die vorgebliche Barbarei der
Einwohner einflößte. Allein zu sehr von den unsinnigen und
lügnerischen Berichten eingenommen, welche zuversichtlich feil ge-
boten wurden, um sie von ihrem Vorhaben abzubringen, umgaben sich Pococke und Windham mit unnöthigen Vorsichtsmaßregeln, gingen in kein Haus hinein und kampirten ziemlich
weit von der Priorei von Chamouni bei einem erratischen Blocke,
der noch Pierre des Anglais heißt. Das Chamounithal ist
also von einem Fremden entdeckt worden; doch sind es Genfer,
Bourrit, de Saussure, Pictet und Deluc gewesen, welche es
wirklich bekannt machten. Was von den Umgebungen des
Montblanc gilt, gilt noch weit mehr von denen des Monte
Rosa, ja selbst der Berner und Walliser Alpen. Zur Zeit,
von der die Rede ist, kannte man nur die besuchten Pässe,
welche nach Italien führten, den Mont Cenis, den großen und
kleinen St. Bernhard, den Monte Moro, den Simplon, den
St. Gotthard, den Splügen, den Bernhardin, den Septimer
oder auch die übrigen Pässe, wodurch die Längsthäler der Alpen
unter sich in Verbindung stehen, die Gemmi, die Grimsel, den

Julier, die Albula, den Panix u. s. w. Die Reisen des Na=
turforschers Scheuchzer, die beschreibenden Werke von Altmann
und Grüner enthüllten die Schweiz Europa zu Anfang des
18. Jahrhunderts; aber erst am Ende dieses Jahrhunderts
machten sie die Arbeiten Saussure's und Bourrit's populär.
Seit dieser Zeit hat der Strom von Reisenden, welche sie jähr=
lich besuchen, unaufhörlich zugenommen. Gegenwärtig ist die
Schweiz ein von Eisenbahnen und Dampfböten durchkreuzter
Park, der Fußreisende ist aus den Ebenen verschwunden und
findet sich nur noch im Gebirge. Die Touristenbesteigungen
haben sich vermehrt, während die der Gelehrten stets selten
sind; beginnen wir mit der berühmtesten von allen, der Be=
steigung Saussure's im Jahre 1787.

Besteigung von Saussure.

Zu Genf im Jahre 1740 geboren, begann Horace Benedict
de Saussure seine Reisen in die Alpen im Alter von zwanzig
Jahren. Die Meteorologie, die Topographie, die Geologie, die
Botanik, das malerische Aussehen und die Sitten der Bewohner
hatten wechselsweise seine Aufmerksamkeit gefesselt. Um sein
Werk zu vollenden, wollte er auf den Montblanc steigen und
von dieser hohen Warte aus die ungeheure Bergregion, welche
er durchstreift hatte, mit einem Blicke umfassen. Diese impo=
sante Masse, welche er in ihrer ganzen Majestät von den Ufern
des Genfer Sees und fast aus den Fenstern seines Hauses
gewahrte, war für ihn eine beständige Herausforderung. Auch
hatte er einen Preis für denjenigen ausgesetzt, der zuerst den
für unersteiglich geltenden Gipfel des Montblanc erreichen
würde. Einige schüchterne Versuche finden im Jahre 1775 statt
und werden im Jahre 1783 erneuert. Bourrit macht im Jahre
1784 einen Versuch, Saussure selbst nimmt im Jahre 1785 den

Koloß vom Berge de la Côte zwischen dem Glacier des Bossons und dem von Taconnay in Angriff. Im Jahre 1786 stiegen der Doctor Paccard, Jacques Balmat und Marie Coutet, den= selben Weg einhaltend, hinauf und erhoben sich über den Dôme du Gouté, ohne von da bis zum Gipfel gelangen zu können; Balmat stieg nicht wieder nach Chamouni herab, sondern brachte die Nacht auf dem Schnee zu und erkannte am andern Tage die Runsen des kleinen und des großen Plateaus, durch welche man jetzt zur Spitze gelangt. Er theilte seine Entdeckung dem Doctor Paccard mit, und alle Beide erreichten, nachdem sie von Chamouni den 7. August aufgebrochen waren, folgenden Tags um sechs Uhr Abends den Gipfel.

Der Weg war nun bekannt. Den 1. August 1787 brach Saussure mit achtzehn Führern von Chamouni auf und über= nachtete unter einem Zelte auf der Höhe des Berges de la Côte, 2563 Meter über dem Meere. Am folgenden Morgen betrat er von sechs Uhr an den Gletscher, um ihn nicht mehr zu verlassen. Querspalten, welche er umgehen mußte, verzögerten seinen Marsch, und er beduurfte drei Stunden, um an die kleine Kette isolirter Felsen am Zusammenflusse des Glacier des Bossons und des Glacier de Taconnay zu gelangen, welche den Namen der Grands Mulets tragen. Saussure wollte sich so hoch wie möglich erheben, um folgenden Tags frühzeitig auf dem Gipfel anzulangen. Er übernachtete auf dem Grand Plateau in der Höhe von 3890 Meter über dem Meere, 180 Meter höher, wie er selbst sagt, als der Gipfel des Piks von Tene= riffa. Bereits durch einen langen Marsch ermüdet und die Wirkungen der Luftverdünnung erleidend, hatten die Führer große Mühe, im Schnee eine Vertiefung auszugraben, welche hinreichte, den ganzen Trupp aufzunehmen. Die Vertiefung ward mit dem Zelte bedeckt; die Führer aber, stets mit der Furcht vor der Kälte beschäftigt, schlossen die Fugen so genau,

daß Saussure viel von der Hitze und der durch die Ausdünstung
von zwanzig in engem Raume zusammengedrängter Personen
verdorbenen Luft zu leiden hatte. „Ich war," sagt er, „während
der Nacht genöthigt, hinauszugehen, um Athem zu schöpfen.
Der Mond strahlte in höchstem Glanze mitten an einem Himmel
schwarz wie Ebenholz. Jupiter kam ebenfalls ganz strahlend
von Licht hinter der höchsten Spitze im Osten des Montblanc
hervor, und die von diesem ganzen Schneebecken zurückgeworfene
Helle war so blendend, daß man nur die Sterne erster Größe
zu unterscheiden vermochte." Kaum war die Mannschaft einge=
schlafen, als sie durch das Getöse einer Lauine geweckt wurde,
welche den Abhang hinabrollte, den man am folgenden Tage
überschreiten sollte. Mit Tagesanbruch war Jedermann auf den
Beinen, das Thermometer zeigte 4 Grad unter Null. Das
äußerste Ende des Grand Plateau gewinnend, stieg Saussure
an einer steilen Böschung in östlicher Richtung empor und ent=
deckte, sich über die Rochers Rouges erhebend, die Gebirge von
Piemont, kam an den Petits Mulets vorbei, welche den Schnee
4680 Meter über dem Meere durchbrachen, ruhte daselbst einige
Augenblicke aus und gelangte, langsam steigend und alle fünf=
zehn oder sechzehn Schritte innehaltend, um elf Uhr auf dem
Gipfel an, wo er den Schnee in einer Art befriedigten Grimmes
als Ausdruck des langen Kampfes, den er bestanden, mit den
Füßen stampfte. Die Zinne hatte die Form eines länglichen
Kammes, in Gestalt eines Eselsrückens von Osten nach Westen
gerichtet, und fiel an beiden Enden unter Winkeln von 28° bis
30° ab; sie war sehr schmal, auf der Spitze fast schneidig, der
Art, daß zwei Personen nicht neben einander gehen konnten,
doch verbreitete und rundete sie sich, auf der Ostseite sich er=
niedrigend und nahm an der Westseite die Form eines nach
Norden vorspringenden Wetterbaches an.

Während seiner ganzen Besteigung von dem Grand Plateau

an hatte Saussure bemerkt, daß die über dem Schnee sichtbaren
Felsen sämmtlich krystallinischer Natur waren, obgleich mehr
oder minder in parallele Platten zertheilt; sie gehören sämmtlich
der von den jetzigen Geologen Protogin genannten Abart
des Granits an, worin der Talk zu den übrigen Gemengtheilen
des Granits, dem Quarz, Feldspath und Glimmer, hinzutritt. Die
Hörner beherrschend, von denen er bisher nur den Fuß besucht
hatte, stellte Saussure fest, daß sie aus großen senkrechten Platten
bestehen, er erkannte, daß diese Hörner eine gleichförmige
Struktur haben, während die Gebirge mit wagerechten Lagern,
wie der Buet, auf dem Gipfel von Schichten sekundärer Gebirgsarten begrenzt werden. Indem er einen allgemeinen Blick
auf die ihn umgebenden primären Gebirge warf, sah er, daß sie
keine Ketten bilden, sondern daß sie in unregelmäßige und von
einander getrennte Gruppen vertheilt erscheinen. Die Zeit drängte.
Saussure wandte sich von diesem großartigen Schauspiel ab,
um seine meteorologischen Instrumente zu befragen. Seine erste
Sorge war, sein Barometer und seine Thermometer ein Meter
über der Spitze aufzuhängen. Das Barometer zeigte 434,38 Mm.
an, und die Temperatur der Luft betrug 2°,9 unter Null.
Zwei Gelehrte beobachteten das Barometer zur selben Stunde;
der eine, in Genf, war Senebier, welcher so viel zum Fortschritt der Pflanzenphysiologie beigetragen hat, der andere, in
Chamouni, der Sohn Saussure's selbst, Theodor, damals zwanzig
Jahre alt und seitdem durch seine Arbeiten in der Chemie berühmt geworden. Saussure fand, indem er die Höhe des Montblanc nach diesen Beobachtungen mit Deluc's von Schukburgh
abgeänderter Formel berechnete, 4824 Meter für die Erhebung
der Spitze über dem Meere. Man wird weiter unten sehen,
daß diese Messung nur um 14 Meter zu hoch war, ein be-
merkenswerthes Ergebniß für die damalige Zeit, wenn man
die Unvollkommenheit der Instrumente, die Unzulänglichkeit der

Formeln, welche den Berechnungen als Grundlage dienten, im
Vergleich zu den seitdem von Laplace und Bessel gegebenen,
und die Unsicherheit in Betracht zieht, in der man sich damals
rücksichtlich der Erhebung über dem Meere der korresponbirenden
Stationen Genf und Chamouni befand. Der Montblanc war
das höchste Gebirge Europas und die Aussicht, welche Saussure
vor sich hatte, die ausgedehnteste, die man auf unserm Kontinent
genießen kann. Ist das Meer von diesem Gipfel aus sichtbar?
In Wirklichkeit nicht. Gegen die Grenzen des Horizonts ver-
schwimmen die Gegenstände in einer Art von Höhenrauch; man
unterscheidet nichts mehr, man sieht nur den Raum. Der Golf
von Genua bei Savona ist der dem Montblanc nächstgelegene
Theil des Mittelländischen Meeres, und wenn derselbe nicht
von Gebirgen eingefaßt wäre, so könnte der Sehstrahl des auf
der Spitze stehenden Beobachters das Meer zwischen Albenga
und Noli erreichen, wo die Gruppe der ligurischen Alpen von
den Seealpen durch einen Einschnitt getrennt ist; von der Höhe
der benachbarten Gebirge dieser beiden Städte aber muß der
Gipfel des Montblanc sichtbar sein, wie er es von Dijon, vom
Gipfel des Mezenc in der Haute-Loire, ja, wie man sagt, selbst
vom Plateau von Langres aus ist.

Um zwei Uhr gab das Thermometer Saussure's für die Temperatur der Luft im Schatten —3°,1; tiefer ging es nicht
herunter, und in der Sonne wies es es beständig —1°,7. Mit
Hülfe des Hygrometers, den er erfunden hatte, erkannte Saussure, daß die Luft sechsmal weniger Feuchtigkeit als zu Genf
enthielt. Bei schönem Wetter ist diese Trockenheit nichts Außer-
gewöhnliches auf einem so hohen Gipfel, obgleich die Luft durchschnittlich eben so feucht auf dem Gebirge als in der Ebene ist.

Das Wasser siedet, wenn die Spannkraft seines Dampfes
gleich ist dem atmosphärischen Drucke, d. h. dem Gewicht der
Luftsäule, welche über der Flüssigkeit steht. Es ist klar, daß

die Höhe dieser Säule abnimmt, je mehr man sich auf einem Berge erhebt. So ist, wenn man sich 2000 Meter über dem Meere befindet, die Luftsäule, welche über unserm Kopfe steht, 2000 Meter kürzer, und das Wasser muß bei einer geringern Temperatur als am Ufer des Meeres, über welchem die atmo= sphärische Säule ihre ganze Höhe besitzt, ins Kochen gerathen. Saussure hatte sich am 22. April 1787 am Ufer des Mittel= ländischen Meeres selbst überzeugt, daß sein Thermometer, in das Wasser eines mit einer Weingeistlampe geheizten Kessels getaucht, $101^\circ,6$ unter einem atmosphärischen Drucke von 761,54 Mm. zeigte. Auf der Spitze des Montblanc kam das Wasser, da die barometrische Säule nur noch 434,38 Mm. Länge besitzt, mit $86^\circ,0$ ins Sieden. Unter dieser Drucke hätte das Ther= mometer Saussure's $85^\circ,10$ ausweisen müssen; doch wußte man damals noch nicht, daß die Natur des Gefäßes und seiner Wände den Moment des Siedens des Wassers verzögert oder beschleunigt, man wußte nicht, daß man das Thermometer nicht in die Flüssigkeit selbst, sondern nur in den Dampf des sieden= den Wassers tauchen muß. Ueberdies hatten Dalton, Arago, Dulong und Regnault noch nicht jene großen Arbeiten über die Dämpfe ausgeführt, aus denen wir gelernt haben, wie groß die Temperatur und die Spannkraft des Wasserdampfes unter verschiedenem Drucke sind. Aus allen diesen Gründen sind die Resultate Saussure's nur annähernd richtig, aber so genau, als sie es zur Zeit, wo er beobachtete, nur sein konnten. Deluc war ihm auf diesem Wege schon vorangegangen, indem er das Wasser auf dem Gipfel des Buet, 3098 Meter über dem Meere, sieden ließ, und die von den beiden Genfer Ge= lehrten erhaltenen Zahlen bestätigten sich gegenseitig.

Als Saussure sein Experiment des Wassersiedens am Mee= resufer mit seiner Weingeistlampe machte, gerieth das Wasser ins Sieden, indem es binnen 12—13 Minuten die Temperatur

20*

von 101°,6 erlangte. Auf dem Montblanc war eine halbe
Stunde erforderlich, um die Temperatur auf 86°,0 zu bringen,
die Verdünnung der Luft und die niedrige Temperatur erklären
vollkommen diesen Unterschied. Dieselben Umstände, verbunden
mit der Ermüdung und der Abwesenheit des Schlafes, geben
ebenso Rechenschaft von dem beschwerlichen Athmen, der Be=
schleunigung des Pulses, dem Kopfschmerz und der Neigung zum
Schlaf, welche Saussure und seine Gefährten empfanden, so lange
sie in Bewegung waren, Symptome, welche im Zustande der
Ruhe verschwinden und sich durch Gewohnheit abstumpfen.

Um drei und ein halb Uhr, nach einem Aufenthalt von vier
und einer halben Stunde auf dem Gipfel des Montblanc, setzte
sich Saussure wieder in Marsch, um hinabzusteigen. Da der
Schnee sich erweicht hatte, so sank er bei jedem Schritte ein;
trotzdem langte er in fünfviertel Stunden beim großen Plateau
an, wo er die vorige Nacht zugebracht hatte, überschritt dasselbe
und stieg bis zum vorletzten Felsen der Kette der Grands
Mulets, 3470 Meter über dem Meere erhaben, hinab; er
nannte ihn den Fels der glücklichen Rückkehr (Rocher
de l'hevreux retour) und bemerkte daselbst mit Ueberraschung
das stengellose Leinkraut*) in Blüthe. Diese niedliche Pflanze
erhebt sich am höchsten in den Gebirgen Europas. Die Ge=
brüder Schlagintweit haben sie auf dem Monte Rosa bei
3630 Meter gesehen, Ramond hat sie auf dem Vignemale und
auf dem Mont Perdu in den Pyrenäen bei 3000 Meter
gepflückt. Anderseits rückt sie auf Spitzbergen bis zum
80. Grade der Breite vor, wo man sie am Meeresufer findet.
Es ist also die am wenigsten frostige Pflanze unserer Erdhälfte
und zugleich diejenige, welche sich am höchsten auf dem Gebirge
erhebt und so tief herabsteigt, als eine Landpflanze nur herab=
steigen kann, da man sie selbst im nördlichen Norwegen am

_____
*) Silene acaulis L.

Ufer des Meeres beobachtet. Saussure lehnte sein Zelt gegen
den Felsen. „Wir aßen," sagt er, „fröhlich und mit gutem
Appetit zu Abend, worauf ich auf meiner kleinen Matratze
eine prächtige Nacht zubrachte. Da erst genoß ich das Ver=
gnügen, jenen seit 27 Jahren, seit meiner ersten Reise nach
Chamouni im Jahre 1760 gefaßten Plan ausgeführt zu haben,
einen Plan, den ich so oft aufgegeben und wieder aufgenommen
hatte, und der für meine Familie einen beständigen Gegenstand
der Sorge und der Unruhe bildete. Es war für mich eine Art
von Krankheit geworden; wenn meine Augen auf den Mont=
blanc fielen, den man von so vielen Punkten in der Umgegend
von Genf erblickt, so empfand ich eine Art von schmerzhafter
Beklemmung. Im Augenblick, wo ich oben anlangte, war
meine Befriedigung nicht vollständig, sie war es noch weniger
im Augenblicke meines Aufbruches; ich sah da nur, was ich
nicht auszuführen vermocht hatte. In der Stille der Nacht
aber, nachdem ich mich gehörig von meiner Anstrengung erholt
hatte, als ich mir die Beobachtungen, welche ich gemacht, ver=
gegenwärtigte, vor Allem, als ich das prachtvolle Bild der Ge=
birge, das ich fest eingeprägt im Kopfe trug, noch einmal an
mir vorüberziehen ließ, kostete ich eine wahre und ungemischte
Befriedigung."

Folgenden Tags, den 4. August, brach Saussure erst um
sechs Uhr Morgens auf; er war genöthigt, sehr schroffe Abhänge
hinabzusteigen, um neue Spalten zu umgehen, welche sich wäh=
rend der Besteigung gebildet hatten. Unter den Grands Mu=
lets war der Gletscher völlig verändert, die Spalten hatten sich
erweitert, die Brücken waren zusammengebrochen, und nur mit
unendlicher Mühe erreichte der Zug um neun und ein halb Uhr
Morgens festen Boden. Um zwölf und ein viertel Uhr lang=
ten Alle wohlbehalten wieder in Chamouni an. „Unsere An=
kunft," sagt Saussure, „war fröhlich und rührend zugleich,

alle Verwandten und Freunde meiner Führer kamen, sie zu umarmen und zu beglückwünschen. Meine Frau, ihre Schwestern und meine Söhne, welche zu Chamouni eine lange und und ängstliche Weile in Erwartung dieser Expedition zugebracht hatten, mehre unserer Freunde, welche von Genf herbeigekommen waren, um bei unserer Rückkehr zugegen zu sein, drückten in diesem glücklichen Augenblicke ihre Befriedigung aus, welche die Befürchtungen, die derselben vorangegangen waren, je nach dem Grade von Antheil, den wir eingeflößt hatten, um so lebhafter und rührender machten."

Das ist kurz die Erzählung der ersten großen wissenschaftlichen Besteigung, welche in den Alpen unternommen wurde, und der bündige Abriß der Hauptresultate, welche die Wissenschaft daraus gezogen hat; sie hat allen andern als Muster gedient, denn Saussure hatte gewissermaßen das Programm der zu unternehmenden Experimente, der anzustellenden Beobachtungen und der zu lösenden Probleme formulirt.

Während eines Zeitraumes von siebenundfünfzig Jahren von 1787 bis 1843 fanden siebenundzwanzig Besteigungen des Montblanc Statt, keine aber hat einen wirklich wissenschaftlichen Charakter. Eine edle Wißbegierde, das Verlangen, diese Welt des ewigen Schnees zu besuchen und von der Höhe des Montblanc eines der großartigsten Schauspiele zu genießen, welche es dem Menschen gegeben ist zu betrachten, der Reiz der überwundenen Schwierigkeit, das sind die Beweggründe, welche die Mehrzahl der Reisenden bestimmten, und sicherlich, diese Beweggründe sind ein genügender Ersatz für die unvermeidlichen Beschwerden und die ziemlich bedeutende Ausgabe, welche eine derartige Expedition nach sich zieht. Doch haben mehre Reisende interessante Beschreibungen herausgegeben, worin man Angaben findet, aus denen die Wissenschaft Nutzen ziehen kann. Ich will besonders die Besteigung von Francis Clissold vom 18. Auguft 1822, die von Marckham Sherwill vom 27. August 1825, die eines Schotten, Aulbjo, den 8. August 1827, und die des Dok= tors Martin Barry anführen, welcher Letztere, obgleich durchaus nicht im voraus dazu eingerichtet, doch wichtige Beobachtungen über die durch die Luftverdünnung hervorgerufenen physiolo= gischen Erscheinungen anstellte. Die meisten dieser Reisenden sind Engländer, doch zählt man auch vier Franzosen darunter, Herrn Henri be Tilly, Herrn Doulat, Fräulein d'Angeville und den Doktor Ordinaire, welcher den Montblanc zweimal, am 26. und 31. August 1843 bestieg, nachdem er inzwischen den Buet erklommen und seine Rückkehr nach Chamouni über den Brevent bewerkstelligt hatte. Seit 1844 haben sich diese Be= steigungen sehr vermehrt, und zwanzig Jahre später, am Ende des Jahres 1863, belief sich die Gesammtsumme auf 171, wovon 3 im Juni, 36 im Juli, 84 im August, 47 im September und eine im Oktober*) angestellt wurden. Die äu= ßersten Zeitpunkte sind der 1. Juni 1858, Besteigung von Herrn J. Walford, und der 9. Oktober 1834, Besteigung von Herrn de Tilly, welcher mit erfrorenen Füßen zurückkam und lange Zeit an den Folgen eines Versuches zu leiden hatte, der in zu vorgerückter Jahreszeit und mit einer tollkühnen Achtlosigkeit der Gefahr des Erfrierens angestellt war, der begründetsten, welche man in dem Schnee läuft, welcher die Spitzen des Mont= blanc und des Monte Rosa bedeckt.

Besteigung von Bravais, Martins und Lepileur.

Ich komme zur Erzählung der wissenschaftlichen Bestei= gung, welche ich im Jahre 1844 mit meinen Freunden Auguste

---

*) Siehe das vollständige Verzeichniß dieser Besteigungen in dem Werke von Herrn Dollfus-Ausset, betitelt: Matériaux pour l'étude des glaciers, t. IV. p. 589.

Bravais, Schiffslieutenant, und Auguste Lepileur, Doktor der Medizin, unternommen habe. Mit Ersterem hatte ich Spitz=bergen in den Jahren 1838 und 1839 während der beiden Rei=sen der Recherche im Eismeer besucht. Er hatte allein zu Bossekop in Lappland überwintert, doch hatten wir im Jahre 1841 achtzehn Tage lang zusammen auf dem Faulhorn, 2680 Meter über dem Meere, verweilt; er selbst war das Jahr dar=auf mit dem Physiker Athanase Peltier daselbst zusammenge=troffen und dreiundzwanzig Tage geblieben. Die Vergleichung der nördlichen Regionen des Erdballs mit den alpinen Hoch=regionen war der gewöhnliche Gegenstand unserer Gespräche. Auf dem Faulhorn hatten wir eine Menge Beobachtungen an=gestellt und eine gewisse Anzahl von Fragen angeregt, welche nur durch eine Besteigung und einen Aufenthalt in bedeutender Höhe gelöst werden konnten; wir dachten an den Montblanc. Herr Pouillet und Herr Nisard interessirten sich aus verschie=denen Gründen für unser Projekt und theilten es dem damaligen Unterrichtsminister, Herrn Villemain, mit. Obgleich die Littera=tur seinen Ruhm ausgemacht hatte, schätzte, liebte und beschützte Herr Villemain doch die Wissenschaften. Unser Gesuch ward bewilligt, und er verschaffte uns die Mittel, die erste wirklich wissenschaftliche Besteigung, welche seit Benedict de Saus=sure unternommen worden, ins Werk zu setzen. In der Zwischenzeit von siebenundfünfzig Jahren hatten die physika=lischen und Naturwissenschaften solche Fortschritte gemacht, daß schon die einfache Wiederholung der Experimente dieses Phy=sikers mit den vervollkommneten Instrumenten und neuen Methoden von großem Belang war, doch hofften wir noch außer=dem einige Versuche anzustellen, an welche dieser große Meteoro=loge nicht gedacht hatte, oder welche die Zeit ihn gehindert hatte auszuführen.

Den 16. Juli 1844 in Paris aufgebrochen, hielten wir in

Genf an, um unsere Instrumente mit denen der Sternwarte
dieser Stadt zu vergleichen und mit dem Direktor, Herrn Plan=
tamour, ein System von Beobachtungen zu verabreden, welche
mit denen, die wir auf dem Montblanc anstellen wollten, kor=
respondiren sollten. Wir verließen Genf ben 26. Juli. Zu
Fuß einem langen vierräbrigen Wagen folgend, der unser Ge=
räth trug, langten wir ben 28. in Chamouni an. Die Vorbe=
reitungen nahmen uns einige Tage weg. Unsere Absicht war,
so hoch als möglich auf dem Montblanc zu verweilen; wir hat=
ten von Paris ein Lagerzelt mit Pfosten und Pflöcken, Ueber=
zieher aus Ziegenfellen, Fußsäcke aus Schaffellen, Decken
u. s. w. mitgenommen. Unsere Experimente erforderten zahl=
reiche physikalische und meteorologische Instrumente, man be=
durfte Lebensmittel auf drei Tage. Jeder Träger konnte sich
nur mit 15 Kilogrammen und seinen eigenen Vorräthen be=
lasten, und doch hatten wir etwa 450 Kilogramme eine Höhe von
3000 Meter über dem Chamounithale hinaufzuschaffen. Wir
mußten selbst alle Vorbereitungen zur Besteigung überwachen,
die Gegenstände gleichmäßig nach dem Gewicht vertheilen und
das Loos barüber von den Trägern ziehen lassen, um jeben
Streit und jebe Beschwerde zu vermeiden, uns mit der Zu=
rüstung der Lebensmittel beschäftigen, Wein und Brot einkau=
fen und sie endlich eigenhändig am Tage der Abreise vertheilen.
Statt jener Ruhe des Geistes, jener Sammlung, die der Mann
der Wissenschaft so sehr bebarf, bevor er seine Arbeiten unter=
nimmt, wurden wir durch tausenberlei gewöhnliche Einzelheiten,
durch tausenderlei ärgerliche Schwierigkeiten zerstreut, die unter
ben gewöhnlichen Verhältnissen im Leben nicht vorkommen, nun
aber im Augenblicke, wo wir das gebieterische Bedürfniß em=
pfanben, durch nichts abgezogen zu werden, über uns herein=
brachen.

Unser Zug belief sich auf breiundvierzig Personen, wor=

unter drei Führer, Michel Coutet, Jean Mugnier und Theo=
dore Balmat, fünfunddreißig Träger und zwei junge Leute aus
dem Thal, welche gebeten hatten, uns begleiten zu dürfen.
Am 31. Juli, Morgens sieben und ein halb Uhr, verließen
wir endlich Chamouni. Das Wetter war schön, doch wehte
der Wind aus Südwesten, und das Barometer war etwas ge=
sunken; unsere Vorbereitungen aber waren beendet, wir brachen
also auf, ohne vollkommenes Vertrauen in die Haltung des
Wetters zu setzen, jedoch auf Besserung hoffend. Die lange
Reihe der Träger dehnte sich das rechte Arveufer entlang in=
mitten grüner Wiesen aus. Dem Weiler des Pelerins gegen=
über angekommen, wandten wir uns zur Linken. Das letzte
Haus im Dorfe ist das von Jacques Balmat, des ersten Man=
nes, dessen Fußstapfen sich dem noch jungfräulichen Schnee der
Montblancspitze eindrückten und der im Jahre 1834 elendiglich
in den Gletschern, welche das Sixtthal beherrschen, umkam.
Die Obstgärten, welche den Flecken des Pelerins umgeben, ver=
lassend, betraten wir den Wald; derselbe besteht aus hohen
Fichten und alten Lärchen, an deren Zweigen lange Gewinde
einer gräulichen Flechte*) herabhängen. Im vorigen Frühling
hatte eine ungeheure, von der Aiguille du Midi herabgestürzte
Lauine eine breite Furche im Walde gegraben. Entwurzelte
Bäume bedeckten den Boden, den sie früher beschatteten, andere
waren in der Mitte geknickt, und der abgeschlagene Wipfel lag
am Fuße derselben hingestreckt, einige, nur an den Wurzeln ent=
blößt, hingen übergeneigt nach dem Thale. Diese Wirkungen
rühren eben so sehr von dem Drucke der durch die Lauine vor=
wärtsgetriebenen Luft, von dem örtlichen Winde, welchen sie
hervorruft, als vom Schnee selbst her. Der Zug hatte sich im
Gehölz zerstreut, Jeder suchte sich seinen Weg aus. So ge=

---

*) Usnea barbata DC.

langten wir ohne Mühe an die Pierres Pointues; es sind dies
zwei große Granitblöcke, welche sich von der Aiguille du Midi
abgelöst haben und an diesem Abhange liegen geblieben sind.
Auf einem dieser Blöcke aufrecht stehend, hob sich der eine un=
serer Führer gegen den Himmel ab, während ihm die Luftper=
spektive eine riesige Größe wie einem Polyphem am Eingange
seiner Höhle verlieh. Nach unserer barometrischen Messung
befinden sich die Pierres Pointues 2060 Meter über dem Meere.
Diese Höhe ist die äußerste Grenze der Baumvegetation, welche
sich zu diesem Niveau über die Vorberge des Brevent erhebt.
Der Pflanzenteppich bestand aus Alpenrosen, Heidelbeeren
und verkrüppelten Wachholdern. Einige Arven, die einzigen,
welche in dieser Höhe ausdauern können, kamen hier und da
aus einer Felsspalte hervor. Der Stamm dieser Arven, erst
wagerecht, richtete sich über dem Abgrunde, in welchem der
Gießbach des Pelerins braust, empor. Ein schmaler Fußpfad
zieht sich zur Seite des Abgrundes hin und führt zur Moräne
des Glacier des Bossons, dann steigt man mitten zwischen den
aufgehäuften Blöcken, welche sie bilden, hinan und erreicht end=
lich die Pierre de l'Echelle, einen ungeheuren Felsen, unter dem
man die Leiter verbirgt, deren man sich gewöhnlich bedient, um
die Querspalten des Gletschers zurückzulegen. Dieser Felsen
liegt 2446 Meter über dem Meere, in derselben Höhe wie das
Hospiz des St. Bernhard. Dort sagt der Reisende der Erde
Lebewohl, er verläßt sie, um auf den Gletscher überzugehen, und
bis zum Gipfel des Montblanc findet er nur noch vereinzelte
Felsen, welche wie Eilande mitten aus den ewigen Schneege=
silden emporragen.

Die ersten Schritte auf dem Eise bieten einige Gefahr dar.
Ein kleiner sekundärer Gletscher, 200 Meter breit und von der
Aiguille du Midi herabsteigend, endet plötzlich an einer senk=
rechten Felsenwand, welche diesen Theil des Glacier des Bos=

sons beherrscht. Von Zeit zu Zeit stürzt eine Lauine von Eisblöcken über diese Felsen herab, oder ein von der Aiguille du Midi losgelöster Stein beschreibt eine beunruhigende Parabel über dem Haupte des Reisenden. Trotzdem hat kein Unfall je den Antritt einer Besteigung getrübt; aber viele Touristen, welche voll Vertrauen von Chamouni aufbrechen, sind bei der Pierre de l'Echelle stehen geblieben, entmuthigt durch die Perspective von Eis und Schnee, welche sich vor ihnen eröffnete. Von diesem Punkte ab regelten wir unsern Marsch nach dem unserer Träger. Die drei Führer gingen uns voran, den Weg ausfindig machend und die bequemsten Uebergänge aussuchend, um die Querspalten zu überschreiten oder zu umgehen; Jeder folgte genau dem Eindrucke ihrer Füße. Aehnlich einem geschlängelten Bande rollte sich unsere Karawane auf dem Gletscher ab. Die dunkeln Kleider der Bergbewohner stachen gegen die Weiße des Schnees ab, und vom Chamounithale aus gesehen, glichen wir einem langen Zuge schwarzer Ameisen, welche Sturm auf ein Laib Zucker laufen. Alle Fernröhre waren auf uns gerichtet, und man erschöpfte sich in Muthmaßungen. Oft verschwand plötzlich ein Theil des Zuges; dies rührte daher, daß er auf eine Spalte stieß, die zu breit war, um sie überschreiten zu können; war die Tiefe nicht zu bedeutend, so stieg man auf den Grund nieder, um auf der andern Seite wieder emporzuklettern. Wir hielten auf die kleine Kette von Felsen zu, welche unter dem Namen der Grands Mulets bekannt sind. Halbwegs verwickelten wir uns mitten in große Massen mehr oder minder kompakten Eises, von den Einwohnern Savoyens Seracs (Gletscherkäse) nach einem würfelförmigen Käse, welcher in den Gebirgen fabrizirt wird, benannt. Die einen sind in der That ungeheure, aus regelmäßig über einander geschichteten Lagen von Firn und weißem oder blauem Eise gebildete Würfel, die andern viereckige Pyramiden von 15 bis

20 Meter Höhe. Einige bieten weniger regelmäßige, immer
aber eckige Formen dar. Man hätte wähnen können sich mitten
unter den Ruinen einer alten Stadt oder eines Feldes druibi=
scher Dolmen zu befinden. Ein Bach hatte sich inmitten dieses
Labyrinths Bahn gebrochen, der Schnee, welcher unter der Hitze
der Mittagssonne schmilzt, hatte ihm das Dasein gegeben; bald
hörte man ihn unter dem Eise murmeln, worin er sich einen
unterirdischen Kanal gegraben hatte, dann trat er ans Tages=
licht in einer azurenen Furche rinnend, um in einen kleinen
See zu münden, welcher in einem himmelblauen Becken schlum=
merte. Die Leiter wurde, da sie als unnütz erkannt worden,
am Fuße einer Pyramide gelassen; acht Tage später fanden wir
sie in tausend Stücke zerbrochen zwischen den Trümmern der
eingestürzten Pyramide.

Wir näherten uns dem Ziele: schon hatte der Schnee nicht
mehr das Aussehen, welches er in unsern Ebenen darbietet.
Es war ein feiner und leichter Staub, in den man tief einsank,
und der sich nicht wie gewöhnlicher Schnee ballte. Der Marsch
wurde ziemlich beschwerlich, bei jedem Schritte mußte man das
Bein aus dem Loche ziehen, worin es eingesunken war. Die
Anzeichen des Wetters waren keineswegs ermuthigend; der Süd=
westwind ward stärker und führte ohne Unterlaß neue Wolken
herbei, welche in gedrängten Zügen ins Chamounithal drangen.
Die Ebene war unsern Blicken entschwunden; wir waren von
der bewohnten Welt durch ein Nebelmeer getrennt, welches sich
in die Ferne dehnte, und in dessen Mitte die Berggipfel sich
gleich Klippen inmitten des Ozeans erhoben. Um drei und
ein halb Uhr landeten wir auf den Grands Mulets; für uns
war es ein Hafen, festes Land, sicherer Boden, nach dem treu=
losen Schnee, welcher uns die Spalten des Gletschers verbarg;
denn oft bildet eine dünne Schicht über einer tiefen Spalte eine

gefährliche Brücke, welche der Neuling in Bergen nicht von dem auf den vollen Theilen des Gletschers ausgebreiteten Schnee zu unterscheiden weiß. Die Grands Mulets sind aus senkrechten Platten einer krystallinischen, Protogin genannten Felsart gebildet; sie tauchen plötzlich mitten im Firn auf und trennen den obern Theil des Glacier des Bossons von dem von Taconnay. Die Felsenkette selbst ist von Nordnordost nach Südsüdwest die Flanken des Montblanc entlang gerichtet und in zwei Theile getheilt, einen untern und längern, wo man beim Ansteigen rastet, und einen obern, kürzern, wo Saussure bei der Rückkehr vom Gipfel übernachtete, und den er bekanntlich den Fels der glücklichen Rückkehr nannte. Der untere Theil liegt 3050, der obere 3470 Meter über dem Meere. Der Theil des Gletschers von Taconnay, über den man ankommt, bot in diesem Jahre eine Reihe schlichter, aber schroffer, durch schmale Plateaus geschiedener Abhänge dar. Der Cirkus des Glacier des Bossons war wie immer ein Chaos von Seracs, Nadeln und Eispyramiden, in deren Mitte die östliche Wand der Grands Mulets abfällt. Die senkrechten Platten, woraus diese Felsen bestehen, erheben sich zu verschiedenen Höhen und bilden eben so viel natürliche Stufen, welche alle Punkte zu erklimmen gestatten. Das verwitterte Gestein häuft sich zwischen den Platten an. Dort gedeihen hübsche Alpenpflanzen, geschützt von dem Felsen, erwärmt von den Sonnenstrahlen, welche er zurückwirft, befeuchtet vom Schnee, der selbst im Sommer oft diese Spitzen bleicht, aber schnell schmilzt, sobald die Sonne zwei bis drei Tage lang scheint. Binnen einigen Wochen vollenden diese Pflanzen alle Phasen ihres Wachsthums. Ich habe daselbst in drei Besteigungen 19 Phanerogamen gesammelt. Nachdem Herr Venance Payot diesem Verzeichnisse 5 Arten hinzugefügt hat, giebt es auf den Grands Mulets 24

Blüthenpflanzen *). Diesen 24 Phanerogamenarten muß man noch 26 Moosarten, 2 Lebermoose und 30 Flechten hinzufügen, wonach die Gesammtsumme der Pflanzen, welche auf diesen mitten in einem Eismeere vereinzelten und scheinbar aller Vegetation beraubten Felsen wachsen, 82 beträgt. Wer sollte es glauben? Diese Pflanzen dienen einem Nagethiere, der Schnee=maus **) zur Nahrung, demjenigen unter allen Säugethieren, welches sich am höchsten auf den Alpen erhebt, während die zum selben Geschlecht gehörenden Arten fast sämmtlich Bewohner der Ebenen sind.

Andere Studien nahmen unsere Zeit in Anspruch. Zu=vörderst stellten wir das Experiment des Wassersiedens mit dem von Herrn Regnault empfohlenen Apparate an. Vor Allem galt es, den Nullpunkt unseres Thermometers durch Eintauchen in schmelzenden Schnee zu verificiren, was nach dem Versuche wiederholt werden mußte; dann setzten wir es in einen fol=gendermaßen eingerichteten Apparat. Auf ein Gefäß aus Blech, welches das Wasser enthält, das durch eine Weingeist=lampe zum Sieden gebracht wird, passen genau zwei Cylinder, ebenfalls aus Blech, von denen der eine im andern steckt, die aber durch einen Zwischenraum von etwa 15 Millimeter ge=trennt sind. Das Thermometer steht in dem innern Cylinder mittelst eines diesen schließenden durchbohrten Pfropfens, über welchen seine Scala hinausreicht; es ist vollständig von Wasser=

---

*) Hier das Verzeichniß dieser Pflanzen: Draba fladnizensis Wulf., D. frigida Gaud., Cardamine bellidifolia L., C. resedifolia Saut., Silene acaulis L., Potentilla frigida Vill., Phyteuma hemisphaericum L., Pyrethrum alpinum Willd., Erigeron uniflorus L., Saxifraga bryoides L., S. groenlandica L., S. muscoides Auct., S. oppositifolia L., Androsace helvetica Gaud., A. pu-bescens DC., Gentiana verna L., Luzula spicata DC., Festuca Halleri Vill., Poa laxa Haencke, P. caesia Sm., P. alpina var. viripara L., Trisetum sub-spicatum Pal. Beauv., Agrostis rupestris All., Carex nigra All.

**) Arvicola nivalis Mart. Siehe Bd II. Seite 1.

Dampf umgeben, der den Raum zwischen beiden Cylindern erfüllt,
bevor er durch eine Seitenöffnung nach außen entweicht. Diese
von unaufhörlich erneuertem heißem Dampf hergestellte Hülle
schützt die innere Dampfsäule gegen die Einwirkung der sie um=
gebenden kalten Luft und erhält sie bei einer beständigen Tempera=
tur. Wir fanden, daß das Wasser bei der Temperatur von $90^o,17$
unter einem barometrischen Drucke von 529,69 Mm. kochte.
Zu Paris betrug der Siedegrad des Wassers am 14. Juli
$99^o,88$, während das Barometer einen atmosphärischen Druck
von 756,85 Mm. zeigte.

Bravais hatte es sich zur Aufgabe gestellt, die Veränder=
rungen der magnetischen Intensität bei zunehmender Höhe zu
messen. Zu dem Ende wendet man eine Boussole an, worin eine
Nadel horizontal an einem ungezwirnten Seidenfaden aufgehängt
ist. Man läßt diese Nadel während einer Reihe völlig gleicher
Pausen oszilliren, und aus der Anzahl der Oszillationen schließt
man nach unendlichen und äußerst sorgfältigen Korrektionen
auf die bezügliche Intensität der magnetischen Kraft des Ortes,
verglichen mit der von Paris, die als Einheit genommen wird.
Man begreift die Bedeutung dieser Messungen, welche uns eines
Tages die noch geheimnißvollen Gesetze der Strömungen enthüllen
werden, welche um den Erdball, diesen kolossalen Magnet,
kreisen, dessen beide Pole nicht mit den beiden Endpunkten der
idealen Are zusammen fallen, um welche die Erde ihre tägliche
Umdrehung beschreibt.

Indessen näherte sich die Sonne dem Horizont, bereits war
sie hinter den Monts Bergy verschwunden, die Thäler von
Sallenche und Chamouni lagen schon längst im Schatten,
während die in der Nähe befindlichen Granitspitzen rothglühend
wie aus dem Feuer kommendes Eisen zu sein schienen. Alsbald
erloschen die Aiguille de Varens und die Rochers des Fiz, und
Dunkel hüllte die Gletscher des Montblanc ein. Dieser Schnee,

einen Augenblick zuvor noch so leuchtend, nahm die matte und
bleierne Farbe eines Leichnams an, Todeskälte schien diese
Regionen mit dem Dunkel zu überziehen und alle ihre Schrecken
zu enthüllen. Die Aiguille du Gouté, die Monts Maudits er-
bleichten allmälig, nur die Spitze des Montblanc blieb noch
einige Zeit hell; dann machte die Rosatinte, welche sie belebte,
der graublauen Tinte Platz, als ob das Leben auch sie verlassen hätte. Gegen den Horizont über dem Wolkenmeere erschien der Himmel hellgrün gefärbt, in Folge der Verbindung
der gelben Strahlen der Sonne mit dem Blau des Himmels-
gewölbes, die Umrisse der einzelnen Wolken waren mit einem
hellglänzenden Orangestreifen eingefaßt. In diesen Hochregionen
giebt es keine Dämmerung, die Nacht folgt rasch dem Tage.
Wir zogen uns hinter eine Mauer zurück, die vor einer Höhlung
trocken aufgeführt war. Unsere Führer waren auf den Fels-
stufen um kleine Feuer gruppirt, die mit Wachholderreisig, das
sie aus der Nähe der Pierre de l'Echelle mitgebracht hatten,
unterhalten wurden. Sie intonirten einstimmig langsame und
monotone Gesänge, welche der Scene einen melancholischen Reiz
verliehen. Allmälig verstummte der Gesang, das Feuer erlosch
und man vernahm nur noch das Getöse mehrer von den benachbarten Höhen herabstürzender Lauinen. Nicht lange, so ging
der Mond hinter den Monts Maudits auf und, für uns nicht
sichtbar, den Dôme du Gouté bestreichend, erhellte er den Schnee
mit einem ganz eigenthümlichen Scheine. Als die Scheibe sich
von der Aiguille du Gouté ablöste, war sie mit einem grün-
lichen Strahlenkranze umgeben, welcher sich auf einem Himmel
schwarz wie Dinte abhob. Die Gestirne funkelten stark, der
Wind hatte sich keineswegs gelegt, blies in plötzlichen Stößen,
worauf Augenblicke völliger Ruhe folgten. Alles kündete uns
für den folgenden Tag schlechtes Wetter an, Niemand aber
dachte daran, umzukehren, wir wollten unser Glück bis aufs

äußerste versuchen und erst im Augenblicke zurückweichen, wo es
uns unmöglich sein würde, unsere Besteigung fortzusetzen.

Am folgenden Morgen, als wir beschäftigt waren, die Lasten
unserer Träger, welche ihre gegenseitigen Bürden ausgetauscht
hatten, wieder gleich zu machen, bemerkte ich plötzlich einen uns
unbekannten Greis, der langsam den Abhang, welcher zum kleinen
Plateau hinaufführt, erklomm; über den Schnee gebückt, sich
zuweilen mit den Händen unterstützend und haltend, stieg er
langsam, aber mit jenem gleichmäßigen und gemessenen Schritte,
welcher den geübten Bergbesteiger verräth, empor. Dieser Greis
war Marie Coutet, achtzig Jahre alt, welcher in seiner Jugend
Saussure als Führer gedient hatte. Früher besaß er eine Be-
hendigkeit, welche ihm den Beinamen der Gemse eingetragen
hatte. Er verdiente ihn; Niemand war furchtloser als er. Eines
Tages begleitete er einen reisenden Engländer auf schwierigem
Pfade. Der Engländer bewahrte jene Miene von Phlegma
und Gleichgültigkeit, welche den ächten Gentleman charakterisirt.
Der Anblick der gefährlichsten Uebergänge entriß ihm weder eine
Geberde des Erstaunens, noch eine Silbe, welche das geringste
Schwanken verrathen hätte. Durch diese unerschütterliche Kalt-
blütigkeit gereizt, gewahrt Coutet eine Arve, welche wagerecht
über einen Abgrund von 300 Meter Höhe hervorragt; kühn
schreitet er auf dem Stamme hin und legt sich, an der äußersten
Spitze angelangt, auf demselben nieder, worauf er sich mit den
Füßen über dem Abgrunde aufhängt. Der Engländer betrachtete
ihn ruhig, und als Coutet wieder zu ihm kam, gab er ihm ein
Goldstück mit der Bedingung, das Kunststück nicht zum zweiten
Male zu machen. So war in seiner Jugend der Mann beschaffen, der uns auf unserer Besteigung voranschritt. Er zuerst
hatte, um auf den Gipfel des Montblanc zu gelangen, vom
Grand Plateau aus den Dôme du Gouté erstiegen und war von
dort aus über die Bosse du Dromedaire und den schmalen Kamm,

welcher diese Spitze mit dem Gipfelpunkt verbindet, hinweggeklet=
tert. Man hatte ihn von Chamouni aus gesehen; nichtsdesto=
weniger bestritten die Führer, daß dieser Weg passirbar sei. Im
Jahre 1859 brachen zwei reisende Engländer, die Herren Hudson
und Kennedy, von dem Führer Anderegg begleitet, von Cha=
mouni auf und gelangten auf diesem Wege zum Gipfel, und im
Jahre 1861 stiegen zwei andere Engländer, die Herren L. Stephen
und F. F. Tuckett, von Saint=Gervais in neun und einer viertel
Stunde auf die Aiguille du Gouté, übernachteten in der Hütte
Saussure's und erreichten den Gipfel von diesem Punkte aus
in Zeit von drei und einer halben Stunde. Doch lasse sich kein
Tourist einfallen, diese Rastpunkte als einen Maßstab für die
Zeit zu nehmen, welche er brauchen würde, um eben dieselbe Reise
zu machen; sie können nur von jenen jungen und energischen
Mitgliedern des Alpenklubs benutzt werden, deren würdigster
Vertreter, was Kühnheit und Kenntniß anbelangt, eben Herr
Tuckett ist. Coutet empfahl sich als Führer allen Reisenden,
welche die Besteigung des Montblanc versuchten. Obgleich sein
Anerbieten zurückgewiesen wurde, begleitete er sie doch als Vo=
lontair bis zu einer gewissen Höhe, um ihnen die Vortrefflichkeit
des neuen von ihm entdeckten Weges zu beweisen. Da wir die
Manie des Greises kannten, so hatten wir ihm sorgfältig den
Tag unserer Abreise verhehlt; als er aber erfuhr, daß wir auf
den Grands Mulets seien, hatte er sich noch denselben Abend
auf den Weg gemacht, den Gletscher überschritten und langte
gegen Mitternacht bei unserm Bivouak an, wo er am Feuer
der Führer Platz nahm. Mit Tagesgrauen war er als der Erste
aufgebrochen, um uns seinen Weg zu zeigen.

Gegen sechs Uhr befanden wir uns gleichfalls auf dem
Marsche. Die Grands Mulets verlassend, setzt man den Fuß
auf's Eis, um es nicht mehr zu verlassen. Der Zug bildete eine
lange Reihe, welche zahlreiche Zickzacklinien beschrieb. Die Führer

lösten sich nacheinander ab, um die Spitze einzunehmen und
eine Furche im Schnee zu ziehen. So stiegen wir aufwärts,
ohne zwei Stunden lang inne zu halten, dann machten wir
Halt, um zu essen, bevor wir das kleine Plateau überschritten.
So nennt man eine schmale Ebene von 800 Meter Länge; gegen
Südwesten wird sie von den Abhängen des Dôme du Gouté
beherrscht; dieselben bestehen aus Protogin und sehr geneigten Chlo=
ritschiefern, an denen der Schnee nur in unvollkommener Weise
haften bleibt. Die Böschung wird überdies von einer senkrechten,
in Gletscherkäse getheilten, oder mit Nadeln besäeten Eismauer
überragt. Auch wird das kleine Plateau gewöhnlich von den
Lauinen gefegt. Bald ist es eine Platte von verhärtetem Schnee,
welche die Böschung hinuntergleitet und in tausend Stücke zerbricht,
bald stürzt ein Serac, von weitem einem weißen Wasserfall
ähnelnd, ein und breitet sich fächerförmig über die kleine Ebene
aus, welche er ganz bedeckt. Es handelte sich also darum,
diese gefährliche Passage spornstreichs zurückzulegen, die Eisblöcke
aber, Trümmer einer alten Lauine, verzögerten unsern Marsch.
Am Fuße des neuen Abhanges, welcher zum Grand Plateau
hinaufführt, trafen wir Marie Coutet. Das Wetter war immer
drohender geworden, die Windstöße folgten sich ohne Unter=
brechung. Einige Graupelkörner fingen schon an uns in's Ge=
sicht zu schlagen. Der alte Bergbewohner begriff, daß der
Sturm herannahte, und ohne ein Wort zu sagen, machte er sich
eiligst auf und stieg in unsern Spuren, die noch im Schnee ein=
gedrückt waren, hinab, worauf er alsbald in den Wolken, welche
die Abhänge der Berge belagerten, verschwand.

Auf der Höhe des Abhanges angelangt, befanden wir uns
am Rande einer jener tiefen Querspalten, welche Desor mit dem
Namen „Bergschrund‟ bezeichnet hat. Es war unmöglich,
über dieselben hinweg zu gelangen; wir stiegen also hinab
und auf der andern Seite wieder hinauf. Einmal am

andern Rande, befanden wir uns auf dem großen Plateau. Es ist dies ein prächtiger Schnee= und Eiscirkus, dessen Hintergrund eine gegen Süden aufgerichtete Ebene ist. Doch erkannten wir kaum die Gestaltung der Oertlichkeit. Bevor wir uns zurechtfinden konnten, hatten uns die Wolken vollständig eingehüllt, und der Schnee wirbelte um unsere Köpfe. Zaudern durfte man nicht; entweder mußten wir sofort wieder heruntersteigen oder unser Zelt aufschlagen. Zwei Träger, Auguste Simond und Jean Cachat, erboten sich, mit den drei Führern bei uns zu bleiben. Die Andern warfen ihre Bürden auf den Schnee, stürzten eilig dem kleinen Plateau zu und verschwanden wie Schatten im Nebel, der immer dichter und dichter wurde. Allein geblieben, begannen wir den Schnee bis zu einer Tiefe von 30 Centimeter in einem rechtwinkligen Raume von 4 Metern Länge und 2 Metern Breite wegzuräumen, dann pflanzten wir, nach Anleitung eines zuvor aus Stricken hergestellten Rechteckes, dessen Schleifen jede einem der Zeltpflöcke entsprachen, im Schnee lange und starke hölzerne Bolzen auf, deren Kopf mit einem Haken versehen war. Nach= dem dies geschehen, ward das Zelt auf der Querstange und den beiden Stützen, welche sie halten sollten, errichtet und die Ringe der Stricke um den Kopf der Bolzen gelegt. Nachdem das Zelt errichtet war, beeilten wir uns, erst unsere Instrumente, sodann die Lebensmittel darin zu bergen. Es war gut, daß wir uns gesputet hatten, denn mehre Flaschen Wein, welche draußen gelassen, waren nicht wieder zu finden, nach Verlauf einer Stunde hatte der Schnee, welcher fiel und der, welchen der Wind herzutrug, sie um die Wette zugedeckt. Unter dem Zelte hatten wir mit leichten Tannenbrettern, die auf den Schnee gelegt wurden, einen Fußboden improvisirt. Unsere Führer befanden sich am einen Ende und wir am andern. Der Raum war eng; man konnte sich nicht aufrecht halten, sondern mußte sitzen oder liegen. Die Küche befand sich in der Mitte. Unsere

erste Sorge war, den Schnee in einem durch die Flamme einer
Weingeistlampe geheizten Gefäße schmelzen zu lassen, denn in
diesen Höhen brennt die Kohle sehr schlecht. Bravais hatte die
glückliche Idee, dieses Wasser auf die Zeltpflöcke zu gießen; das
Wasser gefror, und statt in lockern Schnee eingerammt zu sein,
saßen die Pflöcke jetzt in kompakten Eismassen fest. Ueberdies
wurde ein Tau, welches an dem Bolzen, der die wagerechte Querstange mit einer der beiden senkrechten Stützen verband, geknüpft
und wie ein Wandtau auf der Seite, wo der Wind herkam, befestigt war, an zwei in den Schnee eingerammten Stäben gehörig
festgebunden. Nachdem diese Vorsichtsmaßregeln getroffen waren,
mußten wir das Weitere abwarten. Jede Beobachtung war unmöglich, außer der des Barometers im Zelt und eines Thermometers draußen; dieses zeigte bei unserer Ankunft 2,7° unter
Null und war um zwei Uhr auf — 4,0°, um fünf Uhr auf — 5°,8
gesunken. Indessen war die Nacht hereingebrochen; wir hatten
eine Laterne angezündet, die, über unsern Köpfen aufgehängt,
unser kleines Gemach erhellte. Die Führer, übereinander gelagert, plauderten mit leiser Stimme oder schliefen ruhig wie in
ihrem Bette. Der Wind verdoppelte seine Heftigkeit, er blies
in Stößen, welche von jenen Augenblicken tiefer Ruhe unterbrochen wurden, die Saussure so sehr in Erstaunen gesetzt hatten,
als er sich auf dem Col du Géant in ganz ähnlichen Umständen
befand. Der Sturm wirbelte in dem ungeheuren Schneeamphi-
theater, an dessen Rande unser kleines Zelt stand. Eine wahre
Luftlauine schien sich der Wind von der Höhe des Montblanc
auf uns herabzustürzen. Dann blähte sich die Leinwand des
Zeltes wie ein von der Brise geschwelltes Segel, die Stützen
bogen und schwangen wie Violinsaiten, und die wagrechte Querstange krümmte sich. Instinktmäßig unterstützten wir die Leinwand mit dem Rücken die ganze Zeit über, welche die Windstöße dauerten, denn unser Heil hing von der Festigkeit dieses

schützenden Obdaches ab; wenn wir ein paar Schritte draußen
hinausthaten, so konnten wir uns eine Vorstellung von dem
machen, was aus uns geworden wäre, wenn es uns entrissen
wäre. Nie vorher hatte ich begriffen, wie Reisende voll Kraft
und Gesundheit einige Schritte von dem Orte, wo der Sturm
sie überrascht, hatten umkommen können; an jenem Tage be=
griff ich es.

Unter dem Zelte war die Kälte erträglich. Das Thermo=
meter schwankte zwischen 2 und 3 Graden unter Null. Unsere
Kleider aus Ziegenfell und unsere Fußsäcke aus Schaffell
schützten uns hinlänglich, obgleich die Haare des Pelzwerks
durch das Eis an der Zeltleinwand kleben blieben. Während
der Nacht ließ der Wind an Heftigkeit nach, unglücklicher Weise
fuhr der Schnee fort zu fallen, die Temperatur sank immer
mehr, und um fünf und ein halb Uhr Morgens wies das Ther=
mometer —12°,1. Der frische Schnee hatte 50 Centimeter
Dicke, doch war die Leinwand des Zeltes nicht davon bedeckt,
der Wind hatte ihn, sobald er fiel, wieder weggefegt und fuhr
fort, die Graupeln und den Schnee wagerecht vom großen Pla=
teau zu vertreiben. Das Thermometer hielt sich ebenso niedrig
wie den Tag vorher. In einem Blicke sahen wir die Spitzen
des Montblanc, der Monts Maudits und des Dromedaire, alle
in einem weißen nach Nordost gerichteten Strahlenbüschel endi=
gend, es war der Schnee, welchen der Südwestwind durch die
Lüfte trieb.

Auf die Spitze zu steigen, wäre unmöglich gewesen, auf
dem großen Plateau selbst waren wir zum Stillliegen verur=
theilt. Wir entschlossen uns also kurz; nachdem wir unsere In=
strumente in dem Zelte bei Seite geräumt hatten, verstopften
wir den Eingang mit Schnee; es war sieben Uhr Morgens,
und das Thermometer zeigte noch 7 Grad unter Null. Da
der jüngst gefallene Schnee alle Ritzen und Spalten verdeckt

hatte, so befestigten wir uns an ein und demselben Stricke und
stiegen schnell zu den Grands Mulets hinab. Nach einigen
Augenblicken der Ruhe überschritten wir den Glacier des Bos=
sons. Der schmale Fußsteig, welcher zu den Pierres Pointues
führt, war, von dem frischen Schnee bedeckt, schlüpfrig und ge=
fährlich geworden. Der Schnee war noch tiefer, bis zur Stelle
der sogenannten Barmes=Dessous, nur 780 Meter über Cha=
mouni, gefallen. Unsere Rückkehr beruhigte Jedermann, das
Unwetter hatte im Thal so gut wie auf den Höhen gehaust und
sich das Gerücht verbreitet, wir wären sämmtlich umgekommen.
Diese Lärmbläser wußten nicht, daß wir das Lagerzelt mitge=
nommen hatten, welches uns während dieser schrecklichen Nacht
vor Wind und Kälte geschützt hatte.

Wieder in Chamouni angekommen, machten wir Ausflüge
im Thal, um die alten Moränen, mit denen es angefüllt ist,
zu studiren; auch verschafften wir uns täglich vermittelst eines
Fernglases die Gewißheit, daß das Zelt auf dem Grand=
plateau, welches unsere kostbaren Geräthe barg, noch stand.
Den 6. August schien das Wetter sich wieder aufzuklären; das
Barometer stand drei Millimeter höher, als vor der ersten
Besteigung. Der Südwestwind herrschte noch immer auf den
Höhen. Unser Vertrauen war nicht vollständig, doch fürchteten
wir eine Reihe schöner Tage zu verfehlen. Wir brachen also
den 7. August um sieben und ein halb Uhr Morgens wieder
auf. Der Marsch auf dem Gletscher war schwieriger als bei
der ersten Besteigung; bei jedem Schritte sank man in den fri=
schen Schnee ein; der Führer, welcher die Spur bahnte, ermü=
dete bald, namentlich von den Grands Mulets ab. Um sechs
und ein halb Uhr Abends langten wir auf dem großen Plateau
an. Das Zelt stand, die Instrumente waren unversehrt, kaum
aber hatten wir sie Revue passiren lassen, als der Schnee wie=
der wie das erste Mal zu fallen anfing; der Südwestwind

wurde stärker, der Donner rollte, und ein heftiger Gewitter=
sturm brach über dem großen Plateau los. Wir konstruirten
in der Eile einen Blitzableiter vermittelst einer mit Eisen be=
schlagenen Stange, an die wir eine Metallkette befestigten. Die
Stange wurde mit der Spitze nach oben neben dem Zelte einge=
rammt und das Ende der Kette in den Schnee vergraben. Die
Vorsicht war nicht unnütz; die Donnerschläge krachten fast zu
gleicher Zeit mit dem Blitze. Aus den sehr kurzen Pausen,
welche sie trennten, schlossen wir, daß der Blitz die benachbarten
Höhenpunkte auf etwa einen Kilometer Entfernung treffen müsse.
Zu unserer großen Verwunderung rollte der Donner nicht, es
war ein Klappstoß wie beim Aufknallen einer Feuerwaffe. Diese
Nacht verging wie die erste, die Windstöße waren vielleicht etwas
weniger heftig, doch liefen wir Gefahr, vom Blitze erschlagen
zu werden. Das Zelt, durch den Frost steif geworden, schloß
schlecht, und ein feiner graupelartiger Schnee drang ins Innere.
Das Thermometer sank auf — 6,3°. Der Tag erschien, aber
das Unwetter hatte noch nicht aufgehört, der Schnee kam noch
reichlicher, in einer Stunde fielen 33 Centimeter. Auf das
Zelt beschränkt, beobachteten wir das Barometer und das Ther=
mometer und stellten das Experiment des Wassersiedens an.
Vergebens warteten wir darauf, daß das Wetter sich lege; un=
sere Leute schienen unruhig zu sein, und gegen 3 Uhr Nachmit=
tags erklärte uns der Hauptführer Mugnier, daß der Schnee
sich aufhäufe (es waren seit gestern 66 Centimeter gefallen),
daß die Spuren von dreien unserer Träger, welche am Morgen
wieder hinabgestiegen waren, nicht mehr zu sehen seien, und daß
am folgenden Tage das Hinabsteigen vielleicht unmöglich wäre.
Man mußte sich zum zweiten Male bescheiden. Die drei ersten
Führer banden sich an ein Seil fest und tauchten in den Nebel,
um denen, welche folgten, den Weg zu bahnen. Der Nebel
war so dick, daß man zwanzig Schritte vor sich nichts zu er=

kennen vermochte, der Wind trieb uns einen feinen und eisigen
Schnee, prickelnd wie Nadelspitzen, ins Gesicht. Es schien un=
möglich zu sein, in diesem Nebel seinen Weg zu finden. Mug=
nier aber zauderte nicht. Wir stiegen weiter abwärts, bis
wir plötzlich Felsen vor uns auftauchen sahen, die wir nicht
kannten; durch den Nebel gesehen, schienen sie eine ungeheure
Höhe zu besitzen. Wir hielten an, wähnend, uns verirrt zu
haben; fast alsobald zerstreute sich der Nebel, und die Felsen
nahmen ihre natürlichen Verhältnisse wieder an. Es waren die
Grands Mulets, die trockene Steinmauer stand vor uns. Wir
ruhten hier einige Augenblicke aus, und um neun Uhr Abends
waren wir wieder in Chamouni.

Dieser zweite Fehlschlag entmuthigte uns keineswegs, man
mußte Beharrlichkeit im Entschluß der Unbeständigkeit des Wet=
ters entgegensetzen. Wir erachteten uns gleichsam gebunden,
dem Publikum gegenüber, das durch indiscrete Aeußerungen
von unsern Plänen in Kenntniß gesetzt war, dem Minister ge=
genüber, welcher sie begünstigt hatte. Die Besteigung des
Montblanc bei zweifelhaftem Wetter zu wagen, in der Hoffnung
auf ein paar schöne Tage, ist ein Wahn, welcher schon viele
Reisende getäuscht hat. Derartiges Wetter gestattet Ausflüge
ins Thal, aber um sich auf bedeutende Höhen zu erheben,
sind schönes, beständiges, sicheres Wetter, eine ruhige und
frische Luft, ein blauer, wolkenloser Himmel sowie Nord=
ost= oder Nordwestwinde erforderlich. Das Barometer darf
nicht unter 675 Millimeter zu Chamouni stehen, und der
Hygrometer muß anzeigen, daß die Luft trocken ist. Dann
kann man die Besteigung versuchen; wenn nicht, setzt man
sich Täuschungen aus, wie die, welche wir erfuhren. Wir be=
schlossen zu warten, bis all' diese Bedingungen in Erfüllung
gegangen wären, und entschieden uns dafür, den Umkreis des
Montblanc zu durchstreifen. Ich wünschte mein Barometer un=

mittelbar mit dem des Hospiz des St. Bernhard und des Herrn
Kanonikus Carrel zu Aosta zu vergleichen. Auguste Bravais
wollte die horizontale Intensität der Kräfte des Erdmagnetismus
beobachten und die Anomalien feststellen, welche Saussure um
die Masse des Montblanc herum zu beobachten geglaubt hat.
Unser Unstern verließ uns nicht, und während wir in Aosta
waren, gab es auf den Gebirgen in den Nächten vom 15. auf
den 17. August reichlichen Schneefall. Am 19. waren wir
wieder in Chamouni, das Wetter besserte sich, und endlich am
25. setzte es sich gänzlich auf schön; das Barometer stieg stetig,
und der Nordwest blies in den höheren Regionen der Atmo=
sphäre. Wir wußten, daß unser Zelt auf dem großen Plateau
noch stand, wir hatten es von der Höhe des Brevent bemerkt;
doch schien es von der Südwestseite im Schnee vergraben, die
entgegengesetzte Seite aber vollständig entblößt zu sein. Sicher,
unsere Instrumente in gutem Zustande vorzufinden, brachen
wir den 27. August um zwölf und ein halb Uhr Mitternachts
zum dritten Male auf. Der Mond erhellte unsern Weg, um
drei und ein halb Uhr langten wir bei den Pierres Pointues
an. Der Himmel war von einer bewunderungswürdigen Rein=
heit, ein paar einzelne Nebelwolken ruhten auf dem Col de
Balme und auf den Monts Vergy. Ein frischer Bergwind
sowie das schwache Funkeln der Gestirne versprachen uns
schönes Wetter. Castor und Pollux glänzten mit ruhigem Licht
über den Aiguilles de Charmoz. Um vier und ein halb Uhr
erreichten wir die Pierre de l'Echelle, nachdem wir tastend
zwischen den erratischen Blöcken der Moräne des Glacier des
Bossons weggekrochen waren. Der Tag begann anzubrechen,
die gelbe Tinte, welche der Sonne vorangeht, erschien im Mor=
gen, ein leichter Dunst erfüllte das Thal von Chamouni. Als=
bald wurde die gelbe Tinte rosig oder violett, mit schwachem
Widerschein die von den Schatten der Nacht noch dunkeln Schnee=

flächen belebend. Um fünf Uhr betraten wir den Glacier des
Bossons. Er war mit Eisblöcken bedeckt, welche von der
Aiguille du Midi herabgefallen waren. Die Seracs, welche
wir so sehr bewundert hatten, waren eingestürzt und hatten die
bei der ersten Besteigung zurückgelassene Leiter zertrümmert.
Um auf die Grands Mulets zu gelangen, überschritten wir eine
schmale Schneebrücke und frühstückten daselbst mit einem durch
eine Steigung von 2000 Meter geschärften Appetit. Um zehn
und ein viertel Uhr hatten wir das kleine Plateau erreicht,
wir überschritten es rasch; den Abhang erklimmend, welcher
zum großen Plateau führt, sahen wir voll Freude die langen
Linien des Jura mit jenen rundlichen Wölkchen, cumulus ge=
nannt, bedeckt, welche schönes Wetter verkündeten. 150 Meter
unter dem Grand Plateau zeigte sich uns der Genfer See im
Nordwesten über dem Col d'Anterne. Es war elf Uhr im
Augenblicke, wo diejenigen, welche voranmarschirten, beim An=
langen auf dem großen Plateau das Zelt bemerkten. Es stand,
nur erhob sich der Schnee um dasselbe herum bis zu 1,20 M.
Höhe. Im Nordosten lastete er auf der Leinwand, im Süd=
westen war der Schneewall noch höher, aber von dem Zelte
durch einen Zwischenraum getrennt. Uebrigens war nichts zer=
brochen noch zerrissen. Als man den Schnee weggeräumt hatte,
nahm das Zelt seine ursprüngliche Form wieder an. Das
große Plateau erschien uns zum ersten Male in seiner ganzen
Erhabenheit. Es ist ein ungeheurer nach Norden geöffneter
und von einem Amphitheater von Bergen beherrschter Cirkus.
Dieselben sind, von Osten beginnend, die Monts Maudits, die
Aiguille de Saussure*), die obern und untern Rochers Rouges,

*) So haben wir das namenlose, der Montblancspitze zunächst liegende
Horn genannt; es trägt die Nr. 55 auf der Zeichnung der vom Brevent aus
gesehenen Montblanckette, welche das Itinéraire en Suisse von Herrn Adolphe
Joanne giebt.

die Montblancspitze, die Bosse du Dromedaire und der Dôme
du Goutè. Selten ist der nackte Fels sichtbar, mächtige Eis=
bekleidungen hüllen ihn fast beständig ein, und das Eis war
wieder mit mehren Schichten jüngstgefallenen Schnees bedeckt.
Der Boden des Grand Plateau selbst ist ein von langen
und breiten Bergschründen durchschnittener Gletscher, wo das
Auge die Dicke des Eises in dem Cirkus messen kann,
dessen mächtige Abflüsse die Glaciers des Bossons und de
Taconnay sind. Der jüngstgefallene Schnee war fein, staub=
artig und von bewunderungswürdiger Weiße, in den Schrün=
den aber beobachtete man alle zwischen dem Mattweiß und dem
Tiefblau liegenden Tinten. Nachdem wir dieses großartige
Schauspiel bewundert und mit Entzücken die tiefe Azurbläue
des Himmels über unsern Häuptern betrachtet hatten, wäh=
rend eine schwache Nordwestbrise unsere Wangen koste und die
Hoffnungen bestätigte, welche der Anblick des Horizonts uns
eingeflößt hatte, halfen wir unsern Führern beim Säubern des
Zeltes. Diese Arbeit war mühsam; kaum hatte jeder von
ihnen ein paar Schaufeln voll Schnee weggeräumt, als er inne=
hielt, um Athem zu schöpfen, ein geheimes Unwohlsein gab sich
in allen Mienen zu erkennen, der Appetit war null. Auguste
Simond, der größte, stärkste und kräftigste unter den Führern,
sank auf den Schnee nieder und wäre fast in Ohnmacht ge=
fallen, während Doktor Lepileur ihm den Puls befühlte;[*]) es
waren die Wirkungen der Luftverdünnung nebst der Ermüdung
und Schläfrigkeit, womit Jeder von uns mehr oder weniger
befallen war. Wir befanden uns damals nahe an 4000 Me=
ter über dem Meere, und schon bei 3000 Meter giebt es nur
wenig Menschen, die sich nicht unpaß fühlen. Es wundert mich

---

[*]) Siehe die Arbeit dieses Arztes über die physiologischen Erscheinungen,
welche man beim Ersteigen der Alpen wahrnimmt. (Revue médicale 1845.)

nicht, daß wir bei dieser Besteigung die Wirkungen der Luft=
verdünnung spürten, welche bei den beiden erstern wenig her=
vorgetreten waren. Noch nie hatten wir uns so schnell von
Chamouni auf das große Plateau erhoben; von 1040 Meter
über dem Meere ausgehend, befanden wir uns nach zehn und
einer halben Stunde Gehens in einer Höhe von 3930 Metern.
Das macht einen Niveauunterschied von 2890 Meter, in weniger
als einem Tagemarsche zurückgelegt. Alle Unbehaglichkeit ver=
schwand, als wir uns zu rühren aufhörten. Das einzige wirk=
liche und anhaltende Leiden war der Frost an den Füßen. Bei
jedem Schritt sanken wir bis an die Waden in den Schnee
ein, und die Temperatur dieses Schnees betrug 10 Grad unter
Null bei 2 Dezimeter Tiefe.

Nachdem wir unsere meteorologischen Instrumente auf=
gestellt, einen Psychrometer, zur Schätzung der Feuchtigkeit der
Luft, Barometer und Thermometer im Freien aufgehängt oder
in verschiedenen Tiefen in den Schnee eingesetzt, warfen wir einen
Blick auf das Panorama, welches sich im Norden unseres
Standpunktes ausdehnte. Unten bemerkten wir deutlich das
Thal von Chamouni, die Arve zwischen den Wiesen sich hin=
schlängelnd, sowie die Häuser, unter denen wir das Hotel
be l'Angleterre unterscheiden konnten, wo Herr Camille Bravais
Beobachtungen anstellte, welche mit den unserigen correspon=
birten, wie dies früher Theodore de Saussure gethan hatte,
während sein Vater sich auf dem Montblanc befand. In der
Ferne entrollte sich vor uns ein prachtvolles Panorama, und
schon diese Aussicht allein würde für die Beschwerden des Be=
steigens diejenigen entschädigen, welche keine Lust hätten, sich bis
zum Gipfel zu erheben. Im Nordosten erkennt man die Ge=
birge, welche die Stadt Sitten beherrschen, dann die Dent de
Morcles, das imposante Massiv der Dent du Midi, die Dia=
blerets, die Tour=Saillière, den Buet, darunter und näher

heran bie Kette der Aiguilles Rouges, ben Brevent, die Rochers
bes Fiz, ähnlich zwei im rechten Winkel auf einander stoßenden
Mauern, die Aiguilles de Varens, die Kette der Monts-Vergy,
von der die Aiguille du Repofoir auffteigt, weiterhin die Py=
ramibe des Môle, ben westlichen Theil des Genfer Sees in zwei
Hälften theilend, jenseits die parallelen Ketten des Jura, leich=
ten Terrainvorsprüngen ähnlich, endlich in unbestimmter Ferne
die Vogesen und die Ebenen Frankreichs, mit dem Horizont sich
vermischend.

Wir verbrachten unter unserm Zelt eine prächtige Nacht.
Der Donner der Lauinen, welche um uns her auf das große
ober das kleine Plateau niederfielen, und die Verpflichtung,
unsere meteorologischen Beobachtungen von zwei zu zwei
Stunden fortzusetzen, unterbrachen allein unsern Schlummer.
Um Mitternacht zeigte das Thermometer im Freien — 9,6°,
und basjenige, welches auf die Oberfläche des Schnees gelegt
war, — 19,9°. Indeß hatten wir es unter dem Zelt, Dank
unsern Kleibern aus Ziegenfell, unsern Fußsäcken aus Schaf=
fell und den bünnen Brettern, welche uns vom Eise schieben,
nicht kalt. Am folgenden Morgen wollten wir frühzeitig zur
Montblancspitze aufbrechen. Die Führer aber widersetzten sich
bem, sie fürchteten Unfälle vom Erfrieren der Füße und wollten
warten, bis der Schnee sich ein wenig erwärmt hätte. Um zehn
Uhr verließen wir das Zelt mit Jean Mugnier, Michel Coutet,
Auguste Simond, Jean Cachat, Frafferand und Ambroise Coutet,
indem wir uns dem Hintergrunde des Cirtus zuwandten. Am
Fuß der Abhänge angekommen, setzten wir auf die Trümmer
einer Lauine über, welche am Tage zuvor von dem obern Rocher
Rouge herabgestürzt war, statt uns aber durch den Corridor
diesem Felsen zuzuwenden, schlugen wir den Weg von Sauffure
ein, der seit dem Unfalle am 17. August 1820 bei einem vom
Doctor Hamel und Oberst Anderson gemachten Versuche, die

Montblancspitze zu ersteigen, verlassen worden war. Wie wir, marschirten sie in dem frischgefallenen Schnee und fingen an den la Côte genannten Abhang, den wir ebenfalls erklommen, hinanzuklettern. Dieser Abhang ist sehr schroff, denn an einigen Punkten mißt er 43 Grad. Man kann nur emporsteigen, indem man Zickzacklinien beschreibt. Die Tritte der englischen Reisenden, welche sich in einer Reihe folgten, schnitten ein Dreieck oberflächlichen Schnees ab, welches sich loslöste und auf der darunter liegenden Schicht zu rutschen begann. Die Führer Pierre Balmat, Auguste Tairraz und Pierre Carrier wurden langsam, aber unwiderstehlich nach einer Spalte zugerissen, die sie vor den Augen ihrer schreckengelähmten Gefährten verschlang. Der Schnee, welcher mit ihnen herabstürzte, rollte wasserfallartig in die Spalte und begrub sie lebendig im Gletscher. Jede Hülfe war umsonst, die Ueberlebenden stiegen verzweiflungsvoll wieder nach Chamonni hinunter. Mehre Gebeine, Kleiderfetzen, eine zerbrochene Laterne, ein Filzhut, welcher einem der drei Opfer gehörte, sind am 15. August 1861 auf der Oberfläche des untern Theiles des Glacier des Bossons gefunden worden; diese Ueberreste hatten 41 Jahre gebraucht, um vom großen Plateau ins Chamounithal hinunter zu gelangen. Der Letztüberlebende dieses schrecklichen Unfalles erkannte die Gegenstände wieder, welche Pierre Balmat, einem der drei Opfer angehört hatten.

Wir trafen Vorsichtsmaßregeln, wie sie die Klugheit gebietet. Ohne an ein und dasselbe Tau gebunden zu sein, folgten wir uns ganz dicht und trugen Sorge, daß die durch unsere Zickzacklinien gebildeten Winkel eine Oeffnung von wenigstens 15 Grad hatten. Wir sanken bis an die Waden in Schnee, dessen Temperatur in einem Dezimeter Tiefe stets — 11,0° betrug. Die Verdünnung der Luft und die Dicke des Schnees, aus dem wir alle Augenblicke genöthigt waren unsere Beine herauszuziehen,

zwangen uns langsam zu marschiren; alle zwanzig Schritte
hielten wir athemlos an; unsere Füße schmerzten vor Frost
und waren dem Erfrieren nahe. Während unseres kurzen
Haltes schlugen wir sie mit unsern Stöcken, um sie zu er=
wärmen. Dieser Theil der Besteigung war sehr ermüdend,
doch begünstigten herrlicher Sonnenschein und ruhige Luft
unsere Anstrengungen. An dem paßförmigen Abhange an=
gelangt, der die Rochers Rouges von den Petits Mulets trennt,
gewahrten wir plötzlich die im Süden des Montblanc liegenden
Berge und jenseits die Ebenen Italiens. Nichts schützte uns
mehr; der vorher unmerkliche Nordwestwind riß Mugnier plötz=
lich den Hut weg, und obgleich warm angezogen, glaubte ich mich
doch plötzlich entkleidet, so kalt und durchbringend war dieser
Wind. Uns schräg zur Rechten wendend, gelangten wir als=
bald auf die Petits Mulets, Protoginfelsen, welche nur 130
Meter unter dem Gipfel liegen. Wir näherten uns dem Ziele,
doch schritten wir langsam, mit gesenktem Haupt und keuchender
Brust, einem Krankentransport ähnlich, vorwärts. Die Luft=
verdünnung befiel unsere Organe schmerzhaft; jeden Augenblick
machte die Kolonne Halt. Bravais wollte wissen, wie lange
er marschiren könnte, wenn er so rasch als möglich stiege; beim
zweiundbreißigsten Schritte mußte er einhalten, ohne weiter zu
können. Endlich, um ein und drei viertel Uhr erreichten wir
den so lange ersehnten Gipfel. Er hatte die Form eines von
Ostnordost nach Südsüdwest gerichteten Grates; aber dieser Grat
war nicht scharf, wie ihn Saussure gefunden hatte, sondern 5
bis 6 Meter breit. Auf der Nordseite lief er in eine unge=
heure Schneefläche von 40 bis 45 Grad Neigung aus, die auf
dem Grand Plateau endet, auf der Südseite setzte er sich mit
einer kleinen, mit dem Grate parallel laufenden, an zehn Grad
geneigten und etwa 100 Meter breiten Fläche fort. Diese
Fläche verlängerte sich nach Süden, wo sie sich mit einem jähen

Abhange verband, der plötzlich an den großen Felsmauern, welche die Allée Blanche beherrschen, endete. Im Osten tritt der Grat mit einem zweiten Gipfel, der Montblanc de Courmayeur genannt, und 50 bis 60 Meter weniger hoch als die Spitze, in Verbindung. In der Mitte dieses Grates befindet sich die Tourette, nur 80 Meter unter dem Hauptgipfel liegend und unstreitig der höchste Felsen Europas. Im Westen verbindet sich die Spitze durch einen dünnen Schneekamm mit der Bosse du Dromedaire.

Wissenschaftliche Resultate.

Nachdem wir Athem geschöpft hatten, galt unser erster Blick dem ungeheuren Panorama, das uns umringte; ich werde es nach Saussure nicht beschreiben. Der Leser nehme eine Karte von Europa und einen Zirkel zur Hand, setze die eine Spitze desselben auf den Montblancgipfel, die andere auf die Stadt Dijon und ziehe einen Kreis, dessen Mittelpunkt der Montblanc ist. Dieser Kreis, dessen Durchmesser 420 Kilometer beträgt, wird den Theil der Erdoberfläche umfassen, den das Auge von der Höhe des Montblanc umspannen kann, doch ist nicht Alles deutlich, und über 100 Kilometer hinaus sind die Gegenstände, durch die Schwülhitze verschleiert, verschwommen und verloschen. Bis auf 60 Kilometer ist Alles deutlich und erkennbar. Die nähern Punkte fielen mir zuerst auf. Unter uns schien Chamouni in die Tiefe eines Brunnens versenkt. Der Jardin des Mer de Glace, der Col du Géant, die prachtvolle Aiguille du Midi lagen zu unsern Füßen. Es schien, als hätte man einen Stein auf den Col de la Seigne werfen können. Der Cramont, die Glaciers de Ruitor thürmten sich wie Nebenbuhler des Montblanc auf, und darüber hinaus zeigten sich eine hinter der andern kahle Zacken ohne Ordnung, ohne Richtung, den

Bäumen eines ungepflanzten Waldes vergleichbar; das war das
ungeheure Massiv der piemontesischen und französischen, zwischen
Aosta und Briançon liegenden Alpen. Der Theodolit ward auf
dem Gipfel aufgestellt, und Bravais begab sich daran, die Winkel
aufzunehmen, welche die hervorragendsten Berge unter sich bilden;
man nennt dies einen Horizontkreis oder ein geobätisches Panorama.*) Man begreift, von welcher Bedeutung es für die
mathematische Geographie ist, den Winkel messen zu können,
welchen zwei von der Höhe eines dritten gesehene Gipfel unter
sich bilden. Vermittelst dieser Winkel konstruirt man ein tri-
gonometrisches Netz, die Basis jeder guten geographischen Karte.
Ein hochragender Gipfel, wie der des Montblanc, gestattet unmittelbar den Winkelabstand von zwei gleichzeitig von jedem
andern Punkte der Erdoberfläche nicht sichtbaren Berge zu schätzen.
Wenn der Monte Rosa nicht unglücklicher Weise von Wolken
versteckt gewesen wäre, so würde Bravais z. B. den Winkelabstand dieses Berges vom Mont Pelvour erhalten haben, wie
er den des Pic de Bellebonne bei Grenoble, von der Roche-
Melon bei Turin und des Becco di Nonna, welcher die Stadt
Aosta beherrscht, vom Pelvour bei Briançon maß. Ja mehr,
der Depressionswinkel dieser Gipfel unter der horizontalen den
Gipfel des Montblanc berührenden Linie, verbunden mit dem
Abstand und der Krümmung der Erde, gestattete ihm später in
seinem Kabinet, die bezügliche Höhe dieser Gipfel zu be-
rechnen. So beträgt der Winkelbestand des Mont Tabor über
Modane und des Grand-Som, des höchsten Punktes der großen
Chartreuse bei Grenoble, 41°,46'. Der Depressionswinkel des Tabor
beträgt 1°,27', eine Zahl, die diesem Berge eine Höhe von 3180
Meter anweist. Für den Grand-Som beträgt derselbe Depres-

---

*) Siehe A. Bravais, le Mont-Blanc ou description de la vue et des
phénomènes qu'on peut apercevoir sur son sommet. In-12°.

sionswinkel 2°,21', was in Ansehung des Abstandes auf eine
Höhe von nur 2033 Meter zu schließen erlaubt.

Gleich Saussure wurden wir von der Regellosigkeit der
Berge, welche sich im Süden des Montblanc erheben, überrascht,
der Ausdruck Kette ist auf sie nicht anwendbar, der von
Gruppen aber paßt vollkommen auf sie; man erkennt sehr gut
die der Oisans oder des Pelvour, der Rousses, der zwischen
dem Drac und der Arve liegenden Westalpen, der Aiguilles
Rouges über Chamouni und endlich des Wallis. Alle diese
Massive gehören den krystallinischen Gesteinen Granit, Protogin,
Gneiß oder den alten Gesteinen, den metamorphischen, kohlen-
haltigen Schiefern u. s. w., an. Dreht man sich nach Norden,
so ist der Anblick ein ganz verschiedener; man verfolgt die
Ketten, welche sich parallel mit dem Genfersee verlängern, die
des Jura, welche in Westen mit den Profilen der großen
Chartreuse enden, und deren Horizontalität gegen die spitzen
und zerrissenen Gipfel der französischen Alpen absticht.
Bevor der Jura in das Becken des Genfer Sees eintritt,
doppelt er sich zu parallelen Kettengliedern ab, welche den
Neuenburger See entlang ziehen und am Fuße des Schwarz-
waldgebirges auslaufen. In Savoyen, südlich vom Genfer See,
zählten wir fünf Kettenglieder, deren letztes die Montagne des
Voirons umfaßt. Wenn man einen Blick auf die schöne geologische Karte von Obersavoyen wirft, welche Herr Alphonse Favre
im Jahre 1862 herausgegeben hat, so erkennt man, daß diese
Ketten den jurassischen, Kreide- und Tertiärgebirgen angehören.
Wir bemerkten noch die Ketten der Tiablerets und des Simmen-
thals, welche, wie die des Chablais, den Flötzgebirgen angehören, sie sind gleichfalls parallel unter sich, laufen aber nach
Osten.

Wir konnten nicht unsere ganze Zeit dem Panorama
widmen, es mußten die physikalischen Experimente, welche sieben-

undfünfzig Jahre zuvor von Saussure angestellt waren, nament=
lich die des Wassersiedens, wiederholt werden. Wie er, hatten
wir Mühe, das aus dem geschmolzenen Schnee sich ergebende
Wasser zum Sieden zu bringen; die Temperatur der Luft,
welche 8 Grad unter Null betrug, sowie die Brise, welche unser
Blechgefäß abkühlte, verhinderten die Flüssigkeit, zur Koch=
temperatur zu gelangen. Bravais faßte einen heroischen Ent=
schluß: den Alkohol auf die angezündete Lampe gießend, rief er
eine vorübergehende, aber hinlänglich starke Flamme hervor,
um das Wasser zum Sieden zu bringen. Das Thermometer
zeigte 84,40°. Die Quecksilbersäule des Barometers, der Maß=
stab für den atmosphärischen Druck, hatte im selben Augenblick
eine Länge von 423,74 Mm.

Der Physiker, welcher in seinem Kabinet die Gesetze studirt,
welche die Naturkräfte leiten, stellt mit komplizirten Apparaten
die erforderlichen Bedingungen her, um diese Gesetze hervor=
treten zu lassen; doch kann man sie als endgültig für die
Wissenschaft erworben erst von dem Tage an betrachten, wo
ihre Genauigkeit auf experimentalem Wege außerhalb der noth=
wendig künstlichen Bedingungen des Laboratoriums festgestellt
ist. Hierher gehört die Spannung der Dämpfe; man hat
sie studirt, indem man den Druck, unter welchem sie sich
erzeugt, abwechseln ließ; auch waren wir bei unserer Rück=
kehr nach Paris so glücklich, zu constatiren, daß der von uns
auf der Montblancspitze beobachtete Siedegrad nur um ein
Zwanzigstel eines hunderttheiligen Grades von dem von Herrn
Regnault mit den schönen Apparaten des Collège de France
festgestellten abwich. Für das große Plateau betrug die Ab=
weichung auf den Grands Mulets ein Hundertstel und in
Chamouni ein Fünfundzwanzigstel. So geringe Unterschiede
beweisen eine vollständige Uebereinstimmung und zeigen, daß die
Tabellen der Dampfspannungen von Herrn Regnault der genaue

Ausbruck des Verhältnisses sind, welches die Temperatur mit dem Druck verbindet. Im selben Jahre erhielt Herr Jzarn in den Pyrenäen in der Umgegend der Eaur-Bonnes bei geringen Höhen Resultate, die wie die unsrigen durchschnittlich nur um ein Fünfundzwanzigstel eines Grades von den auf dem Collège de France beobachteten Temperaturen abweichen.

Ein Sonnenstrahl, der auf einen Hochgipfel fällt, muß wärmer sein als derjenige, welcher die niedrigsten und folglich dichtesten Schichten der Atmosphäre durchschneidend bis zur Ebene hinabbringt, da diese untern Schichten nothwendig eine beträchtliche Menge von der Wärme dieses Strahles absorbiren. Was das Nachdenken voraussehen ließ, die einfache Beobachtung bestätigt es bereits. Alle Reisenden, welche sich auf die Hoch= gebirge erheben, sind überrascht von der außerordentlichen Wärme der Sonne und des Bodens, verglichen mit der niedrigen Tem= peratur der Luft im Schatten. Auf den Petits Mulets bei 4680 Meter Höhe war der Schnee bei der Berührung mit den Felsen geschmolzen und hatte sich in festes und glattes Eis ver= wandelt. Ich konnte bei meinen Experimenten auf dem Gipfel des Montblanc die von Herschel und Pouillet erfundenen physi= kalischen Instrumente nicht verwenden; ich hatte sie auf dem Grand Plateau gelassen; doch bewies mir ein sehr einfacher Versuch, wie sehr die Eigenwärme der Sonnenstrahlen der der Luft überlegen ist. Ich hatte eine mit Kießsand gefüllte Büchse von Fontainebleau mitgenommen; ein auf diesen Sand gelegtes und leicht damit bedecktes Thermometer stieg in der Sonne auf 5 Grad über Null, während das im Freien aufgehängte 8 darunter zeigte, also ein Unterschied von 13 Grad zwischen der Erwärmung des Sandes und der der Luft.*) Die auf dem Grand Plateau und zu Chamouni mit dem Linsen=Pyrheliometer

---

*) Siehe Band I. Seite 41.

von Herrn Pouillet angestellten korrespondirenden Experimen'e
zeigten, daß die Wärme der Sonnenstrahlen um 0,13° bis 0,31°
stärker war bei 3930 als bei 1040 Meter über dem Meere,
obgleich zu Chamouni die Temperatur der Luft im Schatten
um 19,1° größer war als auf dem großen Plateau.

Pravais maß die horizontale Intensität des Erdmagnetismus mit derselben Nadel, welche er zu Paris, Orleans, Dijon,
Lyon, Besançon, Bern, Basel, Solothurn, Thun, Brienz, auf
dem Faulhorn und auf zehn um den Montblanc herumliegenden
Punkten hatte oszilliren lassen; nachdem er diese Messungen aber
den genauesten und sorgfältigsten Berechnungen unterworfen,
gab sich der Einfluß der Höhe auf die Intensität des Erdmagnetismus nicht in deutlicher Weise kund. Kein Gesetz ergab sich
aus den erlangten Ziffern, man kann nur behaupten, daß die
Abnahme der horizontalen Kraft des Magnetismus geringer ist,
als der Bruch von $\frac{1}{1000}$ auf ein Kilometer vertikaler Höhe.
Dieselbe Mißhelligkeit besteht bei den von einem schottischen Gelehrten, J. D. Forbes, abgeleiteten Resultaten einer langen
Reihe in den Alpen und in den Pyrenäen angestellter Beobachtungen. Was soll man aus diesen Ungewißheiten schließen?
Nichts, außer daß man die Mittel, die magnetischen Kräfte zu
untersuchen, vervollkommnen muß. Sobald diese Bedingung
erfüllt ist, wird das Gesetz sich kundgeben; so belehrt die Wissenschaft selbst uns über die Natur der noch auszufüllenden Lücken
und zeigt uns die Art von Vervollkommnung an, welche sie
erfordern.

Während der fünf Stunden, welche wir auf dem Gipfel
des Montblanc zubrachten, beobachteten wir viermal die Höhe
des Barometers. Die mittlere Höhe, auf die Temperatur des
schmelzenden Eises zurückgeführt, betrug 424,2 Mm. Die Temperatur des Quecksilbers war unter Null, ja um sechs Uhr war sie
sogar auf — 11,0° gefallen, während die der Luft — 11,8° betrug.

Das Psychrometer, ein Instrument, welches dazu bestimmt ist, den Grad der Feuchtigkeit der Luft zu messen, belehrte uns, daß sie trocken sei, denn sie enthielt nur $^{57}/_{100}$ jener Wasserdampf= menge, welche erforderlich gewesen sein würde, um sie bei dieser niedrigen Temperatur zu sättigen und in Nebel den unsicht= baren wässerigen Dunst zu verwandeln, welcher stets in ge= wissem Verhältniß in der Atmosphäre vorhanden ist.

Unsere barometrischen und thermometrischen Beobachtungen sollten dazu dienen, die Saussure's sowie die geodätischen Mes= sungen des Montblanc, welche früher von Schuckburgh im Jahre 1776, von Pictet und Tralles, Carlini und Planta im Jahre 1822, von Oberst Coraboeuf und Kommandant Delcros im Jahre 1823, endlich von Herrn Roger von Nyon im Jahre 1828 angestellt waren, zu kontroliren. Versuchen wir es, die Bedeutung dieser Untersuchungen klar zu machen. Um die Höhe eines Berges zu messen, hat der Beobachter die Wahl zwischen zwei Methoden, der geometrischen und der barometrischen. Erstere, auf ihre Grundlagen zurückgeführt, besteht darin, eine Basis, d. h. eine gerade Linie von angemessener Länge auf einem möglichst horizontalen Terrain zu messen. Nachdem diese Basis gemessen ist, stellt sich der Geometer abwechselnd auf die beiden Endpunkte derselben mit einem Theodolit genannten In= strument, welches geeignet ist, in Graden, Minuten und Sekun= den den Werth der Winkel zu bestimmen, welche der Berggipfel mit der gemessenen Basis bildet. Hundert und aber hundert Mal diese Operation vornehmend, erhält er ein Dreieck, dessen Basis und anstoßende Winkel bekannt sind; das Dreieck ist also selbst auch bekannt und folglich die Höhe des Berges. Eine andere Methode besteht darin, sich auf einen Berg von streng bestimmter Höhe zu stellen und mit großer Genauigkeit den Unterschied der Winkelhöhe zwischen diesem Standpunkte und dem Berge zu erhalten, dessen Höhe man kennen lernen will.

Dies ist die von Bravais auf dem Montblancgipfel angewandte Methode, um gleichzeitig die Höhe der von dieser Warte herab sichtbaren Hauptgipfel zu messen. Anscheinend sind diese beiden Methoden haarscharf, wie die Wissenschaft selbst, der sie entlehnt sind. Diese Schärfe ist aber nur scheinbar. Die Linie, welche vom Auge des Beobachters durch das Fernrohr des Theodoliten geht und auf dem Gipfel, dessen Höhe man schätzen will, aus-läuft, ist keineswegs eine gerade, sondern eine krumme Linie, eine Fluglinie. Die Krümmung dieser Fluglinie wechselt je nach der Entfernung, der Temperatur, der Feuchtigkeit und der Durchsichtigkeit der Luft nicht nur alle Tage, sondern zu allen Stunden des Tages. Die scheinbare Lage des Gipfels, den man visirt, ändert sich mit jedem Augenblick; je nach der Be-schaffenheit der Atmosphäre scheint dieser Gipfel sich zu erheben, zu erniedrigen oder seitwärts zu verrücken. Ohne Geometer zu sein, kann sich Jedermann hiervon leicht überzeugen.

Man richte auf einen fernen Gipfel ein Fernrohr, dessen Objektiv mit zwei in der Mitte der Linse sich im rechten Win-kel schneidenden Spinnenfäden versehen sei, der Art, daß die Spitze des Gipfels genau mit dem Kreuzungspunkte der Fäden zusammenfällt; befestigt man das Instrument nun in dieser Lage und legt nach einer oder zwei Stunden das Auge wieder an das Fernrohr, so wird man bemerken, daß die Spitze des beobachteten Gipfels nicht mehr mit dem Schneidepunkte der Fä-den zusammenfällt, sondern verrückt sein wird. Dieser Eigen-schaft unserer Atmosphäre, unaufhörlich die Krümmung des Seh-strahls, welcher, von unserm Auge ausgehend, auf fernen Gegen-ständen mündet, zu veränderen, belegt man mit dem Ausdrucke terrestrische Strahlenbrechung. Um eine Ausgleichung zwischen diesen Fehlern herzustellen, wiederholt der Geometer hun-derte von Malen seine Winkelmessungen. Die größten Mathema-tiker haben sich bemüht, in die Formeln, welche dazu dienen, die

Höhe der geodätisch gemessenen Gebirge zu berechnen, Verbesse=
rungen einzuführen, welche geeignet sind, die von der terre=
strischen Strahlenbrechung herrührenden Fehler auszumerzen;
da diese Strahlenbrechung aber je nach dem Zustande der Atmo=
sphäre abweicht, und dieser Zustand gewöhnlich nur auf dem
untern Standpunkte bekannt ist, so weiß man nicht, welches im
Augenblicke, wo man die Spitze visirt, die atmosphärischen Be=
bingungen der dazwischen liegenden Luft und derjenigen sind,
von der sie umgeben ist. Man ist also auf mehr oder minder
wahrscheinliche Hypothesen angewiesen, daher die Ungenauigkeiten,
welche den geodätischen Methoden den Vorrang benehmen, wel=
chen sie von dem strengen Verfahren, dessen sie sich bedienen,
entlehnen. Dieser Vorrang hat sich lange Zeit geltend ge=
macht, und die Messungen von Gebirgshöhen mit dem Baro=
meter sind als nothwendig ungenau betrachtet worden, während
die geodätischen Methoden für unfehlbar galten. Sie sind es
in der That, wenn wiederholte Messungen, nach verschiedenen
Methoden angestellt, unter sich übereinstimmen. So ergeben
die geodätischen Messungen des Montblanc durchschnittlich für
die Höhe desselben über dem Meeresspiegel 4809,6 M., eine
Höhe, welche man als völlig genau betrachten kann; eine ein=
zige Messung aber, mag man noch so viel Sorgfalt darauf
verwandt haben, besitzt keinen Grad von Sicherheit mehr, als
die des Barometers.

Man begreift das Interesse, welches wir an unsere vier
barometrischen Beobachtungen knüpften, wir wollten ein Ele=
ment mehr, dem höchsten Gipfel Europas entnommen, jenem
großen Kampfe zwischen dem Barometer und dem Theodolit
zuführen. Man kann aber die Höhe eines Berges, mit dem
Barometer gemessen, nicht anders berechnen, als vermittelst
korrespondirender barometrischer Beobachtungen, d. h. solcher,
welche zur selben Stunde auf einer nicht weit entfernten Sta=

tion angestellt wurden; überdies muß die Höhe dieser verschie=
denen Stationen über dem Meere vollkommen bekannt sein.
In dieser Beziehung liegt der Montblanc sehr glücklich. Wir
hatten die korrespondirenden Stationen Chamouni, wo sich
Herr Camille Bravais befand, den großen St. Bernhard, wo
die Mönche die meteorologischen Instrumente fünfmal am Tage
beobachten, die Genfer Sternwarte, Chougny bei Genf, wo
der ehrwürdige Astronom Gautier wohnte, Aosta, wo der Ka=
nonikus Carrel ununterbrochen eine Reihe meteorologischer Be=
obachtungen fortsetzte, endlich die Observatorien von Lyon,
Mailand und Marseille. Eine andere unerläßliche Bedingung,
um zu einem guten Resultate zu gelangen, besteht in der un=
mittelbaren Vergleichung des Bergthermometers mit allen kor=
respondirenden Barometern. Wir hatten diese Vorsicht ge=
braucht und konnten den oft beträchtlichen Unterschieden, welche
auch die besten Instrumente unter sich darbieten, Rechnung
tragen. Herr Delcros, einer der ausgezeichnetsten Offiziere
des ehemaligen Kartographenkorps, hatte die Güte, die erfor=
derlichen Berechnungen anzustellen, deren Endresultat für den
Gipfel des Montblanc eine Höhe von 4810,0 M. über dem
Mittelländischen Meere ergiebt.*) Die aus unsern vier baro=
metrischen Beobachtungen abgeleitete Ziffer wich demnach nur
um 0,4 M. von dem mittlern Resultat der Geodäsie ab. Die
meteorologischen Umstände sowie die gewählten Stunden waren
sehr günstig gewesen, um eine gute Höhe zu erhalten. Herr
Plantamour, Direktor der Genfer Sternwarte, hat nämlich,
nachdem er die Höhe des Hospiz auf dem St. Bernhard über
dem Genfer See durch zwei direkte, vom See ausgehende und

---

*) Delcros, sur les hauteurs du Mont-Blanc et du Mont-Rose. (An-
nuaire météorologique de la France. 1851. t. III. p. 216.)

auf der Schwelle des Klosters auslaufende Nivellements be=
stimmt hatte, dieselben nachmals durch achtzehnjährige baro=
metrische Beobachtungen, welche mit denen der Genfer Stern=
warte korrespondirten, errechnet. Das Resultat dieser unge=
heuern Arbeit ist, daß die korrespondirenden, zwischen zwei und
vier Uhr Nachmittags aufgenommenen barometrischen Beobach=
tungen im August und September nur einen wahrscheinlichen
Fehler von $\frac{1}{7296}$ der Höhe, rund 1 Meter auf etwa 1300 Me=
ter, ergeben. Noch zahlreichere barometrische Beobachtungen,
als die von uns auf dem Gipfel des Montblanc angestellten,
müssen noch mehr Vertrauen einflößen. Vom 15. Juli bis
zum 7. August 1841 stellten Bravais und ich auf dem Faul=
horngipfel hundertzweiundfünfzig', Tag und Nacht von drei
zu drei Stunden fortgesetzte barometrische Beobachtungen
an. Das Mittel dieser Beobachtungen ergiebt 2682 Meter
für die Höhe dieses Berges; die Ziffer der Geobäsie ist 2683
Meter; so kommt also auch in diesem Falle das Barometer an
Genauigkeit dem Theodolit gleich, und zahlreiche barometrische
Beobachtungen wiegen die Wiederholung der auf dem Meßring
des geodätischen Instruments gemessenen Winkel auf.

Die Höhe des Montblanc scheint seit der ersten im Jahre
1775 von Schuckburgh angestellten Messung bis auf die neueste
Zeit nicht merklich geschwankt zu haben. Diese Beständigkeit ist
wohl geeignet Wunder zu nehmen, da der Gipfel einzig und
allein aus Schnee und Eis gebildet ist, dessen Dicke Saus=
sure auf etwa 65 Meter schätzte. Offenbar scheint der Mont=
blanc eine seiner Nachbarin, der Aiguille du Midi, ähnliche
Pyramide zu sein. Die Rochers Rouges, die Petits Mulets,
die Tourette sind noch vorspringende Punkte dieser Pyramide,
der Rest ist beständig mit einer Schneehaube bedeckt, die der
Höhe des Berges wegen nicht mehr schmilzt, auf dessen Gipfel

die Temperatur der Luft selten auf Null und fast beständig be=
deutend unter Null steht. Man fragt sich also, wie es kommt,
daß die Dicke dieser Schneehaube unveränderlich ist und daß die
Höhe des Berges nicht nach den Jahreszeiten, ja nicht einmal
nach den Jahren wechselt. Es schwanken nämlich die
Menge des Schnees, welche fällt, die Winde, welche ihn weg=
fegen, die Verdunstung, welche die Dicke desselben vermindert,
die Verdichtung der Wolken, welche ihn vermehrt, von Jahr zu
Jahr; auch ist die Form des Gipfels nie dieselbe. Man
vergleiche die Beschreibungen von Saussure, Clissold, Marck=
ham = Sherwill, Henri be Tilly, welche nach einander in den
Jahren 1787, 1822, 1825, 1834 und 1844 gegeben wur=
den, mit der von Bravais, und man wird sehen, daß jeder
dieser Reisenden eine verschiedene Form vorgefunden hat,
den Grundzug eines von Ost nach West gerichteten oben
spitz zulaufenden Kammes ausgenommen. Wie könnte es auch
anders sein? Aus allen Strichen der Windrose herbeigeführt,
fällt der Schnee auf den Montblanc; kaum gefallen, wird er
weggefegt, versetzt, verführt, dermaßen, daß die Oberfläche
dieses Schnees der eines beackerten Feldes gleicht. Selbst
beim schönsten Wetter, wenn die vollkommenste Ruhe in den
Ebenen herrscht, scheint ein leichter Rauch dem Gipfel zu ent=
steigen, der durch einen heftigen Wind in horizontaler Rich=
tung weggeblasen wird; es ist, wie die Savoyarden sich aus=
drücken, der Montblanc, der seine Pfeife raucht, und ein
Vorzeichen schönen Wetters, wenn der Rauch nach der Süd=
seite gezogen wird. Trotzdem wiegen sich schließlich alle diese
verschiedenen Ursachen der Ab= und Zunahme auf, und die Höhe
des Gipfels bleibt dieselbe. Die Natur geht niemals anders
zu Werke; nichts ist absolut beständig, Alles schwankt, das
Atom wie der Ozean. Dieses Schwanken um einen Mittel=

zuſtand herum iſt Lebensbeſtändigkeit, Stillſtand iſt Tod, und
die Grundkräfte der Natur, welche die unorganiſche wie die or=
ganiſche Welt beherrſchen, ruhen nie.

Die Operationen, deren hauptſächlichſte Reſultate ich ſo=
eben aufgezählt habe, waren kaum beendet, als die Sonne ſich
den Linien des Jura in der Richtung von Genf näherte; es
war ſechs und ein viertel Uhr; das Thermometer zeigte für
die Temperatur der Luft — 11,8°, für die des Schnees an
der Oberfläche — 17,6° und bei 2 Dezimeter Tiefe — 14,0°.
Die Berührung mit dieſem Schnee, ſelbſt durch unſerer dicken
Fußbekleidungen hindurch, war ein wahres Leiden. Doch wollten
wir noch bleiben, um Feuerſignale zu machen, welche zugleich
von Genf, von Lyon und von Dijon aus ſichtbar geweſen
wären, wo ſich Aſtronomen befanden, welche von unſern Ab=
ſichten in Kenntniß geſetzt waren. Dieſe Signale, gleichzeitig
von dieſen drei Städten aus geſehen, hätten geſtattet, genau
ihre Längenunterſchiede feſtzuſtellen, allein die Kälte war be=
reits ſo ſtark, daß wir fühlten, es würde unmöglich geweſen
ſein, noch länger zu verweilen, ohne unſer Leben und das un=
ſerer Führer zu gefährden. Auguſte Simond allein wollte
bleiben, um die verabredeten Signale zu machen, doch lehnten
wir es ab und thaten wohl daran. Seitdem hat die elektriſche
Telegraphie geſtattet, ohne Ortsveränderung und ohne Mühe
ein Reſultat zu erreichen, welches vielleicht mit dem Leben oder
der Geſundheit eines Familienvaters erkauft worden wäre. Der
Aufbruch wurde beſchloſſen, und wir fingen ſchon an hinabzu=
ſteigen, als wir plötzlich vor dem ſtaunenswertheſten Schau=
ſpiele, deſſen Betrachtung dem Menſchen vergönnt iſt, inne
hielten. Der Schatten des Montblanc, einen ungeheuern Kegel
bildend, breitete ſich über die weißen Gebirge Piemonts aus;
langſam rückte er nach dem Horizont zu, wo wir ihn in die

Lüfte über den Becco bi Nonna sich erheben sahen; nun aber
vermischten sich die Schatten der übrigen Berge allmälig immer
mehr mit ihm, je tiefer die Sonne vor ihren Gipfeln niedersank,
und bildeten so ein Gefolge für den Schatten des Herrschers
der Alpen. Durch eine Wirkung der Perspektive liefen sie alle
nach ihm zusammen. Diese Schatten, gegen ihre Basis grün=
lichblau, waren von einer äußerst lebhaften Purpurtinte einge=
faßt, welche in das Rosa des Himmels zerfloß. Es war ein
prachtvolles Schauspiel. Ein Dichter hätte vielleicht gesagt, daß
Engel mit Flammenfittichen sich vor dem Throne eines unsicht=
baren Jehova verneigten. Die Schatten waren am Himmel
verschwunden, wir aber standen noch regungslos, doch nicht
stumm vor Staunen an denselben Fleck gebannt, denn unsere
Bewunderung machte sich in den mannichfachsten Ausrufungen
Luft. Nur die Norblichter des Nordens von Europa vermögen
ein Schauspiel zu bieten, das sich an Pracht mit dem unerwar=
teten Phänomen, das vor uns noch Niemand vom Gipfel des
Montblanc beobachtet hatte, vergleichen läßt.

Die Sonne ging unter, man mußte aufbrechen. Wir banden
uns Alle an ein- und dasselbe Tau fest und eilten dem Großen
Plateau zu. An den Petits Mulets vorbeikommend, raffte ich
zwei Steine auf dem Schnee auf. An den Glastropfen, welche
sie bedeckten, erkannte ich später, daß es Felstrümmer waren,
welche vom Blitz, der so oft auf diese Höhen niederfährt, herab=
geschleudert waren. Von den Petits Mulets ab hielten wir nicht
mehr an, sondern fuhren wie eine Lauine, ohne uns einen
Pfad zu suchen, gradeswegs hinab. Jeder ward von seinem
Vordermanne nachgezogen, und Mugnier, welcher den Vortrab
bildete, sprang über den Abhang hinab, bei jedem Schritt in den
Schnee einsinkend, der die Wucht dieses wandelnden Rosen=
kranzes hinlänglich mäßigte. Auf dem Grand Plateau ange=

kommen, mußten wir einen Augenblick innehalten, um Athem
zu schöpfen, darauf gelangten wir schnellen Schrittes um sieben
und drei viertel Uhr bei unserm Zelte an. In fünfundfünfzig
Minuten waren wir vom Gipfel, 800 Meter über dem Grand
Plateau erhaben, hinabgestiegen. Als wir unser Zelt betraten,
glaubten wir den häuslichen Herd wiederzusehen und genossen
daselbst eine wohlverdiente Ruhe. Trotzdem wurden die meteoro=
logischen Beobachtungen heroisch von zwei zu zwei Stunden
während der Nacht fortgesetzt. Um Mitternacht zeigte das Ther=
mometer — 6,9°; die Temperatur des Schnees betrug — 18,5°
an der Oberfläche und — 10,4° bei 2 Dezimeter Tiefe. Diese
Ziffern, beredter als alle Gründe, zeigten uns, daß wir weise
gehandelt, indem wir unser Verweilen auf dem Gipfel des Mont=
blanc nicht verlängerten; doch blieben wir noch drei Tage auf
dem Grand Plateau, um die Beobachtungen und Experimente
anzustellen, welche wir auf dem Gipfel zu unterlassen gezwungen
worden waren. Wir ahmten darin unserm Meister und Vor=
gänger Saussure nach, der nach seiner Besteigung des Mont=
blanc im Jahre 1788 vierzehn Tage auf dem Col du Géant,
3400 Meter über dem Meere, zubrachte. Auf dem Grand
Plateau befanden wir uns 530 Meter höher; allein Umstände,
die nicht in unserer Macht lagen, hinderten uns, eben so lange
dort zu bleiben.

Während unseres Aufenthaltes störte nur der Donner der
Lauinen die erhabene Stille dieser Hochregionen. Wir sahen
außer Bienen und Schmetterlingen, welche, durch die auf=
steigenden Luftströmungen fortgerissen, alsbald auf dem Schnee
starben, keine Spur eines lebenden Wesens. Am Tage vor
unserer Abreise flogen Alpendohlen mit gelbem Schnabel
(Corvus pyrrhocorax), ohne Zweifel durch einige Reste ge=
frorenen Brotes oder durch Hammel= und Hühnerknochen,

welche in der Nähe unseres Zeltes umherlagen, angezogen, um uns herum. Unsere drei Tage wurden gut angewandt, und vielleicht versuche ich später einmal die hauptsächlichsten Resultate darzulegen, welche in den Alpen, während des Auf=enthalts auf Höhen über 2000 Meter, von Saussure, Agassiz. und Desor, Bravais und mir, den Gebrüdern Schlagintweit und Dollfus=Ausset gewonnen wurden; es ist dies.eine lange Analyse, die nicht gut einen bloßen Anhang zu dem Bericht von zwei wissenschaftlichen Besteigungen bilden kann. Die Schwankungen des Barometers und des Thermometers, die relative Feuchtigkeit der Luft zu den verschiedenen Tagesstunden, die Temperaturen des Bodens bei verschiedenen Tiefen, die nächtliche Strahlung der Schneeoberfläche, der Pflanzen und sonstiger Naturkörper, die Messung der Eigenwärme der Son=nenstrahlen, die relative Intensität und die Geschwindigkeit des auf= und absteigenden Schalles, die so verwickelten und belang=reichen Phänomene der Gletscher, die Pflanzenwelt und das Thierleben in diesen Hochregionen, endlich die sich am Menschen kundgebenden physiologischen Erscheinungen: das sind die Hauptgegenstände der Untersuchungen, welche diese Forscher be=schäftigt haben; sie vervollständigen diejenigen, welche vor ihnen während der Besteigungen der Hochgipfel gemacht worden sind. Die Endresultate dieser Experimente und Beobachtungen bilden eben so viele interessante Kapitel, welche in den Lehrbüchern über Physik, Meteorologie, physische, botanische und zoologische Geo=graphie hinfort. ihren Platz einnehmen werden. Mit den in den Polarregionen unternommenen Nachforschungen verglichen, gestatten uns diese Untersuchungen, die nur durch das Sinken der Temperatur hervorgerufenen Erscheinungen von denjenigen zu unterscheiden, welche sich besonders durch eine bedeutende Er=hebung über dem Meeresspiegel erklären. Mit einem Wort, sie führen uns zu einer ftrengen Parallele ber Einflüffe ber Breite und ber Höhe, und in Folge beffen zu ben verfchiebenartigften und fruchtbarften Anwendungen biefer Angaben auf ben Ackerbau, ben Gefunbheitszuftanb und folglich auf bas Wohl berjenigen Völkerfchaften, beren Loos es ift, in bergigen Länbern zu leben.

Ente bes erften Panbes.

Druck von G. Pätz in Naumburg a. b. S.